KB232802

선교 · 문화 · 커뮤니케이션

선교 · 문화 · 커뮤니케이션

김 한 식 · 김 숙 현 · 최 윤 희

책을 펴내면서

복음의 전파는 전적으로 하나님의 계획에 의해 이뤄지고 있음을 성경의 수많은 예를 통해 우리는 잘 알고 있다. 그 분이 원하시는 사람에 의해 그 분의 시간계획에 따라 성취된다. 그리고 그 분이 원하시는 방법에 따라 진행된다. 그래서 성경 전체를 선교라는 고리로 엮을 수 있다고 믿는다.

선교는 전하는 사람과 받아들이는 사람 사이에서 이뤄진다. 선교의 주체와 대상이 다름에 따라 선교의 방식이 달라질 것이고 그만큼 결과도 차이가 날 것이다. 그렇기 때문에 선교에는 전략이나 정책은 물론 훈련이 필요하다.

그러면서도 선교는 선교사의 주도하에 이뤄진다는 사실에 주목한다. 선교의 대상은 처음에는 선교에 대해 피동적이기 마련이다. 효과적인 선교가 되기 위해서는 선교사가 일차적으로 중요할 수밖에 없다. 선교의 대상자를 얼마만큼 이해하는가 하는 것이 그토록 중요한 이유가 여기에 있다. 선교대상을 이해하는 폭이 클수록 선교의 효과도 클 것이다. 그들의 아픔, 마음에 담고 있는 소망, 미움의 대상, 금기, 문화적 배경, 정치적 상황 이 모든 것이 선교전략에 도움이 된다. 여기서 우리는 바울의 선교전략에 주목한다. 그는 선교의 대상에 따라 전략을 달리했다. 유태인과 이방인에게 선교전략이 달랐다. 그리스인과 로마인에게도 그는 다른 선교전략을 사용했다.

우리가 전공했던 학문적 성과를 하나님께서 원하시는 일에 사용되게 할 수 없을까. 이런 생각을 선교에 초점을 맞추어 글로써 남기기로 의견을 모으는 데는 3년 정도의 시간이 걸렸다. 그것도 커뮤니케이션을 전공한 김숙현, 최윤희 두 교수의 제의에서 시작되었다. 많은 토론을 거쳐 동남아 지역을 중심으로 하기로 정했다. 동남아는 지리적으로 우리와 인접해있을 뿐만 아니라 서구 선교사보다 한국인 선교사에게 유리한 문화적 조건을 갖추고 있는 지역이다. 여기에는 매우 다양하여 자칫 오해를 불러일으키기 쉬운 점이 많아 좀 더 주의를 기울여야 한다는 것도 이 지역을 택한 이유 중 하나였다.

이 책은 몇 가지 특징이 있다. 저술가 세 사람 모두 신학을 연구한 바 없다. 여기에는 한계점도 있겠지만 장점도 있으리라고 나름으로 생각해본다. 우선 기독 신앙인이 아닌 독자에게도 이 책을 통해 동남아 지역에 친근감 있게 접할 수 있으리라고 보기 때문이다.

선교사나 선교단체가 아니더라도 선교에 관심있는 일반 교우도 흥미를 가질 수 있는 내용이라는 점도 이 책이 가지고 있는 또하나의 특징이다. 동남아 지역을 여행하거나 이 지역을 연구하고자 하는 독자들에게 도움이 될 것이다. 동남아인들과 친근해질 수 있는 방법을 찾아낼 수 있을 것이기 때문이다.

이 책의 일부는 동남아 지역뿐만 아니라 다른 문화권에 접하고자 하는 사람에게 두루 도움이 된다는 점 역시 이 책이 가지고 있는 특징이다. 제1장과 제2장은 세계 다른 문화권을 접하는데 일반적으로 적용할 수 있는 내용이다. 그러나 제3장과 제4장은 동남아 지역에 한정된다. 역사적 배경과 문화를 이해함으로써 비로소 그들의 친구가 될 수 있다는 판단에서 이 분야에 많은 지면을 할애했다.

이 책은 독자 여러분과 공동저술이 되고 싶은 간절한 바람을 담고 있다는 점에서 다른 책과 차이가 있다. 이 책은 독자 여러분의 많은 경험과 조언으로 계속 보완되어야 한다. 그렇게 함으로써 선교사들이 시행착오를 줄일 수 있을 것이다. 선교사들의 열정과 헌신이 보다 알찬 결과를 가져오도록 우리 모두 옷깃을 여미자. 그 분만이 주시는 힘과 능력이 우리 모두의 열심과 헌신에 찬 공동의 노력으로 동남아 지역 곳곳에 주님의 사랑의 기치가 높게 들리게 하자.
　끝으로 이 책을 출판해주신 한국학술정보 채종준사장님과 편집진 여러분께 심심한 감사의 말씀을 드린다.

2005년 1월

필진을 대신하여　　김한식

제 Ⅲ 장 동남아 선교를 위한 전략 1
- 동남아의 실체 -

제 Ⅳ 장 동남아 선교를 위한 전략 2
- 동남아인의 대외관 -

제 I 장 선교와 커뮤니케이션

김 숙 현

1. 선교와 커뮤니케이션의 관계

커뮤니케이션은 복음을 다른 사람에게 전파하는 선교과정에서 가장 핵심적인 요소이다. 선교사들은 하나님의 진리와 사랑을 전하는 목적을 가지고 활동하는데 이때 사용하는 수단은 커뮤니케이션이다. 신학이 하나님의 진리와 관련된 내용에 관심을 가진다면 커뮤니케이션은 하나님의 진리를 전달하는 방법에 관심을 가진다고 할 수 있다. 다시 말하면 신학의 초점은 '무엇'(What)에 있는 반면 커뮤니케이션의 초점은 '어떻게'(How)에 있다. 이 '무엇'과 '어떻게'는 바늘과 실의 관계이며 동전의 양면이다. 우리들은 "말 한마디로 천냥 빚을 갚는다"는 격언을 자주 사용하는데 이런 격언은 바로 커뮤니케이션의 중요성을 말해주고 있다.

커뮤니케이션이란 단어의 어원은 기독교 공동체와 매우 밀접한 관계를 가지고 있다. Communication이란 Communicare란 라틴말에서 유래한 것인데 그 뜻은 Make It Common(공유) 또는 Sharing(나눔)이다. 공동체를 영어로 Community라고 하는데 그 어원은 Communicare이다.

커뮤니케이션의 정의는 셀 수 없이 많다. 그러나 수많은 정의들은 크게 셋으로 분류할 수 있다. 첫째는 앞에 설명한 나눔이나 공동체를 강조하는 정의다. 둘째는 다른 사람의 태도, 행위, 생각에 영향을 미치는 것, 다시 말하면 설득을 강조하는 정의들이 있다. 선교가 사람들로 하여금 기독교를 받아 드리게 하는 것이라면 선교에 있어서는 설득의 측면도 매우 중요하다. 마지막으로 매우 포괄적인 정의가 있는데 상대방에게 어떤 반응을 불러일으키는 모든 행위는 커뮤니케이션 행위라고 간주한다.

선교사들을 포함한 많은 기독교인들은 아침에 일어나 기도로 하나님과 커뮤니케이션을 하고 역시 잠자리에 들 때도 마찬가지다. 깨어 있는 동안은 자신과, 가족과, 이웃과, 친구와, 그리고 썩 유쾌한 일은 아니지만 자신을 핍박하는 사람들과도 커뮤니케이션을 하며 또 해야 한다. 자비량 선교활동을 하는 사람들은 직장에 나가기 마련인데, 직장생활은 거의 커뮤니케이션 활동이다. 기안문을 작성하는 것, 회의를 하는 것, 구성원들 및 외부 사람들과 의견을 교환하는 것, 이 모두가 커뮤니케이션 활동이다.

기독교인이나 비기독교인이나 모든 사람들은 정보를 교환하기 위해, 다른 사람을 설득하기 위해, 다른 사람과 친교를 나누기 위해 그리고 복잡한 세상에서 머리를 식히고 스트레스를 해소하기 위해 매 순간 커뮤니케이션을 한다고 볼 수 있다.

프랑스의 유명한 철학자 데카르트는 "나는 생각한다. 고로 존재한다"란 명언을 남겼는데 이 데카르트 인용구의 틀을 빌려와 "나는 커뮤니케이션을 한다. 고로 존재한다"라는 말을 하는 사람들이 있다. 선교사는 "나는 커뮤니케이션을 한다. 고로 나는 하나님의 일을 한다"라고 말해야 하지 않을까 하고 필자는 생각한다.

선교지에서의 경험

◆ 아프리카 차드 마와에서 위클리프 성경 번역을 위해 활동하신 이은섭, 김지연 선교사님으로부터의 편지 **(2001, 8)**

하나님의 은혜가 매일 같이 새로운 마을 생활입니다. 전혀 기대할 수 없는 일들이 수시로 일어나면서 그때마다 하나님의 지혜를 구하고 뜻을 구하고 또 그 시간을 통해 주님의 지혜가 알려지도록 기도하게 됩니다.

몇 주 전에 저희 집에 3명의 방문객이 나타났습니다. 아무런 거리낌 없이 이 세 사람은 저의 집 마당까지 들어왔습니다. 이들은 키가 한결같이 **180cm**가 넘고 손에는 긴 창을 들었으며 얼굴에는 검정 줄 문신이 그려져 있었으며, 남자들인데도 머리는 두 가닥으로 길게 땋았고 옷은 아주 화려한 치마를 입었습니다. 전에 경험한 사건들 때문에 우리 온 식구는 모두 단번에 두려움이 앞섰습니다.

일단 그들과 인사를 나누고 서로에 대해 대화를 나누었습니다. 알고 보니 근처에 살고 있는 유목민 부족 사람들이 그저 궁금해서 찾아온 것이었습니다. 저희의 사역에 대해 설명해주자 그들 중에 제일 연장자가 자기들에게도 와서 언어개발 사역을 해 줄 것을 요청했습니다. 한 선교사가 한 부족에 대한 사역을 끝내는 데도 오랜 세월이 걸리기에 그들의 요구를 단번에 받아들일 수는 없었습니다.

그러나 그는 서로 친구가 되었다면서 선물로 소 한 마리와 자기의 5살 난 아들을 양자로 주겠다고 제안해 왔습니다. 너무나 놀라운 제안에 대해 어떻게 대답할지 몰라 주위에 있던 마을 사람의 도움으로 기분 나쁘지 않게 거절할 수 있었습니다.

> 그러나 또 한편으로는 이 아이를 데려다 하나님의 사람으로 키우고
> 싶은 욕심이 생겼습니다. 이 보로로 부족에게도 주님의 진리를 밝혀
> 줄 사역자가 속히 오도록 기도합니다.

◆ 다른 문화와의 커뮤니케이션 과정

선교 커뮤니케이션은 일종의 다른 문화와의 커뮤니케이션이다. 다
른 문화와의 커뮤니케이션 과정을 간단히 나타내는 모델을 소개함으
로써 선교 커뮤니케이션에 대한 개략적인 특징을 알아보도록 한다.
이 모델은 **Marvin Mayers**의 **Christianity Confronts Culture**란 책에
서 인용한 것이다.

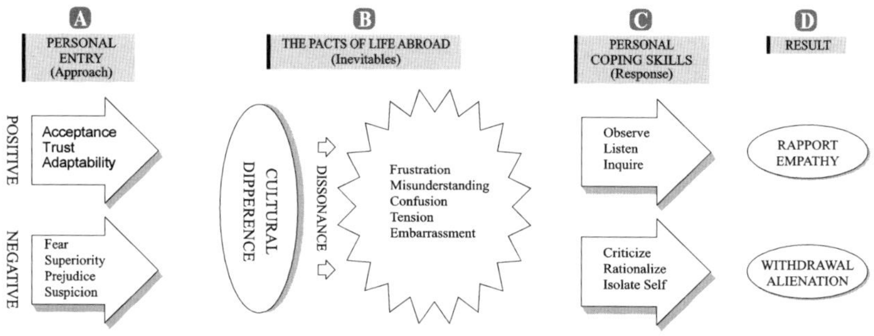

선교 커뮤니케이션의 구성 요소를 위 모델에서는 간단히 **ABCD**
로 표현했으며 각각의 요소에는 긍정적인 것과 부정적인 면을 구분
하고 있다. **A**는 선교사가 선교지에 진입할 때의 개인적인 접근방법
이다. 긍정적인 면은 수용성, 신뢰, 적응성이고 부정적인 면은 공포,
우월감, 편견, 의심이다.

B는 해외생활의 사실적 요소인데 선교사와 해외생활 사이에는 문화적 차이점이 존재함을 모델은 나타내고 있으며 이로 인해 불가피하게 불협화음이 생긴다. 이어 이는 좌절, 오해, 혼란, 긴장, 당혹감으로 이어진다,

C는 선교사의 개인적 대처 능력을 나타내는데 이 능력도 긍정적, 부정적의 두가지면으로 구분된다. 긍정적인 면은 관찰하고, 듣고, 묻는 것이고 부정적인 것은 비판하고, 합리화하고 그리고 자신을 스스로 소외시키는 것이다. D는 결과를 나타내며 긍정적인 방향으로 불협화음에 대처한 선교사는 감정이입과 일치감을 이룩하며 부정적인 방향으로 대처한 선교사가 맞이할 결과는 움츠림과 소외이다.

이 모델은 선교사들에게 긍정적인 태도로 임하라는 교훈을 주고 있다.

2. 하나님은 위대한 커뮤니케이터

하나님의 속성을 여러 가지로 설명할 수 있지만 커뮤니케이션에 관심을 가진 사람들에게는 위대한 커뮤니케이터로서의 하나님의 모습이 부각된다. 오늘날 그 많은 사람들이 기독교를 믿는 것, 하나님의 진리를 담은 성경이 인류 역사상 전례 없는 베스트셀러인 것, 그리고 성경의 주제들이 끊임없이 그 시대에 맞는 영화, 연극, 소설 등의 주제로서 새롭게 사람들에게 감동을 주는 것 등은 위대한 커뮤니케이터로서의 하나님의 면모를 말해준다. 물론 교육에 관심을 가진 사람들에게 하나님은 위대한 교육자로 그리고 경영인들에게는 하나님은 위대한 경영인으로 비추어질 것이다. 하나님의 형상을 닮은 자녀로서 선교에 관심을 가진 사람들은 능력있는 커뮤니케이터가 되어야 한다.

1) 천지창조 과정

하나님이 위대한 커뮤니케이터라는 증거는 성경의 곳곳에서 찾을 수 있다. 요한복음 1장 1절은 "태초에 말씀이 계시니라 이 말씀이 하나님과 함께 계셨으니 이 말씀은 곧 하나님이시니라"라고 기록하고 있다. 이 구절을 영어 성경은 보통 "In the beginning was the Word, and the Word was with God and the Word was God"이라고 표현하고 있다. 그러나 "At beginning, God expressed Himself"

라고 번역한 것도 있다. 다시 말하면 하나님이 제일 먼저 하신 일은 자신을 표현한 것이었다.

위대한 커뮤니케이터로서의 하나님 모습은 우선 창세기 1장에 기록된 하나님의 천지창조 과정에서 나타난다. 하나님은 언어활동을 통해 천지를 창조하셨고 또 언어를 통해 인간들과 커뮤니케이션을 하셨다. 천지창조를 위한 '하나님이 말씀하시기를'이라는 표현이 나오는 성경 구절을 소개하면 다음과 같다.

3절 하나님이 말씀하시기를 빛이 생겨라하시니 빛이 생겼다.

6절 하나님이 말씀하시기를 물 가운데 창공이 생겨, 물과 물 사이가 갈라져라 하셨다.

9절 하나님이 말씀하시기를 하늘 아래에 있는 물을 한 곳으로 모이고, 뭍은 드러나거라 하시니, 그대로 되었다.

14절-15절 하나님이 말씀하시기를 하늘 창공에 빛나는 것들이 생겨서, 낮과 밤을 가르고, 계절과 날과 해를 나타내는 표가 되어라. 또 하늘 창공에 있는 빛나는 것들은 땅을 환히 비추어라 하시니 그대로 되었다.

20절 하나님이 말씀하시기를 물은 생물을 번성하게 하고 새들은 땅 위 하늘 창공으로 날아 다녀라 하셨다.

22절 하나님이 이들에게 복을 베풀면서 말씀하시기를 생육하고 번성하여 여러 바닷물에 충만하여라. 새들도 땅위에서 번성하여라 하셨다.

26절 하나님이 말씀하시기를 우리가, 우리의 형상을 따라서 우리의 모양대로 사람을 만들자고 그로 바다의 고기와 공중의 새와 육축과 온 땅과 땅에 기는 모든 것을 다스리게 하자.

2) 커뮤니케이션의 위력

천지 창조 과정이 커뮤니케이션으로 이루어진 것은 하나님의 위력이 대단할 뿐 아니라 커뮤니케이션의 위력이 또한 대단함을 말해준다. 다시 말해 사람들이 사용하는 언어 등 커뮤니케이션 행위의 위력은 대단한 힘이 있음을 말해준다. 커뮤니케이션 학자인 사피어와 워프는 언어는 사람들의 생각을 반영하는 중립적인 매개체가 아니라 사람들의 생각을 규정지어 준다고 주장한다. "율법으로 말미암지 않고는 내가 죄를 알지 못하였으니 곧 율법이 탐내지 말라 하지 아니하였더라면 내가 탐심을 알지 못하였으리라(로마서 7:7)"고 한 바울 사도의 고백은 언어는 사람들의 생각을 규정짓는다는 학설을 뒷받침한다. 이는 또한 선교사들이 하는 말이 선교대상자들의 생각을 규정지어 주는 등 그 영향력이 대단하다는 것을 암시한다.

3) 꿈과 환상

위대한 커뮤니케이터로서의 하나님 커뮤니케이션의 또 다른 특징은 언어 외에 꿈과 환상을 통해서도 커뮤니케이션을 하셨다는 것이다. 하나님은 언어로도 꿈과 환상으로도 커뮤니케이션을 하셨다. 꿈과 환상은 일종의 그림언어라고도 할 수 있다. 요즘의 멀티미디어적 요소를 가지고 있는 하나님과의 커뮤니케이션 채널이다.

하나님은 언어 커뮤니케이션과 환상 커뮤니케이션을 구분하셨다. 그 증거를 성경에서 찾아보면 모세가 구스 여자와 결혼한 것을 미리암과 아론이 비난하고 모세의 지도력에 대해 의문시하고 있을 때, 하나님은 모세, 아론, 미리암을 회막으로 나오라고 부르신 후 구름기둥 가운데서 다음과 같이 말씀하셨다.

> 내 말을 들으라. 너희 중에 선지자가 있으면 나 여호와가 이상으로
> 나를 그에게 알리기도 하고 꿈으로 그와 말하기도 하거니와 내 종
> 모세와는 그렇지 아니하니 그는 나의 온 집에 충성됨이라. 그와는
> 내가 대면하여 명백히 말하고 은밀한 말도 아니하며
>
> **(민수기 12:6-8)**

위 구절을 보면 면대면의 언어 커뮤니케이션이 환상이나 꿈 보다 한층 위인 것 같다.

성경은 또한 환상이나 꿈을 통한 커뮤니케이션은 긍정적인 측면도, 부정적인 측면도 있음을 말해준다. 긍정적인 면은 다음과 같은 사건에 나타나있다. 바울이 밤에 환상 중에 마게도니아 사람 하나가 서서 마게도니아로 건너와 도와 달라는 청을 한 후 마게도니아 선교에 주력한 것 (사도행전 **16:9**). 하나님이 벧엘에서 꿈을 통해 야곱에게 나타난 것 (창세기 **28: 10-22**). 요셉이 꿈을 잘 해석해서 모국도 아닌 나라에서 총리직에까지 오르고 기근으로 고통을 받는 그의 형제와 동포를 구하게 된 것 (창세기 **41**). '늙은이는 꿈을 꾸며 젊은이는 이상을 볼 것'이라는 요엘의 예언. 이사야, 에스겔, 예레미야, 다니엘, 요한, 모세, 베드로 모두 다 꿈과 환상을 통해 하나님과 커뮤니케이션을 했다.

그러나 성경은 꿈꾸는 자라고 해서 다 하나님 편에서 꿈꾸는 자가 아님을 우리에게 알려주고 있다. 신명기 13장 1-3절에는 다음과 같은 당부가 있다.

> 선지자와 꿈꾸는 자가 일어나서 이적과 기사를 네게 보이고 네게
> 말하기를 네가 본래 알지 못한다. 다른 신들을 우리가 좇아 섬기자
> 하며 이적과 기사가 그 말대로 이룰지라도 너는 그 선지자나 꿈꾸
> 는 자의 말을 청종치 말라.
>
> (신명기 13:1-3)

사람들의 꿈이나 환상 중에는 하나님이 주신 것도 있고 그렇지
않은 것도 있을 수 있다. 하나님이 주신 것이라도 해몽이 중요하다.
성경 말씀에 비추어 기도하는 올바른 해석을 내려야 한다. 자신의
바램, 선입견, 욕심이 꿈이나 환상의 진정한 해석을 가리지 말게 해
야 한다.

필자는 자기 어머니가 본 환상에 대해 말해 준 한 젊은이의 얘기
를 잊지 못한다. 이 어머니는 기도 중에 황금 열쇠를 환상으로 보았
다고 한다. 그래서 그것을 잡으려고 손을 뻗치는 순간 황금 열쇠는
성경으로 변해 있었다고 한다. 황금 열쇠와 성경 어느 것이 더 중요
한가? 성경의 말씀이야말로 삶의 황금 열쇠가 아니겠는가? 이 환상
은 하나님이 주신 환상이라는데 이견이 없을 것이라고 생각한다.

4) 인간과의 관계 수립

위대한 커뮤니케이터로서의 하나님은 커뮤니케이션을 통해 인간과
의 관계를 이루셨다. 구체적으로 열거하면 첫째, 하나님은 커뮤니케
이션을 통해 인간에게 사명을 주신다. 아브라함, 이삭, 야곱, 모세,
여호수아, 엘리야, 사무엘, 다윗, 이사야, 예수 제자들, 어거스틴, 루
터, 칼빈, 웨슬리, 주기철 등 이미 천국에 가 있는 믿음의 조상들은
다 하나님으로부터 커뮤니케이션을 통해 사명을 받으신 분들이다. 오

늘도 하나님은 목회자들, 선교사들 그리고 평신도들에게도 사명을 주시는 커뮤니케이션을 하신다. 그래서 선교사들에게는 커뮤니케이션을 통해 선교지 사람들과의 인간관계를 갖는 것이 중요하다.

둘째, 하나님은 인간이 하나님께 돌아오도록 커뮤니케이션을 통해 권하신다. "이스라엘아 네 하나님 여호와께로 돌아오라 네가 불의함을 인하여 엎드려졌느니라"라고 호세아 1장 14절은 하나님의 간청을 기록하고 있다.

셋째, 하나님은 인간이 어려움을 당할 때 커뮤니케이션을 통해 위로하신다. 이사야는 이사야서 49장 13절에서 "여호와가 그 백성을 위로하였고 그 고난당한 자를 긍휼히 여긴다"고 하였다. 선교사들은 예수님으로부터, 성경으로부터, 믿음의 선배들로부터 많은 위로를 받는다. 마찬가지로 선교사들은 선교대상자들을 믿지 않는다고 꾸짖을 것이 아니라 하나님께 돌아오도록 간청하고 또 어려울 때 위로해야 한다.

넷째, 하나님은 인간에게 경고를 주시고 그의 경고에 귀를 기울일 때는 뜻을 바꾸시기도 한다. 예레미야 26: 3절에는 "내가 네게 명하여 이르게 한 모든 말을 고하되 한 말도 감하지 말라. 그들이 듣고 혹시 각각 그 악한 길에서 떠나리라. 그리하면 내가 그들의 악행으로 인하여 재앙을 그들에게 내리려 하던 뜻을 돌이키리라" 하였다. 하나님은 인간을 너무 사랑하셔서 우리가 하나님 말씀에 귀를 기울일 때는 당초 계획하셨던 뜻도 바꾸신다는 것은 선교를 하는 사람들에게 큰 힘이 된다.

5) 인간의 삶과 역사

하나님은 역사를 통해 또한 인간의 삶을 통해 커뮤니케이션 하신다. 사실 역사는 인간 삶의 총 집합이라고 할 수 있다. 이스라엘인들이 애급에서 노예 생활을 하고 애급에서 구출되는 역사를 통해 오늘날 사람들에게 커뮤니케이션을 하신다.

역사 속에서 본 하나님의 커뮤니케이션은 이해가 쉽지 않은 면도 있다. 그래서 사도 바울은 하나님의 계시를 신비(에배소서 3:3)라고 했으며 하나님에 대해 우리가 거울로 보는 것 같이 희미하게 그리고 부분적으로 안다고 했다(고린도 전서 13:12).

그러나 역사적 사건은 하나님의 계시를 약속한다. 출애굽 사건은 우리 모두에게 보여주는 하나님의 계시이다. 우리도 돈의 노예, 물질의 노예, 명예의 노예 생활을 하기도 하고 광야에서 헤매기도 하며 하나님을 만나고 엑서더스(Exodus)도 한다. 우리 인간의 역사와 삶이 그렇다는 것을 인정한다면 선교대상자들의 삶과 선교지의 역사를 더 따뜻하고 긍정적으로 볼 수 있다.

3. 하나님의 커뮤니케이션 목적과 전략

하나님이 인간과 커뮤니케이션을 한 목적은 앞에 설명했듯이 인간과의 관계를 갖기 원하셨고 인간에게 사명을 주시기 원하셨으며 이를 통해 하나님은 영광을 받으신다.

구체적으로 하나님은 인간과의 커뮤니케이션을 통해 인간들의 응답을 원하신다. 하나님은 인간으로부터 수동적인 응답이 아니라 능동적인 응답을 원하신다. 이는 인간의 하나님에 대한 헌신을 원하시는 것을 의미하기도 한다.

또한 인간이 하나님과의 관계에서 잘못된 것이 있으면 고쳐지기를 바라시기도 한다. 선악과를 따먹고 동산에 숨은 아담에게 "네가 어디 있느냐?" 물으신 것은 하나님은 이미 아담이 어디 있는지 아셨음에도 불구하고 아담의 능동적인 응답을 원하셨기 때문으로 해석할 수 있다. 예수가 사마리아 여인에게 물을 달라고 청하고 커뮤니케이션을 함으로써도 그녀의 능동적인 응답을 이끌어 내셨다.

하나님은 창조물의 응답, 약속, 헌신을 중요시했음을 알 수 있다.

하나님은 또한 인간들이 하나님을 올바로 이해하기를 바라신다. 하나님이 친히 인간의 언어생활과 문화생활로 들어오신 것은 이를 입증한다. 하나님은 인간의 형상인 예수로 오셨고 인간의 죄악 세계로 들어오셨다. 하나님은 인간의 찬사와 경외를 받기만 원하신 것이 아니고 인간이 하나님을 잘 이해하기를 바라심을 알 수 있다. 멀리서 바라보는 사람들이 가질 수 있는 경외심을 하나님이 원하신다고 생각하는 것은 썩 잘된 생각은 아니다. 오히려 하나님은 인간과의 상호작용 관계에 기반을 둔 이해를 바라고 계신다.

이는 선교사들이 하나님의 진리를 전할 때 전문적 지식이나 성경 지식을 나타내는 것이 중요한 것이 아니라는 것을 말해 준다. 중요한 것은 그들의 문화적 배경을 이해하는 가운데 주님을 쉽게 증거하는 것이다. 예수님은 갈릴리의 평범한 가정의 아이로 태어나 성장하면서 선생님이 되셨다. 성경도 당시 그리스의 엘리트 교육을 받은 사람들이 쓰는 언어가 아니라 코이네(Koine)라는 평범한 그리스 언어로 쓰였다. 코이네 그리스어는 한글로 치면 언문과 같은 것으로 높은 교육을 받지 못한 사람들의 언어다. 평범한 언어로 상대방에게 관련 있는 주제를 선택했다는 데 뜻이 있다.

목적이 있으면 그를 이룰 수 있는 전략이 있기 마련이다. 하나님의 커뮤니케이션 전략은 무엇인가 분석해본다.

커뮤니케이션이 이루어지려면 송신자와 수신자가 필요하다. 송신자는 메시지를 언어나 비언어 기호로 만들어 수신자에게 보내고 수신자는 메시지를 접수하고 해석한다. 즉 송신자는 메시지 내용을 기호화하고 수신자는 송신자의 기호화 된 메시지를 해독화한다.

이런 과정에서 송신자가 보낸 메시지의 뜻이 그대로 수신자에게 전달되는 것은 아니다. 송신자와 수신자는 자신들이 갖고 있는 의도, 문화, 기대감, 욕구, 기분 등에 따라 해독하기 때문에 많은 격차와 오해가 발생하기 쉽다.

오해를 하는 간단한 예를 든다. 한 외국 선교사가 우리나라에 와서 사역을 하였는데 한국어 발음이 서툴렀다. 선교사가 "나는 계란을 좋아합니다"라고 했는데 이것이 상대방에게 '결혼'으로 들린 것이다. 결혼하지 않고 평생을 하나님께 바친다는 서약을 한 그의 입에서 결혼을 좋아한다는 말이 나온 후 그를 교회에서 내보내야 한다는 말까지 나왔다고 한다.

하나님과 인간과의 커뮤니케이션 과정에서 때로는 하나님이 송신자,

인간이 수신자가 되고 또 반대로 인간이 송신자, 하나님이 수신자가 되기도 한다. 분명한 것은 하나님과 인간의 준거틀이 분명히 다르기 때문에 커뮤니케이션에서 문제가 발생할 가능성이 많다는 것이다. 이를 해결하기 위해 하나님은 어떤 전략을 사용하셨는가, 성경을 중심으로 살펴보고 인간이 하나님의 뜻을 헤아릴 때 또 인간이 다른 사람과 커뮤니케이션 할 때 원용할 수 있는 커뮤니케이션 모델을 탐구해 본다.

1) 인간의 준거틀

첫째 하나님은 인간의 준거틀을 존중하셨다. 하나님은 인간의 몸으로 이 땅에 오셔서 인간의 준거틀을 가지고 인간에게 친숙한 상징을 이용해 커뮤니케이션 했다. 빌립보서는 "그는 근본 하나님의 본체시나 하나님과 동등됨을 취할 것을 여기지 아니하시고 오히려 자기를 비어 종의 형체를 가져 사람들과 같이 되었고"라고 한다.

이런 전략을 본받아 바울도 자신과 전도 대상자 사이의 동질성 유지를 중요시했다. 고린도전서 9장 19-22절에서 그는 다음과 같은 고백을 하고 있다.

내가 모든 사람에게 자유하였으나 스스로 모든 사람에게 종이 된 것은 더 많은 사람을 얻고자 함이라. 유대인들에게는 내가 유대인과 같이 된 것은 유대인을 얻고자 함이요
율법 아래 있는 자들에게는 내가 율법 아래 있지 아니하나 율법 아래 있는 자 같이 된 것은 율법 아래 있는 자들을 얻고자 함이요.
율법 없는 자에게는 내가 하나님께는 율법 없는 자가 아니요 도리어 그리스도의 율법 아래 있는 자나 율법 없는 자와 같이 된 것은 율법 없는 자를 얻고자 함이라.
약한 자들에게는 내가 약한 자와 같이 된 것은 약한 자를 얻고자

> 함이요.
> 여러 사람에게 내가 여러 모양이 된 것은 아무쪼록 몇몇 사람들을
> 구원코 자함이니.

인간의 준거틀을 존중한 예수의 사역은 선교사들에게는 선교 대상자들의 삶의 현장에 있을 것을 제시해 준다. 선교사들이 논리적으로 완벽한 설교를 준비해도 내용에 선교대상자들이 공감할 수 있는 삶의 체험이 녹아있지 않으면 감동을 느끼지 못할 것이다.

또한 선교사들의 자기희생을 암시하기도 한다. 고든 콘웰 신학교의 설교학 교수인 해돈 로빈슨은 설교와 관련해 다음과 같은 주장을 한다. "청중들에게 설교하는 것은 설교자의 희생을 요구한다. 설교자의 생각에 아무런 문제가 없을 것이라고 생각되는 예화라도 경우에 따라 청중을 위하여 이를 사용할 자유를 포기해야 한다. 때에 따라 어떤 지방색을 가진 발언이나 정치적인 이야기를 사용할 수 있는 자유를 포기해야 한다. 교육을 받은 대상자에게 할 수 있는 설교를 자제해야 한다. 헌신의 단계까지 와 있는 사람들에게 할 설교를 자제해야 한다. 이러한 희생은 때로 설교자를 위축시키기도 한다.[1]

많은 경우 목회자, 선교사 그리고 평신도들은 전도 대상자들이 새로운 기독교 용어를 배우고 사용하기를 기대하기 쉽다. 그리고 대상자들이 기독교적 생활방식을 따르도록 요구하기 쉽다. 초기 유대 기독교인들이 이방인에게 취한 태도가 그렇다. 초기 유대 기독교인들은 그들이 하나님을 만났을 때의 관습이 모든 사람에게 규범이 되어야 한다고 생각했던 것이다. 그들은 모든 믿는 사람들은 할례를 행해야 하고 히브리 문화로 전환해야 한다고 주장했다. 이로 인해 바

---

1) 해돈 로빈슨(1999), "다양한 회중과 효과적인 설교 전달", 그 말씀(7월호). 도서출판 두란노, p.22.

울과 바나바 사이에 다툼이 일어난 것을 사도행전 15장은 기록하고 있다. 결론은 히브리 문화로의 개종은 종교적 개종과는 다르다는 것으로 났다.

2) 개인적, 인간적인 접근

둘째, 하나님과 인간의 격차를 좁히기 위해 하나님은 인간 한사람 한사람에게 개인적인 방법으로 다가온다. 하나님은 이 세상에 사람으로 오셔서 우리 사람들의 생활에 참여하셨다. 성경 인물인 아담, 노아, 아브라함, 이삭, 야곱, 요셉, 모세, 여호수아, 사무엘, 다윗, 엘리야, 이사야는 다 인간적인 하나님을 만났다.

하나님은 명령 하달적인, 일방적인 커뮤니케이션을 하신 것이 아니고 쌍방향적인 대화식 커뮤니케이션을 하신다. 인간들의 의문에 대해 진지하게 답변하시고 인간들의 관심사에 동참하신다. 추상적인 일을 다루신 것이 아니고 인간들의 매일의 삶의 문제에 관심을 가지신다. 주님은 그래서 "수고하고 무거운 짐진자들아 다 내게로 오라"고 말씀하신다.

선교사들도 선교대상자들과 인간적, 개인적 만남을 갖고 그들의 실생활에 참여하는 것이 중요하다. 막연히 무엇이 옳고 그른 것인가 하는 교훈적인 메시지만을 전하는 것은 하나님이 보여주신 방식이 아니다.

하나님이 인간의 모습으로 온 예수님의 커뮤니케이션 과정을 살펴보면 일반 사람들이 당하는 문제를 일반적으로 다룬 것이 아니라 특정한 사람이 당한 특정한 문제를 다룬 것이 특징이다. 즉 그들의 요구에 개별적으로 소구하셨다. 예수님은 항상 사람의 개인적 필요로 시작해서 이를 발판으로 좀 더 중요한 필요성을 다루었다. 마태복음 9장 2-8절에는 특정한 중풍병자에게 안심하라고 한 다음 죄 사함의 문제를 다룬 것을 나타낸다. 요한복음 4장에는 사마리아 여인에게 물을 달라고 하면서 하나님이 주시는 생수를 먹는 문제를 다룬 모습이 담겨져 있다.

예수님은 사역할 때 모든 문제에 대해 성경구절을 화두로 하여 시작하지 않았다. 오히려 예수님이 광야에서 시험을 받을 때 성경구절을 인용한 것은 사탄이었다. 만일 복음을 전하는 사람들이 일반적이고 박식한 언사를 사용함으로써 다른 사람에게 감동을 줄 수 있다고 생각한다면 이는 일종의 착각이다.

3) 고통 감수와 인내

셋째, 하나님은 메시지의 효과를 위해 커뮤니케이션 과정도 중요하고 고통도 감수하신다. 예수님은 제자인 유다에게 배반당하는 고통, 베드로로부터 부인당하시는 고통, 십자가에 달리시는 고통 등 참으로 많은 고통을 경험하셨다. 때로는 무기력하게 느끼실 때도 있으셨다. 고향 땅에서는, 친척들로부터 배척을 당하셨다. 제자들도 동문서답을 할 때가 한두 번이 아니었다. 그럼에도 불구하고 예수님은 제자들과의 관계를 맺으며 결국은 그들의 헌신을 이끌어 내셨다.

예수님의 커뮤니케이션 과정은 인간의 준거틀에 들어오셔서 인간을 향한 그의 사랑, 용납, 존중을 보여주는 가운데 때로는 매우 취약한 모습을 보이신 적도 있었음을 나타낸다. 예수님은 자신이 메시지가 되어 특정하게 그를 받아드리는 사람들의 문제와 관심사를 다루는 가운데 그를 발견하고 신뢰하도록 유도하셨다. 다시 말해 예수는 수신자로부터 신뢰를 얻고자 하셨다. 많은 연구들은 효과적인 커뮤니케이션을 위하여 수신자와 송신자간의 동질성이 있어야 함을 발견했다. 일례로 경제적인 어려움에 처한 사람들은 재벌가의 자녀가 가난과 빈곤에 대해 말하면 신뢰를 하지 않는다. 오히려 가난한 농촌에서 태어나 커다란 기업을 이룬 현대그룹의 고 정주영 명예회장이 가난에 대해 말하면 수긍을 한다. 반면 존 케네디 대통령 암살, 그의 동생인 로버트 케네디의 암살 등의 비운을 겪은 케네디 일가들이 가정의 비극에 대해 이야기하면 설득력이 있다.

예수님은 또한 메시지를 말로 전하는 것보다 스스로 십자가의 사랑과 용서의 시범을 보이셨다.

4) 인간 스스로의 발견 능력 존중

하나님 커뮤니케이션의 네 번째 전략은 인간들이 당면한 문제에 대해 직접 해답을 주시기보다는 그들로 하여금 해답과 진리를 발견하겠끔 도와주신다는 것이다. 즉 하나님은 인간의 터득 능력을 존중하고 신뢰했다고 말할 수 있다. 예수님이 비유를 사용한 이유도 뜻을 어렵게 하거나 흐리게 하려고 한 것이 아니라 오히려 인간 스스로 깨닫게 하려함에 있다. 예수는 사람들에게 그의 "말을 듣고 깨달으라"(마가복음 7:15)고 강조하셨다. 그래서 비유에 대해 제자들이 물을 때 그는 "이렇게 깨달음이 없느냐"(마가복음 7:18)고 한탄하시기도 했다.

인간의 당면한 문제에 대해 스스로 해답을 찾고 진리를 발견할 수 있는 능력을 존중해 준 예수님 모습은 마가복음 8장 27-30절에서 찾아진다. 예수님이 제자들에게 "나를 누구라 하느냐"고 묻는 장면이 나온다. 제자들이 "더러는 세례 요한이라. 더러는 엘리야, 더러는 선지자중 하나라 하더이다"라고 답변하자 그는 "너는 나를 누구라 하느냐"고 더 질문을 함으로써 "주는 그리스도이나이다"라는 답변을 베드로로부터 이끌어 내었다.

욥의 고통이 의미하는 바에 대해 욥의 친구들은 이말 저말을 했어도 하나님은 그의 뜻을 직접 한마디로 가르쳐 주시지 않았다. 그러나 결국 욥은 그 뜻을 깨달았다.

마태복음 11장에는 그리스도의 하신 일을 듣고 요한이 옥에서 제자들을 보내어 "오실 그이가 당신이오니이까 우리가 다른 이를 기다리오리까"라고 묻는 장면이 나온다. 이 때도 예수님은 "너희가 듣고 보는 것을 요한에게 고하라"고 하셨다.

베드로가 이방인에게 전도하는 사명을 받은 사도행전 10장 9절에서 17절을 살펴보면 베드로는 비몽사몽간에 베드로는 네발 달린 짐승이 광주리에 담아 내려오는 환상을 보며 '잡아먹으라'라는 말을 듣는다. 베드로가 "속되고 깨끗하지 아니한 것은 먹지 않는다"고 하자 "하나님께서 깨끗하게 하신 것을 네가 속되다 하지 말라"고 하는 말씀이 다시 들린다. 이런 일이 세 번이나 있은 후 고넬료가 사람을 보내자 베드로는 모든 것을 깨달아 알았다.

모세가 "백성들이 하나님 이름이 무엇이냐 물으면 무어라 대답하오리까"고 묻자, 하나님은 "나는 스스로 있는 자니이라"라고 답변하셨다. 결국 사람들이 하나님의 정체성을 깨달아 알게 될 것이라는 뜻이다.

이렇게 하나님은 수신자를 신뢰하며 결국 그들이 하나님의 메시지를 받아 올바른 행동을 할 것이라는 것을 믿고 계신다.

반면에 인간들은 어떠한가? 많은 경우, 상대방을 가르치려고 하며 학습자가 이를 그대로 따를 것을 바라고 있다. 심지어는 상대방을 지배하려고도 한다. 이런 지배 동기는 예수님 행동에서는 발견되지 않는다. 요한복음 15장 15절에서는 예수님은 하나님에게서 그가 들은 것을 알게 한 자들을 '종'이 아닌 '친구'라고 했다고 기록하고 있다. 예수는 종은 주인의 것을 알지 못한다고 설명했다. 선교사들은 대상자들이 그들의 친구이며 그들은 스스로 깨달아 알 능력이 있음을 인정해야 할 필요가 있다.

선교지에서의 경험

◆ 가르치기보다는 배운다

인도에 파견된 둘째 날 밤 성당에서 혼자 기도하고 있는데 제대 뒷벽에 무엇이 왔다 갔다 해서 살펴보니 도마뱀이었다. '감히 제대에까지…'라는 생각에 책으로 잡았다. 죽었는지 기절했는지 보지도 않았다. 다음 날 제의방 수련자에게 말했더니 크게 웃으면서 "수녀님, 도마뱀은 나쁜 벌레를 잡아먹는 좋은 친구이니 죽이지 마세요"라고 한다. 나는 부끄러웠다. 싫어하는 것은 당연히 죽여야 한다는 나의 이기적인 생각을 알게 된 것이다. 또 한번은 복도 청소를 다 마친 후 돌아보니 먼지 덩어리가 있어 주우려고 손을 대는 순간, 방사형으로 퍼지는 것에 소름이 끼쳤다. 너무 놀라서 보니 작은 개미 수백 마리였다. 쓰레받기를 황급히 찾는 나에게 인도 청원자는 웃으면서 "그냥 두세요. 먹이를 나누어서 자기 집으로 돌아갑니다, 개미는 청소부예요" 라고 말했다. 정말 그랬다. 모기도 우리처럼 때려잡지 않고, 손을 저어 쫓을 뿐이다. 미물까지도 생각하며 함께 사는 그들이 더럽고, 게을러 보이는 시각도 있겠지만 조금 다른 시각에서 보면 친환경적이고 복음적이라는 생각이 든다. 그들의 친환경적인 심성에 나는 깊은 감동을 받았고, 그들의 지혜를 배우면서 산다. 나도 이제는 개미를 생각해서 먹다 남은 빵 부스러기를 바닥에 흘려둔다. 도마뱀도 귀여운 녀석으로 보인다.

(김에델 수녀님의 글에서 발췌. 교황청전교기구 한국지부에서 발간한 '땅끝까지'
(2004. 1-2, 통권 19호)에 실림.)

4. 예수님의 설득 커뮤니케이션

커뮤니케이션의 정의는 다양한데 그 중 하나는 반응을 불러일으키는 행위를 말한다.2) 지난 2천년 동안 가장 많은 인류가 읽은 책인 성경에는 다양한 행위와 이에 대한 반응이 기록되어 있다. 그런 점에서 성경은 커뮤니케이션 행위의 기록이라고 할 수 있다.

성경의 가장 핵심 인물인 예수님의 커뮤니케이션 행위를 설득 커뮤니케이션 이론 측면에서 분석하면 선교에서 적용할 수 있는 기독교 커뮤니케이션의 특성을 알 수 있다.

커뮤니케이션 현상을 단순하게 설명하는 커뮤니케이션 기본 모델에는 SMCR (Source, Message, Channel, Receiver) 모델이 있다. 데이비드 벌로가 제시한 이 모델은 송신자(정보원), 메시지, 체널, 수신자(수용자)로 구성되어 있다. 벌로는 이 모델에서 송신자와 수신자의 주요 요인으로 기술, 태도, 지식, 사회문화체계를 들었고 메시지의 요인으로 내용과 처리를 들었으며 채널의 요인으로는 보기, 듣기, 접촉하기, 냄새 맡기, 맛보기를 열거했다. 벌로의 모델은 예수가 활동하시던 시대와 근접한 아리스토텔레스의 커뮤니케이션 모델과 흡사하다.3)

커뮤니케이션의 중요한 구성 요소에는 송신자, 메시지, 채널, 수신자 외에 커 효과와 피드백(Feedback)이 포함된다. 피드백이란 메시

---

2) Larry A. Samovar & Richard E. Porter (1991), *Intercultural Communication.* Wadsworth Publishing Co., p.7.
3) 정근원 (역) (1994), 인간의 행동과 커뮤니케이션. 민문사, p.70.

지를 받는 사람이 메시지를 보내는 사람에게 보이는 반응을 의미한다. 예수님의 설득 커뮤니케이션 특성을 효과, 송신자, 수신자, 메시지, 채널, 피드백의 측면에서 생각해 본다.

1) 예수님 커뮤니케이션의 효과

설득 커뮤니케이션이 지향하는 효과는 태도변화와 행위변화이다. 그리고 시기적으로 효과는 단기적 효과와 장기적 효과로 나눌 수 있다.

예수님은 생전에 가까웠던 사람들 그리고 반대자들로부터 배척당해 십자가에 처형됐다. 예수님의 설득이 받아드려지지 않았음은 "내가 땅의 일을 말하여도 너희가 믿지 아니하거든"이라는 성경구절이 잘 나타내고 있다. 사람들이 '예수를 믿지 아니하는 것'을 안타까이 여긴 제자들은 "스스로 나타나기를 구하면서 묻혀서 일하는 사람이 없나니 이 일을 행하려 하거든 자신을 세상에 나타내소서"라는 충고까지 한다.

특히, 정치나 소유에 무관한 예수님이였지만 권력이나 부를 가진 사람들에게 받아드려지지 않았다. 예수를 찾아 온 한 부자 청년은 "네 소유를 팔아 가난한 자들을 주라...그리고 와서 나를 좇으라"하는 예수님의 말을 듣고 '근심'하여 가버리기도 했다. 이 청년은 예수의 말을 이해는 했으나 태도에는 변화를 보이지 않았다.

반면 제자들이 그를 따랐고 많은 사람들이 그의 말을 듣고 찾아왔으며 육신이나 마음의 병 고침을 받았다. 사마리아 여인, 간통한 여인, 세리, 소경이나 다리를 저는 장애자들은 예수를 믿고 또 그의 행한 일을 다른 사람에게 알렸다.

예수님의 설득 커뮤니케이션은 특정 집단 수용자에게는 효과적이었으며 또 다른 집단으로부터는 거부를 당했다. 그리고 그의 설득은 단기적인 효과보다는 장기적인 효과를 거두었다.

2) 연쇄적 커뮤니케이션 과정

벌로는 커뮤니케이션이 하나의 과정이라는 개념을 처음 제시했다. 그의 모델이 보여주는 과정은 일방향적이지만 그 후 학자들은 커뮤니케이션 과정은 정보원과 수용자가 상호작용하는 쌍방향적이라는 점을 강조하였다.

예수님이 수행한 커뮤니케이션 과정을 살펴보면 수용자와의 상호작용 과정을 거친 후, 수용자는 다시 정보원이 되어 또 다른 수용자와 상호작용을 하는 연쇄과정을 불러 일으켰음을 알 수 있다. 사마리아 여인은 예수님을 영접한 뒤 동네에 들어가서 "나의 행한 모든 일을 내게 말한 사람을 와 보라, 이는 그리스도가 아니냐"라는 행동을 하였다. 연쇄적으로 많은 사마리아인들이 예수님에게로 왔다.

연쇄적 과정은 예수님과 제자들 간에 이루어진 커뮤니케이션에서도 잘 나타난다. 예수를 가리켜 "보라 하나님의 어린양이로다"라고 요한이 안드레 등 두 제자에게 말하자 그들이 예수님을 좇았고, 안드레가 시몬 베드로를, 또 안드레와 베드로가 빌립을, 빌립이 다시 나다니엘을 예수에게 인도해 따르게 하는 연쇄작용을 했다.

선교지에서의 경험

선교도 선교지의 몇 사람에게 중점을 두어 개종시키면 연쇄적으로 다른 사람에게 선교가 된다. 인도에서 오랜 선교사역을 한 선교학자 도날드 맥가브린은 교회를 개척하려는 선교사들에게 모든 교인들이 자기 동족과 친밀한 관계를 그대로 유지하며 성장하는 토착 회중들을 무리지어 세우는 것을 목표로 하라고 충고한다. 그는 만일 타이페이의 택시 운전사들을 복음화하려 한다면 몇 명의 택시 운전사,

몇 명의 대학교수, 몇 명의 농부, 어부들을 구원받게 하는 것이 목표가 아니라 오히려 대체로 택시 운전사들과 그들의 아내와 자녀들 그리고 그들의 조수들과 정비사들로 구성된 교회를 개척하라고 한다.

(Mission Perspectives에서)

3) 신뢰성 구축과 동일시

효과적인 커뮤니케이션, 특히 교리 전파 같은 설득 커뮤니케이션을 수행하기 위한 정보원의 특성으로 커뮤니케이션 연구가들은 전문성과 신뢰성을 포함하는 공신력, 명성, 신체적 및 심리적 매력, 권위, 여론지도력, 카리스마 등을 열거하고 있다. 정보원에 관계된 여러 가지 변인이나 속성들을 모두 합쳐 호블랜드는 정보원의 공신력이라고 부른다.4)

예수님의 공신력은 높았다고 할 수 없었고 더구나 명성은 그의 관심 밖이었다. 특히 그는 고향과 친척과 자기집 사람들로부터 신뢰를 받지 못했다. 단지 예수는 제자들이나 일부 사람들과 커뮤니케이션을 함으로써 신뢰성을 구축하였으며 이 신뢰성이 그들을 통해 다른 사람에게 연쇄적으로 이전되었다.

그가 신뢰성을 구축할 수 있었던 것은 첫째로 세리, 병든 자, 간음한 여인 등 사회의 가장자리에 있거나 소외된 사람들을 용납했고 그들의 존엄성을 인정해 주었기 때문이다. 둘째, 그들의 필요성을 충족시켜주는 표적--예를 들면 병 고쳐주는 일--을 행한 것이다. 많은 사람들이 "그리스도께서 오실지라도 그 행하실 표적이 이 사람(예수)의 행한 것보다 더 많으랴"라고 말했다.

---

4) 앞의 책, p.77.

신뢰성 구축의 셋째 요인은 그의 예측성이었다. 예수님은 '자신을 팔' 제자에 대해 말한 것이나 '닭이 두 번 울기 전'에 애(愛) 제자인 베드로가 예수를 세 번이나 부인 할 것, 바다 멀리 나가서 그물을 던지면 물고기가 많이 잡힐 것이라는 그의 예견이 그대로 이루어졌으며 당사자들은 이를 통해 예수를 믿게 되었거나 믿음이 강화되었다. 예수님이 예측한 것은 수용자가 전혀 기대하지 않았던 것이었으며 수용자의 기대를 긍정적으로 위배한 것이었다. 설득과정에서 기대하지 않았던 메시지가 기대한 메시지보다 더 큰 이유를 기대위배 이론가들은 기대를 위반한 행위를 하면 수용자는 주의를 집중하며 정보 처리를 세심하게 함과 동시에 행위에 대한 평가 과정을 활성화한다고 설명한다.5)

정보원으로서 예수님의 또 다른 특징은 수신자의 사회문화계와 동일시를 이룬 점이다. 성경은 예수님이 하나님의 아들이지만 인간의 준거틀을 가지고 이 세상에 와서 인간의 언어와 문화를 사용했음을 거듭 강조한다. "그는 근본 하나님의 본체이시나 하나님과 동등 됨을 취할 것을 여기지 아니하시고 오히려 자기를 비어 종의 형체를 가져 사람들과 같이 되었고"라고 성경은 기록하고 있다.

4) 가난한 수용자

설득 이론가들이 관심을 갖고 연구하고 있는 수용자의 특성, 다시 말하면 메시지 조정자 및 처리자, 자아방어자, 정보추구자, 문제해결자, 집단소속자로서의 면모를 예수가 행한 커뮤니케이션의 수용자들도 가지고 있다. 예수를 배척하고 있는 고향사람들은 자아방어자이거나 집단소속자이었다. 질병과 고난의 문제를 해결하기 위해 예수

---

5) 최윤희·김숙현 (1997), 문화간 커뮤니케이션의 이해. 범우사, **p.41.**

앞에 나온 사람들은 문제해결자임과 동시에 정보추구자이었고 이들은 또한 자신이 습득한 정보의 처리자로서 역할을 하였다. 메시지 조정자로서의 수용자의 면모는 요한복음 7장에 잘 나타나 있다. 예수님을 잡으려고 하속을 보낸 바리새인들에게 예수님께서 한 말씀, "내가 조금 더 있다가 나를 보내신 이에게로 돌아가겠노라 너희가 나를 찾아도 만나지 못하리라"에 대해 유대인들은 "헬라인을 가르칠 터인가"하고 해석하였는데 이는 죽음을 암시한 예수님의 의도와는 일치하지 않은 것이었다.

예수님이 행한 커뮤니케이션의 수용자들은 또 다른 특성을 가지고 있다. 그를 찾아 와 그의 메시지를 받아드린 사람들은 대부분 병든 자들, 고통 중에 있는 자들, 그리고 '죄인'들이었다. 예수님이 "이스라엘 사람들 가운데서도 이만한 믿음은 만나보지 못했다"고 여긴 사람은 하인의 병을 치유해달라고 부탁한 백부장이었다. 옥합을 가지고 와서 눈물로 예수님의 발을 적시고 향유를 부은 사람은 '죄인'이었다. 죄인들과 세리들이 많이 예수님을 좇는 것에 대해 그는 "건강한 자에게는 의원이 쓸데없고 병든 자에게라야 쓸데 있느니라"하며 자신은 '죄인'을 부르러 왔다고 하였다. 병자나 죄인들은 산상복음에 나오는 가난한 자, 주린 자, 우는 자와 일맥상통한다. 이들의 필요성과 두려움은 예수님과 커뮤니케이션을 하고 그의 메시지를 받아드릴 동기가 된다.

그러나 성경이 말하는 가난한 자와 부요한 자의 개념은, 사회학적 관점에서 보는 가난한 자나 부유한 자의 개념과 전혀 무관한 것은 아닐지 모르지만, 다르다. 사회학에서 말하는 가난은 물질의 결핍을 의미한다. 그러나 예수님은 '있는 것'과 '없는 것' 즉 소유를 가늠하는 데 주안점을 두지 않았다. 가난한 자가 복을 받는다고 한 예수님은 "누구든지 있는 자는 받겠고 없는 자는 그 있는 줄로 아는 것까지 빼앗기리라"(누가복음 8:18)라고 이율배반적인 말을 했다. 이는 가난과 소유가 동일한 것이 아님을 말해준다. 예수님이 '물건 나누는 것'에는 커다란 관심이 없음을 누가복음 12장 15절은 기록하고 있다.

예수님이 내린 가난한 자에 대한 정의는 하나님을 향해 항상 마음을 열고 있어 "그 주인이…문을 두드리면 곧 열어주려고 기다리는 사람"(누가복음 12:36)이다. 사람들은 상실감이나 실패, 질병 등으로 연약함을 체험할 때 하나님을 의존하고 복음에 귀를 기울이는 수용자가 됨을 말해주는 구절이다.

'나를 불쌍히 여기옵소서 나는 죄인이로소이다'라고 고백하는 세리를 가난한 자라고 예수님은 부르면서 이와 대조를 이루는 사람으로 '자기를 의롭다고 믿고 다른 사람들을 멸시'하는 바리새인을 들었다. 전자가 '자기를 낮추는 자'라면 후자는 '자기를 높이는 자'이다. 따라서 가난과 대비되는 개념은 물질적인 것에 대한 집착, 비민감성, 무감각, 율법적인 것을 의미한다.

기독교 커뮤니케이션에서는 빈곤과 부유는 대치되거나 갈등되는 개념이 아니라 상호보완적인 개념이다. 하나님은 전지전능, 무소불능, 부요한 자로 표현되지만 그러나 그의 아들인 예수님은 '머리 둘 곳도 없는' 가난한 자이다. 예수님은 가난함의 중요성을 강조한 반면 '하나님에 대하여 부요한 자가 될 것'을 강조한 것이 누가복음 12장 21절 나타나 있다. 가난함은 약함과 동시에 믿음에 대한 확신에서 오는 강함, 온유와 겸손이 혼합된 것을 의미한다.

5) 메시지 내용, 기호 및 처리

메시지 내용의 조직과 처리와 관련 해 설득 커뮤니케이션의 주된 관심은 양면적 메시지 대 일면적 메시지, 명확한 결론 제시 대 암시적 결론 제시, 이성적 대 감성적 소구 방법, 정보원의 주장 제시를 처음 하는 것과 나중에 하는 것의 효과 비교, 위협적 메시지 및 반복적 메시지의 효과 그리고 메시지의 독이성(readability)이나 청이성(listenability)이다.

메시지의 독이성이나 청이성은 짧고 단순하며 이해하기 쉽게 인간적 요소를 깃들여 메시지를 전달하는 정도를 의미한다. 예수의 커뮤니케이션 행위는 독이성이나 청이성 커뮤니케이션 이론에 꼭 맞는 것은 아니다. 커뮤니케이션 이론은 수용자가 이해할 수 있는 명확한 커뮤니케이션을 할 것을 강조하는데 비해 예수님의 커뮤니케이션 행위는 수용자들에게는 이해가 안 되는 부분이 상당히 있었다. 이는 육신적인 사람들에게 영적인 것을 이야기 할 때 존재하는 간격 때문이다. 제자들이 예수님에게 음식을 권하자, 예수님이 한 "내게는 너희가 알지 못하는 먹을 양식이 있느니라" 라는 답변은 제자들에게는 이해할 수 없는 것이었다. 예수가 자기를 가리켜 '하늘로서 내려온 떡'이라고 하자 듣고 있던 유대인들이 수군거렸고, 제자들은 "이 말씀은 어렵도다 누가 들을 수 있느냐"고 까지 하였다.

일면적 대 양면적 메시지의 효과 (자신의 메시지만 제시하는가, 아니면 자신의 것과 반대되는 것을 같이 제시하는가)는 수용자의 교육정도, 노출경험, 기존태도에 의해 영향을 받는다는 연구 결과가 있긴 하다. 즉 교육정도가 높은 사람에게는 양면적 메시지가 효과적이며 전에 반대 메시지에 노출된 경험이 있거나 앞으로 노출될 가능성이 높을 때에는 양면적 메시지가 효과적이라는 뜻이다. 그러나 종합적으로 볼 때 두 가지는 별 차이가 없는 것으로 나타났으며 메시지 제시 순서도 수용자의 변인(예를 들면 교육 정도나 기존 태도)이 중개적 역할을 하기 때문에 이에 대한 연구도 상반된 결과를 나타내고 있다.6) 이 때문에 예수님의 행위를 이런 면에서 분석하는 것은 생략

---

6) 앞의 책, p.83.

하기로 한다.

예수님이 '무리'와 '제자'들에게 설교한 말을 기록한 마태복음 23장에 "화 있을찐저 외식하는 서기관들과 바리새인들이여"라는 구절이 반복되어 있고 산상설교에 '복이 있나니'의 표현이 반복된 것은 반복 학습을 통한 설득의 효과 함양과 맞아 떨어진다. '사랑'의 메시지를 전하는 데 가장 중점을 둔 예수님이지만 마태복음 23장이나 성전에서 물건 파는 사람들에 대한 질책에서 알 수 있듯이 예수님의 소구 방법에서 위협을 완전히 배제 할 수 없다. 반복적 메시지와 위협적 소구는 지나치지 않는 것이면 효과가 있다. 그러나 반복이 지나쳐서 수용자에게 무료함을 극심하게 느낀다든지 위협이 지나쳐서 메시지 자체가 불쾌해 수용자가 외면해 버리면 효과는 기대하기 어렵다.

또, 예수님은 바리새인들이나 서기관들의 물음에 답변할 때는 이성적 소구 방법을, 일반 사람들에게 말을 전할 때는 감정적 소구 방법을 선호했다. 사람들의 눈에 밭에 씨 뿌리는 장면을 연상케 하면서 믿음을 설명한 마가복음 4장은 사람들의 감성에 소구하는 예증인 반면 유전을 지키는 데 열심인 바리세인들과 서기관들의 질문에 이사야의 예언으로 답변한 것은 이성적 소구의 예증이다.

예수님의 메시지는 행동과 말로 구성되어 있는데 그의 메시지 기호화, 처리, 소구 방법을 더 깊이 분석해 보면 다음과 같은 특징이 발견된다.

6) 욕구에 소구하는 메시지

성경은 많은 사람들이 예수를 믿지 않고 배척하였음에도 불구하고 예수가 병과 약한 것을 고치는 행위를 할 때 사람들은 모여들었다고 기록하고 있다. 아픈 사람을 치유할 때 귀신들도 그를 가리켜 "당신은 하나님의 아들이니이다"라고 했다. '밤이 맞도록 수고를 하였어도 얻은 것이 없었던' 어부 베드로는 "깊은 데로 가서 그물을 내려 고기를 잡으라"는 예수의 말을 따르는 가운데 그물이 찢어질 정도로 고기가 잡히자 '나는 죄인이로소이다'고 고백했다. 커뮤니케이션 행위는 행동과 소리, 단어, 그림, 몸짓 등 정보를 담은 기호로 이루어지는데7) 예수의 경우는 수용자의 필요성 즉 욕구를 충족시켜주는 행동과 말을 함으로써 효과를 거두었다.

욕구를 표면적 욕구와 심층적 욕구로 구분하면서 미국 풀러 신학대학교의 찰즈 크래프트 교수는 예수는 사람들의 개인적이며 표면적 욕구를 발판으로 하여 심층적 욕구의 문제를 다루는 가운데 삶을 변화시켰다고 본다. 표면적 욕구는 흔히 말하는 의식주에 대한 욕구 등을 포함하며 심층적 욕구는 사람들이 인식하지 못하거나 사람들의 표현 능력의 범위를 벗어난 욕구로 영적인 갈구, 남을 보살피거나 좋은 일에 참여하고 싶은 욕구 다시 말하면 자아 존중이나 자아 초월의 욕구를 말한다.

욕구와 관련, 예수님은 네 단계의 커뮤니케이션 전략을 수행하였다고 분석된다. 첫째, 표면적 욕구 발견, 둘째, 표면적 욕구에 관련된 메시지 전달, 셋째, 이런 과정에서 더 깊은 심층적 욕구를 발견하거나 심층적 욕구의 문제를 다룰 수 있는 수용자의 내면에 접근, 그리고 마지막으로 심층적 욕구를 다루었다.8)

7) 사람이 메시지

메시지는 언어나 기호로 처리되는 것만이 아니라 사람이 메시지임을 성경은 강조하고 있다. 이를 요한복음 1장 14절은 "말씀이 육신

---

7) 최윤희(역) (1990), 인간 커뮤니케이션. 나남, p.68.
8) Charles H., Kraft (1997), *Communication Theory for Christian Witness.* Orbis Books, pp.68-69.

이 되어 우리 가운데 거하시매"라고 기록하고 있다. 이는 사람과 사람의 삶 자체가 메시지임을 나타내고 있다. 따라서 누가복음 10장과 마가복음 10장에는 전도자를 포함한 기독교 커뮤니케이터를 영접하는 것은 곧 예수님을 영접하는 것과 같으며 이는 다시 예수님을 보낸 하나님을 듣고 영접하는 것과 같고, 반대로 그들을 저버리는 것은, 예수님을 더 나아가 하나님을 저버리는 것과 같다고 기록하고 있다.

'사람'이 '메시지'임은 커뮤니케이션이란 말이나 글만으로 이루어지는 것이 아니라 예수의 제자훈련 같이 총체적인 삶을 통해 이루어짐을 암시한다.

8) 실생활 이야기, 비유, 격언

예수님이 선호한 메시지 전달 방법은 실생활 이야기에 근거한 비유와 격언이다. 분위기, 등장인물, 줄거리로 구성된 이야기는 사람들의 호기심을 자극하고 기억을 도와주는 역할을 한다.9) 예수님은 메시지를 사람들에게 친숙한 사물에 비유하여 간결하게 전달함으로써 이해를 용이하게 하는 방법을 구사하였다.

'믿음' 같은 추상적인 주제를 설명하면서 예수님은 사람들이 잘 이해할 수 있도록 그들에게 친숙한 '씨 뿌리는 자'나 '겨자 씨'에, 천국은 '각종 물고기를 모는 바다에 친 그물', '좋은 진주를 구하는 장사'에 비유하였다. '공중에 나는 새', '들에 핀 백합화'가 다 예수의 비유 대상이었다. 흔히 식탁에 오르는 빵과 포도주를 예수님은 그의 '살'과 '피'라고 비유의 대상으로 삼았으며 이는 지난 2천년간 성찬식에 오르고 있다.

---

9) Paul A. Soukup (compiled) (1989), *Christian Communication*. Greenwood Press, p.152.

예수님이 비유를 쓴 것을 마가복음에는 '저희가 알아들을 수 있는 대로' 말씀을 가르친 것으로 기록하고 있다. <상상이 담긴 설교>의 저자인 워렌 위어스비 목사는 비유는 듣는 자로 하여금 상상의 눈을 통해 송신자의 말을 마치 그림을 보듯 떠올려 생각하게 하고 머리 뿐 아니라 가슴으로 반응하게 한다고 설명한다. 위어스비는 그의 저서에 "좋은 은유는 충격을 일으키며 서로 닮지 않은 것을 한데 묶으며, 재래식 관점을 늘 불편하게 만들며, 긴장을 야기시킨다"는 정의를 소개하고 있다.10)

하나님 말씀과 씨를 연결시킨 예수님이 비유를 분석해 보면 듣는 사람들은 이미 씨가 무엇인지를 너무 잘 알지만 그것을 하나님 말씀과 연결해 보지 않았기 때문에 이 서로 닮지 않은 비유는 마음에 충격을 줄 수 있다. 이렇게 닮지 않은 두 요소를 '연관'시키면서 문제들을 '새로운 관점에서' 보도록 유도하는 것이 예수의 표현방법이라는 분석도 있다.

격언은 많은 것을 관찰하고 경험한 바탕 위에 단순하고 명확하게 커뮤니케이션 하는 방법이다. 관찰과 경험의 바탕 위에서 수행하는 커뮤니케이션은 많은 사람들에게 공감대를 형성할 수 있으며 격언의 단순, 명료한 전달방법은 수신자의 이해를 돕는다. "가이사의 것은 가이사에게, 하나님의 것은 하나님에게", "선지자가 자기 고향과 자기 친척과 자기 집 외에서는 존경을 받지 않음이 없느니라 하시느라", "악한 자를 대적치 말라 누구든지 네 오른편 뺨을 치거든 왼편

---

10) 워렌 W. 위어스비의 저서, 상상이 담긴 설교 (요단출판사, 1988) 에서 인용. 위어스비는 사람들을 변화시키려면 마음에 감동을 주어야 함을 강조한다. 비유는 감성에 소구하는 메시지 전달 방법으로, 감성적 소구는 수용자들로 하여금 즐거움을 느끼게 하며 메시지에 대한 저항감을 감소하게 하며 수용자들의 바램(desirability)에 호소하는 것이므로 정서적 태도 변용에 효과적이라고 한다. 반면 메시지의 내용이 복잡할 경우에는 이성적 소구가 효과적인데 다른 변인들이 동일 할 경우에는 두 가지 방법의 효과는 별 차이가 없거나 또는 감성적 소구방법이 더 효과적이라고 학자들은 설명한다.

도 돌려 대며”, “만일 나라가 스스로 분쟁하면 그 나라가 설 수 없고 만일 집이 스스로 분쟁하면 그 집이 설 수 없고”, “너희 원수를 사랑하며 너희를 핍박하는 자를 위해 기도하라”(마태복음 5:44) 등은 많은 사람들의 입에 오르내리는 예수님이 남긴 격언이다.

예수님의 산상설교라고 알려진 마태복음 5장에서 7장은 비유적 표현과 격언으로 구성되어 있는데 이에 관한 효과를 성경은 수용자들이 “그 가르치심에 놀래니 이는 그 가르치는 것이 권세 있는 자와 같고 저희 서기관들과 같지 아니함일러라”라고 기록하고 있다.

9) 희망적 메시지와 긍정적 태도

예수님은 자신의 행위와 메시지를 직접 기록하지는 않았다. 그가 십자가에 못 박혀 운명한 지 20년쯤 지난 후 제자들에 의해 기록되었다.

그러나 제자들이 남긴 예수님의 메시지나 행위를 분석해 보면 예수는 어느 개인이나 집단도 부정적인 시각으로 보지 않았음을 알 수 있다. 다시 말하면 수신자에 대해 긍정적인 태도를 보였다고 말 할 수 있다. 그의 메시지 골자는 하나님 안에서 인간은 죄사함을 얻고 자유로워지며 하나님은 모든 사람들을 자녀로서 사랑한다는 것이다. 긍정적인 메시지이다.

예를 들어 “재물이 있는 자는 하나님의 나라에 들어가기가 심히 어렵도다”(마가복음 10:23)라고 말했듯이 예수님은 재물이 많은 자의 부정적인 면을 알고 있었지만 결코 그들을 정죄하거나 낮추어보지 않았다. 그들의 구원에 대해 예수님은 “사람으로는 할 수 없으되.... 하나님으로서는 다 하실 수 있느니라”(마가복음 10:27) 라고 소망과 사랑의 메시지를 주었다.

사마리아 여인, 그리고 예수님이 십자가에 못 박혀 돌아가실 때

옆에 있던 강도와의 커뮤니케이션에서도 나타났듯이 예수님은 결코 그들을 정죄, 조롱, 저주하는 언사나 행위를 하지 않았다.

심리학자 칼 로저스는 상대방에 대한 무조건적인 관심과 감정이입적 이해가 대인과의 관계 발전에서 필요하고 충분한 조건이라는 이론을 주장한다. 충분한 조건인가에 대해서는 이견을 보이는 학자들이 있지만 필요한 조건이라는 데는 의견의 일치를 보이고 있다.[11]

이런 근거로 기독교인들의 효율적인 커뮤니케이션 모델로 타인긍정-자기긍정의 대화 모형이 개발되어야 한다는 의견이 제시되기도 한다.[12]

◆ 두 가지 예화

필자가 잘 아는 어느 대학원 학생으로부터 들은 말이다. 이 대학원 학생은 자신의 은사가 자기에 대해 자기 친구에게 한 말을 전해 들었다고 한다. 그 말은 "그 대학원 학생은 어떤 어려운 지경에 있어도 살아남을 것이다"란 아주 간단한 것이었다. 대학원 학생이 친구에게 이 말을 전해들은 때는 마침 자신이 매우 곤경에 처해있을 때였다고 한다. 이 말을 전해 듣고 울음이 왈칵 쏟아졌다고 한다. 그리고 어려움을 헤쳐 나가겠다는 용기를 백배 가지게 되었다고 한다.

부정적 예라도 필자와 각별했던 사람의 얘기다. 그 당시 누구라면 알만큼 지명도가 있는 분이었다. 암을 앓고 있었는데 의사한테 "희망이 없다"는 너무나 솔직한 얘기를 들었다. 그는 하나님의 부르심을 받기 전 삶을 포기해 스스로 버리고 말았다. 이 사건은 필자로

---

11) 김우룡 (1992), 커뮤니케이션 기본이론. 나남, p.161.
12) 이상윤 (1998), "효율적인 언어관리", 기독교언어문화논집 제 2집, 국제기독교언어문화연구원, p.93.

> 하여금 선교사이던, 의사이던, 교수이던 어떤 직업을 가진 사람이던
> 간에 커뮤니케이션 위력과 파괴력에 대해 알아야 한다고 다시 한번
> 생각하게 했다.
> 우리의 커뮤니케이션 행위가 다른 사람을 살릴 수도 죽일 수도 있
> 다는 사실은 우리로 하여금 옷깃을 여미게 한다.

10) 질문: 자가 진리 발견 도우미

예수님 커뮤니케이션 행위의 또 다른 특징은 특정 사안에 대해
많은 경우 수신자에게 해답을 주기보다는 그들이 스스로 해답을 찾
도록 도와주셨다는데 있다. 제자들이 자신의 정체성에 대해 잘 이해
하고 있는지 파악하기 위해 예수는 제자들에게 "사람들이 나를 누구
라고 하느냐"는 질문을 던졌다. 제자들이 "세례 요한이라고 하고 더
러는 엘리야, 더러는 선지자중 하나라 하더이다"라고 대답하자 다음
에 "너희는 나를 누구라 하느냐"고 물음으로써 베드로로 하여금 "주
는 그리스도시니이다"라는 답변을 하도록 도와주었다.

예수는 제자 베드로에게 "네가 이 사람들보다 나를 더 사랑하느
냐"고 세 번 반복해 물음으로써 "주여 그러하오이다 내가 주를 사랑
하는 줄 주께서 아시나이다"에서 "주여 모든 것을 아시오매 내가 주
를 사랑하는 줄을 주께서 아시나이다"라는 더 적극적인 답변을 이끌
어 내었다. 질문을 던짐으로써 예수님은 사람들로 하여금 자기 성찰
을 하고 해답을 발견하도록 도와주었다.

예수님은 반론적인 질문도 했는데 예수님의 변론법을 연구한 학자
들은 예수님 반문은 때로는 그를 골탕 먹이려고 악의의 질문을 하는
대제사장들과 장로들을 낭패에 빠지게 하는 구조를 가졌다는 분석을
한다. 예를 들어 대제사장들과 장로들은 예수가 성전에서 가르칠 때

"네가 무슨 권세로 이런 일을 하느뇨"라고 도전적인 질문을 했는데 예수는 "나도 한 말을 너희에게 물으리니 너희가 대답하면 나도 무슨 권세로 이런 일을 하는지 이르리라"하며 이어 "요한의 세례가 어디로서 왔느냐 하늘로서냐 사람에게로서냐"라는 질문을 던졌다. 질문에 대한 답변을 의논하는 중에 그들은 자신들의 오류를 깨달았다. "만일 하늘로서라 하면 어찌하여 저를 믿지 아니하였느냐 할 것이요, 만일 사람에게로서라 하면 모든 사람이 요한을 선지지로 여기니 백성이 무섭다"는 결론에 이르렀다. 그래서 그들은 "우리가 알지 못하노라"라고 하였고 예수는 "나로 무슨 권세로 이런 일을 하는지 너희에게 이르지 아니하리라"라고 답변을 하였다. 예수의 이런 질문은 대제사장들, 장로들, 바리새인들, 서기관들에게 교묘하게 되씌우려는 의도가 없었고 그들의 합리적 추리를 도출하려는 성실로 차 있었다는 분석도 있다.13)

11) 채널: 보기, 듣기, 먹고 마시기, 접촉하기

벌로는 수용자가 지각하는 감각을 채널이라고 정의하면서 채널의 요소로는 보기, 듣기, 접촉하기, 냄새 맡기, 맛보기를 들고 있으며 이런 요소들은 서로 연결되어있다고 했다.14)

예수님은 수용자의 보기, 듣기에 소구하는 행동하기와 말하기와 함께, 접촉하기, 먹고 마시기를 주로 사용했다.

예수님은 "눈은 봄으로, 귀는 들음으로 복이 있다"고 하였으며 듣고 보는 것이 믿음과 밀접한 연관성을 가지고 있다고 강조하셨다. 예수님이 선호한 비유적 메시지는 수용자의 듣기 채널만이 아니고

---

13) 민경배 (1997), "기독교에 있어서의 언어 : 그 문제와 변천", 기독교언어문화 논집 제1집. 국제기독교언어 문화원.
14) 정근원 (역), 앞의책, p.67.

보기 채널을 통해서 전달되었다. 즉 멀티미디어를 사용하신 것이다. 사람들은 비유적 표현을 들으면서 이미지를 떠올릴 수 있고 상상을 할 수 있기 때문이다.

예수님에 의하면 진정한 듣기와 보기는 깨닫는 것이며 아는 것이다. 이를 그는 다음과 같은 이사야의 예언을 인용해 설명하셨다. "너희가 듣기는 들어도 깨닫지 못할 것이요 보기는 보아도 알지 못하리라 이 백성들의 마음이 완악하여져서 그 귀는 듣기에 둔하고 눈은 감았으니 이는 눈으로 보고 귀로 듣고 마음으로 깨달아 내게 고침을 받을까 두려워함이라." 이런 개념은 예수님이 비유를 사용하는 이유를 설명한데서도 나타난다. "보기는 보아도 알지 못하고 듣기는 들어도 깨닫지 못하게 하여 돌이켜 죄사함을 얻지 못하게 하려 함이니라."

예수님이 잡히시기 전 마지막으로 제자들과 나눈 '최후의 만찬'에서도 알 수 있듯이 예수님은 먹고 마시기 채널을 사용하였다. 먹고 마시기는 사귐, 교제, 관심의 메시지를 전달하는 채널이다. 먹고 마심을 통해 교제를 나누는 예수님의 행위에 대해 일부는 예수를 "먹기를 탐하고 포도주를 즐기는 사람이요 세리와 죄인의 친구"라고 비판하였다.

기적과 치유는 접촉하기 채널을 통해 많이 나타났다. 베드로 장모의 열병은 예수가 '손을 만지니' 떠나갔고, 12년 동안 혈루증으로 고생하던 여인은 예수의 겉옷을 만진 후 고침을 받았으며, 예수가 눈을 만지니 소경들은 눈이 밝아짐을 경험하였다고 성경은 기록하고 있다. 예수님의 옷 가에 손을 대기만하면 사람들의 병이 나았다고 한다.

예수님이 사용하신 보기, 듣기, 먹고 마시기, 접촉하기의 멀티미디어 채널은 인간의 다섯 가지 감각에 그치는 것이 아닌 것 같다. 이를 통해 초월적인 감각이 활성화됨을 예수님의 커뮤니케이션 행위는 암시하고 있다. 오감이 중요한 것은 요한1서 1장 1절에 잘 나타나있다. "태초에 있는 생명의 말씀에 관해서는 우리가 들은 바요, 눈으로 본 바요, 주목하고, 우리 손으로 만진 바라.” 역시 오늘날 유행하는 멀티미디어의 개념을 나타낸다.

특별히 성경은 청각과 시각의 결합을 중요시하고 있다. 요한 계시록에는 청각과 시각적 자료가 나타난다. 촉각, 미각 후각도 나타나지만 듣는 것이 기본이며 듣는 것은 보는 것과 함께 한다. 이 두 감각은 협력하여 작용한다. “몸을 돌이켜 음성을 알아보려고”라는 계시록 1장의 말씀을 상고해 보면 잘 알 수 있다.

12) 피드백

피드백은 송신자가 보낸 기호나 행동에 대해 반응을 보이는 기회를 말한다. ‘눈에는 눈, 이에는 이,’ 즉 맞대응은 전통적인 피드백의 일종이다. 예수님은 제자들에게 “비판하지 말라”, “정죄하지 말라”고 가르쳤는데 그 이유로 예수님은 그들이 비판과 정죄를 받지 않게 하기 위해서라고 설명한다. 이렇게 맞대응 피드백은 인간사회에 편재한다.

그러나 예수님이 가르치시거나 시범을 보인 피드백은 인내, 자비, 사랑, 폭력거부가 포함되는 여러 가지 형태이다. 예수님은 핍박을 하거나 악한 말을 하는 상대방이 있으면 대적하지 말고 “기뻐하고 즐거워하라”, “너희 원수를 사랑하며 너희를 핍박하는 자를 위하여 기도하라”고 가르치셨다. 그는 원수를 ‘사랑’하고 ‘미워하는 자’를 ‘선대’하며, 저주하는 자를 위하여 ‘축복’하며 모욕하는 자를 위해 ‘기도하라’고 하셨다. 심지어 “오른편 뺨을 치거든 왼편도 돌려 대라”고 하셨고 형제에게 원망 들을만한 일이 있으면 ‘먼저 가서 형제에게 화목’하라고 강조하셨다. 예수님 커뮤니케이션의 주된 수용자인 가난한 수용자의 피드백은, 사회과학적 관점에서 보면, 조직적 주장에서 강요된 침묵인데[15], 예수가 강조한 피드백은 그 반대이다.

그러나 예수가 무엇보다 강조한 피드백은 "내가 죄인을 불러 회개시키러 왔노라"라는 구절에서 볼 수 있듯이 회개였다. 회개의 가장 근본적인 의미는 '돌이킴'으로 삶의 방향이 전환되어 믿음의 길로 향하는 것을 의미한다.16)

13) 요 약

예수님이 행한 커뮤니케이션 행위를 설득이론과 비교·대조해 보면 예수님의 행위는 설득이론에 의해 설명될 수 있는 부분이 있고 설명될 수 없는 부분이 있음을 알 수 있었다. 프랑스의 커뮤니케이션 학자인 바빈이 지적한대로 예수의 커뮤니케이션 스타일은 오늘날 마케팅 전문가들이 강조하는 '시장성'면에서는 취약했고 그의 이미지는 광고 전문가들이 만들어 내는 이미지와는 달랐다.17)

예수님이 생전에 행한 커뮤니케이션은 제자, 세리, 병든 자, 가난한 자, 간음한 여인 등 특정 집단에는 효과적인 반면, 장로, 제사장, 바리새인, 서기관들로부터는 배척을 당했다. 예수님의 커뮤니케이션은 그가 생존했던 시대, 즉 단기적 효과보다는 그의 사후 2천년에 걸쳐 장기적인 효과를 거두었다. 예수님은 수용자와 동일시를 이루는 가운데 사람들의 필요성을 채워주고 예측성을 발휘하여 정보원으로서 신뢰성을 구축하였다. 신뢰성은 설득이론에서도 가장 중요시되는 정보원의 요소이다. 예수가 행한 커뮤니케이션의 수용자는 마음이 가난한 자들이었으며 이들은 필요성을 채우고 두려움을 해소하는 동기를 가지고 예수님에게 나오고 그의 메시지를 받아드렸다. 이는

---

15) Pierre Babin (1991), with Mercedes Iannone (David Smith 역), *The New Era in Religious Communication*. Fortress Press, p.109.
16) 최창섭 (1994), 자아 커뮤니케이션. 범우사, p.359.
17) Pierre Babin (1991), with Mercedes Iannone (David Smith 역), 앞의책, p.71.

설득 연구에서도 메시지를 잘 받아드릴 수 있는 수용자에 대한 연구가 필요함을 시사해 주고 있다.

예수님 메시지 특징은 실생활에 근거한 비유와 격언 표현으로 수용자의 이해와 기억을 도왔으며 질문이나 반문을 통해 문제의 해답을 수용자가 스스로 찾도록 도와주었다. 예수님은 또한 말보다 행위가 중요하며, 그리고 사람 자체가 메시지임을 알려주신다. 예수님은 수용자의 듣기, 보기, 접촉하기, 먹고 마시기의 채널을 이용했으며 이런 채널들은 인간의 오감에 호소하는 것으로 끝나지 않고 성령의 도우심으로 초월적인 감각을 활성화시키는 것으로 나타났다. 치유나 기적은 만지기를 통해서 나타났다. 예수님이 강조한 피드백은 맞대응이 아니라 인내, 자비, 사랑, 폭력거부, 화목, 그리고 무엇보다 회개였다.

이런 커뮤니케이션 과정을 중시한 예수님의 커뮤니케이션 행위가 2천년이 넘도록 범세계적으로 유례없는 영향력을 발휘한다는 사실은 기독교적 설득 커뮤니케이션이 커다란 효과가 있음을 말해준다.

선교지에서의 경험

◆ 한국의 빨리 빨리와 태국의 천천히

선교지에 있는 현지인이나 선교사나 모두 하나님 안에서 존귀한 사람들이다. 교육, 재산, 생활수준은 다르더라도 하나님의 형상을 따라 지음 받은 존귀한 존재라고 성경은 말한다. 따라서 서로를 무시하고 대적한다면 하나님의 이름을 대적하는 것이요, 하나님의 이름을 무시하는 것이다. 이 사실을 잘 알고 있음에도 불구하고 왜 서로 갈등하며 반복하는가.

우선 선교사와 현지인 혹은 선교사와 선교사 사이에서 이루어지는 의사소통에 장애가 있기 때문이다 이 장애를 극복하지 못하고 서로 무시하고 대적하게 된다. 그렇다면 의사소통의 장애는 왜 생길까? 바로 '세계관' 혹은 '가치관'의 차이다. 선교사와 현지인은 전혀 다른 문화 속에서 성장했기 때문에 서로 상당히 다른 가치관 혹은 세계관을 가지고 있다. 이로 인해 같은 사건을 전혀 다른 각도에서 이해하고 해석한다. 따라서 서로 이해하고 사랑한다는 것은 상대방의 세계관과 가치관 이해를 반드시 전제해야 한다. 그렇지 않고서 적절한 의사소통은 불가능하며 오해가 쌓이고 신뢰가 깨져, 서로 불평하고 대적할 수밖에 없다. 그리고 사탄은 이것을 십분 이용해 부흥과 하나님 나라 운동을 불가능하게 만들 것이다.

한국은 단일 민족이며 단일 언어를 소유한 좁은 나라이다. 식민지와 전쟁을 경험했으나 이를 극복한 악착같은 면이 있다. 사계절이 있어 계절마다 옷도 바뀌고 생활형태도 조금씩 바뀐다. 그래서 빠른 변화에 쉽게 적응할 수 있다. 스피드의 나라다. 극동과 동남아시아에서 한국만큼 전쟁의 폐허를 딛고 경제 성장과 영적으로 교회 성장을 이룬 나라는 눈을 씻고 보아도 없다.

이러한 세계관을 소유한 한국 선교사가 태국이라는 나라에 와서 사역을 할 때 한국 선교사들의 눈에 띄는 태국 교회 혹은 태국인 사역자의 모습은 한마디로 '놀고 있네!'이다. 그러나 만일 태국의 역사 종교 지역적 특성을 이해한다면 그들을 향해 단순히 '놀고 있다' 혹은 '헌신할 줄 모르는 사람'이라고 비난할 수는 없다. 태국은 불교의 영향을 많이 받았다. 사시사철 날이 더워 추위와 싸운다든지 음식이 없어 보리고개를 넘어야 할 일은 없다. 어떤 선교사는 태국에서는 "도둑놈 외에는 뛰는 사람이 없다"고 하면서 서둘러 다니는 필자에게 '천천히 다닐 것'을 제의했다. '빨리 빨리' 라는 말은 절대 있을 수 없다.

(한국선교세계협의회가 발행하는 한국선교 KMQ Vol. No.2, 2002년 겨울호에
실린 김주만 선교사의 "세계관의 만남과 변화" 글에서)

5. 선교지 언어 배우기

선교사들에게 선교대상자들과의 커뮤니케이션을 위해 가장 중요한 문제는 현지어를 습득하는 일이다. 대학교 3학년 때 1년간 케냐에서 선교활동을 했던 필자의 제자인 송경선양은 "선교사가 현지어를 모르면 현지인들은 말도 모르면서 어떻게 선교를 할 수 있느냐"고 생각한다고 말한다. 그리고 무엇보다 선교활동은 언어를 모르고는 수행할 수 없었다고 한다. "저는 정신장애 어린이들을 가르쳤거든요. 그런데 내가 몸짓으로 표현해도 정신 지체아들은 이해하지 못해요. 그래서 쉬운 말부터 직접 사용하기 시작하였습니다. 그런식으로 몇 달 지나니까 웬만한 의사소통은 가능해졌어요"라고 회고한다.

17세기 네덜란드인으로서 풍랑을 만나 우리나라에 포류해 와, 13년 간 억류생활을 했던 하멜의 일지를 보면 한국에 온지 약 두달이 지나니까 한국인과의 의사소통이 어느정도 됐다는 것을 알 수 있다. 하멜은 조선왕국에 대해서는 전혀 무지한 상태였으며 더구나 우리나라에서 일하거나 살고 싶다는 생각 즉 동기부여가 전혀 없었던 사람이었다.

그러니 선교를 하나님께서 주신 사명으로 생각하는 선교사들은 훨씬 용이하게 선교지 언어를 습득할 수 있을 것이다. 언어를 습득하기 위해서 선교사들은 선교지에서 학교를 다니기도 한다. 그래서 선교사들이 가장 자연스럽게 시작하게 되는 사역은 캠퍼스 사역이라고 한다.18) 왜냐하면, 선교지에 도착하면 우선 언어공부부터 해야 하기

---

18) 유기남 (2002), "알타이권을 향한 한국교회의 선교전략: 투르크계와 몽골계

때문이다.

학교 교육 외에 선교사들은 선교 현지에서 일하면서 언어를 배우기도 한다. 이런 'Learning by Doing'을 주장하는 학자들은 언어 습득 과정을 강의실에서 강의를 통해 가르침을 받는 학문적 활동이라기보다는 실제 생활에 참여함으로써 배우는 사회적 활동으로 간주한다. 이들은 어린 아이들이 실생활 속에서 부모로부터 자연스럽게 언어를 배우는 것에 주목한다. 그리고 일하면서 자연스럽게 언어를 습득할 수 있는 것은 선교사들이 배운 언어를 활용하며 일할 때 연습하며 같이 일하는 현지인들로부터 그들 언어 구사를 평가받으며 잘못된 점을 고치기 기회를 갖기 때문이라고 한다.

현지 언어를 능숙하게 구사하는 것은 쉬운 일은 아니다. 그리고 처음 선교징지에 부임하면 언어 때문에 많은 스트레스를 받는 것도 사실이다. 생각해 보라. 처음에는 초보적인 **Baby Talking**하기도 힘드니 마치 자신이 성인에서 유치한 어린아이로 전락한 느낌이 들 수도 있다.

그러나 선교 경험이 많은 사람들은 현지인들과 여러 면에서 긴밀한 유대를 펼치는 사람들이 언어 구사를 능숙하게 할 수 있다고 강조한다. 그래서 어떤 선교 훈련 프로그램은 현지의 몇 단어를 배운 다음 직접 현장에 부딪혀 50명과 대화를 해 보라는 주문도 한다. 또한 신참 선교사들에게 현지 가정에서 함께 생활하고, 대중교통을 이용하며 다양한 관계를 개발할 것을 강조한다.

성공적인 언어습득을 위해서는 긍정적인 태도, 할 수 있다는 생각이 매우 중요하다. 생소해서 복잡해 보이는 발음, 문장구조, 뜻 등에 대해 두려움을 갖지 말아야 한다. 선교지 언어를 배우는데 적지 않은 사람들이 패배의식을 가지고 시작하는데 이는 실패를 자초하기

종족을 중심으로," 한국선교: **KMQ** Vol. 12. 한국세계선교협의회.

쉽다고 유경험자나 전문가들은 경고한다. 그 외에 시간이 없다, 나이가 많다, 외국어를 배운 적이 없다, 외국에는 소질이 없다 등의 핑계도 언어 습득에는 장애가 된다. 선교지 언어를 배우는 것은 필요할 뿐 아니라 참으로 즐거운 일이라는 생각이 언어 습득에 도움이 된다.

새로운 언어를 배우는데 영향을 미치는 요인은 언어 적응력, 동기 그리고 기회라고 한다. 이중 가장 중요한 것은 동기이다. 기회는 선교지에서 분명히 얻을 수 있으며, 적응력은 인간의 성품과 관련되어 있는 것으로 가장 영향력이 적다고 할 수 있다. 동기 부여가 높고 적응력이 낮은 사람은 성공적인 언어습득을 할 수 있는 반면 적응력은 높고 동기부여가 낮은 사람은 언어 습득에 실패하기 쉽다.

선교지 사람들과의 긴밀한 유대관계는 언어 습득에 도움이 된다. 그러므로 주로 다른 선교사들 가족들과 교류를 하고 현지인들과의 유대관계를 소홀히 하면 언어습득 기회를 갖지 못하게 된다.

언어배우기와 마찬가지로 비언어 커뮤니케이션 코드에도 마음을 써야 한다. 통계에 따르면 사람들의 대화에서 말로 하는 것은 **35%**에 불과하며 나머지 **65%**는 얼굴표정 제스츄어 같은 비언어 커뮤니케이션으로 이루어진다고 한다. 특히 언어로 의사소통이 원활하지 않는 상황에서는 비언어적 행위가 중요한 의사전달의 수단이 된다. 비언어 커뮤니케이션은 인간의 상호작용을 조장하는데 여러 중요한 역할을 한다. 사람들은 느낌과 감성에 대한 메시지를 비언어 커뮤니케이션으로 보내고 언어 메시지를 구체화하며 말하는 사람들 간의 시간과 순서를 조정하는 기능을 수행한다.

비언어 코드들은 타문화권에서 매우 비슷한 방식으로 기능을 하지만 어떤 비언어 패턴은 문화마다 상당한 차이가 있다. 그래서 선교사들에게는 문화마다 다른 비언어 커뮤니케이션의 패턴을 알고 올바르게 사용하는 것을 배우는 것은 중요한 일이다. 선교지 사람들의 인사법을 배우고 또한 금기시 하는 행동에 민감해야 한다.

예를 들어 사람을 만났을 때 인사하는 법은 문화마다 다르다. 한국과 일본에서는 머리 숙여 인사하는 것을 선호한다. 인도에서는 여성의 프라이버시를 침해한다는 생각 때문에 남성이 먼저 여성에게 손을 내밀지 않는다. 태국에서는 일부 서구 문물에 익숙한 사람을 제외하고는 대개 두 손을 모아 가슴까지 올려 기도하는 모습으로 인사한다. 두 손을 높이 올릴수록 상대방에 대한 존경심의 표시로 간주된다. 인도에서도 이러한 제스처가 악수보다 더 자주 사용되는데, 특히 인도의 전통적 옷을 입은 여성들 사이에서 자주 사용된다. 어린아이가 귀엽다고 머리를 쓰다듬는 행위는 말레지아 같은 이슬람권에서는 금기시 된다.

선교지에서의 경험

◆ 언어의 장벽이 무너지는 순간

준비기간 몇 달 후에 내가 알던 세상과는 전혀 다른 한국에 오게 되었다. 나는 그저 '아몬드 눈'(이탈리아에서 아시아 사람들의 눈을 이렇게 표현한다)을 바라보며 그만 할 말을 잃고 말았다. 이렇게 시작된 한국 생활에서 참으로 어려운 과제인 한국어를 배우기 시작했다. 작은 막대 모양의 글자들이 내 머리를 어지럽게 돌며 당황하게 만들었다.

마음과 정신을 복잡하게 하는 이러저러한 생각들이 가득한 채로 매일 아침 학교에 가기 위해 전철을 탔다. 많은 사람들 가운데서 유일한 외국인이었기에 주위를 둘러볼 용기조차도 없었다. 나는 벙어리처럼 혼자 책을 펴고는 암호 문자와 같은 단어를 한 마디라도 외우기 위해 그저 책을 들여다보곤 했었다.

그러던 어느 날 어떤 사람이 내게 다가와서는 말을 걸었는데, 나는 아무 말도 알아듣지 못했다. 그 사람은 내가 한국어를 못하는 것을 알아채고 주머니에서 작은 묵주를 꺼내어 보여 주며 "나도 가톨릭 신자예요. 수녀님을 위해 무엇을 할 수 있을까요?" 하고 말하는 것이었다. …그 순간 언어와 문화, 그리고 대화를 가로막는 모든 장애물들이 무너지는 듯한 느낌을 받았다.

(이탈리아 출신 이사복 (이사벨라 로루소) 수녀의 "나의 눈도 아몬드 눈처럼"에서 발췌. 교황청 전교기구 한국지부에서 발간한 땅끝까지 2004 1-2월호에 실림.)

◆ 깔어로 성경읽기

우리는 우리 깔어 선생님에게, 그가 읽을 수 있는 이웃나라 성경을 깔어로 번역해 달라고 부탁했다. 그는 우리 부부에게 깔어를 가르치라고 파송된 사람으로 그는 우리 부부의 깔어 진보가 무엇보다 큰 관심사였다. 그러나 외국인이라고는 우리가 처음인지라 도무지 무엇을 어떻게 가르쳐야 할지 방도를 모르는 상황이었다. 우리가 묻는 말에 대답해주는 것이 고작이다 보니 선생으로서 자신도 흡족하게 생각하지 못하고 있던 차였다.

우리는 기독교인이기 때문에 성경을 깔어로 들으면 언어를 쉽게 배울 것 같다고 제안하자, 그는 기뻐했다. 비록 무슬림이며 공산주의자라고 자처하던 그였지만 성경을 열심히 깔어로 설명해 주었다. "현지인은 가르치려는 외부인은 경계하지만, 배우려는 사람에게는 항상 열려있다"는 어느 선교학자의 말처럼, 그는 참 열심히 요한복음을 설명해 주었다. 동시에 우리는 그가 요한복음을 설명할 때 마음이 열려 복음을 깨닫게 되도록 기도했다. 놀랍게도 이 과정에서 그는 주님을 만났다.

얼마 후 그는 '이 책이 자기 민족에게 꼭 필요한 책'이라며 요한복

음 전체를 자진해서 깔어로 번역하기 시작했다. 이것이 현지인과 처
음 시작한 성경읽기였다.

(윤누가 황안나의 "깔사람들과 함께 한 성경읽기"에서 발췌.
한국세계선교협의회에서 발행하는 한국선교: KMQ Vol. 12, No. 2, 2002년
겨울호에 실림.)

6. 언어와 의미

언어는 인간들이 사용하는 가장 중요한 의사소통 수단이다. 특히 복음을 땅 끝까지 전하는 사명을 가진 기독교인들에게 언어활동은 더욱 중요하다.

이렇게 중요한 언어는 하나님이 인간에게 준 선물임과 동시에 채찍이다. 요한복음 1장의 "태초에 말씀이 계시니라 이 말씀이 하나님과 함께 계셨으니 이 말씀은 곧 하나님이시니라"라는 구절은 언어의 중요성을 뒷받침하고 있다. 창조사역을 기록한 창세기에 '가라사대'라는 표현을 많이 쓴 것 역시 언어가 갖는 비중을 말해준다.

하나님의 말씀은 우주를 창조하는데 영향력을 발휘했으며 사람들이 광야를 지날 때 그들을 인도해 주었으며 그들의 '가슴에 불'을 붙여 말씀을 전하게 했다. 사람들은 언어를 통해 복음을 다른 사람에게 전할 뿐 아니라 내적인 생각이나 경험 감정 등을 표현하며 공동체의 유대감을 도모한다.

그러나 인간이 이름을 내고자 한 바벨탑 사건이 있자, 하나님은 언어를 혼잡케 하였다. 언어의 혼잡성은 인간들이 다른 언어를 사용하는 데에서도 기인하지만 무엇보다 의미가 혼잡하게 되었다는 것과 일맥상통한다.

1) 성경에 나타난 의미의 다양성

사람이 한 말의 의미가 듣는 사람에게 그대로 전달되는 것이 아니라는 것은 바울과 바나바가 복음을 전할 때 일어난 사건에 잘 나타나 있다. 성경은 그들이 루스드라와 더베 근방에 있는 살고 있는 태어나면서부터 앉은뱅이가 된 사람에게 복음을 전할 때 일어난 일을 다음과 같이 기록하고 있다. "바울이 주목하여 구원 받을만한 믿음이 그에게 있는 것을 보고 큰 소리로 가로되 네 발로 바로 일어서라 하니 그 사람이 뛰어 걷는지라 무리가 바울의 행한 일을 보고 루가오니아 방언으로 소리 질러 가로되 신들이 사람의 형상으로 우리 가운데 내려 오셨다..." (사도행전 14:10-11)

바울과 바나바는 사람들로 하여금 '천지와 바다와 그 가운데 만유를 지으신 살아 계신 하나님께로' 돌아오도록 하기 위해서 병 고치는 사역을 하는 가운데 "네 발로 일어서라"라는 말을 하였는데 무리들은 두 사도를 신으로 추앙하여 제사까지 드리려고 했던 것이다.

이렇게 송신자가 전하고자 하는 의미와 수신자가 받아드리는 의미가 다르다는 것은 하나님의 교훈을 전하는 예수, 그 교훈을 듣는 형제들, 그리고 유대인들 사이에 일어난 커뮤니케이션 장면을 기록하고 있는 요한복음 7장에서도 알 수 있다.

명절 중에 유대인들이 예수를 찾으면서 그가 어디에 있느냐 하고 예수에 대하며 무리 중에서 수근거림이 많아 혹은 좋은 사람이라 하며 혹은 아니라 무리를 미혹하게 한다 하나.... 예수께서 이르시되... 너희가 나를 찾아도 만나지 못할 터이요 나 있는 곳에 오지도 못하리라 하신 대 이에 유대인들이 서로 묻되 이 사람이 어디로 가기에 우리가 저를 만나지 못하리요 헬라인 중에 흩어져 사는 자들

에게로 가서 헬라인을 가르칠 터인가... 명절 끝날 곧 큰날에 예수께
서 서서 외쳐 가라사대 누구든지 목마르거든 내게로 와서 마시라
나를 믿는자는 성경에 이름과 같이 그 배에서 생수의 강이 흘러나
리라 하시니 이는 그를 믿는 자의 받을 성령을 가리켜 말씀하신 것
이라 이 말씀을 들은 무리 중에서 혹은 이가 참으로 그 선지자라
하며 혹은 그리스도라하며 어떤 이들은 그리스도가 어찌 갈릴리에
서 나오겠느냐 성경에 이르기를 그리스도는 다윗의 씨로 또 다윗의
살던 촌 베들레헴에서 나오리라 하지 아니하였느냐

이 성경 구절은 예수님의 가르침에 대한 무리들의 반응이 다양했
고 그들이 이해하고 있는 것과 예수가 의도한 것과 커다란 차이가
있음을 말해준다. 그들 중에는 예수를 '좋은 사람', '선지자', '그리
스도'라고 하는 사람도 있고 또는 '무리를 미혹하게 한다'고 비판하
는 사람도 있었다. 성경은 "무리 중에 많은 사람이 예수를 믿고 말
하되 그리스도께서 오실지라도 그 행하실 표적이 이 사람의 행한 것
보다 더 많으랴 한다"고 한 반면 다른 어떤 무리들은 "당신은 귀신
이 들렸도다"라고 말한 것으로 기록하고 있다. 한 분 예수의 언어를
포함한 커뮤니케이션 행위에 대해 각각 다른 의미를 부여하고 있는
수신자들의 모습이 명백하게 나타나고 있다.

요한복음 7장 33절에서 36절에는 예수를 잡으려고 하속을 보낸
바리새인들에게 예수께서 "내가 조금 더 있다가 나를 보내신 이에게
로 돌아가겠노라 너희가 나를 찾아도 만나지 못하리라" 하신 말에
대해 그 의미를 유대인 나름대로 해석하였고 그 해석은 예수가 의도
한 것과는 일치하지 않은 것이었다. "이 사람이 어디로 가기에 우리
가 저를 만나지 못하리요 헬라인 중에 흩어져 사는 자들에게로 가서
헬라인을 가르칠 터인가"하는 유대인들의 해석은 십자가에 못 박혀
죽으실 것을 암시한 예수의 원래 뜻과는 커다란 차이가 있다. 예수

가 그리스도임을 반박하는 사람들은 "그리스도가 어찌 갈릴리에서 나오겠느냐 성경에 이르기를 그리스도는 다윗의 씨로 또 다윗의 살던 촌 베들레헴에서 나오리라 하지 아니하였느냐"고 '다윗의 씨'의 의미도 자의적으로 해석하고 있음을 알 수 있다.

이 성경 구절은 송신자가 전달하는 언어에 대한 의미를 수신자들은 자의적으로 해석하는 특성을 가지고 있음을 보여준다. 다시 말해 의사전달 과정에서 송신자가 전하는 메시지의 의미는 수신자에게 그대로 전달되는 것이 아니다.

언어의 의미는 어디에 있는가. 의미는 단어나 문장 즉 메시지에 있다고 주장하는 사람들도 있으며 의미는 또한 메시지가 지시하는 지시물에 있다고 생각하는 사람들도 있다, 예를 들면 성경이라면 그 의미는 성경이라는 책에 있다는 것이다. 그러나 가장 설득력 있는 것은 의미는 그 언어를 접하는 사람들의 마음속에 있다는 주장이다.

2) 언어형태와 의미해석

언어형태와 의미와의 관계를 바울과 바나바, 그리고 신체적 장애를 가지고 있는 앉은뱅이 사이에 이루어진 커뮤니케이션 과정을 통해 분석해 보면 같은 언어 형태라도 받아드리는 사람에 따라 의미를 다르게 해석할 수 있다. '하나님의 말씀'이란 것도 '예수 그리스도, '그리스도의 복음 성서' 등 여러 가지를 의미할 수 있다. 하나님이란 단어도 구체적으로 따지면 '사랑이 많으신 하나님', '역사를 주관하시는 하나님', '정의의 하나님', '심판하시는 하나님' 등 여러 가지 의미를 내포한다. 요한복음 11장에 실린 나사로 이야기는 예수는 '죽음'을 의미하면서 나사로가 '잠들었도다'라고 표현한 것을 그의 제자들은 '잠들어 쉬는 것'을 가리킨 것으로 받아드렸음을 말해 주고 있다.

'혼인'이라는 표현도 보통 사람들에게는 남녀가 만나서 일생 반려의 짝을 맺는 것을 의미하지만 기독교인들은 '신랑'되신 예수를 영접하는 것을 연상한다. '국제결혼'이란 단어를 현대인들은 다른 국적을 가진 사람과의 결혼이란 뜻으로 받아드리는 반면 기독교인들은 '이방인과의 결혼, 다시 말하면 '믿지 않는 사람'과의 결혼으로 받아드릴 수 있다. 혹자는 이민 가서 다른 나라의 국적을 갖게 된 교포와의 결혼을 떠올릴지도 모른다. 일반사람들은 '거지'란 단어를 가난하고 헐벗은 구걸 객이란 뜻으로 받아드리겠지만 기독교인들은 '거지 나사로'나 '심령이 가난한 자는 복이 있나니'라는 마태복음 5장 3절을 연상하면서 천국의 시민권을 받아 놓은 사람으로 해석할 수 있다.

같은 형태의 언어가 다른 의미로 해석될 수 있는 반면 다른 형태의 언어가 같은 의미를 나타내기도 한다. '이방인'이란 단어와 베드로가 본 비몽사몽간에 본 환상에 나타난 '네발 가진 것과 들짐승과 기는 것과 공중에 나는 것'은 다른 표현 형태라도 같은 의미를 전달한다. 또 예를 들어 한 성도가 "나는 예수님이 너무 위대해서 그를 본 받는 것은 불가능하다고 생각한다"고 하고 다른 성도는 "나는 예수님의 위대성을 본 받고 싶다"고 표현했다고 하자. 이 둘이 전하고자 하는 메시지는 같은 의미로 해석될 수 있다. 즉 그들 메시지의 주안점은 '예수님의 위대성'이다. '십자가', '보혈, '사랑'은 각각 다른 단어라도 모두다 예수님의 인간에 대한 사랑을 나타낸다. '성령', '예수', '하나님'은 다른 단어라도 같은 뜻을 나타내는 표본이다. '마음이 완악한 사람'이란 의미를 전달하는 페루 식 표현은 '귀 구멍이 없는 사람'이다. 우리말에도 '귀 구멍이 막힌 사람'이란 표현이 있다. 이렇게 언어 형태는 달라도 의미는 같은 경우가 많다. 특별히 몸짓언어는 다른 형태라도 같은 뜻을 나타내는 경우가 많다. 동양식의 인사는 서양의 악수와 같은 의미를 전달한다.

3) 상징적 상호작용

사람에 따라 같은 언어라도 의미를 다르게 해석하고 더 나아가 같은 의미라도 다른 형태로 표현하는 이유의 하나는 사람들은 상징을 통해 언어활동을 하기 때문이다. 다시 말하면 언어란 "공동사회의 구성원들이 커뮤니케이션이나 의사표현을 위해 사회적으로 인정하는 임의적인 상징체계"[19]인 것이다. '하나님의 말씀'을 담은 책을 공동사회 구성원들이 '성경'이라고 명명하자는 합의에 따라 '성경'이라는 단어가 사용된다. 사람들은 성경이 없는 가운데도 성경에 대해 논하며 신앙에 대한 경험이 없어도 신앙에 대해 논한다. 이렇게 언어는 실재 그 자체가 아니고 상징이기 때문에 사람에 따라 의미가 달라질 수 있다.

상징은 지시적 기능과 개념적 기능의 두 가지 기능을 수행한다. 지시적 기능은 물건, 사건, 상황 등을 나타내는 역할을, 개념적 기능은 정신적 개념을 나타내는 역할을 말한다. 그러나 이 두 가지 기능은 서로 상응할 수도 있고 상응하지 않을 수도 있다. '코스모스' 같이 하늘하늘 한 사람을 묘사하는데 '코스모스'라는 단어를 사용한다면 지시적 기능과 개념적 기능이 비교적 상응한다고 볼 수 있다. 그러나 '십자가'라는 단어의 경우 지시적 기능과 개념적 기능이 상응한다고 말하기는 어렵다. '십자가'라는 단어는 지시적 기능면에서 본다면 사람들을 처형하는 기구를 상징하지만 기독교인들에게는 '죽음으로 대속한다'라는 개념을 상징한다. 따라서 하나님의 죄 사함, 인간에 대한 사랑을 상징하기도 한다. 전도나 신앙생활을 영위하는데 자주 사용되는 하나님, 예수, 보혈 같은 언어는 개념적 기능을 수행하는 상징이다. 지시적 개념을 나타내는 상징보다 개념적 기능을 수

---

19) Charles H. Kraft, 앞의 책. p.89.

행하는 상징이 인간의 행위에 커다란 영향을 주며 또한 감정적 반응이 개입된다.[20] 개념적 기능을 수행하는 상징을 많이 써야 하는 기독교인들은 언어생활에 각별하게 마음을 써야 한다.

언어는 상징체계이기 때문에 언어생활은 개인적이며 사회·문화적이라고 할 수 있다. 특히 개념적 기능을 수행하는 상징을 이해하고 의미를 부여하는데는 사람들의 사회·문화적 배경이나 개인적 경험이 중요한 역할을 한다. 눈을 전혀 경험하지 못한 열대지방 사람들에게 '죄가 흰눈같이 희여진다'고 하면 마음에 전혀 와 닿지 않는다. 그래서 '흰눈' 대신 '야자씨'라는 단어로 대치하기도 한다. '양의 옷'을 입고 나오나 속은 '노략질하는 이리' 라고 묘사된 거짓 선지자(마태복음 7:15)에 대한 표현이 아프리카에서는 '이리'가 '표범', '하이에나' 등으로 대치되기도 한다. 바울 사도가 고린도인들에게 '너희를 향하여 우리의 입이 열리고 우리의 마음을 넓혔으니'(고린도후서 6:11)라고 하였으나 페루에서는 입을 열리는 것은 미친 사람의 짓이라고 간주한다.

상징적 상호작용으로서 언어생활의 특징 중 하나는 사람들의 표현은 하나의 단어로 구성되어 있기보다는 여러 단어로 구성된 경우가 많다. 그러나 여러 단어로 구성되어 있는 구나 절 문장이 상징하는 것은 각 단어가 상징하는 것의 총합과는 다르다. 예를 들면 '핀 숯으로 머리에 얹어 놓는 것'(잠언 25:22)이란 표현은 각 단어가 의미하는 것을 통합하고 사람들의 경험에 근거하면 '사람에게 고통을 주게 한다'는 뜻에 가깝다. 그러나 성경이 전달하고자 하는 진정한 의미는 다른 사람에게 좋게 함으로써 그들로 하여금 부끄러움을 느끼게 한다는 뜻이다.

그리고 사람들은 가족이나 또래 또는 교사 등 다른 사람들을 통

---

20) Eugene A. Nida (1990), *Message and Mission.* William Carey Library, p.96.

해 언어를 개인적으로 습득하고 있다. 이 때문에 상징의 의미는 사람마다 다를 수 있다. 아주 가난한 환경에서 자란 사람은 '부자'란 표현을 부정적 시각으로 보거나 아니면 경원의 대상으로 볼 수도있다. 그러나 부자의 경우, 대부분은 '부자'를 부정적 표현으로 받아드리지 않는다.

4) 현대적 의미 유추

성경이 상징적인 문자 언어로 기록된 것은 성경 표현은 기록할 당시의 사고방식, 생활환경에 의해 제약을 받았기 때문이다. 중요한 것은 상징적 표현들을 통해 드러내고자 하는 참 의미를 파악하는 것이라는 점이다.[21]

이런 시각을 가진 학자들은 성경 해석을 위해서는 성경 본문이 쓰여진 컨텍스트를 파악할 것을 주장한다. 컨텍스트는 상황, 전후문맥이라고 번역되는데 이는 본문이 쓰여질 때의 역사, 문화, 상황을 포함한다. 또한 성경의 표현이 사실적인가 아니면 비유적인가를 구분하는 것도 컨텍스트 파악의 일부이다. 예를 들어 성경에 "외식하는 자여 먼저 네 눈 속에서 들보를 빼어라"(마태복음 7:5)라고 권유하는 구절이 있다고 해서 실제로 눈에 '들보'가 있는 줄 알고 이를 제거하려 하는 것은 무위한 일일 뿐 아니라 위험천만한 일이다. '외식하는 자'도 마찬가지로 상징적이며 비유적인 표현이다.

쓰여질 당시의 문화와 상황이 반영된 성경을 읽는 사람이나 성경의 말씀을 전파하는 사람들에게는 성경구절이 오늘날의 교회나 사람들에게 의미하는 바를 유추하려는 노력도 중요하다.

---

21) 이규호 (1999), 내가 가는 무명의 도. 기독언어문화사, **pp.125-126**에는 성경의 모든 기록을 역사적 사실로 보는 시각, 상징적 표현으로 보는 시각, 그리고 사회언어학적 관점에서 보는 시각이 소개 됨.

　제사장이나 레위인은 존경의 대상이었던 반면 사마리아인은 멸시를 받았던 2천년 전 이스라엘에서 예수님이 좋은 이웃으로, 강도를 만난 사람을 돌보아 준 사마리아인에 대해 이야기를 한 것에 비추어 현대의 성경 독자들에게 중요한 것은 자신의 '선한 이웃'이 누구인가를 생각하는 것이다.

　하나님 말씀이나 계시가 상징적인 인간의 언어로 기록된 성경을 일부 신학자들은 하나님 '형상', '거울', 또는 '통로'라고 표현한다. 칼뱅은 다음과 같이 말한다. "우리의 영원한 축복은 언제나 우리들 가운데서 우리에게로 다가온다. 그리고 그 축복은 부활의 목적이며 그 축복의 탁월함에 대해서는 모든 인간의 언어로 표현될 수 있는 것으로 말해진다 해도 그 최소한의 부분이나 겨우 드러낼 수 있을 뿐이다. 그래서 성경이 하나님의 나라가 광명과 기쁨과 축복과 영광으로 가득 차 있다고 가르쳐도 그것이 거기에 대해 말하는 것은 모두 우리의 이해력과는 아주 멀고, 주님이 얼굴과 얼굴을 마주 대하여 계시할 때까지는 거의 상징 가운데 가리워져 있을 뿐이다."

　성경은 인간의 언어로 된 것이기 때문에 하나님과 혼동해서는 안 된다는 것을 스토페르는 다음과 같이 설명한다. "성경과 하나님 사이에는 동질성이 없고 다만 유사성이 있을 뿐이다. 성경은 하나님을 그의 생생한 형상 가운데서 우리 손에 있는 거울처럼 계시한다."

　태초에 말씀이 있었다고 성경에 기록되어 있지만 언어와 하나님 사이에는 거리가 있다. 하나님은 언어를 통해 나타나지만 언어는 아니다. 언어는 부분적이며 제한적인 반면 하나님은 언어를 통해서 표현되면서 그것을 넘어서는 초월성 또는 자유를 갖는다. 그러나 성경이라는 통로를 통하면 하나님이 말씀하신 것을 이해하지 못할 만큼 어렵지는 않다.[22]

---

22) 하나님과 그의 말씀이 언어적 상징으로 표현 된 성경과의 관계에 대해서는 기독교언어문화논집 제1집 (국제기독교언어문화연구원, 1997)에 실린 이오갑

5) 언어와 실재

의미를 탐구하기 위해서는 언어와 실재를 비교해 볼 필요가 있다. 언어와 실재(reality)의 관계를 설명하는 이론을 일반 의미론이라고 한다. 일반 의미론자들은 실재에 비추어 언어의 특성을 다음과 같이 설명한다.

첫째, 언어는 유한한 반면 실재는 무한하다. 따라서 언어는 실재를 정확하게 표현할 수 없다. 예를 들면 기독교인들의 모습은 다양한데 이 다양한 모습을 언어로 다 표현할 수 없다.

둘째, 언어는 사물이나 인간의 경험을 몇 가지 유형으로 나누도록 한다. 예를 들면 믿음, 고통, 아픔, 색상 등에 대한 다양한 경험을 단지 몇 가지로 나누어 표현을 한다. 믿음에 관해서 사람들은 특정인을 '믿음이 있는 사람', '믿음이 없는 사람'으로 단순화해서 구분하는 경향이 있다. 색상도 다양한데 '빨강, 주황, 노랑, 초록, 파랑, 남색, 보라' 등 단순화한 구분을 통상적으로 사용하고 있다.

셋째, 언어 표현은 추상적인 것인 반면 실재는 구체적이다. 추상화의 수준은 사물이나 개념마다 다르다. 예를 들어 무화과나무, 사과 등은 추상화가 낮은 단어이다. 그러나 사랑, 진리, 정의, 천국, 성전, 아름다움이란 단어의 추상화 수준은 높다. 기독교의 많은 개념들은 매우 추상적이기 때문에 여러 해석이 가능하다. '의'란 무엇이며 '의인'이란 구체적으로 무슨 뜻인가? '믿음이 있는 사람'을 의미하는가 아니면 '올바른 사람'을 의미하는가? 천국이나 성전도 마찬가지이다.

고(高) 수준의 추상화는 관계나 질서를 표현하고 싶을 때 유용하며 감각적인 것과 관련된 경험을 얘기할 때 편리하고 중요하다. 그러나 고(高) 수준의 추상화는 고정관념의 근원이 되고 또한 특정한

의 "깔뱅 세계관의 주요문제"를 참조하였음.

것과 관련되어 있지 않기 때문에 아무런 의미를 지니지 않을 수 있다. 이런 추상적인 언어는 듣는 사람들을 무료하게 느끼게도 한다.

추상화 수준이 높은 표현은 모호하고 깊은 감정을 나타내기 때문에 객관화하고 구체화 할 필요가 있다. 그렇다고 한정된 시간 속에 이루어지는 언어생활에서 상세한 표현을 주로 한다면 언어생활의 경제성이나 효율성이 떨어지고 사람들의 관심을 계속 붙들기 어렵다. 이런 문제를 해결하는 한 가지 방법은 예수님 같이 상대방의 필요와 상황에 맞고 삶과 직접 관련된 주제를 특정적이고 구체적으로 표현함과 동시에 일반화 된 표현을 활용하는 것이다. 격언이나 비유적인 표현은 추상적인 개념을 효과적으로 전달하는 방법이다.

효과적인 언어생활을 하려면 사람들은 자신들이 사용하는 언어가 여러 사물, 상태, 관념을 나타낼 수 있다는 것을 인식하고 특별한 주의를 기울여야 한다.

6) 의미해석

언어의 의미는 언어활동에 참여하는 사람들의 관계에 의해서 영향을 받는다. 그들이 좋은 관계, 건전한 관계를 유지하고 있다면 언어 내용이 중요하다. 그러나 관계가 좋지 않다면 커뮤니케이션 내용은 덜 중요해진다. 무엇을 말하든지 오해가 있기 마련이다.

언어생활에 인간관계가 중요한 변수로 작용함은 요한복음 8장 31-32절에 잘 암시되어 있다. "예수께서 자기를 믿은 유대인들에게 이르시되 너희가 내 말에 거하면 참 내 제자가 되고 진리를 알지니 진리가 너희를 자유케 하리라." 이 성경구절은 신뢰관계가 있어야 그 말을 받아드릴 수 있음을 나타내고 있다.

또한 단순히 언어나 상징들의 해석이 의미를 창출하는 것이 아니다. 얼굴표정, 목소리, 공간 사용, 사진, 조명, 음악 같은 것이 의미를 해석하는데 작용한다.

비슷한 경험을 비슷하게 지각한 사람들은 비슷한 의미를 창출한다. 그러나 같은 경험에 대해 사람들의 반응은 다를 수 있다. 다시 말해 의미는 달라진다. 예를 들면 낙천주의자와 비관주의자는 같은 경험을 다르게 해석한다. 집단의 구성원들이 다양하고 집단의식이 느슨하면 의미를 다르게 해석할 수 있다.

인간은 창조적이며 완벽하지 않기 때문에 같은 집단이라고 개인들이 갖는 의미는 다를 수 있다.23) 의미는 어디에 존재하는가에 대해서는 다음의 세 가지 시각이 있다. 첫째, 의미는 사물의 외형에 존재한다고 보는 견해가 있다. 그리고 의미 파악은 이를 관찰한 사람들이 한다는 것이다. 이런 시각에 따르면 사람들은 사물을 유심히 관찰하면 그 의미를 알게 되며 의미가 서로 다르게 파악되었다면 누군가 관찰을 잘못했기 때문이라고 본다.

둘째, 의미는 언어적 상징에 내재한다고 보는 시각이다. 마치 용기가 사물을 담듯이 사물이나 사건을 표현하는 단어, 제스츄어, 그 외의 상징물은 의미를 나타낸다는 것이다. 이런 시각에 따르면 성경 내용을 포함한 모든 언어나 단어의 의미를 파악하는 데 중요한 것은 그 언어나 단어의 역사 등을 고찰하는 것이다. 이런 시각을 주장하는 학자들은 만일 해석이 다르다면 의미를 담고 있는 언어나 단어의 역사성에 대한 지식이 부족하기 때문이라고 본다. 그들은 상징의 의미가 세대에 따라 다른 점에 주목한다.

세 번째 시각에 의하면 의미는 해석하는 사람들에게 달려있다. 사람들은 자신의 문화, 욕구, 성향, 기분에 따라 의미를 해석, 첨가, 왜곡, 변화시키며 또 잊어버린다고 한다. 그러나 종종 사람들은 다른 사람들도 자신과 같이 생각하고 있으리라고 착각하기 때문에 커뮤니

---

23) Charles H. Kraft, 앞의 책, pp.92-92.

케이션의 문제가 발생한다. 같은 언어적 표현인 "오늘 옷차림이 참 화려하다"를 사람이나 상황에 따라 칭찬으로 또는 비난으로 받아드리는 것은 의미가 수신자에게 달려 있음을 말해 준다.

수신자의 어떤 과정을 통해 의미를 해석하는 것인가. 첫째로 수신자는 의미 해석법을 문화 습득의 일환으로 터득한다. 그래서 같은 공동사회 구성원들의 의미 해석은 비슷하다. 예를 들어 성경에 친숙한 사람들은 '비둘기'를 평화의 상징, 성령의 상징으로 해석하거나 또는 노아의 방주사건에 비추어 '새로운 삶'의 표징으로 해석한다. 그러나 인디언들에게 같은 비둘기는 '빠른 속력'을 의미한다.

둘째로 의미해석에는 개인적 요인이 작용한다. 개인에 따라 다르다는 뜻이다. 앞에 예를 들은 바울과 바나바 그리고 앉은뱅이간의 의미해석의 차이는 개인적 요인이 작용한 것이다. 삶의 방식이나 사회적 배경이 서로 다르기 때문에 다른 해석을 했다.

셋째, 의미해석은 커뮤니케이션 하는 사람들 간의 관계에 의해 영향을 받는다. 사람들은 자신과 긍정적인 관계를 가진 사람의 메시지는 긍정적으로 해석하는 경향이 있다.

이는 송신자가 수신자와 사회·문화적으로 거리감이 있을 때 송신자는 수신자가 자신의 메시지를 잘 이해했다고 확신할 수 없음을 시사한다. 또한 송신자는 수신자의 사회·문화적 배경에 적합한 형태의 커뮤니케이션을 할 필요성을 제시한다. '양치기'와 '어부'가 많았던 당시 중동의 사회 문화적 배경 속에 예수님은 '목자'나 '어부'란 단어를 선호하였다.

7) 수신자 세분화

수신자가 다수이고 그들의 사회 문화적 배경이 다른 경우에는 송신자는 수신자를 여러 집단으로 세분화하여 커뮤니케이션을 하는 것이 바람직하다. 예수님은 보통사람들 즉 서민들에게 복음을 전할 때는 '씨 뿌리는 자', '알곡과 쭉쟁이', '신랑' 등의 이미지를 지도자층에 있는 사람들과의 대화에서는 '나라', '진리', '제단', '보화', '연보궤' 같은 단어를 자주 사용하였다.

수신자를 세분화하는데 있어서는 사회계층 외에 믿음의 정도, 연령이 잣대가 된다. 즉 새 신자와 오래된 신자, 그리고 청소년 집단, 장년 집단, 중년 집단, 노년 집단을 구분하여 다른 커뮤니케이션 형태를 선택해야 한다. 바울이 유대인, 율법 아래 있는 자, 약한 자들에 따라 '여러 모양'이 된 것은 수신자를 세분화하여 그들에 맞는 커뮤니케이션을 했음을 의미한다.

사회 · 문화적 배경이나 경험이 다른 것은 공통된 의미 창출에 걸림돌이 되긴 하지만 공통된 의미 창출을 불가능하게 만들지는 않는다. 그 이유는 첫째, 사람들의 경험은 서로 다른 것도 있지만 비슷하거나 같은 것도 있기 때문이다. 기쁨, 슬픔, 배고픔, 피로함에 대한 경험은 비슷하다. 둘째, 문화가 다를지라도 사람들의 논리나 사고방식에는 유사성이 있다. 김일성 우상 숭배에 익숙한 북한 사람들에게 기독교가 전파되면 하나님에 대한 경배를 쉽게 받아드릴 것이라는 일부의 낙관적 견해도 논리방식이나 사고방식의 유사성에 근거하고 있다. 유교적 문화권의 부모에 대한 순종과 기독교 문화권의 하나님에 대한 순종에도 유사성이 내재한다. 셋째, 커뮤니케이션 과정에서 사람들은 상대방의 기대에 부응하고 적응하려는 노력을 하기 때문이다.

그러나 송신자에게는 청중을 분석하여 효과적으로 메시지를 전하려는 노력이 필요하다. 청중을 분석할 때에는 연령, 교육정도, 문화적, 인종적 배경 등을 고려하는 인구학적 요인 및 신념, 가치관, 욕구, 집단의식 등을 포함한 사회심리학적 요인을 고려해야 한다.

몽골 선교지에서의 경험

나이 든 전통적인 몽골인들이 복음을 갑자기 받아들이게 된 계기중 하나는 우리 팀과 '훈련중인 장로들'이 성경의 하나님을 '브르홍'(Burhan)이라는 몽골 용어로 부르기로 결정한 일이었다. 수세기 전에 불교도들이 몽골에 도착했을 때, 그들은 일부러 '신'을 나타내는 포괄적인 몽골 용어인 '부르홍'이라는 말을 채택했다. 90년대 초에, 몽골의 거의 모든 신자들은 하나님을 나타내기 위해 유르덩칭 에젱(Yertontisiin Ezen)이라는 다른 용어를 사용했는데, 그 말은 불교의 잘못된 믿음과 조금이라도 혼동되거나 혼합주의에 빠지지 않도록 하기 위해 한 번역자가 만들어내 완전히 새로운 용어였다. 하지만 '우주의 주님'이라고 번역할 수 있는 그 새 용어는 몽골인들의 귀에는 뭔가 생소하고 비현실적인 것으로 들렸다. 그 말은 고유의 의미는 전혀 없었으며, 몽골어의 요소들로 구성한 본질적으로 이단적인 단어였다.

(몽고에서 국제예수전도단의 일원으로 활약했던 브라이언 호간의 "몽골인들이 칸중의 칸을 따름"이란 글에서 발췌. Mission Perspectives에 실림)

7. 기독교 시각에서 본 꿈

이미지 언어, 그림 언어, 멀티미디어 언어라고 할 수 있는 꿈은 하나님과 인간 간의 커뮤니케이션 수단의 하나이다. 물론 모든 꿈이 다 하나님과의 커뮤니케이션 통로는 아니다. 인간이 자기 자신의 바램을 무의식적으로 꿈을 통해 분출할 수도 있으며 또 속된 말로 '개꿈'도 있다.

성경도 꿈꾸는 자라고 해서 다 하나님 편에서 꿈꾸는 자가 아님을 알려주고 있다. 신명기 13장 1-6절에는 선지자와 꿈꾸는 자가 일어나서 "다른 신들을 섬기자 하며 이적과 기사를 네게 보이고 이적과 기사가 그 말대로 이룰지라도 그들의 말을 청종치 말라"고 당부하고 있다.

사람들의 꿈이나 환상 중에는 하나님이 주신 것도 있고 그렇지 않은 것도 있다. 하나님이 주신 것이라도 해몽이 중요하다. 성경 말씀에 비추어 기도하는 가운데 올바른 해석을 내려야 한다. 자신의 바램, 선입견, 욕심이 꿈이나 환상의 진정한 해석을 가리지 말게 해야 한다.

1) 성경에 나타난 꿈의 특징

성경에 비추어 하나님과 인간간의 커뮤니케이션 수단인 꿈의 특징을 살펴보고 그 의미를 어떻게 하면 바르게 해석할 수 있는가 생각해보기로 한다.

성경에 나타난 꿈과 비전 그리고 이에 관련된 행동과 이야기를 합하면 신약성경에 맞먹는 즉 신구약 성경의 3분의1은 차지한다고 한다. 하나님은 꿈과 이상을 통해 이미 말씀하셨으며, 앞으로도 말씀하실 것이라고 민수기 12장 6절, 호세아 12장 10절 그리고 사도행전 2장 17절에 기록되어 있다.

구체적으로 말하면 하나님은 꿈을 통해 인간과 언약을 하시고 인간에게 사명, 능력, 교훈을 주신다. 하나님은. 해질 때에 깊이 잠든 중에 아브라함에게 "내가 이 땅을 애급 강에서부터 그 큰 강 유브라데까지 네 자손에게 주느니"라고 언약을 하셨다. 솔로몬은 꿈에 하나님께 백성을 재판할 '지혜'를 구했고 하나님은 '내가 네 말대로 하여 너와 같은 자가 일어남이 없으리라"고 하셨다. 시편 16장 7절에는 "나를 훈계하신 여호와를 송축하라. 밤마다 내 심장이 나를 교훈하도다"라고 기록하고 있다. 하나님은 앞으로 일어날 일에 대해 인간에게 계시하시고 이에 대한 준비를 권면하시기도 했다. 요셉은 바로의 꿈에 대해 "하나님이 그 하실 일을 바로에게 보이심이니이다"라고 했다.

우리는 보통 꿈을 길몽과 흉몽으로 구분하는데 성경을 살펴보면 진정한 의미의 흉몽이란 거의 없다. 하나님이 꿈을 통해 주시는 메시지의 주된 목적은 우리의 멸망을 예고하기 위한 것이 아니라 우리로 하여금 변화하여 멸망하지 않도록 하는데 있다. 바로의 꿈은 한마디로 흉악했다. 그가 잠에서 깨어나기 전 의 느낌을 성경은 "흉악하더라"라고 기록하고 있다. 그러나 이 흉악한 꿈을 하나님의 경고로 받아들이고 자신을 살펴보면 길몽이 될 수 있다. 바로는 흉년에 대한 예비로 풍년에 거둔 곡물을 성에 적치하는 등 흉년 예비를 했다.

욥기 33장 14절에서 17절에는 "사람은 무관히 여겨도 하나님은 한 번 말씀하시고 다시 말씀 하시되 사람이 침상에서 졸며 깊이 잠들 때나 꿈에나 밤의 이상 중에 사람의 귀를 여시고 인치듯 교훈하시나니

이는 사람으로 그 꾀를 버리게 하려 하심이며 사람에게 교만을 막으려 하심이라. 그는 사람의 혼으로 구덩이에 빠지지 않게 하시며 그 생명으로 칼에 멸망치 않게 하시느니라"라는 말씀이 적혀 있다. 이 구절은 꿈에 커뮤니케이트 하시는 하나님의 목적은 인간들로 하여금 멸망치 않도록 교훈을 주시는데 목적이 있다는 것과 또한 비슷한 꿈을 두 번 겹쳐 꾼 것은 하나님이 관여하시는 꿈이라고 생각해도 된다는 것을 암시한다. 요셉은 바로에게 "꿈을 두 번 겹쳐 꾸신 것은 하나님이 이 일은 정하셨음이다. 속히 행하시리니"라고 했다.

2) 꿈의 해석

꿈을 해석하려면 먼저 꿈에 나타난 인간, 사물, 동물, 숫자의 기본 주제나 개념을 파악한 다음, 자신이 꿈을 꾸고 있을 당시에 마음을 쏟고 있는 삶의 분야와 연결하는 과정을 거쳐야 한다. 만일 꿈에 포도나무를 보았다면 이는 결실을 의미하는데 자신이 꿈을 꾸고 있을 당시에 가장 관심을 가졌던 분야가 직업인가, 구원인가, 전도인가, 병인가 구분한 다음 그 의미를 연결한다.

꿈을 해석하기 위해 중요한 것은 꿈에 나타나는 사물이나 사건은 상징이라는 사실이다. 꿈에 죽었다고 해서, 꿈에 아기를 낳았다고 해서, 꿈에 차에 치었다고 해서 그 일이 그대로 일어나는 것은 아니다. 이것은 어디까지나 상징적 표현이다.

베드로의 꿈에 나타난 네발 달린 짐승들은 이방인을 상징한 것이었다. 바로의 꿈에 나타난 일곱 마리의 좋은 암소와 무성하고 충실한 일곱 이삭은 7년 풍년, 파리하고 흉악한 일곱 소와 세약한 이삭은 7년 흉년을 상징한다. 요셉이 해석해 준 술을 맡은 관원장, 떡을 굽는 관원장의 꿈에 나타난 포도나무 세가지와 흰떡 세광주리는 사흘을 상징했고 바로의 손에 포도즙을 짠 잔을 드린 것은 전직 회복,

머리에 인 세 광주리의 떡을 새가 먹은 것은 떡 맡은 관원장의 교수형을 상징했다.

상징의 의미는 꿈꾼 사람개인의 사회문화적 요소와 관련되어 있다. 예를 들어 성경 말씀을 갈구하고 많이 읽은 사람들은 성경에 나타난 상징 해석에 비추어 상징의 의미를 짚어 볼 수 있다. 또한 찬송가를 많이 부르는 사람들은 찬송가의 의미에 비추어 상징을 해석할 수 있다. 소, 개, 말, 두루미, 새, 사슴, 3이란 숫자, 흰색, 청색, 겨자씨, 포도, 꿀, 우유, 무화과나무, 불, 신발 신지 않고 맨발 벗은 것, 거지, 십자가 등의 의미는 성경에 잘 나타나 있다.

누군가 문 앞에서 서성거리는 장면을 꿈에서 본다면 사람들은 통상 문 앞에 서있는 사람은 집을 엿보는 도둑쯤으로 생각하기 쉽다. 그러나 성경적으로는 이는 우리를 간절히 기다리시는 예수님의 모습을 상징한 것으로 볼 수 있다. 높은 건물에서 휙 나르듯 뛰어내리는 장면은 초능력을 나타내는 것이라기보다는 성경적으로 보아 반성해야 할 자신의 모습을 제시하는 것일 수 있다. 이 세상에서 눈뜨고 볼 수 없을 만치 아름다운 절경 속의 호수에 누군가 떠 있다면 이는 어쩌면 누군가가 천국에 가는 것, 즉 우리의 육적인 관점에서는 죽음을 의미할 수도 있다. 반면 꿈에 나타난 죽음의 장면은 죽음 후의 부활을 믿는 자에게는 부활이나 회복을 의미할 수 있고 웨딩드레스는 주님과의 혼인식 준비 즉 주님을 영접하는 것을 의미한다고 보는 것이 성경적 관점이다.

성경에 나와 있지 않은 상징물이나 또는 성경에서 읽은 상징물이 꿈에 나타났다면 꿈꾼 사람이 그 상징물에 대해 갖는 개념이나 이미지에 따른 꿈의 해석이 가능하다. 촛불은 가난하고 어려워 촛불을 키고 생활을 하는 사람들에게는 어려움이나 고난을 상징할 것이고 촛불이 켜 있는 식탁에서 프로포즈를 받은 사람에게는 행복의 상징일 수 있다. 원래 목자이었던 요셉은 들판에서 양을 기르는 목자들에게 친숙한 곡식단, 해와 달과 별이 절하는 꿈을 꾸었다.

고양이의 이기적이고 배타적인 모습에 익숙한 사람이 자신이 고양이를 안고 있는 꿈을 꾸면 자신의 이기적이고 배타적인 모습에 대해 생각해 보아야 할 것이다. 자신이 문을 두드리는 직장 문 앞에 고양이가 웅크리고 앉아 있다면 이기적이고 배타적인 사람이 구직에 장애물이 될 것임을 암시한다고 볼 수 있다. 자신이 무척 갈구하는 일들이 이루어지지 않아 고민하고 기도하는 가운데 있는 사람에게 하얀 토끼가 사람같이 두발로 서 있는 모습을 꿈에서 보았다면 토끼는 빨리 뛰는 동물임으로 너무 조급하게 생각하지 말고 기다리라라는 메시지가 담겨 있다고 할 수 있다. 특별히 토끼와 거북이 이야기에 친숙한 사람들에게는 이런 메시지의 의미는 더욱 분명하다.

꿈에 나타난 상징의 개념과 의미를 파악한 다음에 이를 자신의 생활과 연계해 의미를 진전시켜 보는 것이 필요하다. 일반적으로 꿈은 꿈꾼 사람이 직면하고 있는 관심사에 대한 메시지가 담겨있다. 그러므로 꿈꾼 사람은 "내가 꿈꾸기 전 어떤 문제를 처리하고 있었는가"에 골똘히 생각해 보아야 한다. 예를 들어 선교 여행지에 대해 생각하고 있었던 바울 사도는 마케도니아 사람이 오라고 손짓하는 꿈을 꾸고는 선교지가 마케도니아라고 해석했다.

그러나 꿈에 나타난 행위나 사물에 대한 의미를 인간이 잘 파악할 수 있는 것은 아니다. 인간들이 해석할 때는 욕구, 욕심, 기분 등이 작용하기 때문에 의미를 선택적으로 해석하고 왜곡할 수 있다. 그러므로 꿈의 의미를 성령님께 가르쳐 달라고 간구하는 것이 중요하다. 예를 들어 꿈에 차가 후진했다면 하나님께 "나에게 앞으로 나가지 않는 면이 있는지" 가르쳐 달라고 간구하는 것이다.

꿈은 거의 꿈꾼 사람 자신에 대한 메시지가 담겨있지 꿈에 나타난 사람들에 대한 메시지가 담겨 있는 것은 아니다. 통계에 의하면 꿈의 **95%**는 꿈꾼 사람의 내적 자아, 현재 상황 그리고 인간관계에 대한 것이라고 한다.24) 꿈에 자신의 모습이 직접 보이지는 않았을지라도 그 장면이 자신의 모습을 유추할 도구일 경우가 많다. 꿈에 본 친구의 모습은 많은 경우 친구에 대한 메시지이기 보다는 자신 속에 있는 친구의 모습을 생각해 보는 단서 역할을 한다. 예를 들어 바로가 통치하는 이집트의 7년 풍년과 7년 기근은 소의 장면, 이삭의 장면으로 유추된다. 만일 자신이 평소에 너무 약삭빠르다고 생각하고 있는 친구로 부터 꽃다발을 받았다면 이는 자기가 계획하고 있는 일이 너무 약삭빠른 일이라는 해석이 가능하다. 누군가의 추한 모습이 꿈에 보였다면 이는 누군가가 추하다는 것이 아니라 내 모습이 추하다는 것을 암시한 것으로 해석된다. 자신을 돌이켜 보아야 한다.

꿈을 해석하는데 자신의 욕구나, 마음상태, 사회분위기 등이 장애물이 되지 않도록 마음을 비워야 하며 성령님께 꿈의 해석을 가르쳐 달라고 간구하는 것이 중요하다. 예를 들어 아버지가 갑자기 쓰러지신 후 돌아가실까 봐 근심하며 간절히 회복되기를 원하는 사람이 웨딩드레스를 입은 사람을 꿈에서 보았다고 하자. 이를 보고 상복을 입지 않았으니까 아버지가 건강이 회복되는 것을 예시하는 꿈이라고 생각하면 너무 앞서 가는 해석이다. 예수님을 영접하신다는 것을 예시한다고 보아야 한다. 영접하신 다음, 회복되실지 돌아가실지는 이 꿈에 나타나 있지 않다고 보는 것이 좋다.

하나님이 주시는 꿈에 대해 인간으로서는 완전히 해석하기 어려운 경우가 많다. 비몽사몽간에 베드로가 본 환상에 대해 베드로는 뜻을 알지 못했다. 다만 현실에서 일이 되어가는 과정에서 환상의 의미를 알게 됐다. 많은 꿈의 경우, 인간으로서는 의미를 완전히 파악할 수 없고 일이 되어가는 과정에서 그 꿈의 의미를 알게 된다. 이는 하나님의 신비를 인정해야 하고 인간의 부족함을 인정해야 함을 말해 준

---

24) Virkler mark & Patti, Biblical Research Concerning Dreams and Visions. www.cwgministries.org/ principles-for-Christian Dream Interpretation.

다. 꿈을 해석하기 어려웠지만 일이 진행된 과정에서 꿈의 의미를 알게 된 사람들이 얻는 가장 귀중한 교훈은 인간의 만사를 하나님께서 예정하시고 주관하신다는 사실일 것이다.

오로지 꿈에만 근거하여 인생의 중요한 결정을 내리는 것은 경계해야 한다. 하나님이 우리에게 말씀하시고 인도하시는 다른 방법으로부터 추가적 확인을 받지 않고는 꿈에만 근거하여 중대한 결정을 내리는 것은 현명한 일이 아니란 뜻이다. 다른 방법에는 다른 사람들의 자문, 성경말씀, 하나님의 세미한 음성, 이성적 판단 그리고 일이 되어가는 과정 등이 포함된다.[25]

선교 현장 이야기

"만일 너희 믿음의 제물과 봉사 위에 내가 나를 관제로 드릴찌라도 나는 기뻐하고 너희 무리와 함께 기뻐하리니" (빌립보서 2:17)

이 말씀을 통해 하나님께서 나에게 물으셨다. "모민아, 나를 위해 모든 것을 쏟아 부을 관제가 되겠느냐? 한 방울도 남김없이 너를 사용해도 내가 너를 사용했다는 이유로만 너는 기뻐할 수 있겠느냐?"

그와 함께 하나의 그림을 보게 되었다. 쏟아진 관제의 모습은 처음에는 제사를 덮고 흘러 내려 제단 위에, 돌 사이사이에, 그리고 마지막으로 흙 속으로 스며들어가 완전히 없어졌다. 관제는 비워지기 위해 흔적 없이 사라지기 위해 존재했고 이것이 바로 하나님께서 나에게 원하시는 모습이었다. 아니, 이것보다 더 나아가 관제로 사용됐다는 사실에 기뻐하시길 원하셨다.

(김모민의 "Drink Offering"이란 글에서 발췌. 한국해외선교회와 성경번역선교회가 발행하는 성경 번역 선교 소식지 난곳 방언으로 2004년5/6호에 실림)

---

25) 앞의 글.

8. 그림언어

인간의 상상력을 자극하여 인간의 머리에 어떤 상을 떠오르게 하는 언어를 그림언어(혹자는 문예언어라고도 표현한다)라고 한다. 이런 언어는 선한 동기를 가지고 지나치게 사용하지 않는다면 인간의 감성을 자극해서 설득력을 발휘한다.

그림언어의 설득력의 예로 다윗의 아들 압살롬이 반란을 일으켜 성공한 반란 초기에 아버지 다윗의 처리에 대해 신하에게 자문을 구했을 때의 아히도빌과 후새의 답변을 비교해 보자.

아히도벨은 "이제 나로 하여금 사람 **12,000**명을 택하게 하소서. 오늘 밤에 내가 일어나서 다윗의 뒤를 따라 저가 곤하고 약할 때에 엄습하여 저를 무섭게 한즉 저와 함께 있는 모든 백성이 도망하리니 내가 다윗 왕만 쳐 죽이고 모든 백성으로 왕께 돌아오게 하리라. 무리의 돌아오기는 왕의 찾는 이 사람에게 달렸음이라. 그리하면 모든 백성이 평안하리이다"라고 답했다.

반면 후새의 답변은 다음과 같다.

"나의 모략은 이러하나이다. 온 이스라엘을 바닷가의 모래같이 왕께로 모으고 친히 전장에 나가시고, 우리가 그 만날 만한 곳에서 저를 엄습하기를 이슬이 땅에 내림같이 저의 위에 덮어 저와 그 함께 있는 모든 사람을 하나도 남겨두지 아니할 것이요, 또 만일 저가 어느 성에 들었으면 온 이스라엘이 줄을 가져다가 그 성을 강으로 끌어드려서 그곳에 한 작은 돌도 보이지 않게 할 것이니이다."

이 두 모사들의 답변을 비교해 보면 아히도벨은 듣고 생각하게 하며 권위와 정확성, 논리적 전개의 특징을 가진다. 반면 후새의 표현은 상대방에게 장면을 연상시키며 느끼게 한다. 후새는 왕으로 하여금 그림을 떠 올려서 생각하고 머리 뿐 아니라 가슴으로 반응하게 한다. 그러나 왕이 떠올리는 그림은 바닷가의 모래알, 이슬이 내린 땅은 공상의 세계나 저 세상의 것이 아니고 이 세상에 속한 것, 압살롬도 경험하고 하는 세계이다.

그림언어의 다른 예는 서구에서 사마리아 법 까지 이어진 예수님의 사마리아인의 비유다. 이는 한 율법사가 예수님께 나아가 무엇을 해야 영생을 얻을 수 있는지 묻는데서 시작한다. 예수님께서는 하나님을 사랑하고 네 이웃을 네 몸과 같이 사랑하라고 했다. 그러자 율법사는 "그러면 내 이웃이 누구오니이까"(누가 10:29)라고 다시 질문하였다. 예수님은 사마리아인의 비유를 다음과 같이 들었다. "어떤 사람이 예루살렘에서 여리고로 내려가다가 강도를 만나매 강도들이 그 옷을 벗기고 때려 거의 죽은 것을 버리고 갔더라. 마침 한 제사장이 그 길로 내려가다가 그를 보고 피하여 지나가고 또 이와 같이, 한 레위인도 그곳에 이르러 그를 보고 피하여 지나가되 어떤 사마리아 인은 여행하는 중 거기 이르러 그를 보고 불쌍히 여겨 가까이 가서 돌보아 주고 이튿날에 데나리온 둘을 내어 주막 주인에게 주며 가로되, 이 사람을 돌보아 주라 부비가 더 들면 내가 돌아 올 때에 갚으리라 하였으니 누가 강도 만난자의 이웃이 되겠느냐"(눅 10:30-36).

예수님의 "선한 사마리아 사람"의 비유는 "누가 나의 이웃인가"라는 한 율법사의 질문에 대한 답으로 제시된 것이다. 그림언어에 대해 전혀 식견이 없는 사람들에게 같은 질문을 했다면 그들은 "네 이웃은 네게 자비를 베푼 자이다"라고 간단한 정의를 제시할 것이다. 그러나 예수님은 간단명료하고 정확한 답변 대신에 재미있는 애기를 하셨다.

이 이야기는 듣는 사람들의 관심을 끌 수 있으며 오래 기억하게 하는 효과가 있다. 결국 예수님이 "누가 나의 이웃인가"라는 질문에 대해 "곤궁한 지경에 처한 자에게 자비를 베푼 자다"라고 명제로 답한 후에 상세히 추상적으로 논증하지 않은 이유는 만일 예수께서 그렇게 하셨다면 선한 사마리아 사람의 이야기는 그 놀라운 감화력과 설득력을 가지고 불신자들에게까지 회자되지는 않았을 것이다.26)

1) 상상력

그림언어는 인간의 상상력을 자극하는데 상상력이란 인간 내면의 화랑에 어떤 상을 만들어 내는 정신작용이다. 딕슨은 이렇게 말한다. "인간이 살아가는 것은 상상을 통해서다. 상상은 인간의 삶을 결정적으로 지배하는 요소이다. 인간정신은 철학자들이 뿌려 놓은 그릇된 인상처럼 토론장이 아니라 차라리 화랑이라고 해야 한다. 이 화랑에는 우리의 모든 비유와 개념들이 그림처럼 걸려 있다. 비유란 종교와 시의 본질이기도 하다." 나폴레옹도 상상이 세계를 지배한다고 했다. 소설가 조셉 콘라드는 "내 과제란 쓰여진 문자의 힘으로 독자로 하여금 듣고 느끼고, 종국에 가서 보게끔 하는 데 있다"고 고백했다.

버트릭은 "신학적 의미는 생활에서 끌어 온 이미지를 통해서 구현되어야 한다"고 했다. "이미지는 개념을 먹여 살찌우고 개념은 이미지의 규율을 잡는다", "개념이 빠진 이미지는 장님과 같고 이미지가 없는 개념은 불모지와 같다"란 명구들은 이미지와 개념의 결합이 중요함을 말해준다. 그래서 에머슨은 "도덕적, 지적 사실을 가리키는 어떤 말이든지 그 뿌리를 추적해보면 틀림없이 어떤 물질적 형상을

---

26) 아히도빌과 후새, 그리고 사마리아여인에 대한 것은 김지찬의 "성경언어의 문예적 특성"이란 논문과 워렌 위어스비 목사의 "상상에 담긴 설교"에서 인용

지니고 있는 그 무엇으로부터 빌어온 말임을 알 수 있다"고 했다.27) 앞의 후세와 아히도벨의 설득 방법을 비교하면 후세는 곰, 모래, 이슬의 생생한 이미지를 그리게 한 반면 아히도벨은 개념만 표현했다고 볼 수 있다.

상상력이란 친숙하고 새로울 것 없는 것들, 그전에는 서로 무관한 것을 새로운 관점 안에서 새롭게 연결시켜 볼 수 있는 능력을 의미한다. 상상이란 새로운 것을 창조할 뿐 아니라 익숙하고 낯익은 것도 신선한 방식으로 새롭게 보고 느낄 수 있게 하며 예로부터 내려오는 진리를 새롭게 표현하고 인생에 새롭게 적용할 수 있게 하는 작용이라고 할 수 있다.

예수님은 상상력을 동원하여 눈에 보이는 이 세상의 이미지를 사용해서 눈에 보이지 않는 세계의 진리를 가르쳤다. 예수의 이 상상력 속에서 등잔, 참새, 개, 동전, 포도나무, 누룩, 포도주, 씨앗은 진리 전파와 발견의 소도구가 된다.

성경을 읽으면서 발휘해야 할 상상력은 고대에 기록된 성경과 오늘날의 사람을 연결하는 가교역할을 한다. 즉 다윗, 노아의 방주, 바울의 이야기는 오늘날 무엇을 의미하는가? 직장을 잃은 사람, 왕따 당하는 사람, 아파서 괴로운 사람, 내가 선교 대상으로 삼는 사람들에게 무슨 의미가 있는가 생각해야한다. 또한 커뮤니케이션을 그들은 어떻게 생각할까? 그들의 필요를 채워주는 것인가, 하나님께서 그들에게 원하는 것은 무엇인가에 관심을 가져야 한다.

2) 그림언어로서의 비유

비유를 영어로는 "Metaphor"라고 한다. 이 때 Meta는 '건너서',

---

27) 딕슨, 나폴레옹, 콘라드, 버트릭의 설명은 워렌 위어스비 저서인 상상이 담긴 설교 (1998, 요단출판사)에서 인용.

Phor는 '운반하다'란 **Phorain**의 변형이다. 그럼으로 비유란 어원을 따지면 '건너편으로 운반하다'란 개념에서 나왔다. 이에 비추어 비유는 서로 무관한 것처럼 보이는 두 사물을 '말을 통해 운반하여' 결합시킴으로써 새로운 것을 창조하는 기능을 수행한다는 정의를 내릴 수 있다.

아리스토텔레스는 "언어를 적절히 배합해서 혹은 아는 단어를 낯설게 해서 시적 형태로 적절히 쓸 수 있다는 건 좋은 일이다. 그러나 가장 중요한 일이 있다면 그것은 비유를 터득하는 일이다. 그런데 비유를 터득한다는 것은 사실 누군가에게 배울 수 없는 일이라서 천재성의 한 표시라고 해야 할 것이다. 좋은 비유란 전혀 같지 않은 둘을 놓고 그 연관성을 직관해 잴 수 있는 데서 탄생하기 때문이다"라고 했다. 비유는 직관과 상상력에 의해 만들어진다.

비유의 힘은 첫째, 이미지와 그림의 효과가 있다. 이는 듣기만 할 뿐 아니라 보고 느끼게 한다. 둘째, 심리치료의 효과가 있다. 무관한 두 사물을 연결하는 것은 듣는 사람의 호기심을 자극하며 관점을 재조정하여 두 가지를 동시에 보게 한다.

좋은 비유란 충격을 일으키며, 서로 닮지 않은 것을 한데 묶으며, 재래식 관점을 늘 불편하게 만들며, 긴장을 야기시킨다. 심리학에서는 '연관짓기 (connecting)'를 서로 무관하게 보이던 사물을 한데 엮어 해결하려던 문제들을 새로운 관점으로 바라보게 하는 현상이라고 한다. 이는 비유가 심리치료까지도 할 수 있음을 말해준다.

선교사를 비롯한 기독교인들을 위한 연관짓기에 필요한 4가지 고리는 첫째 현대 독자와 고대의 책 사이를 이어 주는 고리, 즉 현대인들이 성경 말씀이 전해 주는 연관성을 발견하는 것이다. 컴퓨터를 끼고 사는 세대와 돌판에 새긴 것을 읽는 사람들에게 통할 메시지를 발견하는 것이다. 둘째로 사람들의 과거와 현재를 이어주는 고리, 셋째로 듣는 사람의 머리와 가슴을 연결시켜주는 고리, 넷째로 상상과 경험을 연결시켜 주는 고리이다.

비유의 종류로 위어스비는 생생한 (살아 있는) 비유, 병든 (창백한) 비유, 그리고 죽은(시들은) 비유로 구분하는데 생생한 비유는 듣는 사람의 마음과 가슴을 단단하게 연결시킨 것이며 병든 비유는 정신적 영향은 주는데 감정이나 의지는 별로 움직이지 못하는 비유 그리고 죽은 비유는 부정적 반응을 불러일으키는 비유를 말한다.[28]

3) 선교언어로서의 그림언어

게리 스맬리와 존 트렌트는 그들의 저서 사랑언어 · 그림언어란 책에서 그림언어는 네가지 중요한 방법으로 사람들의 영적 삶을 강화한다고 주장한다. 즉 첫째, 그림언어는 사람들을 하나님께 더 가까이 가게 한다. 둘째, 그림언어로 사람들은 성경의 진리들을 이해하고 기억한다. 셋째 그림언어는 하나님께서 인간들에게 소망과 격려를 주시는 주요방법이다. 넷째 그림언어는 복음 전도에 강력한 도구를 제공한다고 분석한다.

복음 전교에 강력한 도구로서의 그림 언어 예증으로 스맬리와 트렌트는 우리에게도 널리 알려진 '사영리'란 소책자를 든다. 이 책은 "우리 정서적 '요리실'을 끌고 가는 사실의 '기관차'를 보여주는 그리스도인의 생활에 대한 설명으로 기본적으로 그림언어를 확대한 소책자"라고 설명하고 있다.[29]

그림언어는 사이비 종파 교주들과 사탄 숭배자들도 사용하는 경우가 있기 때문에 이에 대한 경계도 필요하다.

---

28) 비유에 대한 것은 웨렌 위어스비(1988), 앞의 책에서 인용함. 요단출판사.
29) 그림언어에 대한 것은 (서원교 옮김) (1996), 사랑언어 · 그림언어. 요단출판사 를 참조했음.

9. 수신자 이론의 선교 적용성

커뮤니케이션 과정에 참여하는 중요한 행위자는 메시지를 보내는 송신자와 메시지를 받는 수신자이다. 오랫동안 커뮤니케이션 연구의 초점은 메시지를 보내는 송신자의 특성과 행위에 맞추어져 왔다. 효과적인 커뮤니케이션을 위해서 송신자는 메시지를 어떻게 구성해야 하며 어떤 덕목을 갖추어야 하는가에 관심이 모아졌다. 교회 커뮤니케이션에서는 목회자, 선교사, 전도자의 인격 및 메시지 내용과 전달 방법이 무엇보다 중요한 것으로 인식되어져 왔다.

그러나 뒤따른 실증적 연구들은 커뮤니케이션이 효과를 거두기 위해서는 수신자의 역할이 중요하다는 것을 입증하고 있다. 수신자에 관한 연구는 주로 행동심리학적 관점에서 연구되어 왔는데 연구를 통해 밝혀진 수신자에 관한 이론은 바람직한 교회 커뮤니케이션 모델을 수립하는데 도움이 될 것이다.

교회 커뮤니케이션이 꼭 학문적인 커뮤니케이션 모델에 기반을 두어야 하는가에 대해서는 논쟁의 여지가 있다. 이런 논쟁은 설교와 설득의 관계를 규명하는 가운데 표출되기도 한다. 설교는 "목사의 설득으로 이루어지는 것은 아니다. 철저히 성령의 역사와 인도하심 가운데 있어야 한다"라는 견해가 있는 반면 일부는 "좋은 설교는 설득임과 동시에 계시이다"라는 주장을 한다.30) 사실 설교에 대한 이

---

30) 임영수목사는 그 말씀(1997년 7월호)과의 인터뷰에서 "설교는 목사의 설득으로 이루어지는 일이 아니라" 철저히 성령의 역사와 인도하시는 가운데 있어야 함을 강조했다. 같은 정기간행물에 실린 '청중과 동일시화 하는 설

두 가지 시각은 서로 배타적인 것이 아니다. 기독교 커뮤니케이션이 이루어지는데는 성령의 역할과 함께 인간의 역할이 있다. 필자는 교회 커뮤니케이터들은 성령의 임재와 도움을 인정하는 가운데 세상 사람들에게 전도해야 하며 봉사해야 할 의무가 있기 때문에 커뮤니케이션 이론을 적용하는데도 관심을 가져야 한다고 생각한다.

성경에 나타난 커뮤니케이션 활동, 특히 예수님의 커뮤니케이션 활동을 분석해보면 수신자 중심의 교회 커뮤니케이션을 수행해야 할 당위성이 제시된다. 앞장들에서 설명한 예수님의 성육신 커뮤니케이션, 비유와 격언의 활용, 수신자 해답 찾기 존중 등은 다 수신자 중심의 커뮤니케이션을 예수님께서 선호하였다는 것을 보여준다.

1) 수신자론과 기독교 커뮤니케이션

커뮤니케이션 연구의 초점은 송신자에서 수신자로 전환되었다. 이런 전환은 실증적 관점에서 매스컴을 연구하는 과정에서 발생했다. 초기에 학자들의 관심사는 메시지를 만드는 사람이나 전달하는 사람 그리고 메시지 내용 자체였다. 그러나 실증적인 연구가 진행됨에 따라 그들은 수신자가 중요한 역할을 수행함을 발견했다. 수신자에 대해서는 다음과 같은 자극-반응론, 사회적 관계론 그리고 능동적 수신자론의 3가지 패러다임이 있다.

(1) 자극-반응론

20세기에 들어와 대중매체가 힘을 더해감과 더불어 커뮤니케이션 연구가 활성화 된 초기에는 수신자는 송신자가 자극을 주면 그대로 반응을 하는 피동적인 존재로 인식되었다. 커뮤니케이션 과정을 기

교'란 글에서 크레이그 로스칼조는 "좋은 설교는 설득임과 동시에 계시이다"라는 레이몬드 베일리의 인용구를 소개하고 있다.

계적인 자극-반응 모델로 본 것이다. 이 모델에는 메시지를 보내는 송신자는 마키아벨리의 <군주론>에 나오는 군주같이 군림하는데 반해 수신자는 무기력하며 무저항적인 다시 말하면 피동적인 존재로 나타나 있다.

특히 대중매체의 수신자는 상호 고립적이며 조직화되지 않은 뿔뿔이 흩어진 원자로서 메시지를 피동적으로 받아드린다는 막연한 가정 하에 송신자의 메시지는 탄환처럼 수신자의 마음을 꿰뚫는 강력한 힘을 발휘한다고 믿었다. 이 탄환이론의 타당성은 많은 후속연구에 의해 검증되지 못했다.

교회 커뮤니케이션의 주종을 이루는 것은 매스컴보다는 개인 커뮤니케이션과 집단 커뮤니케이션인데, 탄환이론을 개인이나 집단 커뮤니케이션 상황에 적용해 보면 그 타당성은 더욱 낮아진다. 회중에게 설교를 하는 목회자나 개인에게 전도를 해보려고 공을 드렸던 교인들은 대상자들의 생각을 쉽게 바꿀 수 없었던 어려움을 경험하는 경우가 많은데 이는 탄환이론의 타당성이 낮음을 말해준다.

(2) 사회적 관계론

그러나 1940년대에 실시된 과학적 연구는 수신자는 뿔뿔이 흩어진 원자가 아니라 사회적 관계를 맺고 있으며 이런 관계는 정보나 의견을 중계하거나 수신하는 방식에 영향을 미친다는 사실을 입증했다. 1940년 미국 대통령 선거에 참여하는 투표자의 투표행위에 대한 <국민의 선택>이란 연구 결과, 매스컴의 영향은 극히 적으며 많은 투표자들은 가족이나 직장동료 집단의 의견에 따른다는 사실이 밝혀졌다.

또한 송신자와 수신자 사이에 의견지도자란 존재가 있으며 송신자에서 수용자에게 정보가 유통되는 과정은 한 단계가 아니고 의견지도자를 사이에 둔 두 단계 내지는 다 단계를 거친다는 사실을 알게됐다. 사회적 관계론은 새로운 사상이나 제품을 선택하는 과정에 관심을 갖는 개혁 커뮤니케이션 분야에서도 많이 연구되었는데 새로운 아이디어를 받아드리는 과정에서 사람들은 인지, 흥미, 평가, 결정, 시행, 조정, 재평가의 다 단계를 거치는 것으로 나타났다. 특히 평가, 결정, 시행, 조정, 재평가의 단계는 수신자의 몫이다.

사회적 관계론은 기독교 커뮤니케이션에 제시하는 바가 크다. 성도들이나 전도대상자들은 가족 같은 1차 집단이나 또래 집단 같은 준거집단에 속해 있고 그 집단의 규범을 지키고 옹호하는 존재인 것이다. 송신자는 그런 수신자의 특성과 의견지도자를 파악하여 커뮤니케이션을 하는 것이 바람직하다는 것을 사회적 관계론은 제시한다. 또한 신앙이 없는 사람들이 신앙을 받아 드리는데는 인지, 흥미, 평가, 시행, 조정, 재평가의 단계를 거치기 때문에 각 단계에 따라 알맞은 커뮤니케이션 방법을 사용해야 함을 말해 주고 있다.

(3) 능동적 수신자론

수신자는 송신자의 의도를 정지, 굴절, 변형시키는 능동적 내지는 고집 센 조정자로 부각되고 있다. 마가복음 6장에 예수는 고향과 친척과 자기 집에서는 아무 권능을 행사할 수 없었다고 설명하고 있는데 이는 그곳 사람들이 예수를 존경하지 않고 배척했기 때문이다. 수신자가 송신자인 예수의 커뮤니케이션 의도를 약화시키고 있음을 알 수 있다.

또한 집단이나 조직내의 커뮤니케이션 과정에 참여했던 사람들은 자신이 말한 것이 와전되는 경험을 자주 하는 것 또한 수신자가 능동적임을 입증해 준다. 능동적 수신자에 대한 제반 이론을 소개하고 기독교적 커뮤니케이션 활동에의 적용성을 고찰해 본다.

① 선택적 이론과 인지부조화 이론

사람들은 메시지를 곧이곧대로 받아들이지 않는다. 사람들은 메시지를 받으면 자기 나름대로 재조직한다. 이 재조직활동을 지각이라고 한다. 빌립보서 4장 7절의 "아무 것도 염려하지 말고 오직 모든 일에 기도와 간구로 너희 구할 것을 감사함으로 하나님께 아뢰라. 그리하면 모든 지각에 뛰어난 하나님의 평강이 그리스도 예수 안에서 너희 마음과 생각을 지키시리라"하는 말씀에서 하나님의 지각은 뛰어나다고 하였다.

그러나 인간의 지각과정은 불완전하며 선택적이다. 사람들은 자신들의 문화, 기존 성향, 욕구, 기대감, 기분 등에 따라 선택적으로 메시지를 지각한다. 선택성은 지각과정에만 해당하지 않는다. 메시지에 자신을 노출하고 메시지에 집중하고 또 그것을 기억하는 과정에 다 적용된다. 메시지 수용과정은 노출, 집중, 지각, 기억의 4단계로 구성되어 있다. 학자들이 사용하는 노출이라는 개념을 쉬운 말로 바꾸면 접촉이라고 할 수 있다. 노출의 예를 들면 완고한 불교신자는 목사들의 설교를 들을 기회를 거의 차단하는데 이는 기독교 메시지에 자신을 노출시키지 않는다고 설명할 수 있다.

선택적 이론은 송신자는 수신자의 문화, 기존 성향, 욕구, 기대감에 반하지 않는 메시지를 전하는 것이 바람직하다고 말해준다. 선인들이 '금강산도 식후경'이니 '제 눈의 안경'이란 표현을 자주 한 것은 메시지 수용 과정의 선택성을 간파했음을 의미한다.

선택적 과정에 영향을 미치는 또 다른 요인은 당사자의 성향이다. 독선적인 사람, 억압받은 사람, 불안감이 있는 사람들은 좀 더 심한 선택적 과정을 경험한다. 선택적 회피나 노출을 하지 않으면 기분이 상하기 쉽기 때문이다.

이런 선택적 과정에도 불구하고 믿음에 반하는 정보를 접수하기도 하는데 이것은 정보가 유용하거나 정보를 쉽게 반박할 수 있을 경우이다. 그리고 공정하려고 노력하는 사람은 믿음에 반하는 정보를 접수하는 경향이 강하다.

선택적 이론은 선교사들로 하여금 메시지가 이해되고 받아들일 수 있는 방법을 사역하는 종족 집단의 문화와 역사 속에서 찾는 노력을 할 것을 암시하고 있다. 이를 구속적 유사 (redemptive analogy)라고 한다.

이리얀자야의 사위 부족을 대상으로 사역을 했던 돈 리차드슨 목사는 화해의 아이 (Peace Child)에서 다음과 같은 증언을 하고 있다.

아내와 필자는 사위 부족이 배신을 미덕으로 존중한다는 것을 알고는 충격을 받았다. 따라서 그들에게는 가롯 유다가 복음의 영웅이었다. 하지만 사위 문화 내에는 평화 조약을 맺는 방법이 있었는데, 그것은 한 아버지가 적군의 아버지에게 자기 아이 중 하나를 주어 키우도록 맡기는 것이었다. 이 아이는 '화해의 아이'라고 불리었다. 부족들 간의 전투가 중대한 위기에 접어들었을 때 우리는 그리스도를 하나님의 화해의 아이로 제시할 수 있었다. 사위족은 곧 하나님의 구속 이야기를, 가장 위대하신 아버지가 사이가 멀어진 사람들과 화목하기 위해 자신의 아들을 주시는 것으로 이해했다. 오늘날 사위 부족민중 70%가 예수님을 믿는다.

인도의 산탈족은 자기 조상들이 참된 하나님인 타쿨 지우를 거부한 것을 매우 애석하게 생각해 왔다. 이 사실을 안 노르웨이의 선교사는 타쿨 지우의 아들이 소원해진 인류를 자신과 화목시키기 위해 이 세상에 오셨다고 선포했다.

한국에 온 선교사들도 한국 문화 속에서 하나님이라는 용어를 발견해 God을 나타내는 외국 이름을 강요하는 대신 예수 그리스도가 하나님의 아들이라고 선포했다.

(Mission Perspectives에서 인용)

선택적 노출, 집중, 지각, 기억은 레온 페스팅거에 의하면 인지 부조화를 막기 위해서라고 한다. 인지부조화란 믿는 것과 행동하는 것 사이에서 느끼는 불일치감을 말하는데 인지부조화 이론은 사람들이 사물이나 행동 등에 대해 갖고 있는 여러 가지 지식들, 즉 인지 요소들은 서로 유기적인 관계나 또는 전혀 무관한 관계를 맺고 있다는 전제를 한다. 유기적 관계를 가지고 있는 인지 요소들이 조화를 이루지 못하거나 맞지 않을 때는 부조화를 이루며 부조화 상태는 심리적 불안을 가져 온다. 그 때문에 이를 해소시킬 수 있는 정보나 행동을 취함으로서 조화를 유지하려고 하거나 아니면 처음부터 부조화를 가지고 올 수 있는 정보를 회피하려고 한다고 페스팅거는 설명한다. 사람들은 가치관, 행동, 믿음 사이에 일관성을 유지하려는 욕구를 가지고 있다고 한다. 왜냐하면 일관성을 잃으면 심리적 부조화를 느끼게 되기 때문이다.

신앙 면에서도 믿음을 유지하고 믿음 있는 행동을 하는 것이 자신에게 중요하면 할수록, 그리고 신앙에 헌신하면 할수록 믿음에 반하는 정보는 그 사람에게 부조화를 초래한다. 따라서 당사자는 일관성을 복구하려는 욕구를 가지게 된다. 다시 말하면 신앙심이 강하고 또 신앙이 공표 된 상황에 있는 사람들은 새로운 정보를 개방된 마음으로 추구하기보다는 믿음을 지지하는 정보를 추구한다. 이런 경향은 신앙이 깊으면 깊을수록, 그리고 믿음을 자유의사에 따라 선택한 사람에게 두드러지게 나타난다.

선택적 노출이나 회피를 학자들은 한마디로 사람들은 기분 나쁘게 되는 상황을 회피하고 만족스럽고 기분 좋은 상황이 되기를 바라기 때문이라고 설명한다. 그러나 사람들을 지나치게 자극하는 것도 기분을 상하게 하지만 지나치게 자극이 없는 정보도 사람들은 좋아하지 않는다. 믿음이 있는 사람들이 신앙에 반하나 쉽게 반박할 수 있는 정보를 추구하는 이유도 만족감을 갖기 위해서이다.31)

선교현장에서

필리핀 사람과 필리핀 사제의 차이는 엄청나게 큽니다. 제가 사복을 하고 공장을 방문하면 대부분 저에게 함부로 막말을 사용합니다. 그러나 사제 복장을 하면 한국 신부님과 같은 예우를 받습니다. 이로써 얼마나 많은 이주 노동자들이, 그들이 경제적으로 곤궁한 나라에서 왔다는 것만으로 차별을 당하는지 깊이 느낄 수 있습니다.

(필리핀 출신의 유진신부가 쓴 "이주노동자를 위한 나의 소명"에서 발췌. 교황청 전교기구 한국지부가 발간한 땅끝까지 2003년 10-11월호에 실림.)

② 욕구체계론

선택적 이론에 의하면 인간의 욕구는 메시지를 선택하는데 중요한 동기가 된다고 한다. 인간의 커뮤니케이션 행위를 유발하는 동기가 욕구만은 아니지만 욕구는 행위를 유발하는 강력한 동기로 작용한다.

기독교인들은 탐욕은 경계하되 욕구에 대해서는 자유로운 생각을 해도 된다는 것을 성경은 말해주고 있다. 욕구는 필요한 것을 구하는 것이다. "구하라 그러면 너희에게 주실 것이요 찾으라 그러면 찾을 것이요 문을 두드리라 그러면 너희에게 열릴 것이니…" (마태복음 7:7)라고 기록하고 있다.

욕구란 개념이 거론될 때마다 자주 등장하는 것이 아브라함 매슬로우가 정립한 욕구체계 이론이다. 매슬로우는 인간의 욕구는 5단계를 거쳐 변화한다고 했다. 첫 단계의 욕구는 물리적인 것으로 우리가 초등학교 때부터 배운 인간생활의 3대 기본요소인 의, 식, 주, 그리

---

31) Sam G. McFarland (1996), "Keeping the faith," Daniel A. Stout and Judith M. Buddenbaum (eds.), *Religion and Mass Media*. Sage Publications, pp. 173-177.

고 성적 욕구를 포함한다. 다음 단계는 안전에 대한 욕구로 이는 안전, 안보, 공포로부터의 자유를 의미한다. 이것이 어느 정도 만족되면 사회적 욕구가 대두하는데 이는 사랑, 우정, 친밀감 등 다른 사람과의 관계에 중점을 두는 단계이다. 그 다음 단계는 자아존중 욕구, 즉 다른 사람에게 인정을 받고 중요한 존재로 인식되는 것을 필요로 한다. 매슬로우 체계이론의 마지막은 자아실현에 대한 욕구인데 자신의 잠재력 개발, 재능 개발, 자기 통합을 강조하는 단계이다.

매슬로우의 5단계 욕구에, 종교를 연구하는 학자들은 인간이 가지고 있는 자기초월 욕구를 더한다. 자기초월의 욕구는 다른 사람의 욕구를 자기 자신의 욕구보다 더 앞세우는 것을 지칭하는데 예수, 예수의 제자들, 순교자들은 자기 초월의 욕구를 보여준 사람들에 속한다. 인간이 하나님의 형상을 닮아 가는 과정에서 자기초월의 욕구가 생긴다고 한다. 욕구가 합리적으로 만족되지 않으면 이 지경에 도달하기 어렵다고 보는 견해가 우세하다.[32]

기독교 커뮤니케이션을 하는 사람들은 이러한 인간의 욕구에 대해 민감해야 한다. 삶을 영위하면서 사람들이 이런 욕구를 만족시키려 하는 것을 인정하는 것이 옳음은 성경에도 나타나 있다. 예수가 가르친 기도에도 '일용할 양식' 즉 1단계 욕구 만족의 중요성이 인정되었으며 예수가 병든 사람, 소경 된 사람, 가난한 사람에 대한 사람들의 관심을 촉구한 것은 그들의 욕구가 충족되는데 예수가 관심을 가졌다는 증거이다. '두려워 말라', '남을 비판하지 말라', '사랑', '화목'을 강조한 성경구절은 다 인간의 이런 욕구를 존중해 주는 것이다. 인간이 '하나님의 형상'대로 지음을 받았다면 인간의 일상적인 욕구는 이기적인 것만은 아니다. 인간의 욕구는 하나님의 창조성을 나타낸다.[33]

---

32) Fran Ferder (1986), *Words made flesh*. Ave Maria Press. pp.88-89.
33) 앞의 책, p.93.

  그러나 지나친 욕구결핍이나 과도한 욕구 만족은 다 자신들의 욕구에 지나치게 집중하게 한다. 그러므로 적정선의 욕구 만족이 바람직하다. 이런 욕구 만족의 상태는 주관적이기 때문에 계량화하여 객관적으로 제시하기 어렵다. 그럼에도 불구하고 확실한 것은 의식주에 대한 욕구 충족이 이루어지지 못한 사람은 가진 것을 다른 사람과 나누지 못하는 경향이 있다는 것이다. 안전욕구에 대한 불만족은 위험부담이 따르는 새로운 일을 시도하는데 걸림돌이 된다. 사회적 욕구가 적절히 채워지지 않으면 소외감을 느끼고 다른 사람의 관심을 끌기 위해 이상한 행동을 한다. 나르시스적인 지나친 자기 과시, 다른 사람의 욕구에 대한 불감, 질투심, 지나친 경쟁심, 열등감은 자기 존중 욕구가 해소되지 않은 상태에서 발생한다. 자아실현 욕구가 이루어지지 못하면 생에 대해 부정적이 되기 쉽다고 한다. "지나친 것은 모자람보다 못하다"는 문구가 말해 주듯 이런 모든 욕구가 지나치게 채워지면 그 부작용 또한 많다.

  욕구의 관점에서 예수님의 생애를 분석해 보면 초대 교인들은 그가 지혜와 은혜 가운데 자랐다고 믿었다. 비록 말구유간에서 태어났지만 그는 물리적, 심리적, 영적으로 견실하게 자란 셈이다. 사랑 받는다고 느끼며 자랐기 때문에 자아개념이 건전해 위험도 감수 할 줄 알고 꿈과 목적이 있었으며 그것을 실현하고 싶은 욕구도 강했다고 본다.34) 누가복음 12장 49절-50절은 예수가 욕구 소유자임을 나타내 주는 성경구절이다. "내가 불을 땅에 던지러 왔노니 이미 불었으면 내가 무엇을 더 원하리요 나는 받을 세례가 있으니 그 이루기까지 나의 답답함이 어떠하겠느냐"

  기독교 커뮤니케이터들이 관심를 가져야 할 전도대상자들이 가진 욕구는 다양하다. 마찬가지로 설교를 준비하면서 목회자들은 다양한

---

34) 앞의 책, p.94.

청중의 욕구에 관심을 가져야 한다. 청중의 욕구를 한 신학자는 다음과 같이 정리한다. 첫째, 청중들은 하나님을 만나고 싶어하는 자와 도망하려는 자들로 구성되어 있다. 둘째, 청중들은 무엇인가 배우길 원한다. 셋째, 청중들은 웃고 싶어한다. 넷째, 청중들은 의미를 발견하고 싶어한다. 다섯째, 청중들은 감동을 받고 더 잘 할 수 있기를 바란다. 여섯째, 청중들은 설교자가 자신들이 저지르고 있는 잘못을 지적하면서도 이로 인한 고통과 어려움을 이해하기 원한다.[35]

다양한 욕구를 가진 청중들에게 다가가기 위해서 그들의 다양한 욕구에 소구하는 일반적인 메시지를 전하는 전략은 효과가 별로 없다. 특정 계층을 선정하여 그들이 적용시킬 수 있는 구체적이고 직접적이며 개인적인 메시지를 구상하는 것이 더 효과적이다. 특정한 대상이 아닌 사람들은 지루한 일반적인 원론을 듣는 것 보다는 '어깨 너머'의 정보습득을 하는데 이는 더욱 강력한 효과를 발휘하기도 한다.[36]

고든 콘웰 신학교의 해돈 로빈슨 교수는 자신의 설교를 듣는 청중을 삶의 상황에 따라 여러 계층으로 구분한다고 한다. 결혼상태, 연령, 직업군, 신앙상태로 구분하여 설교를 준비한다. 예를 들어 누가복음 16장의 '불의한 청지기'에 근거해 돈에 대한 설교를 할 때는 재산이 많은 교인, 노동을 하는 가난한 사람들을 특정계층으로 선정하여 메시지를 준비한다. 그 외에 그는 '목사들이 설교하는 것은 오로지 돈 뿐이다'라는 반응을 보일 계층을 염두에 두고 유머를 삽입, 이들의 생각을 반박한다고 설명한다. 복음 전파와 관련해, 미국의 풀러 신학대학교의 찰즈 크래프트 교수는 욕구를 표면적 욕구와 심층적 욕구로 구분한다. 전자는 사람들이 흔히 말하는 의식주에 대한

---

35) 해돈 로빈슨 (1999), "다양한 회중과 효과적인 설교전달", 그 말씀. 도서출판 두란노, p.26.
36) 앞의 책, p.25.

욕구 등을 포함하며 후자는 사람들이 인식하지 못하거나 사람들의 표현 능력의 범위를 벗어난 욕구로 영적인 갈구, 보살피거나 좋은 일에 참여하고 싶은 욕구 다시 말하면 자아 존중이나 자아 초월의 욕구를 포함한다.

크래프트 교수는 예수의 커뮤니케이션 전략은 개인적인 표면적 욕구를 초석으로 하여 사람들의 삶이나 종교관을 변화시키는 것이라고 분석한다. 즉 예수는 욕구와 관련 네 단계의 커뮤니케이션 전략을 수행하였다고 본다. 첫째, 표면적 욕구 발견, 둘째, 표면적 욕구에 관련된 메시지 전달, 셋째, 이런 과정에서 더 깊은 심층적 욕구를 발견하거나 심층적 욕구의 문제를 다룰 수 있는 수신자의 내면에 접근하고 마지막으로 심층적 욕구를 다루었다[37]고 그는 분석한다.

사마리아 여인에게 '영생하도록 솟아나는 샘물'에 대해 가르친 예수의 전략을 분석하여 보면 첫 단계로 예수는 생물학적 욕구인 '물'을 길러 우물가에 온 사마리아 여인의 표면적 욕구를 인식하였다. 두 번째 단계로 예수는 '물을 좀 달라'하며 표면적 욕구가 화두가 되게 하였다. 이 과정에서 예수는 '유대인으로서 어찌하여 사마리아 여인인 나에게 물을 달라 하나이까'하며 영원히 목마르지 않는 물을 갈구하고 있는 그녀의 내면적 욕구에 접근했다. 그런 다음 주제는 남편과 예배로 옮아가고 그녀는 마침내 물동이를 버려 두고 동네에 들어가 그리스도를 증거하게 되었다. 사마리아 여인도 잘 이해하고 있는 예수의 '생수'에 대한 욕구가 접촉점이 되어 그녀의 생이 변화되었다.

③ 신뢰감
커뮤니케이션은 두 사람 또는 그보다 많은 수의 사람들 사이에서

---

37) Charles H. Kraft, 앞의 책, pp.68-19.

이루어지는 것이기 때문에 그들의 관계형성이 중요하다. 신뢰감은 좋은 관계형성의 기본이 된다. 따라서 메시지를 수신자에게 올바로 전하기 위해서는 신뢰감 구축이 중요하다.

복음 전파를 위해서 전도자가 핵심적으로 해야 할 것은 사람들과의 신뢰적 관계형성이며 전도과정은 형성된 신뢰감이 성령의 도움으로 하나님에 대한 신뢰감으로 전이되는 과정[38]이라고도 한다.

임영수 목사는 자신의 경험을 다음과 같이 피력한다. "우리가 설교를 잘 전달하기 위해서는 기법이 좋아야 하고, 대중적이어야 되고 또 흥미가 있어야 된다 등과 같은 것을 주로 생각할 수 있는데 설교는 그게 다가 아니구나 하는 생각이 들었어요....목사에 대한 청중들의 신뢰감, 존중하는 마음...설교자와 청중간의 인격적인 만남, 또 설교자가 전달하는 내용의 진실성...이런 것들이지요. 진정한 신뢰관계만 성립되면 설교 원고를 차분하게 읽기만 해도 성도들에게 그대로 흡수될 수 있는 게 설교의 특성 중 하나에요."[39]

다른 사람과 하나가 되는 것은 관계개선과 신뢰감 구축에 도움이 되지만 이는 다른 사람과 모든 면에서 동의한다는 개념이 아니다. 다른 사람이 좋아하는 말이나 행동을 하는 것을 의미하지도 않는다. 만일 그렇다면 더 좋고 새로운 생각, 행동이 전파될 틈이 없다.

신뢰감은 다시 말하면 상호존중을 의미하며 여기에는 잘못 된 것을 지적하는 진실성도 포함된다. 예수는 성전에서 물건 파는 행위를 비난했지만 이 때문에 신뢰감이 손상되었다는 흔적은 성경에서 찾아볼 수 없다.

신뢰감은 진실성과 전문성으로 구성되어 있다. 예수가 비난을 감

---

38) Marvin Mayers (1987), *Christianity confronts culture*. Academie Books, p.8.
39) "말씀의 전달은 신뢰관계 위에서 피어납니다," 그 말씀, 1999년 7월호. 도서출판 두란노, pp.10-12.

수하고 세리 마태의 집을 방문한 것은 그에 대한 예수의 진실성을 입증한 것이며 예수를 선생님으로만 여기던 베드로도 예수가 물고기 잡는 법을 가르쳐 준 다음 커다란 변화를 경험했다.

신뢰감 구축을 위해서는, 즉 다른 사람과 좋은 관계를 형성하기 위해서는 무엇보다 다른 사람의 감정이나 욕구에 대해 민감성을 가져야 한다. 다른 사람의 감정에 대해 민감성을 가지는 것은 진실성을 가진 것을 의미하며 다른 사람의 욕구에 대해 민감성을 가지는 것은 진실성, 전문성과 관련되어 있다.

신뢰감은 개인과 개인간에 구축되지만 이는 개인의 감정이나 필요성에만 관심을 가지는 것에 그치지 않는다. 개인은 가족, 준거집단 그리고 지역사회 공동체의 일원이라는 사실을 염두에 두고 개인과 이런 집단과의 관계도 존중해 주어야 한다.

신뢰감 구축은 하루 아침에 되는 것이 아니다. 신뢰감 구축 단계는 경험의 공유, 새로운 관계정립 그리고 시험기간을 거친다. 그리고 좋은 관계가 구축되면 이 관계가 제 3자나 집단에게 전이된다.[40] 예수가 사마리아 여인과 우물가에서 목마름에 대한 커뮤니케이션을 통해 신뢰감을 구축한 후 사마리아 여인은 이 신뢰감을 이웃에게 전하는 복음 전파가 이루어졌다. 안드레가 예수와의 만남을 시몬에게 전한 과정도 흡사하다.

다른 사람과의 관계를 맺고 상호존중의 관계를 발전시키기 위한 출발점은 자아용납이다. 자신을 잘 용납하는 사람이 다른 사람도 용납하게 되고 따라서 상호존중의 관계를 도모할 수 있다.

자아용납은 자신의 현 상태를 받아드린다는 정체적 개념에서 끝나는 것이 아니다. 한걸음 더 나아가 자신이나 자신이 속한 집단의 성장이나 변화의 가능성을 인정하는 가운데 다른 사람에게 다가가는데

---

40) Marvin Mayers, 앞의 책, p.20.

걸림돌이 되는 자기중심주의에서 탈피함을 의미한다. 따라서 자아
용납은 순응이나 현상유지로 이어지는 것이 아니라 자신과 타인을
풍요롭게 하는 결과를 가져온다. 반대로 자아를 거부하는 사람은 자
신 안에서 이루어지고 있는 변화의 과정에 만족하지 못하기 때문에
다른 사람들에 대해서도 비슷한 태도를 가지기 쉽다.[41]

자아를 용납하기란 쉽지 않으며 실제로 많은 사람들은 자아를 용
납하지 못하고 있다. 그 이유는 사람들은 자기 결함을 잘 알기 때문
이며 삶을 살아가는 과정에서 많은 어려움이나 시험에 부딪치기 때
문이다. 적지 않은 기독교인들이 예수의 행적이 따라가기 힘들기 때
문에 자신을 용납하지 못하기도 한다. 특히 "아무든지 나를 따라 오
려거든 자기를 부인하고 자기 십자가를 지고 나를 좇을 것이니라"
(마태복음 16:24)라는 성경구절의 자아부인을 자아용납의 반대개념
으로 해석하는 사람들은 더욱 그렇다. 이 구절의 참된 의미는 예수
가 제자들에게 모든 것은 하나님으로부터 나온 것이니 하나님께 순
종하며 자신의 것을 자랑하지 말라는 것이지 자신을 거부하라는 것
은 아니다.

야고보가 사람들이 겪는 어려움에 대해 "내 형제들아 너희가 여러
가지 시험을 만나거든 온전히 기쁘게 여기라. 이는 너희 믿음의 시
련이 인내를 만들어 내는 줄 너희가 앎이라"(야고보서 1:2-4)라고 한
것은 자아용납을 권장한 것이다.

옥에 갇혔던 바울사도는 "내가 쇠사슬에 매인 사신이 된 것은 나
로 이 일에 당연히 할 말을 담대히 하게 하심이니라"(에베소서
6:20)라고 옥에 갇힌 자신을 용납했다. 그는 "형제들아 나의 당한
일이 도리어 복음의 진보가 된 줄을 너희가 알기를 원하노라. 나의
매임이 그리스도 안에서 온 시위대 안과 기타 모든 사람에게 나타났

---

41) 앞의 책, p.25.

으니 형제 중 다수가 나의 매임으로 인하여 주안에서 신뢰함으로 겁 없이 하나님의 말씀을 더욱 담대히 말하게 되었느니라"(빌립보서 1:12)라고 고백하고 있다. 야고보는 "참는 자는 복이 있도다. 이것에 옳다 인정하심을 받은 후에 주께서 자기를 사랑하는 자들에게 약속 하신 생명의 면류관을 얻을 것임이니라"라고 강조하고 있다. 이런 성경 구절은 복음을 위해 핍박을 받을 때 견디라는 의미를 담고 있 다고 할 수 있다. 그러나 일반적으로 사람들에게 자신의 부족함이 있어도 성령의 도움으로 결국은 변화와 발전이 있을 것이라는 메시 지를 전하고 있다. 이는 자신의 과거, 현재 그리고 미래를 다 받아 드리는 말이다.

자아를 용납하면 다른 사람을 받아드리는 과정이 수월해진다. 따 라서 자아 용납은 다른 사람을 변화시키는 첫 걸음이라고 말할 수 있다. 다른 사람이 하는 일이나 그가 가진 견해가 자신의 것도 다를 지라도, 그래서 그것들을 그대로 받아드리지 않더라도 그 개인은 용 납함을 의미한다. 성경은 예수가 자신을 세 번이나 부인한 베드로, 의심 많은 도마, 사마리아 여인을 받아드린 사례를 기록하고 있다. 전도는 믿음을 갖지 않은 다른 사람을 받아드리는 데서 출발한다.

타인을 용납하기 위해서 첫째로 상대방과 그가 하는 행위를 구별하 는 것이 중요하다. 그의 행위는 받아드리지 않더라도, 사람은 용납함 을 의미한다. 둘째로 상대방을 그대로 믿지는 않더라도 그를 존중하 여 예의를 지키는 것이 강조된다. 성경은 '사랑은 무례히 행치 아니하 며'(고린도전서 13:5)라며 다른 사람을 존중할 것을 권면하고 있다.

커뮤니케이션 행위 중 다른 사람을 거부하는 행위에 포함되는 것 은 이야기하는 도중 말을 가로채는 것, 비웃는 표정을 짓는 것, 다 른 사람을 얕잡아 보는 언행을 하는 것, 과잉 반응을 보이거나 지나 치게 자기방어를 하는 것, 상대방의 이름을 기억하지 못하는 것 등 이다.

자기용납과 타인용납 다음에는 상호존중의 과정이 이루어진다. 전도를 위해서는 기독교인과 비 기독교인들간에 상호존중이 이루어져야 하는데 이 두 집단간에는 문화의 차이가 있다. 이렇게 서로 다른 문화권의 사람들이 상호존중을 이루기 위해 첫째, 다른 사람의 문화를 부정하거나 비판하지 말며 그들의 나쁜 행위에 대해서 비판하는 것도 자제할 것, 둘째, 자신의 문화에 대해 겸손하게 말하며 다른 사람의 커뮤니케이션 스타일과 삶의 방식에 대해 그 나름대로 의미가 있다는 것을 인정할 것, 셋째, 자신의 문화와 상대방의 문화를 상대방의 문화에 대해 부정적인 태도를 보이지 않으면서 비교하는 방법을 사용할 것 등이다. 성경에 나오는 채식을 먹는 다니엘과 왕의 진미를 먹는 소년들 이야기는 부정적인 태도를 보이지 않으면서 비교한 좋은 표본이 된다.

선교현장에서

◆ 콩고의 자존심

콩고를 소개하면서 문득 한 청년의 얼굴이 떠오른다. 콩고 분쟁이 일어났던 1996년 많은 이재민들이 생겼다. 이들은 외국에서 온 구호물자 배급을 타러 몇 백 미터씩 줄을 지어 섰는데, 나는 전쟁의 피해상과 주민들의 어려움을 소개하고 싶어 그 장면을 한 장 찍고 싶었다. 내 카메라를 보고 한 청년이 줄에서 튀어 나오며 "어떻게 우리의 비참한 모습을 외부 세계에 보이려 하느냐? 우리에겐 자존심도 없는 줄 아느냐?"하며 화를 내었다. 난 그 말에 할 말을 잃었고, 왈 칵 부끄러움을 느꼈다. 나도 모르는 사이에 내 자신이 매스컴을 통해 접한 기아와 가난과 전쟁으로 찌든 아프리카 상에 젖어 있었다는 것, 그래서 경제적, 정신적 자립을 돕는 작은 메시아 상을

가지고 있었던 것이 아니었는지 반성하게 되었다. 이 청년의 성난
얼굴은 서투른 위로와 해답을 찾기 전에 우리가 서로 인간 대 인간
으로 만나야 한다는 복음적 진리로 나를 이끌어 주었다.

(이 마리 루시 수녀의 콩고 민주공화국에 관한 글에서 발췌. 교황청 전교기구
한국지부에서 발간한 땅끝까지, 2003년 12월호에 실림.)

④ 동일시

메시지를 접하면서 수신자는 메시지 송신자가 누구인가 점검하는
성향이 있다. 특히 메시지가 논쟁적인 경우에는 더욱 그렇다. 예를
들어 한 특정한 사람을 비난하는 발언을 전해들은 사람들은 누가 그
말을 했는가를 따진다.

전해들은 사람이 발언을 한 사람에 대해 긍정적 태도를 가졌는가
아니면 부정적 태도를 가졌는가에 따라 그의 반응은 달라진다. 이렇
게 커뮤니케이션 과정에서는 송신자와 수신자간의 관계가 중요하다.

그 때문에 송신자는 수신자와 동일시를 모색하려는 노력이 요구된
다. 선지자 에스겔도 여호와의 권능에 감동함을 입어 백성들과 동일
시를 이루었는데 성경은 "사로잡힌 백성 곧 그발강 가에 거하는 자
들에게 나아가 그 중에서 민답히 칠일을 지내니라"(에스겔 3:15)라
고 기록하고 있다. 특히 21세기에 사람들의 삶 가운데 선교하는 사
람들은 선교대상자들과의 동일시에 더욱 관심을 가져야 한다. 목회
자들의 설교도 권위적 수사법을 초월해야 한다. 생명이 넘치는 설교
는 청중과 동일시하는 목회자들로부터 나온다42)고 한다.

수사학 비평가 케네스 버크가 중요성을 강조한 동일시란 송신자와
수신자간에 놓여 있는 공통의 장을 말한다. 동일시는 송신자가 수신

---

42) 크레이그 로스칼조 (1999년), "청중과 동일시화 하는 설교", 그 말씀 (7월
호). 도서출판 두란노, p.63.

자의 준거틀에 들어감을 의미한다.43) 버크에 의하면 인간의 신체적 특성, 재능, 직업, 배경, 개성 등 본질이 같으면 같을수록 동일시가 커진다고 한다. 그는 송신자는 자신의 특성이 수신자와 같다는 것을 언어와 표정으로 보여줌으로써 동일시를 이룰 수 있다고 하며 이런 동일시가 없이는 설득이 일어나지 않는다고 강조한다.44) 행동주의 과학자들은 송신자와 수신자간에 인지된 유사성을 동질성이라는 단어로 대체하고 있다.

특성 측면에서 수신자와 동일시를 이루는 것에 더 나아가 송신자는 수신자가 감동을 하거나 공감대를 형성할 수 있는 행동과의 동일시를 모색하는 것이 필요하다. 버크는 "어느 일정한 청중의 눈으로 볼 때 모종의 행동이 참으로 탄복할 만한 것이라면 연사는 자신의 주장을 그 모종의 행동과 동일시 시켜주는 그러한 관념과 이미지를 사용함으로써 청중을 설득할 수도 있다"45)고 설명한다.

동일시를 충분히 이해하기 위해서는 반대개념인 '분리'를 생각해 볼 필요가 있다고 남침례신학교의 크레이그 로스칼조 교수는 말한다. "동일함과 상이함, 단일성과 다양성간의 긴장은 신학에서 생소한 개념이 아니다. 사도 바울은 그리스도의 몸 안에 다양성이 존재함을 인식하면서도 그 몸의 동일시성을 강조한다. 단일성에 대한 바울의 이런 관심은 일체성과 분리간에 존재하는 긴장을 보여주는 탁월한 성경적 실례이다." 이어 그는 '다양성 속의 단일성'이라는 이상에 접근할 수 있는 가장 효과적인 방법은 '분열'을 제거하는 것이라고 설명한다. 목회자는 청중과 공통적으로 가지고 있는 것을 강조하고 서로의 차이점을 최소화해야 한다는 의미이다. 그러나 청중 안에 존재하는 차이점을 인식하는 것은 동일시를 향해 진일보 할 수 있는 한

---

43) Charles H. Kraft, 앞의 책, p.152.
44) 김우룡, 앞의 책, p.135.
45) 크레이그 로스칼조, 앞의 책, p.65.

과정이다46)라고 그는 덧붙인다.

동일시는 송신자와 수신자간에 겉모양이 같게 되는 것을 의미하지 않는다. 외국 사람이 한복을 입는다고 해서 한국인들이 동일시 하기는 어렵다. 동일시를 위해 송신자는 자신을 버리고 다른 사람, 즉 수신자와 같이 되는 것은 바람직하지 않다. 예를 들어 아버지가 아들과의 동일시를 이루기 위해 어린아이 같이 행동을 한다면 가관일 것이다.

동일시는 송신자가 자신보다 어떤 그 무엇이 되는 것을 의미하며 동일시를 위해 송신자는 수신자의 생활과 활동에 참여하는 것이 중요하다. 이를 통해 동양의 개념으로는 역지사지, 서양의 개념으로는 Empathy 즉 감정이입이 가능하게 된다. 선교사 자신의 정체성을 유지하면서 동일시를 이루는 것이 가장 바람직하다. 이는 예수의 성육신에서 모델을 찾을 수 있다.

해외 선교사들의 경우 동일시를 이룬다고 선교 대상 나라의 원주민 같이 생활하는 것은 센티멘틀하고 로맨틱한 감정에 사로잡히는 것과 다를 바 없다고 보는 시각도 있다. 카메룬에 부임한 한 서구 선교사가 그 지방 원주민과 같은 생활을 했지만 카메룬 사람들은 그런 행동을 고마워하지 않았다고 한다. 카메룬 사람들은 "우리보다 더 잘 사는 방법을 안다면 왜 그렇게 하지 않는가. 우리가 안다면 우리도 할 것이다"라는 반응을 보였다는 고백도 있다. 로잔 세계 복음화 위원회가 펴낸 1978년 보고서에는 사회경제적 수준에서 선교지 주민들과 같은 삶을 사는 것은 "진정으로 우러나서라기보다는 연극을 하는 것으로 보이기 쉽다"고 경고한다. 그렇다고 선교사의 생활양식이 주변 사람들의 생활양식과 커다란 차이가 나는 것은 바람직하지 않다. 보고서는 이런 양극단 사이에서 선교사들과 현지인들

---

46) 앞의 책, p.66.

은 서로 돌보고 나눠 갖는 사랑을 표현하며 또 거북해하지 않고 상호의존을 기초로 서로 자연스럽게 호의를 주고받을 수 있는 새로운 삶의 표준을 개발할 수 있을 것이라고 한다.

선교사들에게 있어 동일시는 상대방의 생활에 실질적으로 참여하여 같이 일하는 것이며 참된 상호 관계를 유지하는 것이다. 선교사들이 전도 대상자를 위하여 일한다는 생각도 그리고 선교사들이 특정 프로그램을 지시하고 주관하는 것도 동일시 차원에서는 바람직하지 않다.

동일시에는 내적인 동일시와 외적인 동일시가 있다. 어려운 사람들과 함께 일하면서 호화로운 생활을 영위하는 것은 외적인 동일시를 저해한다. 사회적 문화적 차원에서의 동일시는 내적 동일시이며 이런 내적인 동일시가 되지 못하면 외적인 동일시는 효과를 거두지 못한다. 예를 들면 손님을 집에서 접대하는 문화권에 들어가 집에 손님을 초대하지도 않고 다른 집의 초대에도 응하지 않는다면 내적인 동일시는 이루지 못한 것이다. 내적인 동일시를 위해 선교사들은 선교지의 커뮤니케이션 네트워크나 사회적 관습을 알아야 할 필요가 있다. 자신의 시각으로 도저히 이해가 안 되는 상대방의 생활습관도 존중해야 한다.

내적 동일시 역시 상대방이 가진 가치관을 선택하는 것을 의미하지 않는다. 내적 동일시를 위해서는 상대방의 생각을 알고 이해하며, 자기표현을 위한 노력을 존중하고 공감대를 형성하는 것이 중요하다. 예를 들어 성도덕 수준이 낮은 선교지에서 사역할 때 그들의 성도덕 수준에 동의하는 것이 아니라, 낮은 기준이 생겨난 배경을 이해하고 상대방도 선교사의 행동을 잘 못 판단할 수 있다는 가능성을 인정하는 것이 바람직하다.

송신자와 수신자간의 완전한 동일시를 이루기는 어렵다. 동일시는 커뮤니케이션의 단계에 따라 각각 다른 수준에서 이루어진다고 보는 것이 타당하다. 동일시를 이루는 수준을 다음과 같이 네 단계의 커뮤니케이션 상황으로 나누어 볼 수 있다고 유진 니다는 제시한다.

첫 단계에서는 가장 낮은 수준의 동일시가 이루어지는 단계이다. 이는 커뮤니케이션 과정에서 메시지는 상대방의 행위에 의미 있는 영향을 미치지 못하거나 메시지 내용이 자명한 것일 경우이다, 이때는 동일시가 이루어질 필요가 별로 없다. 예를 들어 "2에다 2를 더하면 4이다"나 신문 가판대 옆에서 몇 마디 주고받는 것 같은 수준의 커뮤니케이션에서는 동일시가 필요 없다.

둘째 단계는 커뮤니케이션이 수신자의 가치관에 영향을 미치지는 않으나 즉각적인 행동에 영향을 미치는 단계이다. 예를 들면 댐이 무너져 홍수가 나는 상황 같은 것을 말한다. 이 때 수신자는 송신자를 확인하고 싶어하며 송신자도 홍수를 피할 채비를 갖추고 있는가 확인하고 싶어한다. 송신자가 자신의 신원을 확인하지 않으면 커뮤니케이션은 큰 효과가 없다

셋째 단계는 커뮤니케이션 행위가 수신자 가치 체계에 영향을 미치는 단계이다. 상대방에게 기독교를 믿으라고 권유하는 것이 이 단계에 속한다. 이런 상황에서는 송신자는 자신의 신원만을 밝히거나 그가 기독교인이라는 것 또는 그가 메시지 진원지라는 것을 확인하는 것으로 끝나면 안 된다. 그는 수신자와 같은 견해를 가지고 있지는 않지만 그의 배경을 이해하고 견해를 지지한다는 것을 보여 주어야 한다. 그리고 메시지에 무게를 실으려면 송신자와 수신자의 배경에는 비슷한 그 무엇이 있다는 것을 알려주어야 한다. "내가 모든 곳에 자유하였으나 스스로 모든 사람에게 종이 된 것은 더 많은 사람을 얻고자 함이라"(고린도전서 9:19)라고 한 바울의 고백은 좋은 본보기가 된다.

마지막 단계인 넷째 단계는 비교적 완전한 동일시가 이루어지는 상태로 수신자가 새로운 송신자로서의 역할을 수행하는 단계이다.

커뮤니케이션이 매우 효율적으로 진행되어 수신자가 송신자와 경험했던 것을 커뮤니케이션 할 필요성을 느낄 때이다. "또 네가 많은 중인 앞에서 내가 들은 바를 충성된 사람들에게 부탁하라, 저희가 또 다른 사람을 가르칠 수 있으리라"(디모데후서 2:2)하는 것은 이런 단계에 도달한 것을 의미한다.47)

효과적인 동일시를 위해 니다는 다음과 같은 것을 제시한다. 첫째 커뮤니케이션 행위에 참여하는 특정 인물들과의 동일시가 중요하지, 특정 인물이 속해 있는 광범위한 일반 집단과의 동일시는 그렇게 중요하지 않다는 것이다. 예를 들면 외국에서 선교활동을 하는 선교사들은 그 나라 사람들과 동일시하는 데 열정을 가질 것이 아니라, 자신이 사역하는 대상인 특정 인물들과의 동일시를 추구하는 것이 좋다는 의미이다. 왜냐하면 광범위한 일반 집단 안에는 각양각색의 사람들이 존재하기 때문이다.

둘째, 완전한 동일시는 불가능하다는 사실을 인정해야 한다. 이런 한계점을 인정할 때 부분적인 동일시라도 이루어질 수 있다고 니다는 설명한다. 이런 한계점을 인정하지 않으면 사람들은 상대방의 성향이나 동기 등을 탐구하느라고 허송세월을 하며 완전히 동일시가 되지 못하는 것에 대해 자책감을 갖게 된다는 것이다.

셋째, 니다는 소크라테스의 격언인 "너 자신을 알라"고 충고한다. 왜 상대방과 동일시를 이루려고 하는가하는 자신의 동기를 먼저 파악해야 한다는 것이다. 동일시를 꾀하려는 자신의 동기 뒤에 상대방을 지배하거나 현실을 도피하고 싶은 의도가 숨어있지 않는가 살필 것을 권유한다. 니다는 그런 다음 다른 사람의 문화와 성향을 이해하라고 강조한다.48)

---

47) Eugene A. Nida (1990), *Message and Mission.* William Carey Library, pp.214-216.
48) 앞의 책, pp.218-222

선교현장에서

◆ 함께 한다

제가 선교 생활에서 가장 중요하게 생각하고, 저를 이끌어 준 몇 가지 방침을 말씀드릴까 합니다.

첫째는 함께하는 것입니다. 위아래를 따지지 않고 모든 것을 단순하게 나누며, 무슨 활동이든 서로 상의하고 합의한 후 모두가 참여하도록 하는 것이 주님께서 매우 기뻐하시는 방식이라고 생각합니다. 저는 외국인이지만 저 자신도 외국인이라는 의식이 없고 저를 아는 사람들도 저를 한국 사람으로 대해줍니다. 함께하기 위해 평등의 원칙을 서로 지키는 것이 매우 중요하다고 생각합니다.

둘째는 수용성입니다. 토착화라는 말도 쓰지만 수용성이라는 표현이 낫다고 생각합니다. 타인을 항상 더 존중할 사람으로 여기며 그의 입장을 먼저 생각하고 들어주는 자세, 가르치는 것보다 배우는 자세가 더 복음적입니다. 외국인 선교사가 무엇을 알겠습니까? 항상 배우는 자세로 자신의 사고방식을 버리고 모든 이를 겸손하게 섬길 수 있는 기회, 이것은 선교사에게 가장 큰 은총이고 영광입니다.

셋째는 쇄신입니다. 신학, 사목, 영성, 정보, 최신 커뮤니케이션, 시대 징표 등 모든 분야에서 마음을 열고, 민감하며, 깨어있지 않으면 속도가 빠른 이 시대에 알맞은 복음의 일꾼이 될 수 없습니다. 넷째는 선한 일을 하는 것입니다. 이것은 당연한 일로 생각되겠지만, 예수님께서 선한 일을 하시면서 생애를 보내셨다는 사도행전의 말씀은 저의 선교 생활에 항상 큰 지침이 되어 왔습니다.

(한국에서 26년간 선교 생활을 한 스페인 출신의 배의태 신부
(P. Jose Maria Beitia)의 글 "나의 선교 생활"에서 발췌. 교황청 전교기구
한국지부에서 출간한 땅끝까지(2003.12월호)에 실림.)

10. 선교 매체

복음 전파를 위해서는 어떤 매체를 사용하는 것이 효과적이며 매체를 사용할 때 어떤 기술적 측면을 고려하는 것이 좋은가는 많은 사람들의 관심사이다. 그러나 매체의 선정과 이를 통해 나타난 커뮤니케이션 기술이 얼마만큼 메시지 효과에 영향을 미치는가는 파악하기 위해서는 다른 중개 변인의 역할을 인정해야 한다.

중개 변인으로는 수용자들의 선호도, 매체간의 경쟁력, 메시지의 구성 등이 포함된다. 또한 매체 운용에 대한 경비도 고려해야 한다. 중국에 처음 복음을 전하던 외국인 선교사들은 문자숭상을 하는 그들 문화의 특징을 고려해 문서 선교에 중점을 두었다. 문화와 매체 선호도를 연구한 학자들은 일본인들의 선호도는 잡지, 텔레비전, 라디오, 서적 순이며 필리핀 사람들의 선호도는 라디오, 텔레비전, 잡지, 서적 순이라고 한다.[49] 물론 이 선호도는 시대의 변화에 따라 달라질 수 있다.

그리고 수용자들이 메시지에 대해 절실한 필요성을 느끼고 있다면 매체 선정과 기술의 중요도는 낮아진다. 반면에 수용자들이 메시지 필요성을 절실하게 느끼지 않는다고 한다면 어떤 매체를 선정하는가 그리고 커뮤니케이션 기술이 어떤가가 중요한 요인으로 부각된다. 복음을 전하려고 하는 송신자나 매체가 많아 경쟁력이 치열하면 어

---

49) David Hesselgrave (1991), *Communicating Christ Cross-Culturally.* Zondervan Publishing House, p.566.

떤 매체를 선정하는가 또는 커뮤니케이션 기술이 적합한가가 중요해진다. 이 때문에 복음을 간절히 바라고 있는 사람들이 북한에 있다면 그들은 어느 매체도 소중하게 생각할 것이다. 서울에 폭격이 심하던 한국전쟁 때 이불을 뒤집어쓰고 단파 방송을 통해 UN군의 인천 상륙 소식을 들었던 사람들이나 일본의 패망 소식을 단파방송을 통해 들었던 조상들은 이 소식을 전하는 어떤 매체도 환영했었음을 알 수 있다.

복음 전파와 관련, 각 매체들의 특성을 구어 커뮤니케이션 시대, 인쇄커뮤니케이션 시대, 전자매체 시대 등으로 구분하여 정리해본다.

1) 구어 커뮤니케이션

면대면의 상황에서 언어를 통해 복음을 전달하는 행위는 구약시대에서부터 신약시대를 거쳐 오늘에 이르기까지 가장 보편적인 방법이다. 비록 문자가 발명되었어도 15세기에 구텐베르크가 인쇄술을 발명하기 전까지 대부분의 사람들은 면대면 커뮤니케이션을 통해 복음을 전달했고 받았다.

불신앙인을 하나님께 돌아오게 하려면 개인적이며 상호 의견교환이 가능한 방법이 동원되어야 하는데 구어 컴은 이를 가능하게 한다. 얼굴을 맞대고 상호교류하는 상황에서 송신자는 수신자가 가진 의문이나 반응을 알고 이에 맞추어 자신의 메시지 내용을 수정 보완하는 작업을 할 때 설득과 개종이 가능하다. 예수님의 제자육성 방법 같이 장기간에 걸쳐 상호작용을 해야 설득효과가 있는 것이다.

매스 미디어 시대에도 구어 컴은 매우 중요하다. 많은 연구들은 설득이나 의사 결정과정에서 매스 미디어는 결정적인 역할을 하는 것이 아니라는 결론을 내리고 있다. 매스 미디어는 메시지에 대해 흥미를 유발하고 인식을 높이는 효과는 있지만 태도를 변화시키는 역할에는 한계가 있다고 한다. 그러므로 선교를 위해 매스 미디어를 사용할지라도 반드시 면대면 커뮤니케이션이 동반되어야 한다. 중국에서 선교활동을 했던 선험자들은 교회나 매스 미디어를 통해 전해진 복음을 전파하거나 강화하는데 있어서 중국 토박이들의 역할이 크다고 증거한다.

믿지 않는 사람들에게 하나님과 예수님 그리고 기독교에 관한 이야기를 종교적 용어를 써가면서 전달하여 듣게 하면 믿음이 자동적으로 생겨나는 것이 아니다. 준비가 되어 있지 않은 사람에게 강제적으로 듣게 하면 오히려 방어본능이 작용할 수가 있다.

복음 전파는 개인적이며 장기적인 커뮤니케이션 활동을 필요로 한다. 복음 전파 대상자의 필요성에 소구하며 계속 복음 전달자와 대상자 사이에 쌍방향적 커뮤니케이션이 이루어져야 한다. 복음 전달자는 상대방이 갖는 의문점에 대해 초점을 맞추어 적합하게 복음을 전하는 것이 좋으며 또 상대방의 반응에 따라 자신의 복음 전달 내용이나 전략을 수정해야 효과적이 된다.

2) 인쇄매체 특성과 선교

과학 기술적 요소가 가미된 매체는 선교를 위한 도구가 될 수 있다. 그러나 담는 내용에 따라 독이 될 수도 있다. 선교를 위해 약과 독이 될 요소가 있다. 텔레비전이나 인터넷 등은 사람들을 종교로부터 이탈시킬 수도 있다.

신구약시대에는 인쇄매체는 존재하지 않았다. 인쇄매체는 구텐베르크 이후 교회가 선용했다. 인쇄매체가 효과를 나타내기 위해서는 우선 문자 해독이 가능해야 한다. 우리나라는 문자 해독률이 100%에 가깝기 때문에 문제가 없지만 해외 선교를 담당하는 사람들은 세계에는 문맹이 많기 때문에 인쇄매체의 한계성에 직면하기도 하다.

인쇄매체의 장점은 장소와 시간의 제한 없이 정보를 많은 사람들에게 한꺼번에 전달할 수 있다는 것이다. 또한 이를 받아서 읽는 사람들은 메시지에 밀착, 분석할 수 있으며 반복적으로 읽을 수 있다. 그리고 이 인쇄매체는 다른 사람과 돌려가며 읽을 수 있기 때문에 효과가 배가된다.

인쇄매체의 정보는 사람들의 인식을 변화시키고 정보를 확산하는 데 효율적이지만 사람들의 행위까지를 변화시키려면 앞서 설명한대로 개인적인 구두 커뮤니케이션과 결합되어야 한다고 학자들은 말한다. 그러나 변화를 전혀 가져 올 수 없다는 것은 아니다. 메시지를 흥미있게 구성했는가, 그리고 읽는 사람들의 욕구 그리고 그들의 독해력에 따라 행위에도 영향을 미칠 수 있다.

인쇄매체에 실린 메시지가 효과를 발휘하기 위해서는 인쇄매체의 내용은 사람들의 삶을 반영한 것이어야 하며 실생활에 근접해야 한다. 또한 독자들이 동일시를 느낄 수 있는 주제를 담아야 한다. 성경에 담긴 내용의 대부분은 가상적인 인물의 이야기가 아니고 실재 인물들의 이야기이기 때문에 사람들에게 많이 읽힌다는 점은 인쇄매체에 어떤 내용을 담아야 하는가를 말해 준다. 성경은 어떻게 말하면 예수, 아브라함, 요셉, 바울의 전기이다. 그리고 이들 삶의 이야기는 독자들의 욕구와 문화에 표현으로 극적인 영향력을 발휘하고 있다.

인쇄매체인 설교집, 책, 잡지, 신문, 소설, 소책자 등을 통해 인간들의 삶의 문제, 사회문제 등에 대한 기독교적 시각이나 해결책을 제시할 수 있으며, 실생활에 대한 삶의 안내서나 신앙 간증서 또는 성경 공부 책을 만들 수 있다. 또한 성경의 주제를 소설화하는 것은 신앙을 갖지 않은 사람들의 기독교에 대한 이해를 돕도록 하는 등 선교를 할 수 있다.

3) 라디오

음성이 담긴 라디오는 시공을 초월하여 전자 공동체의 조성을 가능케 한다. 특별히 방송의 장점은 메시지공간을 초월하고, 사람의 목소리 및 다른 음향들을 전달할 수 있으며 문자를 해독하지 못하는 사람들에게 영향력을 발휘할 수 있다. 방송은 이질적이며 믿지 않는 사람들에게 다가갈 수 있다. 특별히 해외 선교를 위한 좋은 매체로 지리적으로 떨어져 있는 사람들에게 공동체 의식을 갖게 한다. 라디오 방송을 운영하는데는 많은 경비가 필요하지 않지만 그래도 해외 선교지에 선교 라디오 방송국을 운영하려면 기술과 경비가 만만치 않다.

역사적으로 방송과 기독교는 밀접한 인연이 있다. 세계에서 처음으로 사람의 육성을 담아 전파에 띄운 것은 1906년 크리스마스 전야이었다. 예수님 탄생을 축하했던 이 프로그램은 찬송가 고요한 밤 거룩한 밤의 바이올린 연주 그리고 누가복음 구절 낭독 등으로 구성되어 있었다. 패센덴이라는 캐나다의 한 시험방송인이 만든 이 크리스마스이브 프로그램은 당시 약진하던 신생국이었던 미국에서도 들을 수 있었다. 방송은 초창기부터 선교 사명을 담당할 수 있는 적합한 매체라고 인정받은 셈이다.

기독교방송 프로그램은 처음에는 설교와 교육, 그리고 약간의 음악으로 이루어졌고 드라마, 뉴스 등은 배제되었다. 그러다가 어린이를 위한 드라마와 어른들을 위한 선교와 구제 프로그램 등이 추가되었다. 그 후 음악 및 기독교인들의 가정, 자녀와 부모의 관계를 다루거나 기독교 가정의 사랑을 그린 드라마가 방송되었다.

즉 선교 라디오 프로그램 양식의 변천을 살펴보면 초창기에는 설교와 예배 중심이었다. 목사님들이 명확하고 개성 있게 말씀을 전달하는 것을 중요시했다. 라디오는 다시 말하면 전자 강대상의 역할을 했다. 이런 설교 위주의 프로그램은 이미 믿음을 가진 사람들이 듣고 믿음을 강화하는 기능을 했다. 그러나 신앙이 없는 사람들은 이런 프로그램을 외면하고 주파수를 다른 채널에 맞추기 마련이다. 그래서 설교 위주의 권위적이며 일방향적인 방법에 대해 반대의견이 생기기 시작했다.

오락을 가미해야 한다든지, 음악, 드라마, 인터뷰 프로그램을 만들고 사회적, 국제적, 문화적 사안에 대한 교회의 입장이나 교회의 이해를 대변하는 내용도 삽입하는 것이 좋다는 공감대가 어느 정도 형성되었다. 그리고 전문인으로서의 작가, 성우, 음악가가 라디오 선교 프로그램에 출연하게 되었다.

라디오 선교 프로그램은 크게 5가지로 분류된다. 첫째는 설교 중심 프로그램이다. 이 프로그램에서 라디오 마이크는 강대상의 연장이 된다. 둘째는 라디오나 TV 전도자들을 주축으로 이벤트성 프로그램을 만드는 것이다. 말씀, 음악, 신유의 기적이 통합된 장엄한 광경을 방송하는 것이다. 셋째는 교육적 프로그램으로 성경교실 운영을 말한다. 성경강의는 음악이나 다른 배경은 최소화하고 강의 중심으로 하며 평신도 간증도 삽입한다. 다른 나라 사람들의 생활과 해외 생활, 인간의 필요성, 사회문제를 기독교 시각으로 보는 것을 내용으로 한다.

넷째는 스폿 프로그램이라고 해서 1-2분짜리 짧은 프로그램을 방송하는 것이다. 한 가지에 관심을 집중하는 시간이 점점 짧아지고 있는 현대인들에게 다가가기 위한 것이다. 논쟁적인 것 보다 기독교의 원칙에 관한 것으로 주제를 삼는다. 사람들이 하루 생활을 하면서 문제에 부딪칠 때 이 내용을 생각하고 실천하도록 하는데 목적을 둔다.

마지막으로 드라마이다. 우리에게도 익숙한 루터란 아워 (Lutheran Hour) 프로그램은 미국에서 제작된 선교 프로그램으로 세계 각국에서 많은 언어로 방송된다. 초기의 설교 중심의 프로그램에서 드라마, 다큐멘터리, 이야기, 음악, 논평으로 구성되게 포맷을 개선했다.

4) 텔레비전

텔레비전은 영상이 위주가 되기 때문에 말과 글을 모르는 사람들에게도 선교 메시지를 전달할 수 있는 매체이다. 그러나 텔레비전 방송국을 운영하려면 많은 경비와 기술이 필요하며 또 텔레비전에 출연하려면 특별한 재능이 있기 때문에 복음이 전달되지 않았던 곳에서 활동하는 선교사들에게는 텔레비전을 매체로 사용하는 것은 부담이 된다.

텔레비전은 교회에 나가지 않는 젊은이들, 여가 활동에 매료되어 있는 젊은이들을 향한 선교나 전도 매체로 쓰일 수 있다. 미국의 오랄 로버츠목사는 텔레비전 매체를 이용하는데 하나님의 말씀을 전하는 프로그램과 교회에 다니지 않는 사람들의 관심을 끌만한 프로그램을 통합적으로 운영한다. 그는 처음에는 라디오를 통해 설교, 하나님이 개인 생활을 간섭해 준 것에 대한 간증, 음악, 사람들과의 이야기를 방송했었다.

텔레비전 대신에 비디오 방영이나 영화 상연이 현실적으로 많이 쓰인다. 라디오 대신에 카세트 테이프나 전화를 사용한 선교활동도 한다. 직접 우송 즉 **DM(Direct Mail)**도 쓰인다.

선교현장에서

◆ 카세트 테이프

남아시아의 무슬림 지역에서 선교활동을 했던 더들리 우드베리와 샤 알리는 "문맹률이 높음으로 성경과 훈련 자료들을 카세트에 녹음했고 마을 사람들이 비싸지 않은 녹음기를 구할 수 있도록 했다"

고 한다.

지난 10년간 크로와티아에서는 라디오가 복음 전파의 주요 매체였다. 우리 교회는 15분짜리 프로그램 약 100개를 준비하고 방송했다. 각 프로그램은 2-3부분으로 구성되어 있는데, 복음 성가와 영적 메시지가 포함되어 있다. 우리는 오스트렐리아에서 만든 "탐구"라는 20개의 에피소드로 된 시리즈를 크로와티아 말로 번역하여 텔레비전에 방영했다. 첫 시리즈를 방영했을 때 무료 성경을 보내달라는 요청을 한 시청자가 300명이었으며 이 시리즈가 끝나자 시대의 징조라는 책자를 무료구독하겠다는 요청이 있었다. 370명이 성경통신학교에 등록했다.

(Mission Perspectives에서)

5) 컴퓨터

무한한 가상공간은 앞으로 선교활동을 위한 사용도가 확대될 것이다. 현재는 주로 기독교인들이나 기독교 관련 단체들이 정보를 공유하기 위해 사용하고 있지만 전 세계를 상대로 비신자들에게 복음에 관련된 메시지나 복음 전 단계에 관련된 메시지를 전하기 위해도 사용될 수 있다.

커뮤니케이션 기술의 획기적인 변화는 1인 미디어 시대를 열어가고 있다. 홈페이지, 인터넷 방송 운영이 용이해 졌다.

6) 드라마, 춤, 만화, 그림, 음악, 축제 그리고 게임

선교지에 이미 뿌리를 내리고 있는 드라마, 춤, 그림, 음악, 축제 등에도 복음을 접목시켜 선교매체로 활용할 수 있다. 그리고 새로운 세대들이 선호하는 만화나 게임의 활용도 적극적으로 검토해야 할 필요가 있다.

선교현장에서

◆ 정글 북소리

어느날, 파푸아뉴기니아 성경번역자 훈련생들의 민속공연을 본 적이 있습니다. 나는 이들이 험한 정글 속에서 살아가면서 만들어낸 고유의 노래와 북소리를 들으며 만군의 여호와, 하나님의 강하심을 느꼈습니다. 안타깝게도 교회가 들어선 그 어느곳에서도 이들의 노래와 북소리로 예배드리는 것을 보지 못했습니다. 그런데 한 여선교사님이 그들에게 북을 돌려주고 그들의 곡조로 찬송을 하자 영적부흥이 일어났다는 간증을 들었습니다.

(김마리 선교사의 "짧게 경험한 선교지 현장 이야기"에서 발췌. 한국해외선교회와 성경번역선교회가 발행하는 난곳방언으로 2004년3/4월호에 실림)

선교를 위한 미디어를 선택하는데 있어 고려할 사항으로 헤셀그레이브는 커뮤니케이션 목적, 수용자 선호도, 미디어 특징, 경비 및 미디어의 포괄 범위를 들고 있다.[50]

---

50) David J Hesselgrave, 앞의 책.

제 Ⅱ 장 선교와 문화

최 윤 희

1. 문화란 무엇인가?

문화의 속성 중에서도 누구나 감지할 수 있고, 쉽게 식별할 수 있는 것이 문화의 차이다. 문화의 차이는 상대적이긴 하지만, 한 문화권 안에서도 문화의 차이를 경험 할 수 있다. 만일 온 세상의 문화가 동일하다면 문화의 차이 때문에 오는 실수도 없을 것이고, 문화의 충격도 걱정할 필요가 없을 것이다. 하지만 세계의 각 나라들은 아직도 각기 독특한 언어, 제도, 생활관습을 유지하고 있다. 이러한 문화의 차이는 국제적으로 오해와 갈등을 일으키고 있으며, 특히 선교사들이 사회, 문화적 배경이 다른 사람들을 대상으로 사역 할 때 많은 갈등과 긴장의 원인이 된다. 사회, 문화적 경계선을 넘나들며 사역하는 선교사들은 개개인의 경험을 뛰어넘어 타문화를 이해하고, 다른 가치체계에 적응하고 친숙해 지기위한 노력을 해야 한다. 선교사의 현지인에 대한 우월주의는 선교사역의 큰 걸림 돌이 된다. 따라서 선교사는 가르치기 전에 배워야하고 말하기 전에 들어야한다. 선교사는 전달하고자하는 메시지의 내용을 알아야 하지만 그 메시지가 전달되는 세상도 알아야 한다.

문화인류 학자들은 문화를 여러 가지 시각에서 규정하였다. 그 예로 허스코비츠 (Herskovits)[1]는 문화를 인간이 만든 모든 것으로 보았다. 이와는 달리 기어츠 (Geertz)[2]는 문화를 의미체계로 본다. 프

---

1) M. Herskovits (1995), *Cultural anthropology*. New York: Knopf.
2) C. Geertz (1973), *The interpretation of culture*. New York: Basic Books.

로서 (Prosser)[3]는 문화를 대대로 내려온 전통, 관습, 규범, 신념, 가치 및 사고방식으로 규정한다. 홀(Hall)[4]은 문화와 커뮤니케이션을 동일하게 보았다. 즉 문화는 커뮤니케이션이고 커뮤니케이션은 문화라는 것이다.

우리가 우리와 다른 이들을 관찰할 수 있으며 그들을 있는 그대로 대할 수 있음은 아름다운 일이다. 이러한 능력은 저절로 생기는 것이 아니며 학습을 통해서 생긴다. 그러면 무엇이 지구상에 다양한 문화가 생기게 했나? 이에는 많은 요인들이 있는데 몇 가지만 들면 다음과 같다.

문화는 사람들이 쓰는 기술을 개발 했느냐의 여부에 따라 달라진다. 쓰는 기술이 없는 문화는 흔히 문맹사회로 불리며 인류학자들은 이를 원시 사회로 부른다. 문화적 차이를 가져오는 또 다른 요인은 사람들이 도시에 사느냐 아니면 시골에 사느냐이다. 농촌 지역의 문화는 비교적 동질적이며 단순한 반면 도시 생활은 복잡하고 이질적인 사람들로 구성된다. 또 다른 요인으로는 생태학적 요인을 들 수 있는 데 이것은 문화가 다양해지는 바탕을 이룬다. 주거환경과 기후가 사람들의 삶의 방식에 많은 영향을 미친다. 북극의 에스키모가 적도 근처에 있는 싱가포르에 이글루를 지을 수는 없다. 한편 말레이 사람이 북극지역에서 집을 짓기 위한 대나무를 발견할 수 없다. 생태학적 요인은 또한 사람들의 직업에도 영향을 미친다. 바닷가에서 사는 사람들은 어업에 종사하는 사람이 많은 반면 내륙에 사는 사람들은 소나 말을 기르는 일에 종사하는 사람이 많다. 이처럼 주거환경은 문화의 다양성에 영향을 미친다.[5]

---

3) M. Prosser (1978), *The cultural dialogue.* Boston: Houghton Mifflin.
4) E. T. Hall (1959), *The silent language.* New York: Doubleday & Co.
5) L. Reed (1985), *Preparing missionaries for intercultural communication.* Pasadena, CA: William Carey Library.

세계 이곳저곳을 여행해보면, 집단을 이루는 다양한 인종을 만나게 된다. 인종집단을 이루는 기본적 특성은 공유된 가치, 속성과 집단간 상호작용이다. 공통적 조상 또는 태어난 장소, 공통적 언어, 육식 및 종교와 같은 요인들이 인종의 정체성을 이루는 핵심적 부분이다. 인류학자들은 세계 인구의 생물학적 다양성의 기원에 관한 연구를 수행하고 있다. 성경은 하나님이 사람을 창조했음을 말하고 있지만, 다양한 인종의 기원에 관한 점을 자세히 설명하지 않고 있다. 따라서 이러한 비밀을 설명하기 위하여 연구가 지속되고 있는 것이다.

인구통계는 인구에 관한 통계적 분석이다. 큰 도시에는 많은 사람들이 살며 함께 협력한다. 도시 사람들의 삶의 패턴은 여덟 또는 아홉 채로 구성된 태국 북부 부족 마을 사람들의 삶과 활동과는 매우 다르다. 작은 마을 사람들의 삶은 동질성이 높고 간소한 반면 큰 도시의 삶은 이질적이고 복잡하다. 이러한 요인들이 문화의 다양성에 영향을 미친다.

또 다른 요인은 타문화로부터의 소외이다. 외부세계와 별로 접촉이 없이 정글이나 숲 속에 사는 사람들은 도시에 사는 사람과는 아주 다른 삶의 패턴을 갖게 된다. 타 집단과의 잦은 접촉은 문화에 변화를 가져온다.

문화배경이 다른 사람들 사이의 상호작용인 문화간 커뮤니케이션은 오해와 왜곡을 불러올 가능성이 높다. 주님을 섬기겠다는 일념하에 선교사들은 종종 실수를 하고 현지인들과의 관계에서 자민족 중심적일 수 있다. 따라서 선교사는 자민족 중심주의 (ethnocentrism)가 무엇이고, 이의 위험성은 무엇인지, 어떻게 문화상대주의(cultural relativism)를 견지하며 자민족 중심주의를 극복하는 가애대한 관심을 가질 필요가 있다.

사람은 누구나 자민족 중심주의적이다. 자민족 중심주의는 타문화권의 관습을 "자기 자신의 문화권의 개념과 가치를 적용하여 보는 관행이다6) 이것은 다른 사람의 생활 방식을 우리 자신의 색안경으로 보는 자세를 말한다.

자민족 중심주의의 위험성은 프라이드와 우월한 태도에 있다. 선교사들은 자민족 중심주의에 관련된 문제와 씨름해야 한다. 인간은 누구나 자신을 중심으로 나 이외의 모든 것을 판단하기 때문에 자민족 중심적이 되는 것은 자연스런 일이다.

따라서 우리가 우리의 행동이 옳고 적합하다고 생각하는 것은 당연한 일이다. 남들은 물론 우리가 하는 식으로 해야 한다. 이러한 태도는 남들과의 관계를 망치기 때문에 위험하다. 자민족 중심주의적인 사람들에게 모든 다른 문화는 열등한 것으로 보인다.

인류학에서 가치 있는 관점으로 여기는 것 중 하나는 문화적 상대주의이다. 일찍이 인류학자들은 문화적 상대주의의 관점에서 '모든 문화는 동등한 것(equally valid)'으로 간주했다. 하지만 이 가치판단은 과학적인 연구에서 입증되지 않았다. 따라서 문화적 동등성의 가정은 거부되었다. 그러나 문화적 상대주의에는 문화간 이해를 도모하기 위한 도구로 쓰일 수 있는 또 다른 면이 있다. 즉 한 문화권의 요소나 관점을 그 문화권 맥락에 연관시켜 인식하고 이해하는 접근법이 그것이다. 일부학자들은 이 개념을 문화적 통합(cultural integrity)으로 부른다. 만일 선교사가 문화적 상대주의의 두 가지 의미 중 후자의 의미를 알지 못하면 자민족 중심주의적 태도를 보이게 된다. 문화적 안경은 문화가 어떻게 인식 될 것인지를 결정짓는다. 자민족 중심주의는 일반적으로 종족의 프라이드, 즉 자기 자신의 관습이 다른 집단의 그것보다 우수하다는 신념을 갖게 한다. 이에 비하여 문화적 상대주의는 적절히 적용되면 남이 하는 방식을 좀더 정확하게 이해하는 데 도움이 된다.

---

6) R. Taylor (1973), *Introduction to cultural anthropology.* Boston: Allyn & Bacon.

사회 현실은 객관적 문화와 주관적 문화로 구성된다. 각종 사회, 정치, 경제 제도를 비롯해서 미술, 음악 연극 등을 일컫는 객관적 문화에 비하여 주관적 문화 (subjective culture)는 사람들의 집단을 규정짓는 심리적 특성을 일컫는다. 다시 말해서 사람들이 만든 제도보다는 매일 매일의 사고와 행위를 일컫는다. 따라서 주관적 문화를 상호 작용하는 사람들이 공유하는 신념의 양태, 행위와 가치로 규정할 수 있겠다.7) 주관적 문화를 이해하게 되면 문화간 커뮤니케이션 능력을 늘일 수 있게 된다. 따라서 이 장에서는 객관적 문화보다는 선교사의 문화간 커뮤니케이션 능력의 고양에 도움이 될 주관적 문화에 초점을 맞춰 논의하기로 한다.

---

7) M. Bennett (1993), *Basic concepts of intercultural communication.* Yarmouth, ME: Intercultural Press.

2. 문화적 장애물

타문화권 사람들과의 접촉이 종종 실망스럽고 오해로 끝나는 것은 왜 그럴까? 놀랍게도 좋은 의도, 우호적 접근 심지어 상호 이익의 가능성마저 성공을 담보하지 못한다. 더욱 실망스러운 것은 상대방에 대한 거부 행위가 단지 상대방이 속한 집단이 다르다는 이유로 일어난다. 특히 문화간 상호작용이 주를 이루는 선교사역 과정에서 선교사는 커뮤니케이션의 문제가 되는 원인들을 잘 살펴야 할 필요가 있다.

1) 유사성의 전제

왜 오해가 발생하고 상대방의 의견이 거부되는가에 대한 한 가지 대답은 많은 사람들이 막연히 세상 사람들에게는 커뮤니케이션을 쉽게 만드는 충분한 유사성이 있다고 가정하는 데 있다. 우리는 모두 인간이고 음식, 집, 안전 등의 공통적인 필요조건을 가진 사실 때문에 서로 비슷할 것이라고 생각한다. 불행하게도 이들은 이와 같은 공통적인 생물학적, 사회적 욕구에 대한 적응 형태가 문화권마다 다르고, 가치, 신념, 태도가 문화권 마다 큰 차이가 있다는 점은 간과한다. 생각과 정보를 교환하고 함께 살고 일하는 방법을 찾고 우리가 원하는 인상을 만들어 낼 수단인 커뮤니케이션을 생각할 때 생물학적 공통성은 큰 도움이 되지 못한다.

많은 이들이 "사람은 다 같아"라는 생각을 하게 되는 또 다른 이유는 그렇게 생각하면 다른 것을 다루거나 모르는 것을 다룰 때 느끼는 불안을 줄인다는 데 있다. '모든 사람이 같다'는 생각은 위안이 된다. 만일 남들이 우리에게 "낯선" 행동을 하거나 그렇게 보이면, 우리는 그런 행동이나 모습을 잘못된 것으로 여기는 실수를 하게된다.

세계가 점점 더 서구화 되면서 유사성의 환상은 늘어나고 있다. 각자 서양 옷을 입고 영어를 말하며 비슷한 모습으로 인사할 때 이들이 어느 문화권 출신인지 분간키 어려워진다. 이것은 마치 뉴욕, 동경, 서울이 현대 도시의 모습을 하고 있기 때문에 모두 같다고 가정하는 것과 같다. 하지만, 겉으로 드러나지 않는 차이에 주의하지 않고 행동에 필요한 새로운 규칙을 전혀 모른다면 당장 문제에 부딪칠 것이다.

선교사로서 그러한 미묘한 차이를 간과한다면 상대방의 입장에서 생각하는 자세와 상대방에 대한 평가를 삼가하는 태도를 갖기까지는 많은 시간이 걸릴 것이다. 유사성의 신화에서 오는 확신은 차이의 가정에서 오는 확신보다 훨씬 강력하게 작용 할 수 있다.

2) 언어의 차이

다음 장에서 좀더 자세히 논의하겠지만 또 다른 장애물은 언어의 차이다. 아마도 사역과정에서 극복해야 할 가장 큰 장애물이라고 해야겠다. 단어, 구문, 숙어, 속어, 사투리 등 이 모든 것은 낯 선이와의 상호작용에서 어려움을 준다. 언어에 관한 더 큰 문제는 사람들이 함축된 의미나 맥락과 상관없이 외국어의 단어나 문구의 한 가지 의미에만 집착하려는 고집이다. 단어의 의미가 다양하게 쓰이지만 이를 감당하기가 어렵기 때문에 그냥 비껴간다. 이러한 자기위안은 이해를 위한 탐구 활동을 멈추게 할 것이다. 몇 해 전 필자가 어느 외국인 신부에게 들은 이야기다. 이 신부가 한국에 부임하여 사역하는 과정에서 '말' 때문에 겪은 일 중 "부활 주일"을 "불알 주일"로 발음하는 가하면, "선교"를 "성교"로, "감자 세 개"를 "남자 세 개"로 잘 못 듣는 실수를 했다고 한다.

3) 비언어 행위에 관한 오해

타문화를 이해하기위해서 현지 언어를 배우는 일은 단지 시작에 불과하다. 타문화권에 진입한다는 것은 언어 외에 의미를 전달하는 다양한 코드를 접하게 됨을 의미한다. 이것은 세 번째 장애물인 비언어적 오해를 말한다. 사람들은 자신들에게 의미가 있고 중요한 것만을 보고, 듣고, 느끼며 냄새를 맡는다. 이들은 자신의 인식 세계에 부합되는 것을 발췌한 다음, 자신의 문화권의 참고 틀을 통하여 그것을 해석한다. 한 예로, 한 미국 대학의 문화간 커뮤니케이션 수업 시간에 한 미국 여학생이 사우디 남학생에게 사우디아라비아에서는 상대방에게 좋아한다는 표시를 어떻게 비언어적으로 표현 하느냐고 물었다. 그 남학생은 자신의 뒷머리를 쓰다듬는 것으로 여학생에게 대답 했는데 그런 몸짓은 그녀에게는 아무 의미가 없는 단지 긴장된 모습을 보이는 몸짓에 지나지 않았다. 그 여학생은 같은 질문을 연거푸 세 번을 반복했다. 그러자 남학생은 머리를 세 번 쓰다듬었다.

몸짓, 자세 및 그 외의 몸의 움직임과 같은 비언어 신호와 상징의 잘못된 해석은 결정적인 커뮤니케이션의 장애물이다. 그러나 이러한 관찰 가능한 메시지의 의미는 비교적 쉽게 배울 수 있는 데, 공식적인 방법 보다는 비공식적 방법으로 더 쉽게 배울 수 있다. 오히려 시간과 공간의 이용, 격식을 존중하는 미묘한 신호와 같은 타문화권의 명확치 않은 코드를 이해하기가 더 어렵다. 그 예로 일본 사람 집을 방문 할 때 집 주인이 미처 옷을 갈아입지 못했거나 맞을 준비

를 못 했을 때 선교사는 자신과 집 주인 사이에 물리적 벽이 있는
것처럼 행동해야 한다.

4) 선입견과 고정관념

네 번째 장애물은 선입견과 고정관념이다. 일본인에 대해서 "불가
사의한" 이라는 선입견을 갖게 된다면 일본인의 미소와 행위는 아마
도 그렇게 보일 것이다. 아랍인들은 "허풍쟁이"라는 고정관념을 갖
게 된다면 사람들은 그들과 거리를 두게 될 것이다.

고정관념은 우리 주위에서 일어나고 있는 일을 감지하는 개념적
토대를 제공하는 지나치게 일반화된 제2의 신념이다.(그것이 정확한
것인지 또한 상황에 적합한 것인지의 여부에 관계없이) 타문화권에
서 고정관념의 이용은 심리적 안정감을 늘여준다. 고정관념은 사람
들을 이해하지 못하고 상호작용 할 수 없는 상황에서 오는 모호함이
나 무력감을 견디기 어려울 때 이용하는 심리적 도구다. 하지만 고
정관념은 사물의 객관적인 관찰, 즉 다른 사람의 실체에 대한 상상
력을 안내 할 단서를 찾는 행위를 방해하기 때문에 화자(話者)에게
장애물이 된다. 고정관념은 나 스스로 극복하기 어렵고 남이 지니고
있는 고정관념도 고치기 어렵다. 고정관념은 각자 자신의 국가 문화
의 신화나 이치로 단단하게 자리 잡고 때로는 편견을 합리화하기 때
문에 존속된다. 고정관념 또한 자신이 갖고 있는 이미지에 부합되는
새로운 정보만을 선별적으로 지각하기 때문에 유지된다.

5) 평가하는 자세

문화 배경이 다른 사람들 사이의 이해에 걸림돌이 되는 다섯 번
째 장애물은 남 또는 타집단의 말과 행동을 평가하려는 자세이다.

사람들은 남의 생각과 느낌을 그 사람의 세계관으로 이해하려하기 보다는 자기 자신의 사고방식이나 생활 방식이 가장 자연스러운 것 이라고 전제한다. 이러한 편견은 남의 입장에서 태도와 행위를 살피 는데 필요한 너그러움을 허용하지 않는다.

즉석에서 남에 대한 평가로 인한 잘못된 커뮤니케이션은 평가하는 이의 느낌과 정서가 깊숙이 관여될 때 더 잘못 될 수 있다. 하지만 이때가 이해하면서 듣는 노력이 가장 필요한 시점이다. 자신의 종교, 정치적 견해, 가족의 가치에 대한 열심과 생활방식의 미덕에 대한 자신의 입장이 자화상의 중요한 요소가 된다.8)

상대방을 평가하는 경향을 삼가 하라는 경고는 우리가 옳고 그름 을 판단하는 능력을 개발해서는 안 된다는 점을 의미하는 것은 아니 다. 공평하고 전체적인 이해를 방해하는 가치 판단의 두꺼운 장막을 통해서라기보다는 공감을(empathically) 통해서 보고 들으라는 것이 다. 충분히 이해하게 되면 가치나 이념의 충돌이 있는지의 여부를 알아낼 수 있다. 그렇게 되면 적응행위나 갈등해소가 가능해 진다.

6) 불안감

불안 또는 긴장(또한 스트레스로 알려진)은 여러 불확실성 때문에 타문화권 경험에서 공통적으로 나타나는 현상이다. 사람은 육체적으 로 긴장되지 않고는 정신적으로 불안해질 수 없기 때문에 불안과 긴 장은 서로 연결되어있다. 적당한 긴장과 긍정적 태도는 도전을 적극 적으로 맞이하도록 해준다. 너무 많은 긴장이나 불안감은 일정형태 의 안도감을 필요로 하는 데 이런 안도감은 흔히 왜곡된 지각, 움츠 림 또는 적대감과 같은 방어 형태로 나타난다. 그래서 불안이 심각

---

8) C. Sherif et. al. (1965), *Attitude and attitude Change.* Philadelphia: W. B. Saunders.

한 장애물로 여겨지는 것이다.

스트레스는 문화간 상호작용 과정에서 생기기 마련이며 개인의 정서적 체계의 내부 균형을 깬다. 따라서 문화간 능력이 있다 함 (**interculturally competent**)은 그러한 스트레스를 관리할 수 있고, 내부 균형을 회복하고, 상호작용을 성공하게하는 커뮤니케니션의 수행을 의미한다.9)

높은 불안감이나 긴장은 위에서 제시한 다섯 가지 장애물과는 달리 독특할 뿐만 아니라, 다른 장애물들과 어울려 커뮤니케이션을 더 어렵게 만든다. 문화간 대화에서는 양측 모두가 불안한 느낌을 갖기 마련이다. 외국인과 이야기를 나눌 때 서로 언어와 비언어 상호작용의 흐름을 유지할 수가 없어서 불편을 느낀다. 언어와 지각적 장애가 있다. 침묵이 너무 길거나 너무 짧을 수 있다. 공간이용과 그 외 여러 규범이 지켜지지 않을 수 있다. 외국인들에겐 모든 것이 낯설고 그들에게 쏟아지는 메시지를 감당하기가 힘들 것이다. 자신의 준거 집단으로 움츠려 드는 방어체계를 이용하거나 합리화하거나 공격적 또한 적대적이 되지 않으면 이들의 자긍심은 심하게 훼손된다. 이러한 방어 체계 중 어느 것도 효율적인 커뮤니케이션으로 이끌지 못하다. 한 예로 중국 광동성에서 온 관광객 10여 명이 홍콩의 피크트램에서 내려오는 길에 길게 늘어선 줄에 살짝 끼어들었다가 홍콩인들과 시비가 붙어 주먹다짐이 벌어졌다. 홍콩인들이 "대륙인들은 매너가 없다"며 비난하자 중국 관광객들이 "함부로 말하지 말라"고 맞 받아쳤다. 양측의 줄서기 문화가 달라 빚어진 충돌이다. 중국대륙에선 웬만한 새치기는 눈감아 준다. 하지만 홍콩인들에게 줄서기는 몸에 밴 질서다.10)

---

9) Y. Kim (1991), "Intercultural communication competence." In S. Ting-Toomey and Korjeny F., *International* and *Intercultural Communication Annual*. Newbury Park, CA : Sage.

3. 선교와 문화 차이의 이해

1)문화적 차원[11]

문화의 차이에서 발생되는 오해와 갈등을 해결하고 타문화에 관한 이해를 넓히기 위한 연구를 이론적 바탕 위에서 수행하려면 다양한 문화권에 걸쳐서 나타나는 함축적 행위의 유사성과 차이점을 설명해 주는 방식을 찾아 내야한다. 그리고 문화를 커뮤니케이션 이론에 통합하기 위해서는 문화를 하나의 이론적 변인으로 취급할 수 있는 방법을 찾아 내야한다. 한 가지 방법은 문화적 가변성의 차원 (dimensions of cultural variability)에 초점을 맞추어 살피는 일인데 이 차원은 문화권들이 다르거나 비슷한 점을 보여줌은 물론 다양한 문화권 사람들의 커뮤니케이션 행위를 설명하는데 사용할 수 있다. 그 예로 호프스테드(Hofstede)[12]의 문화적 가치의 차원 (cultural value dimensions), 홀(Hall)[13]이 제시한 맥락 차원 (context), 레위

---

10) 중앙일보, 2004, 1. 26.
11) 문화적 차원에 관한 구체적인 논의는 최윤희, 김숙현, 문화 간 커뮤니케이션의 이해 (서울: 범우사, 1999) 와 김숙현, 박기순, 최윤희 등 한국인과 문화 간 커뮤니케이션(서울: 커뮤니케이션북스, 2001)을 참조하기 바람.
12) G. Hofstede (1991), *Cultures and Organizations: Software of the mind.* London: McGraw Hill.
13) **Hall** 이 제시한 차원으로는 맥락: 메시지나 커뮤니케이션의 성공을 위해서 명확하게 진술되어야하는 정보의 양; 시간: 한번에 한 가지 일만 계획하고 끝내는 단시적 행동양식 또는 동시에 여러 가지 일을 처리하는 복합적 행동양식; 정보흐름: 개인 또는 조직 간 메시지가 흐르는 구조와 속도.

스 (Lewis)[14]의 행위차원 등을 들 수 있다.

(1) 개인주의와 집단주의

개인주의와 집단주의는 사람들이 자신을 어떻게 규정하고 다른 사람들과의 관계를 어떻게 규정하느냐에 관한 것이다. 개인주의는 개인간의 연계성이 느슨한 사회를 말한다. 모든 사람은 자기 자신과 자기의 직속 가족을 돌보면 되는 것으로 생각한다. 집단주의는 태어날 때부터 개인이 단결이 잘된 내집단 (in-group)에 통합되어 있으며, 평생 동안 내집단이 개인을 보호해주는 그런 사회를 가리킨다. 집단주의는 스스로를 하나 또는 그 이상의 집합체 (가족, 부족, 국가)의 일부분으로 보는, 밀접하게 연계된 개인들로 구성된 사회형태로 규정된다. 이들은 자신의 개인적 목표보다는 집합체의 목표에 우선권을 부여하며 이 집합체와의 연계성을 강조한다. 이에 비해 개인주의는 스스로를 집합체와는 독립적이라고 여기고, 서로 느슨하게 연계된 개인들로 구성된 사회로 규정된다. 이들은 타인들의 목표보다는 자기의 목표에 우선권을 부여하고 타인과의 상호작용에 대한 합리적인 이해득실의 분석을 강조한다.[15] 개인주의 문화권으로는 미국, 호주, 영국, 카나다, 네델란드 등을 들 수 있고 집단주의 문화권으로는 베네주엘라, 콜롬비아, 파키스탄, 페루, 타이완, 인도네시아, 타이랜드, 말레이시아, 한국 등을 들 수 있다.

---

14) R. Lewis (1996), *When cultures collide*. London: Nicholas Brealey Pub.
15) G. Hofstede & M. Bond (1984), "Hofstede's culture dimensions". *Journal of Cross-cultural Psychology*, 15, pp.417-433.

개인주의의 수준

높 음	낮 음(집단주의)
미 국	베네주엘라
호 주	콜롬비아
영 국	파키스탄
캐나다	페 루
네델란드	타이완
이태리	싱가폴
	인도네시아
	타이랜드
	말레이시아
	칠 레

출처: Hofstede, 1991.

이와 같은 개인주의와 집단주의 지향성의 차이는 두 문화에서의 사고방식과 인간 및 자신에 대한 인식의 차이를 가져오게 된다. 사회의 근본적인 구성요소를 사회관계 및 가족과 같은 일차 집단이라고 보는 집단주의 사회에서는 상황 의존적이고 관계중심적인 인간관을 갖게 된다. 그러나 독립적이고 자율인 개인이 사회의 근본적인 구성요소라고 보는 개인주의 사회에서는 상황 유리적이고 개인중심적인 인간관을 갖게 된다.

관계중심적 인간관하에서는 개인적인 욕구나 목표의 추구는 사회관계에서 갈등을 야기하고 조화를 해치기 쉬우므로, 가능하면 내적 욕구나 목표를 통제하고 자신을 억제하여 양보하고 협동 할 것을 강조한다. 개인중심적 인간관하에서는 자신의 내적 욕구나 목표의 추구는 인간의 자연스런 권리이므로, 이를 위해 외부 환경이나 타인을 나에게 맞도록 통제하는 것이 당연시 된다. 따라서 자기의 독특성을

드러내는 적극적인 자기주장을 바람직한 것으로 받아들이고 개인간
의 경쟁과 공정한 교환을 강조한다.16)

집단주의 사회에서는 사회의 안정은 관계의 안정에 기여한다고 보
고, 다양한 상황과 관계에 따른 역할의 변화에 맞추어 자신의 행위
를 적합하게 조정하는 데에서 안정이 이루어진다고 전제 함으로써,
상황에 따른 행위의 변이 가능성을 인정한다. 그러나 개인주의 사회
에서는 사회의 안정은 개인의 안정에 기초한다고 보아 상황과 관계
에 따른 변이를 받아들이지 않으려하며, 이러한 변이는 개인에게 위
협이 되는 것으로 여긴다.

문화유형에 따른 인간 이해 양식과 강조점

차 원	집단주의 (관계중심적 인간관)	개인주의 (개인중심적 인간관)
사회행위의 원동력과 목표	연계성 강조	자율성 강조
자기표현의 양식 (통제소재)	자기억제 강조	자기주장 강조
행위의 변이 가능성	가변성 강조	안정성 강조

출 처: 조긍호, op. cit.

내집단의 중요성

트라이언디스17) 에 따르면 내집단의 상대적 중요성은 개인주의
문화와 집단주의 문화를 구별하는 가장 중요한 요인이다. 개인주의
문화권 사람들은 보편적인 가치기준을 모든 이에게 적용하는 경향을
보인다. 이에 비하여 집단주의 문화권 사람들은 배타적이고 내집단

---

16) 조긍호 (2003), 한국인 이해의 개념틀. 서울: 나남. pp.134-137.
17) H. C. Triandis (1988), "Collectivism vs. individualism: A reconcept
-ualization of a basic concept in cross-cultural psychology". In G.
Verman & C. Bagley (eds.), *Cross-cultural studies of personality, atti-*
tudes and cognition London: Macmillan, pp.60-95.

과 외집단 구성원에게 다른 가치 기준을 적용하는 경향을 보인다.[18) 동양인들은 자신들이 속한 내집단에 대해서는 강한 애정을 보이지만, 외집단이나 그저 아는 사이인 사람들에게는 상당한 거리를 둔다. 그들은 자신이 내집단의 다른 구성원들과 매우 유사하다고 느끼고, 그들을 외집단 구성원들보다 훨씬 더 신뢰한다. 그러나 서양인들은 자신과 내집단 사이에도 일정한 거리를 두고 싶어 하며, 내집단이나 외집단을 크게 구분하지 않는 보편주의적 행동원리를 따른다.[19) 개인주의 문화권에서 내집단은 매우 구체적인 상황에서 개인의 행위에 영향을 미치는 반면, 집단주의 문화권에서 내집단은 개인의 삶에 다양한 형태로 영향을 미친다. 그 예로 미국과 같은 개인주의 문화권에서 대학은 그 학교를 다닌 개인이 그 대학에 있을 때 또는 동창회에 참석할 때만 그의 행위에 영향을 미친다. 한국이나 일본과 같은 집단주의 문화권에서 대학은 그 학교를 다닌 학생에게 대학생활과 그 이후의 삶에 다양한 면에서 영향을 미친다.

집단주의 문화권에서 내집단의 중요성은 문화권마다 다르게 여겨진다. 그 예로 일부 집단주의 문화권에서 가족이 여타 내집단보다 우선시되며 회사가 다른 모든 내집단보다 우선시된다. 일본에서 회사는 흔히 제 1의 내집단으로 여겨지나[20), 다른 아시아와 남미의 집단주의 문화권에서는 가족이 제1의 내집단이며 아프리카에서는 지역사회가 제1의 내집단이 된다.

---

18) W. Gudykunst & S. Ting-Toomey (1988), *Culture and interpersonal communication.* Newbury Park: Sage.
19) 최인철 (역) (2004), 생각의 지도. 서울: 김영사. p.55.
20) C. Nakane (1970), *Japanese Society.* Berkeley: University of California Press.

수평적 문화와 수직적 문화

개인주의 문화와 집단주의 문화는 개인들 간의 관계가 수평적이냐 아니면 수직적이냐에서 차이가 난다. 수평적 문화권에서 개인은 그가 속한 내집단 구성원들보다 돋보이는 것을 꺼려한다. 수평적 문화권에서 사람들은 자신을 다른 이들과 같다고 여기는 경향이 높으며 평등을 강조한다. 하지만 수직적 문화권에서 사람들은 내집단 구성원들 중에서 돋보이려고 노력한다. 수직적 문화에서 개인들은 자신을 다른 이들과는 다르다고 여기며 평등은 중요시되지 않는다.

수평적 집단주의 문화권에서는 평등에 높은 가치를 두지만 자유는 중요시되지 않는다.[21] 일본의 경우 "삐져나온 못은 망치에 두들겨 맞는다."라는 말이 있듯이 내집단 구성원들 가운데 돋보이는 구성원을 허용하지 않는 경향이 있다. 수직적 집단주의 문화권에서(그 예로 한국, 필리핀) 사람들은 내집단의 규범을 따르는 것을 미덕으로 여기며 동시에 내집단 구성원들 가운데서 돋보이는 것이 허용된다. 이들은 평등이나 자유에 큰 가치를 부여하지 않는다.

수직적 개인주의 문화권에서(예로 미국) 개인은 독립적인 개인으로 행동하며 남들보다 돋보이도록 노력한다. 이 문화권 구성원들은 평등에 가치를 부여하지 않으며 자유에 높은 가치를 부여한다. 수평적 개인적 문화권에서(예로 스웨덴과 노르웨이), 개인은 독립적인 개인으로 행동하지만 동시에 남들보다 돋보이려고 노력하지 않는다. 이 문화권 사람들은 동등과 자유에 높은 가치를 부여한다.

개인주의 - 집단주의와 커뮤니케이션

개인주의와 집단주의를 이용하여 커뮤니케이션의 다양한 측면을 예측하기 위한 많은 연구가 수행되어왔다. 그 예로 집단주의 문화권 사람들은 개인주의 문화권 사람들에 비하여 남의 기분을 상하지 않

---

21) H. C. Triandis, ibid.

으려 하며 자신의 의견을 남에게 강요하려 하지 않는다. 개인주의 문화권 사람들은 집단주의 문화권 사람들에 비하여 대화에서 명확성을 기하려 노력하며 그 명확성을 효율적인 커뮤니케이션의 중요한 요인으로 본다.22)

개인주의 문화권 사람들은 요구사항이 있을 때 자신이 직접 요구하는 행위를 가장 효율적인 커뮤니케이션 전략으로 여기고 집단주의 문화권 사람들은 직접 요구하는 행위를 비효율적인 전략으로 여긴다.

구디쿤스트와 니쉬다23)의 연구보고에 의하면 일본인들은 내집단관계(그 예로 동급생)를 외집단관계(그 예로 낯선 사람들)보다 훨씬 가까운 것으로 여기지만 미국인들은 이 둘 사이에 차이가 없는 것으로 여긴다. 한 사회에서 집단주의가 보편화되면 그럴수록 커뮤니케이션의 친밀도가 늘어나고 커뮤니케이션이 원활해지지만 내집단과 외집단간의 커뮤니케이션이 어려워진다.

(2) 불확실성 회피

불확실성의 회피 (uncertainty avoidance)는 한 문화권 사람들이 불확실성을 피하려고 노력하는 정도를 의미한다. 불확실성의 회피 경향이 높은 문화권사람들은 낮은 수준의 불확실성 회피 문화권 사람들보다 불확실성과 모호함에 대한 관대함이 적은데, 이는 사람들이 높은 수준의 불안과 에너지 배출, 공식적인 규율과 절대적인 진리에 대한 높은 수준의 욕구를 보이며, 일탈된 생각이나 행위를 보이는 사람들에 대한 아량이 적은 데서 오는 것이다.

낮은 수준의 불확실성 회피 문화권 사람들은 높은 수준의 불확실

---

22) M. S. Kim, & S. Wilson (1994), "A cross-cultural comparison of implicit theories of requesting." *Communication Monographs*, 61, pp.210-235.
23) W. B. Gudykunst & T. Nishida (1986), "The influence of cultural variability on perceptions of communication associated with relationship terms". *Human Communication Research* 13, pp.147-166.

성 회피 문화권 사람들보다 스트레스를 덜 느끼며 자신의 의견과 다른 의견을 수용하고 위험을 감수할 줄 안다.

불확실성의 회피가 높은 문화에는 거의 모든 상황에서 적절한 행동을 하도록 안내하는 명확한 규범과 규율이 많다. 불확실성의 회피가 낮은 문화의 규범과 규율은 불확실성의 회피가 높은 문화권의 그것보다 명확하지 않으며 엄격하지 않다.

불확실성 회피가 높은 문화권에서 공격적인 행위는 용납되지만 사람들은 갈등과 경쟁을 피하여 공격성을 억제하기를 선호한다. 불확실성 회피가 높은 문화권에서는 의견의 일치가 중요시되며 일탈행위는 용납되지 않는다. 그렇다고 불확실성 회피가 위험회피와 동일하게 취급되지는 않는다.

호프스테드24)에 따르면 높은 불확실성 문화권 사람들은 "다름은 위험하다."고 생각하며 낮은 불확실성 문화권 사람들은 "다름은 기묘하다."고 생각한다. 불확실성의 회피는 그것이 높든 낮든 모든 문화권에 있기 마련인데 이 중하나가 지배적인 현상으로 나타난다. 불확실성 회피가 높은 문화권으로는 일본, 멕시코, 그리스, 프랑스, 칠레, 벨지움, 아르헨티나를 들 수 있고 불확실성 회피가 낮은 문화권으로는 카나다, 덴마크, 인도, 자마이카, 스웨덴, 미국, 말레이시아, 타일랜드, 인도네시아, 필리핀 등을 들 수 있다.

(3) 권력차이

권력차이 (power distance)는 기관과 조직의 힘없는 구성원들이 권력은 불공평하게 분배된다는 점을 수용하는 범위를 말한다.25) 권력차이가 큰 문화권사람들은 권력(power)을 사회의 일부분으로 수용한다(즉 상위직급 사람들은 하위직급사람들을 자신들과는 다른 사람

---

24) G. Hofstede, op. cit.
25) G. Hofstede & M. Bond, ibid.

으로 여긴다).

　권력차이가 큰 문화권 사람들은 권력을 사회의 기본적 사실로 보며 이들은 위압적인 힘을 강조한다. 이에 반하여 권력 차이가 적은 문화권 사람들은 권력은 합법적인 경우에만 사용되어야 한다고 믿으며 전문가 또는 합법적 힘을 선호한다.

　권력의 차이 차원은 직위가 다른 사람들 간의 관계에 초점을 맞춘다(즉 조직 내에서 상급자와 하급자). 권력차이가 높고 낮은 현상은 모든 문화권에 존재하지만 이중 하나가 지배적인 현상으로 나타난다. 권력차이가 큰 문화권으로는 이집트, 에티오피아, 가나, 인도, 말레이시아, 인도네시아, 타일랜드, 필리핀, 나이지리아, 파나마, 사우디아라비아 및 베네주엘라를 들 수 있다. 권력의 차이가 적은 문화권으로는 호주, 캐나다, 덴마크, 독일, 뉴질랜드, 스웨덴 및 미국을 들 수 있다.

권력 차이

높 음	낮 음
필리핀	오스트리아
말레이시아	이스라엘
인도네시아	덴마크
타일랜드	뉴질랜드
멕시코	아일랜드
베네주엘라	스웨덴
인디아	필란드
싱가폴	스위스
브라질	
프랑스	
콜롬비아	

출처: Hofstede (1991).

위에서 소개한 문화의 차이가 집단 작업과정에 미치는 영향 또한 작지 않다. 아래 표에서 나타나듯이 개인주의자들은 대부분의 집단에서 유사한 경쟁적 행위를 보이지만 집단주의자들은 집단의 성격에 따라 다른 행위를 보인다. 즉 집단주의자들은 내집단에서는 협력적인 자세를 보이지만 외집단에서는 경쟁적 자세를 보이거나 갈등을 겪을 때는 대결자세를 보인다.

집단작업에 미치는 문화의 영향

효 과	높 음	낮 음
권력차이	감독자나 상급자가 없는 경우 일의 진척 느림	권위에 대한 존경심 없음
불확실성 회피	의제설정과 준수, 조직화된 토론, 명확한 결과 선호	격식 없는 것을 선호
성취에대한 가치	임무 지향성 높음	유지 지향성 높음
개인주의	경쟁적 분위기	협력적 분위기
시간 지향성	장기: 결정전 모든 문제의 탐구	단기: 일을 신속하게 처리, 마감에 대한 압박감

출처: M. Guirdham, 1999, p.64.

(4) 남성성과 여성성

한 사회가 공격적이고 실리적인 행위에 대하여 얼마나 호의적인 태도를 보이는가 하는 문제에 따라 남성적 문화와 여성적 문화로 구분된다. 남성성 (masculinity)이 높은 문화권 사람들은 실천, 야망, 물질, 권력, 적극성에 높은 가치를 부여한다. 여성성 (femininity)이 높은 문화권 사람은 삶의 질, 서비스, 남에 대한 배려 및 양육에 높은 가치를 부여한다.26)

---

26) Hofstede (1983), op. cit.

호프스테드27)가 지적했듯이 남성적 문화권에서 여성은 상냥함을 잃지 말아야하며 사람들과의 관계를 돌보는 역할을 주로 맡는다. 여성적 문화권에서는 남성과 여성이 이러한 역할을 함께 공유한다. 남성적 문화권에서 아버지는 주로 아이들과 관련된 일을 맡고 어머니는 아이들의 정서적인 문제를 맡는다. 여성적 문화권에서는 부모 모두가 위의 문제를 함께 맡는다. 일에 대한 철학에 있어서도 차이를 보이는 데, 남성적 문화권의 종업원들은 "일하기 위해 살고", 여성적 문화권의 종업원들은 "살기 위해서 일한다." 남성적 문화에서 사람들은 자아고양에 초점을 두고 여성적 문화에서는 집단과의 연관과는 상관없이 사람들과의 관계증진에 초점을 둔다.

남성성과 여성성은 모든 문화권에 존재하지만 이중 하나가 지배적인 현상으로 나타난다. 남성적 문화권으로는 아랍국가들, 오스트리아, 독일, 이탈리아, 일본, 멕시코, 뉴질랜드, 스위스 및 베네주엘라를 들 수 있다. 여성적 문화권으로는 칠레, 코스타리카, 덴마크, 동부 아프리카, 핀란드, 네덜란드, 필리핀, 포르투갈 및 스웨덴을 들 수 있다.

남 성 성

높 음	낮 음
일본	스웨덴
오스트리아	노르웨이
베네주엘라	네델란드
이태리	덴마크
스위스	필란드
멕시코	칠레
영국	포르투갈
독일	다일랜드
	필리핀

출처: Hofstede, 1991.

---

27) Hofstede (1983), op. cit.

2) 저맥락- 고맥락 커뮤니케이션

문화인류 학자 홀28)은 인식과 커뮤니케이션에 있어 문화의 유사성과 차이를 구분하기위한 효과적인 방법을 제시했다. 홀은 사람들이 얼마나 많은 의미를 상황에 부여 하는냐에 따라 문화를 고맥락 (high context) 문화와 저맥락 (low context) 문화로 구분했다. 여기서 맥락은 어떤 사건 (event)을 에워싼 정보를 의미하는 데 이정보는 그 사건의 의미와 밀접한 관계를 맺고 있다.

고맥락 커뮤니케이션은 대부분의 정보가 물리적 상황이나 사람에게 내재되어있는 반면 극히 적은 부분만이 명시적으로 코드화되어 전달된다. 이와는 달리 저맥락 커뮤니케이션은 정보가 명시된 코드에 내재되어있다.

저맥락 커뮤니케이션과 고맥락 커뮤니케이션은 모든 문화권에서 발견되는 현상이다. 그러나 이중 한 가지 유형이 지배적 현상을 이루게 된다. 개인주의 문화권 사람들은 저맥락 커뮤니케이션을 사용하고 직접적 방식으로 대화를 하는 경향이 높다. 이에 비하여 집단주의 문화권 사람들은 내집단의 조화를 유지하는 일이 중요할 때 고맥락 메시지를 사용하는 경향이 있으며 주로 간접적 방식으로 대화한다.

저맥락 커뮤니케이션을 사용하는 개인주의 문화권 사람들은 흔히 간접적 커뮤니케이션은 비효율적이라고 생각한다. 하지만 이러한 생각이 반드시 옳은 것은 아니다. 고맥락 커뮤니케이션은 저맥락 커뮤니케이션과 마찬가지로 효과적일 수도 있으나 비효과적일 수도 있다. 대부분의 고맥락 커뮤니케이션은 효과적이다. 이는 듣는 이들이 구체적인 맥락에서 말하는 이의 간접적 메시지를 해석할 줄 알고 있기 때문이다.

---

28) E. T. Hall (1976), *Beyond culture*. Garden City, NY: Doubleday.

아시아인의 커뮤니케이션 유형은 간접적이고 함축적인 반면 서구인들은 직접적이고 명확하게 표현하는 경향이 있다. 일본, 한국, 대만과 같은 높은 맥락 문화는 커뮤니케이션이 이루어지는 배경과 환경에 민감하여 주요 정보 채널로서 언어적 커뮤니케이션에만 의존하지 않는다. 그 예로 한국인들의'눈치'를 들 수 있다.

우리는 종종'척하면 삼천리'라는 말을 쓴다. 어떤 사안에 관한 정보를 모두 분석해 보지 않고도 하나의 힌트만 있으면 그 사안에 관한 것을 대강 짐작할 수 있다는 이야기다. 이러한 눈치는 한국인의 일상 생활에서 매우 중요한 위치를 차지하고 있다. 눈치가 없으면 사태 파악이 더디고 남의 진심을 잘 이해하지 못해 다른 사람들로부터 기피당하기 일쑤고, 반대로 눈치 빠르게 행동하는 사람들은 남의 호감을 사게 된다. 상대방의 마음을 헤아리기 어려운 상황에서 그 사람의 마음을 헤아리기 위해 사용하는 것이 눈치다. 눈치란 언어 메시지에 의존하지 않고도 상대방의 의도와 욕구, 기분 또는 태도를 알아내야 할 필요가 있을 때 사용하는 커뮤니케이션 방식이다.

맥 락

높 음	낮 음
중국	스위스
일본	독일
한국	미국
남미 대부분	스칸디나비아
지중해지역(그리스, 터기, 아라비아)	

출처: **Hall, 1976.** (재구성)

사람들 사이에 생긴 갈등을 처리하는 과정에서도 맥락을 중심으로 볼 때 많은 차이를 보인다. 저맥락 문화권 사람들은 갈등을 간접적

으로 다루는 방식을 회피적 행위로 보는 반면 고맥락 문화권 사람들
은 갈등을 직접적 방식으로 다루는 것은 정중하지 못하다고 생각한
다. 저맥락 문화권은 갈등문제를 관련된 사람과 유리된 것으로 보지
만 고맥락 문화권은 문제와 관련된 사람을 밀접하게 연관된 것으로
본다. 따라서 한 시각에서는 갈등을 효율지향적, 해결 지향적이며 개
인과는 별개의 입장에서 다루는 반면 다른 시각에서는 관련된 사람
과 분리 할 수 없는 문제로 다루어 공개적인 갈등 상황은 가급적 피
하려 한다. 저맥락 문화권은 세계를 분석적, 선형적, 논리적 시각으
로 보며 효율적 결과를 중요시하는 반면 고맥락 문화권은 세계를 갈
등문제, 갈등의 영향, 관련된 사람, 갈등내용과 맥락을 연관 시킨 총
합적, 나선형적 논리로 본다.

저맥락문화와 고맥락문화의 갈등의 특성

주요 의문점	저맥락 문화	고맥락 문화
왜?	갈등 당사자들 간 분석적, 선형적 논리적, 효율 지향적 이분법 선호	갈등 당사자들 간의 총합적, 나선형적 논리적 표현을 지향한 통합
언제?	개인지향. 낮은 집단 규범적 기대. 개인의 기대 위배는 갈등을 일으킬 가능성 있음	집단지향. 높은 집단 규범적 기대. 집단의 기대 위배는 갈등을 일으킬 가능성 있음
무엇을?	드러냄. 직접적, 대결적 태도	숨김. 간접적, 비대결적 태도
어떻게?	행동과 해결 지향. 명시적 커뮤니케이션. 합리적, 사실적 수사. 개방적, 직접적 전략	체면과 관계지향. 함축적 커뮤니케이션. 직관적, 감성적 수사. 모호한, 간접적 전략

출처: Gudykunst & Ting-Toomey, op. cit.

3) 행위차원

(1) 선형적 행위와 복합적 행위

선형적 행위를 보이는 사람들은 일정표에 따라 일을 한번에 한 가지씩 처리하는데 익숙하다. 이들은 이렇게 해야 효율적이고 더 많은 일을 해 낼 수 있다고 여긴다. 이에 비하여 복합적 행위를 보이는 사람들은 매우 융통성이 있다. 이들은 일정표나 시간을 지키는 일보다 일이 진행되는 그 자체를 더 중요하게 여긴다.

선형적(linear) 행위 문화권 사람들과 복합적 행위 문화권 사람들이 함께 일을 하게 되면 양쪽 모두에게 불편이 따른다. 한쪽이 다른 한쪽에 적응하지 않으면 불편함은 계속 따라다닌다. 그 예로 독일인들은 '멕시코인들은 왜 시간을 맞추지 못할까? 그들은 왜 마감 시간을 지키지 못할까? 그들은 왜 계획대로 일을 처리하지 못하는가? 라고 불평할 것이다. 한편 멕시코인들은 또 그들 나름대로 불만이 많다. 상황이 변하는데 어떻게 계획대로 하는가? 생산을 서두르면 제품의 질이 떨어질 텐데 왜 마감 시간을 고집하는가? 고객이 살 준비가 되어 있지 않은 것을 우리가 아는데 왜 그 고객에게 물건을 팔려고 하는가?

선형적 행동과 복합적 행동

1. 독일인, 스위스인	(선형적 행동)
2. 미국인 (앵글로색슨계 백인 신교도)	
3. 스칸디나비아인, 오스트리아인	
4. 영국인, 캐나다인, 뉴질랜드인	
5. 오스트레일리아인	
6. 일본인	
7. 네덜란드인, 벨기에인	
8. 프랑스인	

> 9. 체코인, 슬로베니아인, 크로아티아인, 헝가리인
> 10. 북부 이탈리아인
> 11. 칠레인
> 12. 러시아인
> 13. 포르투갈인
> 14. 폴리네시아인
> 15. 스페인인, 남부 이탈리아인, 지중해인
> 16. 인도인, 파키스탄인
> 17. 남미인, 아랍인, 아프리카인　　　　　　　　(복합적 행동)

출처: Lewis, 1996.

스위스 사람들과 마찬가지로 독일인들은 매우 선형적으로 행동하여서 일을 분석하고 세분화하여 한번에 한 가지씩 처리하는 것을 중요시한다. 이들은 아랍인들과 지중해 지역 출신들이 자신들처럼 일을 처리하지 않는 것을 불편하게 여긴다.

미국인들도 매우 선형적이지만 그들의 태도에는 좀 다른 점이 있다. 미국인들은 현재와 미래를 중요시하기 때문에 그들은 때때로 독일인들이 마음을 먹기도 전에 행동에 옮기도록 밀어붙인다. 독일인들은 그들의 역사와 과거를 의식하여 미국인들에게 많은 것을 설명하고 싶어 하지만 미국인들은 이러한 태도를 당혹스럽게 여길 수 있다.

(2) 반응 행위

반응 문화권 사람들은 행동을 취하기 전에 듣는다. 이들은 상대방이 말하고 있는 내용을 주의 깊게 듣고 그가 말을 마쳐도 즉각 대응을 하지 않는다. 화자(話者)가 말을 마친 후 적당한 침묵으로 상대방의 말에 대한 존경심을 보인다.[29]

일본은 반응 문화(reactive culture) 또는 청취 문화(listening

---

29) R. Lewis, op. cit.

culture)에 해당되어서 일본인들은 행동이나 논의를 상대편보다 먼저 시작하지 않는다. 우선 상대방의 말을 들은 다음 그 말에 반응을 보이며 자신의 입장을 설정한다. 일본을 비롯해서 중국, 대만, 싱가포르, 한국, 터키, 핀란드 등이 이러한 반응적 문화에 해당된다. 동아시아 국가들이 때로는 복합적 태도를 보이긴 하지만 여러 반응적 특성을 지닌다. 유럽에서는 핀란드인들 만이 강한 반응적 문화를 견지하지만 영국, 터키 및 스웨덴인들도 이따금씩 반응적 태도를 보인다.

반응 문화권 사람들은 대답을 할 때에도 강력한 의견을 즉각 표현하려 하지 않는다. 이들은 화자의 의향을 명확히 파악하려고 그가 말한 내용에 추가로 질문을 한다. 특히 일본인들은 상대방의 오해가 없도록 하기 위하여 조목조목 여러 번 상세히 점검한다. 핀란드인들은 다소 무뚝뚝하고 직설적이긴 해도 상대방의 생각에 맞는 접근법을 이끌어내려고 노력하면서 될 수 있는 한 직접적 대결은 피하려 한다. 중국인들은 처음에 내놓은 제안과 부합되지 않는 점을 피하기 위한 각종 전략을 동원한다.

반응 문화권 사람들은 내성적이고 말을 많이 하는 사람을 믿지 않으려 하며 결과적으로 비언어 커뮤니케이션에 익숙하다. 이들의 비언어 커뮤니케이션은 남미인들이나 아프리카인들처럼 격한 몸짓과는 거리가 먼 정교한(subtle) 몸짓 언어로 이루어진다. 선형적 행위 문화권 사람들은 반응 문화권 사람들의 행동을 선형 체계(질문/대답, 원인/결과)에 적용시킬 수 없어서 상대방을 헤아리는 데 어려움을 겪는다. 복합적 행위 문화권 사람들은 외향적 행동을 보이며 피드백이 거의 없다. 핀란드 사람들이 이 경우에 해당된다.

반응 문화권에서 주로 이용되는 커뮤니케이션 형위는 독백 - 멈춤 - 반사 작용 - 독백이다. 가능하다면 상대방에게 그의 독백을 먼저 하도록 한다. 선형적 행위 문화권과 복합적 행위 문화권에서는 대화가 커뮤니케이션의 주를 이룬다. 형태는 대화이다. 사람들은 상대방의 이야기에 관심을 보이며 코멘트, 심지어는 질문으로 그 사람의 '독백'을 방해한다. 그리고 상대방이 말을 멈추자마자 즉각 자신이 말을 하고 나선다. 서구인들이 침묵을 참지 못하는 이유가 여기에 있다.

반응 문화권 사람들은 침묵을 잘 참을 뿐만 아니라 침묵을 대화의 매우 중요한 부분으로 여긴다. 그리고 상대방의 의견이 소홀히 취급되거나 묵살되지 않는다. 명확하고 조리 있는 주장은 긴 묵상이 있은 후에 이루어진다. 헬싱키에서 핀란드인에게 어떤 사안에 관한 설명을 신나게 한 다음 "어떻게 생각합니까?"라고 묻는다면 그 핀란드인들은 동양인들과 마찬가지로 침묵 가운데 생각할 것이다. 미국인이라면 숨도 안 쉬고 "난 이렇게 생각합니다"라고 당장 반응을 보일 것이다. 그래서 협상을 연구하는 학자들은 미국인들이 협상 테이블에서 보이는 자세를 "우선 총을 쏜 다음 질문은 나중에"로 묘사되는 존 웨인(John Wayne) 스타일이라고 꼬집는다.

반응 문화권 사람들은 서구인들에 비해 상대방의 이름을 부르는 데 익숙지 않기 때문에 논의의 애매함이 더 심해진다. 동양인들은 흔히 시선(eye contact)마저 피하기 때문에 상황은 더 모호해진다. 반응 문화권 사람들은 또한 여담(small talk)에 익숙지 않다. 일본인들과 중국인들은 예의를 차리는 데 익숙한 반면 "어떻게 되어가나?"와 같은 질문은 단도직입적인 표현으로 여겨서 종종 불쾌해한다. 이들이 반응이 느리다든가 주저하는 태도를 보일 때 서구인들은 그들을 머리가 잘 돌아가지 않거나 할말이 없는 사람들로 볼 수도 있다.

반응 문화권 사람들이 보이는 반응은 진행되고 있는 일의 일부분에 지나지 않는다. 상황 중심적 발언은 이야기 내용에 중요성을 부여하는 것이라기보다는 어떻게 표현되고, 누가 말했으며, 내용 뒤에 숨어 있는 내용에 더 많은 중요성을 부여한다. 또한 표현되지 않은 내용이 대답의 핵심 부분일 경우도 많다. 자기 비하는 반응 문화권에서 자주 사용되는 전략이다.

(3) 데이터 지향성과 대화 지향성

다른 사람들과의 상호작용 행위는 커뮤니케이션 방법뿐만 아니라 정보를 수집하는 과정이 동반된다. 이러한 상호작용 행위는 대화 지향적 문화와 데이터 지향적 문화에 대한 문제를 생각하게 한다.30) 데이터 지향 문화는 조사 연구를 통해서 많은 정보가 생산되는 문화권이다. 스웨덴, 독일, 미국, 스위스 및 북부 유럽인들은 정보를 즐겨 수집하며 그 정보를 생활에 활용하기를 좋아한다.

그러면 대화 지향 문화는 어느 국가들인가? 이탈리아, 남미 여러 나라, 아랍 및 인도가 이에 해당된다. 이들은 개인 정보망을 통해서 이미 많은 정보를 간직하고 있기 때문에 많은 것을 '상황' 가운데서 파악한다. 그 예로 아랍인들이나 포르투갈인들은 어떤 일을 처리하기 전에 이미 친구, 비즈니스 파트너, 친척들에게 묻고 의논하고 소식을 나누어 그 일에 관한 사실을 많이 확보한다. 일본인들은 학교, 대학, 학생회, 가족 및 정치적 모임을 통해서 많은 정보를 얻는다. 미국인이나 스위스인들이 프랑스, 스페인과 같은 대화 지향 문화권 사람들에게 각종 자료를 안기면 이들은 아마도 화를 벌컥 낼 것이다.

대화 지향 문화와 데이터 지향 문화

1. 남미인	(대화)
2. 이탈리아인, 스페인인, 포르투갈인, 프랑스인	
3. 아랍인, 아프리카인	
4. 인도인, 파키스탄인	
5. 칠레인	
6. 헝가리인, 루마니아인	
7. 슬라브인	
8. 베네룩스인	
9. 영국인, 오스트리아인	

---

30) Lewis, 1996, op. cit.

> 10. 스칸디나비아인
> 11. 북미인(미국 앵글로색슨계 백인 신교도인과 캐나다인)
> 12. 뉴질랜드인, 남아프리카인
> 13. 독일인, 스위스인   (데이터)

출처: Lewis, 1996

대화 지향적 사람들은 문제가 생기면 이것을 다른 사람들과의 관계를 이용하여 인간적으로 해결하고 싶어 한다. 이렇게 해서 문제가 해결되면 약속, 스케줄, 의제, 심지어 회의조차도 쓸데없는 일이 된다.

경제적으로 성공한 대부분의 국가들이 일본만을 제외하고는 데이터 지향 문화권이다. 일본은 대화 지향적 문화권이지만 또한 많은 인쇄된 정보를 이용한다. 데이터 지향 체계와 대화 지향 체계 간에 균형을 이루면 이는 좋은 결과를 낳을 것으로 생각되지만 국제 관계에서 그러한 현상이 일관성 있게 나타난 예는 매우 드물다.

사회가 발전하면 할수록 사실을 확보하기 위하여 데이터와 정보를 이용하는 경향이 높아진다. 정보 혁명이 이러한 경향을 부추겼으며 미국, 영국, 스칸디나비아와 더불어 독일이 이러한 경향을 주도하는 국가들이다.

청취 문화권 사람들은 스스로 정보 수집에 능숙하다고 믿으며 부주의한 행동을 보이지 않고 생각이 무르익도록 기다릴 줄 알며 결국 이러한 생각을 의사 결정 과정에 반영한다. 일본, 한국, 대만, 홍콩 및 싱가포르 사람들은 청취 문화의 탄력성을 잘 입증해 주고 있다.

4) 차원 접근법의 제한 점

이 글에서 필자는 문화간 상호작용의 관점에서 **Hofstede, Hall, Lewis** 등이 제시한 문화적 가변성의 차원들을 중심으로 살펴보았다.

논의의 대상이 된 차원은 Hofstede의 문화적 가치차원, Hall의 맥락, 공간과 시간의 이용 차원 그리고 Lewis의 행위를 중심으로 한 차원들이다.

이 차원들은 문화권간의 차이와 유사한 점을 보여 줌은 물론 문화를 해석하는 과정에 많은 영향을 미친다. 하지만 이 차원 접근법에 문제가 없는 것은 아니다.

우선, 다양한 사회의 문화를 몇 개의 차원에 의존했기 때문에 일상적으로 드러나는 문화적 마인드 셋 (mind-sets) 중 많은 요소들을 고려하지 않았고 이러한 마인드 셋을 형성하는 각종 사회 제도를 간과했다. 개인주의와 집단주의의 구분은 사회의 차이를 많이 설명한다. 그러나 개인주의와 집단주의에는 여러 종류가 있을 수 있다. 그리고 Hall이 제시한 고맥락-저맥락 커뮤니케이션도 문화권에 따른 커뮤니케이션의 양태를 설명해주지만 한 문화권 내에서 드러나는 이중적 커뮤니케이션 양태를 설명하지는 못한다. 즉 한국인이 외국인과 상대할 때는 저맥락 방식이지만 우리들끼리 상대할 때는 고맥락 방식이되는 현상에 대해서는 설명의 한계를 넘지 못한다.

이러한 차원 접근법의 한계를 보완 할 수 있는 접근법으로 개논 (Gannon)[31]이 제시한 문화적 메타포 방법이 되겠다. 문화적 메타포 (cultural metaphors)는 특정 문화권 사람들이 감성적, 인지적으로 표출하는 행위, 현상 또는 제도를 일컫는다. 이처럼 메타포는 그 문화 자체를 대표하는 가치가 내포되어 있다. 그 예로 일본의 정원, 태국의 왕실, 중국 가정의 제단, 말레지아의 발릭 깜풍 등을 들 수 있다. 이 방법은 차원접근법을 보완하여 외국인이 현지 문화의 실질적 내용을 더 잘 이해하고 효율적으로 다룰 수 있도록 도움을 준다. 메타

---

31) Martin J. Gannon (2001), *Understanding global cultures*. Berverly Hills, CA: Sage. 최윤희·김숙현·박기순 (역) (2002), 세계문화이해. 서울: 커뮤니케이션북스.

포 자체가 각 사회에서 발견되는 모든 현실을 포함 할 수 없을 지라도 현실을 이해하고 효율적으로 상호작용하기위한 출발점이 될 수 있을 것이다.

문화적 배경이 다른 사람들간의 대인적 관계를 논의 하는 접근법으로 링겐펠터와 메이어스 (Lingenfelter & Mayers)[32] 의 기본 가치 모형 (model of basic values)을 들 수 있다. 이들은 우리가 다양한 문화적 환경에서 타인들과 관계를 맺을 때 일어나는 구체적인 행동 속에서 성경 원리들이 어떻게 적용 될 수 있는 지를 논의 한다. 즉 하나님의 창조적 활동의 산물인 인간 개개인은 그들이 속해있는 사회가 다르듯이 그들 개개인은 가치와 성격이 매우 다르다는 점을 바탕으로 한다.

---

32) S. G. Lingenfelter & M. K. Mayers (1986), *Ministering cross-culturally.* Grand Rapids, MI Baker. 왕태종 (역) (2001), 문화적 갈등과 사역. 서울: 죠이선교회.

4. 언어와 비언어 커뮤니케이션

창세기 11 장에 '바벨탑' 이야기가 나온다. 본문 1 절에서 전제하기를 본래 이 땅의 언어는 하나였다는 것이다. 그런데 당시 사람들이 하늘까지 닿을 수 있는 높은 탑을 쌓으려 하자 하나님이 그들의 언어를 혼란케 하셨다는 것이다. 그 결과 그들은 언어 소통이 안 되어 결국 탑 쌓는 일과 도시 건설하는 일을 그만두고 각지로 흩어졌다는 이야기다. 이 이야기는 인류가 사용하고 있는 언어의 다양성을 설명하기위한 히브리 민담 (民談) 이다. 선교사역을 준비하는 과정에서 가장 중요한 영역중 하나는 현지 언어에 관한 준비이다. 언어는 문화의 핵심영역이다. 언어는 커뮤니케이션의 수단이기 때문에 선교사가 현지 언어를 익히는 것은 특히 중요한 일이다.

1) 언어의 특성

인간의 언어에는 네 가지 특성이 있다. 첫째, 언어는 상징적이라는 점이다. 즉 언어는 실재 (reality)를 대신한다. 그 예로 우리는 남에 대한 내면의 부정적 느낌을 표현하기위하여 "증오"라는 상징 (단어)을 이용한다. 실재는 우리의 마음속에 있는 "나쁜 느낌"이다. 다시 말해서 상징은 그 상징이 지칭하는 실재와 결코 같지 않다. 그리고 하나의 실재가 여러 상이한 상징으로 표현된다. 즉 언어마다 체계가 다르기 때문에 동일한 실재가 상이한 상징으로 표현된다.

둘째, 언어는 일정한 규칙을 따른다. 모든 인간의 언어는 자체의 문법적 규칙과 원칙을 지닌다. 우리가 제2외국어를 배울 때 문법을 모르면 표현에 어려움을 겪는 것은 이 때문이다. 셋째 언어는 주관적이다. 언어의 의미는 단어에 있는 것이 아니라 그 언어를 이용하는 사람에 있다. 그 예로 미국학생과 중국학생에게 민주주의를 규정해보라고 하면 각기 다른 주장을 펼 것이다. 이 두 학생 중 누가 옳든지간에 한 언어의 의미는 단어 그 자체보다는 문화적 경험에 좌우된다. 넷째, 언어는 역동적이고 자체의 생명주기를 갖는다. 어느 언어이든지 변하지 않는 언어는 없다. 모든 언어는 살아남기 위해서 끊임없이 변화한다. 언어의 변화는 시간에 기초한다. 시간이 변화할 때 언어도 변한다.

(1) 언어와 문화

Ministering cross-culturally의 저자인 린겐펠터[33])가 60년대 중반 마이크로네시아 군도의 얍 **(Yap)** 섬에 선교사로 사역을 시작하면서 그가 부딪친 첫 번째 문제는 어디에 머무느냐는 것이었다. 한 곳은 아름다운 개펄과 산호초를 볼 수 있는 해안가이고, 다른 한 곳은 여러 채의 집이 밀집되어 있어 시끄럽고 쓰레기가 널린 섬의 중앙이었다. 린겐펠터 선교사는 후자를 택하여 1 년 만에 얍족의 언어를 모두 배울 수 있었다. 또 한 예로 갑신정변이 일어 난후 한미 수교와 함께 고종의 초빙으로 내한한 언더우드 목사는 일본에 있는 동안 그곳에서 만난 몇몇 조선의 학자에게 도움을 받아 한국어를 배우기 시작했다. 그는 새문안 교회를 세워 목회를 하는 한편 광혜원에서 조선 청년들에게 자연과학을 가르쳤는데, 처음에는 영어로 가르쳤으나 곧 한국어로 강의를 했다.[34])

---

33) S. G. Lingenfelter & M. K. Mayers (1986), 앞의 책.
34) 신복룡 (2002) 이방인이 본 조선 다시 읽기. 서울: 풀빛, p.136.

낯선 곳에서 선교활동을 수행하기위해서는 그 곳의 언어와 문화에 친숙해지는 것 외의 대안이 있을 수 없다. 또한 특정 외국어를 익히게 되면 제3, 제4의 언어를 익히는 데 큰 도움이 되어 시간을 절약할 수 있다. 외국어와 문화를 배우는 것도 자신의 언어와 문화를 제대로 이해할 수 있는 최선의 방법이 된다.

언어는 특정 문화의 특성을 반영한 독자적인 상징적 체계이기 때문에 지구상에서 다양한 언어가 사용된다는 사실은 놀랄 만한 것이 못된다. 지구상에는 약 3,000개의 언어가 있다고 한다. 미국 인디언들은 1,000여 개의 언어를 사용하고 인도에는 150여 개, 뉴기니아 섬에서는 740여 개의 언어가 사용된다.

언어와 문화는 밀접한 관계를 지닌다. 언어를 고려하지 않고 문화를 이해할 수 없으며 문화를 배제하고 언어를 이해한다는 것은 불가능한 일이다. 그러나 이러한 밀접한 관계에도 불구하고 그 관계가 완전하거나 절대적인 것은 아니다. 그 예로 공통적인 문화적 전통은 공유하지만 서로 통하지 않는 언어를 사용하는 사회들도 있다. 반면 문화가 다른 사회에서 상호 통하는 언어가 사용되기도 한다. 그러나 문화는 언어에 영향을 미치고 언어는 여러 가지 측면에서 문화에 영향을 미친다.

상이한 문화권의 언어와 사고과정을 분석한 논문을 보면 재미있는 현상을 발견할 수 있다.35) 영어쓰기 (그리고 사고)는 매우 선형적이어서 몇 가지 사실을 제시하고 결론을 맺거나 증거를 제시한다. 서구의 언어문화는 단도직입적으로 알맹이를 드러내는 문화다. 셈족 언어 (아라비아어와 히브리어)를 말하고 쓰는 사람들은 사고과정에서 다양한 종류의 비유를 사용한다. 특히 히브리적 언어문화의 가장 중요한 요소는 비본질적 포장 속에 본질을 감추고 있다는 점이다.

---

35) R. Kaplan (1966), "Cultural thought patterns in intercultural education." *Language Learning* 16, nos. 1 and 2.

다시 말해서 본질적 메시지를 겉포장 속에 감추어 전달하는 경향이 강하다. 구약성서에는 포장된 메시지가 많다. 에덴동산 이야기, 최초의 인류 이야기, 선악과 이야기, 뱀의 유혹 이야기 등의 수많은 이야기는 하나님의 메시지를 담아 전달하는 그릇에 불과하다. 히브리인들은 이러한 이야기 속에 중요한 메시지를 담아 전하기를 좋아했다.36) 중국인과 한국인의 글쓰기와 사고에는 간접적 표현이 두드러진다. 하지만 모든 중국인과 한국인이 간접적으로 표현하고 영어를 말하는 모든 이가 언제나 선형적으로 생각하는 것은 아니라는 점을 상기해야한다. 라틴어를 쓰는 사람들은 본체를 벗어나 지엽으로 흐르기를 잘하며 러시아인들은 처음과 끝이 분명하나 중간에 주장하는 내용과 상관없는 내용을 들먹이기를 좋아한다.

언어와 사고 과정

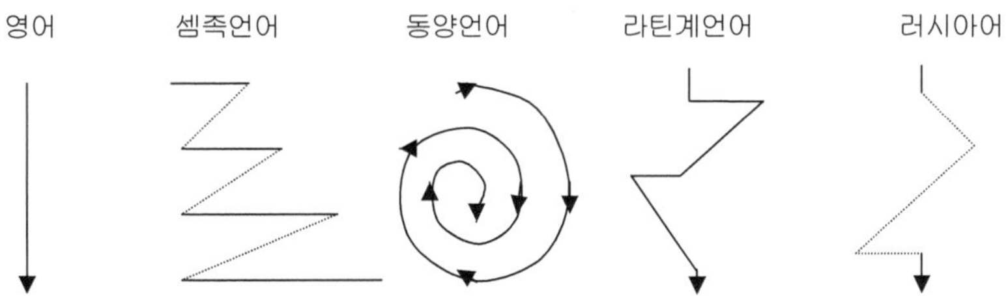

출처 : Kaplan, 1966. p.15.

언어와 문화의 관계는 어휘에서 잘 나타난다. 모든 언어의 어휘는 그 문화권에서 중요하다고 생각되는 방향으로 동화된다. 산업화되지 않은 사회에서도 환경과 문화가 어휘에 반영되는 점은 마찬가지이

---

36) 강영선 (2003), 성서 이야기 한마당. 서울: 대한기독교서회, p.31.

다. 남부인도의 코가 부족에게는 열대지역의 중요한 천연자원인 대나무를 표현하는 일곱 가지 단어가 있지만 눈(雪)을 표현하는 단어는 하나도 없다. 에스키모인들이 눈의 유형을 복잡하게 분류하여 표현하는 사실은 언어와 문화의 밀접한 관계를 나타내는 좋은 예가 된다. 에스키모인들은 눈을 표현하는 수많은 단어를 사용한다. 우리는 '함박눈', '대설', '강설' 등 몇 개의 수식어구를 붙여 눈을 표현하고 있지만 에스키모인들은 일상생활에서 눈의 상태에 관한 정확한 지식을 필요로 하기 때문에 눈을 우리와는 전혀 다른 물질로 본다. 이처럼 모든 언어에서 문화적으로 강조되는 점들은 어휘의 수와 구체성을 직접 반영한다. 즉 언어는 그 언어가 사용되는 문화권에서 강조되는 내용을 지칭할 때 많은 동의어와 세분화된 용어로 구성된다.

언어 또한 문화에 영향을 미친다. 언어학자들에 따르면 언어는 세계에 관한 우리의 지각이 형성되는 범주를 구축한다. 즉 언어는 사람들로 하여금 메시지를 주고받게 하는 커뮤니케이션 체계 이상의 기능을 지닌다. 언어는 또한 우리가 비슷하다고 생각하는 것과 다르다고 생각하는 것을 구별하게 한다. 그리고 모든 언어는 각기 독특하기 때문에 특정언어의 언어학적 범주는 타언어의 그것과 같을 수가 없다. 따라서 각기 다른 언어를 구사하는 두 사람이 한 가지 현상을 같은 방식으로 지각하지 않는다.

언어에 관한 가설을 제시한 사피어-워프 (Sapir-Whorf)는 언어는 단지 우리의 생각을 주고받는 기계가 아니라 그 자체가 생각의 형성틀이라고 주장한다. 여기서 사피어-워프의 가정이 선교사들에게 주는 의미는 언어학적으로 상이한 사람들은 다르게 커뮤니케이션할 뿐만 아니라 실제를 다르게 생각하고 인식한다는 점이다. 따라서 선교사들은 현지 언어를 익힘으로써 그 현지인들이 왜 그렇게 생각하고 행동하는가를 더 잘 이해함은 물론 커뮤니케이션 수단을 확보하게 될 것이다.

한정된 약호와 상황적 단서에 많이 의존하는 고맥락문화는 모호하고 함축적이며 간접적인 커뮤니케이션 패턴을 보여 준다. 이에 비해 정교한 언어메시지에 주로 의지하는 저맥락문화는 정확하고 명확하며 솔직한 커뮤니케이션 패턴을 보여 준다. 그러나 한정된 약호와 정교한 약호 또는 고맥락문화와 저맥락문화는 양자택일의 범주는 아니다. 비교적 한정된 약호 또는 비교적 정교한 약호는 어떤 문화권에서도 발견된다.

저맥락문화권 사람들은 단어에 대하여 높은 가치를 두며 긍정적인 태도를 보인다. 서구사회는 언어 메시지의 전달에 중요성을 두는 오랜 수사학 전통을 지닌 사회이다. 이러한 전통 하에서 말의 가장 중요한 기능은 자신의 생각을 가급적이면 명확하고 논리적이며 설득력 있게 표현하는 것이며 그렇게 하여 말하는 이는 다른 사람들에게 영향을 미치는 과정에서 자신의 개체를 인정받는다. 이와는 대조적으로 일본, 중국 및 한국과 같은 고맥락 문화권에서의 언어 메시지는 그것이 아무리 중요하더라도 전체적인 커뮤니케이션 상황의 한 부분에 지나지 않는다. 이는 동양문화권에서 단어가 중요하지 않다는 의미가 아니라 단어는 사회관계, 정치 및 윤리와 떨어질래야 떨어질 수 없는 상호관계를 맺고 있다는 뜻이다. 커뮤니케이션에 대한 좀더 전체적 접근을 전제로 하면 동양문화권에서 커뮤니케이션의 목적은 말을 통해서 말하는 이의 개체를 드러내 놓자는 것이 아니라 조화와 통합을 증대시키는 것이다. 따라서 서구문화는 단어에 많은 힘을 부여하는 반면 아시아문화는 단어에 대한 불신감 또는 의구심을 보이거나 아니면 적어도 단어 자체의 한계를 인정한다.[37]

이러한 조심스런 접근법은 일반적으로 부정적인 언어 메시지를 억제하는 과정에서 발견된다. 결과적으로 정중함과 거북스런 경우를

---

37) 최인철 (역) (2004), 생각의 지도. 서울: 김영사, pp.130-155.

피하려는 행동이 진실보다 우선한다. 이러한 접근은 적어도 부분적으로 왜 동양문화에서는 직접 말 한마디 없이 "아니오"를 의미하는 많은 비언어적 방법이 이용되는가를 설명한다. 말할 것도 없이 이러한 관행은 미국이나 유럽인들이 일본인들과 커뮤니케이션할 때 상당히 많은 오해를 일으킨다. 일본인들은 일상생활에서 반드시 동의하는 것은 아니지만 무슨 말인지 알겠다는 뜻을 전달하기 위해서 "はい(예)"라는 단어를 자주 사용한다.

서구인들은 아시아인들과 대화 할 때 "예"라는 말이 반드시 긍정적인 반응은 아니라는 점을 이해해야 한다고 주의를 환기시킨다. 따라서 "예"라는 대답을 수용하기 전에 그 말이 실제로는 "아니오"를 의미하는 단지 정중한 거부 반응인지의 여부를 확인하려 한다. 비교적 한정된 약호에 의존하는 이러한 고맥락 사회에서는 문장을 완전히 마치지 않은 채 남겨 두거나 침묵을 참아야 하는 일이 흔하다. 서구인들은 자신이 주장하는 요점을 가급적 신속하고 솔직하게 밝히려고 하는 한편 많은 동양문화권에서는 침묵을 수사적 유형의 주요 요소로 간주한다. 일부 아시아문화권에서 수사적 모호함은 한정된 약호에서 비롯되며 커뮤니케이션의 성공은 많은 경우 비언어적 맥락에 대한 민감성에 따라 좌우된다.

(2) 번역과 문화

심지어 같은 언어를 사용하는 두 문화권 사이에서도 미국과 영국의 경우처럼 어휘상의 차이가 있을 수 있다. 문화가 다르고 상이한 언어를 통역하거나 번역하는 과정에서 발생되는 문제는 경우에 따라 더 심각해질 수 있다. 선교사도 사역과정에서 때로는 우리말을 외국어로, 제2외국어를 제3국어로 바꾸어야 할 경우를 맞이하게 된다. 이 과정에서 고려해야 할 몇 가지 사항을 들면 다음과 같다.

어휘의 차이

첫째는 동일한 어휘의 부족이다. 사피어-워프의 가설에 관한 논의를 다시 생각해 보자. 북극권에 사는 사람들은 많은 단어를 사용하여 눈(雪)을 지칭한다. 만일 영어로 번역한다면 그 많은 눈에 관한 단어들이 'snow'라는 한 단어로 번역된다. 또 다른 예로 '붉은', '불그스레한', '분홍색' 등을 '빨갛다(red)'라는 한 단어로 번역할 수밖에 없다고 하면 그러한 한계는 한 가지 현상을 여러 단어로 묘사하는 데 익숙한 우리들에게는 매우 실망스런 일일 것이다.

동일한 어휘의 부족에 관한 예로 자주 인용되는 것으로는 2차 대전 당시 연합군과 일본군 사이에서 일어난 일을 들 수 있다. 연합군이 일본군에게 항복할 것을 요구하기 위해 포츠담에서 의결된 최후통첩을 보냈다. 기자회견 석상에서 스즈키 수상은 의견을 피력해 달라는 질문을 받았을 때 "일본정부는 그 통첩에 큰 의미를 부여하지 않는다. 우리가 해야 할 일은 그 통첩을 모쿠사츠(もくさつ)하는 것이다"라고 대답하였다. 일본 내각은 자신들의 의도적인 의미를 전하기 위해 그 단어를 주의 깊게 선택했다. 훗날 일본 각료들은 그 당시 항복에 관한 협상의 필요성을 느꼈고 좀더 구체적인 논의를 위한 시간이 필요해서 "특별히 할 말이 없다(No comment)"는 의미를 전달하려 했던 것이라고 말했다. 불행스럽게도 '모쿠사츠(もくさつ)'라는 단어는 '묵살한다'에서 '은근히 경멸한다'라는 의미를 나타낸다. 서구통역사들은 후자의 의미를 택했고 포츠담의 최후통첩은 거부된 것으로 해석되었다. 결과적으로 번역상의 문제가 전쟁을 지속시켰으며 세계 역사상 처음으로 원자탄을 사용한 계기가 되었다고 할 수 있다.

관용어의 차이

번역상 두 번째 걸림돌은 관용어의 문제이다. 영어에는 특히 관용어가 많은 것이 특징이다. "The oldman kicked the bucket."을 예로 들어 보자. 영국인이나 미국인이라면 이 관용어가 "그 노인이 세상을 떠났다"의 의미라는 것을 당장 알아차리지만 문장 그대로 번역하면 "그 노인이 양동이를 발로 찼다"라는 엉뚱한 말이 되고 만다.

어떤 유럽회사가 태국에서 실수를 한 사례도 있다. "안 보면 마음도 멀어진다(Out of sight, out of mind.)"는 관용적 표현을 "보이지 않는 것들은 제 정신이 아니다(Invisible things are insane.)"라고 번역한 사례가 그것이다. 어떤 회사는 "내 영혼은 원하나 내 육체는 너무 약하구나(The spirit is willing, but the flesh is weak.)"라는 문장을 "술은 괜찮은데, 고기가 상했구나(The liquor is holding out of all right, but the meat has spoiled.)"라고 번역한 적도 있었다.

펩시콜라의 "펩시와 함께 활력을(Come alive with Pepsi!)"이라는 광고 슬로건을 들어 본 적이 있을 것이다. 그런데 펩시는 독일시장에서 이 슬로건을 바꾸지 않을 수 없었다고 한다. 왜냐하면 'Come alive'라는 말을 독일어로 직역하면 '무덤 밖으로 나오라(Come out of the grave.)'라는 뜻이 되기 때문이다. 그리고 아시아지역에서도 똑같은 슬로건이 "당신의 조상을 죽음으로부터 되돌리시오(Bring your ancestors back from the dead.)"로 직역되었다. 이 유명한 슬로건의 본래 의미는 사라지고 엉뚱한 번역문이 되어 버린 것이다.

대상과 경험의 부재

한 문화권에서 어떤 대상이 없거나 경험이 이루어지지 않으면 타 문화권에서 그에 해당하는 단어가 없을 때 그 단어를 그 대상이나 경험에 합당한 언어로 번역하는 것은 어려운 일이다. 그 예로 영어에서 자유(freedom)란 단어는 전 세계적으로 널리 쓰이지만 그것이 지닌 의미는 이데올로기가 다른 지역에서는 같은 의미로 쓰이지 않는다. 우리가 늘 사용하는 텔레비전, 라디오, 컴퓨터, 윈드서핑(wind surfing) 등도 이에 해당된다.

이 외에도 문자 그대로 번역하거나 외국어 자체를 잘못 사용하는 데서 오는 문제는 많다. 일본의 어느 박물관에는 외국인 관람객들이 볼 수 있도록 영어로 다음과 같은 안내문을 적어 놓았다: "Please refrain from taking photographs and reproducing." 문자 그대로 번역하는 것이 얼마나 위험천만한 일인지 알 수 있다. 여기서 'reproducing'은 '아이를 낳는다'는 의미를 지닌 단어이다. 이 외에도 속어, 완곡어법, 속담 등도 번역과정에서 커뮤니케이션을 어렵게 하는 요소이다.

2) 비언어 커뮤니케이션[38]

하나님은 인간을 창조하실 때 말할 수 있는 능력을 함께 주셨다. 이 능력은 사람을 동물과 구별시키는 주요 특성 중 하나이다. 하지만 사람은 비언어적으로도 대화를 한다. 특히 선교사들은 현지인을 섬기는 과정에 대화의 많은 부분을 비언어 단서에 의존하게 된다. 연구결과에 의하면 같은 문화권 사람들 간의 대화에서 커뮤니케이션의 35%가 언어에 의한 것이고, 65%는 비언어에 의한 것이다.[39] 그러면 비언어적 커뮤니케이션 (nonverbal communication)이란 무엇을 의미하는가? 비언어적 커뮤니케이션은 하나의 메시지가 언어를 사용하지 않고 사람의 한 가지 또는 그 이상의 감각 채널을 통하여 전달되고 받는 과정을 일컫는다.[40] 이러한 메시지는 의도적이며 의식적이거나 비의도적이며 무의식적일 수 있다.

---

38) 비언어 커뮤니케이션에 관한 구체적인 논의는 최윤희 (1999), 비언어커뮤니케이션 서울: 커뮤니케이션스북스. 또는 D. Hesselgrave, *Communicating Christ cross-culturally*. Grand Rapids, MI: Zondervan Publishing House. pp.277-320 을 참조하기 바람.

39) Hesselgrave, op. cit.

40) S. Grunlan and M. Mayers (1978), *Cultural anthropology: A Christian perspective*. Grand Rapids, MI: Zondervan Publishing House.

비언어커뮤니케이션은 인간의 상호작용을 조정하는 데 있어서 여러 가지 중요한 역할을 한다. 비언어커뮤니케이션은 (1)우리의 느낌과 감성에 관한 메시지를 보내고 (2)우리의 언어메시지를 구체화하며 (3)화자(話者)간의 시간과 순서를 조절하는 효율적인 기능을 수행한다.

비언어단서를 잘못 읽었을 때 그것이 어떻게 문화적 불화로 이어지느냐를 밝히기 위한 많은 연구가 수행되고 있다. 외국어의 습득은 물론 타문화의 비언어 레퍼터리를 섭렵한다는 것은 외국인과의 커뮤니케이션에서 성공할 가능성을 높여 주는 것이다. 타문화의 비언어 단서를 아는 사람은 그 문화권 사람들로부터 환영을 받을 것이며 성공적으로 상호작용 할 기회를 더 많이 갖게 될 것이다.

세계적으로 발견된 그 많은 비언어표현들은 대체로 두 가지 범주로 나누어 볼 수 있다: (1)한 비언어단서가 여러 타문화권에서 다른 의미를 지닐 때와 (2)다른 비언어단서들이 여러 타문화권에서 같은 의미를 지닐 때, 비언어커뮤니케이션 연구에서 연구 주제에 관하여 학자들 사이에 언제나 동의가 이루어지는 것은 아니다. 비언어 행위에 관한 분류는 학자마다 다르지만 대체로 다음과 같은 주제들이 논의의 대상이 되고 있다.

- 표정
- 손짓
- 걸음걸이
- 자세
- 공간이용
- 접촉
- 시선
- 색의 상징성

· 장신구
· 의복
· 머리모양
· 시간의 이용
· 침묵

연구결과에 의하면 일반적으로 사용되는 이러한 약호 또는 메시지를 전달하기 위한 채널들은 커뮤니케이션 역할에 영향을 미치는 독특한 속성을 지닌다. 이러한 비언어약호들은 매일매일의 상호작용과정에서 혼합되어 많은 커뮤니케이션 기능을 수행한다. 우선 몇 가지 중요한 약호의 속성을 살핀 다음 이 약호들의 다양한 커뮤니케이션 기능을 살피기로 하자.

(1) 몸짓과 자세

몸의 움직임이 어떻게 커뮤니케이션하는가에 관한 연구를 동작학(kinesics)이라고 부른다. 일반적으로 동작단서는 (1)다른 사람에 대한 우리의 태도, (2)우리의 감성상태, (3)환경을 통제하고자 하는 욕구(어떤 사람을 가까이 오라고 하는 것은 그와 이야기하고 싶어함을 의미한다)에 관한 메시지를 보낼 수 있는 가시적인 몸의 움직임이다.

이처럼 모든 사람은 몸을 이용하여 커뮤니케이션하는 한편 문화는 우리들에게 그러한 움직임의 해석방법을 알려 준다. 대개의 경우 몸의 움직임이 만들어 내는 메시지는 다른 메시지와 함께 배합되어 작용한다. 우리는 보통 미소와 함께 인사말을 나눈다.

몸의 움직임 또는 동작에는 전형적으로 손, 발, 머리, 다리, 얼굴, 눈의 행위와 자세가 포함된다. 이마의 주름살, 축 늘어진 어깨, 머리를 기울이는 것 등이 동작학 범위에 들어간다. 이렇게 여러 형태의 언어행위가 있듯이 다양한 형태의 비언어행위도 있다. 어떤 비언어

단서(cues)는 매우 구체적이지만 어떤 것은 아주 일반적이다. 어떤 것은 커뮤니케이션하기 위한 의도적인 것이지만 어떤 것은 단지 표현할 뿐이다. 비언어적 단서 중 일부는 감성에 관한 정보를 제공하지만 어떤 비언어적 신호는 개성이나 태도에 관한 정보를 제공한다.

동작단서가 많은 기능을 수행하고 많은 정보를 전달해 줄 수 있는 이유 중 하나는 메시지 요소로서 많은 상이한 요소를 지니고 있기 때문이다. 눈과 눈썹에서 다리와 발에 이르기까지 우리 몸의 모든 부분은 조작될 수 있으며 이러한 점은 무한대로 요소를 혼합해 낼 수 있게 한다. 버드휘스텔 (Birdwhistell)[41]은 얼굴로만 250,000가지의 표현이 가능하다고 추정하였다. 다행스럽게도 표현상 이러한 미세하게 다른 점 모두가 의미를 지니는 것은 아니다. 연구보고에 의하면 동작단서는 비교적 체계적으로 이용된다는 점이 입증되고 있다. 전문가들은 우리가 사용하는 언어체계가 그렇듯이 동작패턴도 일정한 규칙을 따른다고 말한다. 따라서 수많은 동작단서를 관리 가능한 범위의 의미를 지닌 형태로 줄일 수 있는데 50 또는 60가지의 뚜렷한 몸의 움직임이 그것이며 이 중 33가지는 머리와 얼굴영역의 움직임이다. 이러한 단서의 해석은 동작단서는 규범을 지닌다는 사실로 뒷받침되어 사람들은 동작단서를 사용하는 데 있어서 일관성 있는 패턴을 따른다.

여러 요인들이 동작의 규범을 결정짓는데 아마도 가장 눈에 띄는 것은 성(性)일 것이다. 남자는 여자와 다르게 걸으며 심지어 짐을 옮기더라도 다른 동작을 취한다. 남자와 여자는 앉는 모습에서도 다르다. 그 예로 남자와 여자가 그들의 다리를 꼬고 앉는 모습의 다른 점을 들 수 있다. 사람들은 남성다운 행위와 여성다운 행위에 강한 고정관념을 갖는다. 그 결과 규범에서 이탈하는 남자는 사내답지 못

---

41) R. Birdwhistell (1970), *Kinesics and context*. Univ. of Pennsylvania Press.

한 것으로 간주되며 이와 마찬가지로 여자의 경우도 매력적이지 못한 것으로 간주된다.

　두 번째 생각할 수 있는 것은 인종(race)이다. 버군 (Burgoon)[42]은 인종에 따라 연사와 청중의 눈의 접촉 패턴이 다르다는 점을 밝혀냈다. 미국의 백인 사이에서 연사는 이따금씩만 청중을 쳐다보는 반면 청중은 귀를 기울이고 있다는 점을 표시하기 위해 지속적으로 연사를 주목한다. 반대로 미국 흑인들의 경우에는 연사가 지속적으로 청중을 응시하는 반면 청중은 단지 이따금씩만 연사를 주목한다.

　앞에서 지적한대로, 문화권에 따라서는 한 행위에 여러 가지 의미가 부여된다. 일예로 이태리 남부사람들과 그리스인들은 미국문화권을 포함한 다른 문화권에서 “예”를 나타내는 방식과 비슷하게 신속한 움직임으로 머리를 기울여 “아니오”를 표한다. 미국 부통령이 남미를 순방했을 때 그는 비행기에서 내려오며 손을 들어 엄지손가락과 두 번째 손가락으로 원을 만들어 이곳에 오게 되어 행복하다는 OK 표시를 해 보였다. 그러나 실망스럽게도 환영객들은 그에게 “피이”하며 경멸하는 태도를 보였다. 미국 부통령이 그가 방문하는 나라에서 외설스러운 것으로 생각되는 몸짓을 한 것이다. 이와 비슷한 사례로 소련의 후르시쵸프 수상은 미국을 방문했을 때 비행기 트랩을 내려오면서 소련사회에서 따뜻한 환영에 대한 감사의 표시인 두 손을 머리 위로 거머쥔 모습으로 답례했다. 그러나 손님을 맞이하는 미국인들은 그 손짓을 소련의 우위를 전달하는 오만스런 표시로 받아들였다. 이러한 동작상의 혼돈은 커뮤니케이션 과정을 방해하며 큰 오해를 낳을 수 있다.

　미국사회에서 ‘이에 동의하지 않겠다’고 야유하는 데 사용되는 “쉿” 하는 소리(hissing)는 우리나라에서는 “조용히 하시오”라는 표

---

42) J. Burgoon (1978), “A communication of personal space violation”, *Human Communication Research,* 4, pp.129-142.

현으로 사용되며 남아프리카의 일부 지역에서는 남을 칭찬하는 방식으로 쓰인다. 엄지손가락을 집게손가락과 셋째 손가락 사이에 집어넣는 손짓은 포르투갈에서는 행운을 빈다는 단서이지만 독일을 포함한 많은 지역에서는 상대방을 성적으로 유혹하는 손짓에 해당된다. 집게손가락으로 관자놀이를 누르는 손짓이 미국에서는 "그 사람은 영리하다"라는 뜻이지만 서유럽문화권에서는 그 반대인 "그 사람은 바보"라는 의미를 전달한다.

이와는 반대로 하나의 메시지가 상이한 비언어단서로서 전달될 수도 있다. 대부분의 사회에서 긍정 또는 동의를 표시하는 비언어단서는 머리를 위아래로 끄덕이는 것이다. 20 세기 초 심리학자들은 그러한 비언어 몸짓은 모든 인간에게 자연스럽거나 본능적인 것이라고 주장했음에도 불구하고 긍정의 표시는 사실 다양한 방식을 통하여 비언어적으로 전달된다. 그 예로 말라야인들 중에서는 머리를 앞으로 숙여서 긍정을 표하고 이디오피아에서는 머리를 뒤로 젖혀서, 보루네오섬의 다이애크족들은 눈썹을 치켜 올려서, 일본 북부의 아이누족들은 두 손을 가슴으로 올린 다음 손바닥을 위로 한 채 아래로 휘저어 긍정을 표시한다.

40여 문화권에 관한 연구에서 모리스 (Morris)[43]는 각 문화권마다 다른 의미를 지닌 스무 가지 공통적인 손짓을 정리해 냈다. 손짓이 어떻게 커뮤니케이션 하는가에 관한 몇 가지 예를 들어 보자. 중앙아프리카의 몇몇 지역에서는 집게손가락으로 물건을 가리키는 것은 큰 실례로 여겨진다. 요르단에서는 집게손가락을 나란히 하여 우정을 나타낸다. 아르헨티나에서는 코 밑 수염을 비틀어 모든 것이 잘 되어 간다는 뜻을 전한다. 미국인들은 엄지손가락과 집게손가락으로 동그라미를 만들고 다른 손가락은 펴서 'OK'라는 의미를 전달한다. 한국과 일

---

43) D. Morris (1985), *Bodywatching*. New York: Crown.

본에서 이 손짓은 '돈'을 의미하며 아랍인들 사이에서는 이 손짓과 함께 이를 드러내어 적대감을 표시한다. 이 손짓은 멕시코와 독일에서는 상스러운 행동이며 튜니지아인들에게는 "너 죽여 버릴거야"로 통한다. 남미 여러 지역에서 손가락을 눈 가까이 갖다 대는 것은 "주의하라"는 의미이다. 우리는 손가락 하나를 입술에 갖다 대며 조용히 할 것을 요청하지만 이디오피아인들은 네 손가락을 갖다 댄다.

상대방을 부르는 단서(beckoning) 또한 문화적으로 각양각색이다. 미국에서는 친구를 가까이 오도록 부를 때 부르는 사람이 한 쪽 손을 이용하여 손바닥을 위로 한 채 자신쪽으로 손바닥을 함께 움직이는 손짓을 취한다. 한국, 일본과 홍콩에서는 손을 오무리고 손가락은 아래를 향한 채 한쪽 팔을 위로 들어 상대방을 가까이 오도록 부른다. 미국인들에게는 "잘 가"라고 하는 헤어질 때의 인사로 보이는 손짓이다. 미얀마의 일부 지역에서는 사람을 부를 때 손바닥은 아래로, 손가락은 마치 피아노를 연주하는 듯한 동작을 취한다. 필리핀인들은 머리를 아래로 신속하게 끄덕여 상대방을 부른다. 독일과 스칸디나비아에서는 머리를 뒤로 제껴 사람을 부른다.

우리가 취하는 자세는 문화권마다 그 사람의 지위 및 계급과 깊은 관계가 있다. 그 예로 한국이나 일본문화권에서 자세를 낮추는 것은 상대방에 대한 존경의 표시가 된다. 허리를 구부려 하는 인사는 형식상 다소 복잡한 면을 지닌다. 낮은 지위를 지닌 사람이 먼저, 그리고 상대방보다 더 깊게 구부린다. 양쪽 모두 같은 지위를 지닌 사람들이라면 같은 매너로 시작해서 동시에 끝난다. 독일과 스웨덴의 경우처럼 격식을 따지는 사회에서는 의자에 앞으로 수그려 앉는 자세는 무례한 행동으로 여긴다. 터키에서는 한쪽 손을 주머니에 집어넣으면 상대방에 대한 존경심의 결여로 인식된다.

앉는 자세 또한 메시지를 전달한다. 가나에서는 다리를 꼬고 앉으면 매우 실례를 범하는 일이다. 터키인들도 꼬고 앉는 자세에 대해 같은 반응을 보인다. 태국인들은 발바닥은 몸의 가장 낮은 부분이기 때문에 남에게 정면으로 보이게 해서는 안 된다고 믿는다. 회교도들도 발에 같은 의미를 부여한다. 전 미국 대통령 부인이 공식모임에서 다리를 꼬고 앉은 모습을 본 아랍호스트가 경악한 것은 이러한 문화적 차이 때문이다.

신체접촉 행위는 일상생활의 모든 면에서 이루어지고 사람들 사이의 관계에 영향을 미친다. 접촉이 많은 문화권은 주로 적도에 가까운 더운 국가들이다. 접촉이 적은 문화권은 일반적으로 위도가 높은 서늘한 기후에 많다. 대부분의 아랍국가, 지중해 연안, 남미가 접촉이 많은 문화권이다. 호주인과 미국인은 접촉 수준에 있어서 중간에 해당된다. 접촉이 적은 문화권에는 대부분의 북부유럽과 아시아가 해당된다. 추운 기후에서 사는 사람들은 많은 시간 옷을 입는 일, 음식을 저장하는 일과 겨울을 준비하는 일에 많은 시간을 들이는 반면 따뜻한 기후에 사는 사람들은 일년 내내 서로 왕래가 잦다.44)

선교사는 현지의 관습을 면밀히 연구할 필요가 있다. 일예로 이성 간의 신체접촉을 공공연히 나타내는 행동을 생각해 보자. 많은 나라에서 이런 행동은 받아들여지지 않는다. 태국이 그런 나라 중 하나이다. 구강 세정제를 시판하려고 어떤 회사가 태국에 들어간 적이 있었다. 그러나 이 회사는 태국의 사회규범을 전혀 모른 채 젊은 한 쌍의 남녀가 서로 손을 맞잡고 있는 사진이 실린 광고를 통해 제품 판촉 활동을 벌였다. 그러나 그 광고를 본 많은 태국인들은 화를 냈다. 결국 그 사진의 모델들이 한 쌍의 남녀가 아닌 여자로 바뀌자 태국 사람들의 화는 누그러졌고 드디어 광고가 효과를 낼 수 있었다. 미국에서는 어린이를 만지고 싶으면 반드시 부모의 허락을 받아야 하며, 특별한 경우를 제외하고는 신체접촉을 피해야 한다. 미국에서는 무모한

---

44) M. Patterson (1983), *Nonverbal behavior: A functional perspective.* New York: Springer Verlag.

신체접촉은 흔히 성희롱이나 성폭력의 결과를 가져 올 수 있다.

(2) 시선

많은 연구에서 밝혀졌듯이 문화에 따라 눈 접촉의 양(量)이 다르다. 서구사회에서 사람들은 서로 대화할 때 상대방이 자신의 눈을 똑바로 쳐다 볼 것을 기대한다. 하지만 직접적인 눈과 눈의 접촉이 전 세계적으로 보편화된 관습은 아니다. 그 예로 일본에서는 오랫동안 상대방의 눈을 쳐다보는 것은 버릇없고 위협적인 것으로 생각되어 어릴 적부터 아이들은 윗사람의 목 또는 넥타이 묶음에 눈을 놓도록 교육받았다. 필리핀에서는 상대방의 눈을 응시하면 무례한 행동이다. 눈을 마주치는 행위는 도전으로 해석된다. 즉 필리핀 사람은 (1) 윗사람이나 신분이 높은 사람에 대한 종속 관계를 나타내고 (2) 남자와 여자, 성인과 어린이의 역할을 구별하며 (3) 응시는 적절한 행위가 아니라는 점을 나타내기위하여 눈이 마주치는 행위를 피한다.45) 한국인들에게도 신분이나 나이의 차이가 있는 경우 상대방의 눈을 응시하는 것은 예의에서 벗어난 행위로 간주된다. 나이지리아와 대부분의 아프리카 지역에서 사람들은 상대방의 얘기를 들을 때 눈이 마주치는 것을 피한다. 미국 평화봉사단원이 아프리카에서 초등학생들을 가르칠 때 생긴 일이다. 그 봉사 단원은 수업시간에 학생들에게 자신의 눈을 똑바로 쳐다보도록 했다. 어른의 시선을 피함으로써 존경을 표하는 그 문화권에서 어린이들의 부모들과 충돌을 빚은 것은 당연한 일이었다. 중국인, 인도네시아인, 많은 남미인들은 눈이 너무 많이 마주치는 것은 좋은 태도가 아니라고 믿기 때문에 상대방에 대한 존경의 표시로 자신의 눈을 낮춘다.

이와는 달리 아랍인들은 커뮤니케이션 파트너의 눈을 똑바로 쳐다

---

45) Grunlan and Mayers, op. cit.

보며 대화한다. 이들은 그러한 접촉이 상대방에 대한 관심을 나타내며 상대방이 말하는 내용의 진실성을 분석하는 데 도움이 된다고 믿는다.

남녀의 관계 또한 눈의 접촉 관습에 영향을 미친다. 일부 아시아와 아랍문화권에서 여성이 남성의 눈을 똑바로 쳐다보는 것은 금기시된다.

(3) 공간의 이용

사람들이 매일 매일의 생활에서 공간을 구성하고 사용하는 방식(proxemics)은 비언어커뮤니케이션의 핵심 코드이다. 우리가 다른 사람과 유지하는 거리와 공간에 대한 우리의 반응은 커뮤니케이션 과정에 중요한 영향을 미친다.

공간의 중요성을 말해 주는 좋은 예로 한 대사관 칵테일파티를 들 수 있다. 파티에 초대된 미국 대사가 그 파티를 연 아랍인과 대화를 나누고 있었다. 그 아랍인은 이야기 도중 미국 대사에게 관습대로 가까이 다가섰다. 미국 대사는 불편하여 몇 발씩 뒤로 물러섰다. 그러한 거리감에 익숙지 못한 아랍인은 다시 다가서고 그러면 미국 대사는 물러섰다. 이처럼 다가가고 물러서는 코미디는 아랍인이 그 파티가 열리는 연회장 이 끝에서 저 끝을 가로질러 미국인을 쫓아다닌 결과가 되었다. 미국 대사에게 그 아랍인은 저돌적으로 비친 반면 아랍인은 그 미국인을 쌀쌀하고 냉담하다고 여겼다. 각자 공간을 이용하는 과정에서 의도하지 않는 메시지를 보냈던 것이다.

위의 예는 공간의 이용행태를 보여 주고 있다. 사람들은 두 가지 유형의 공간적 욕구를 지니는데 그 첫째는 영역을 필요로 하고 그 영역을 방어하려는 욕구인 텃세습성(territoriality)이다. 다른 동물들과 마찬가지로 사람도 자신의 터를 만들어 놓는다. 한 가정의 집과 재산은 그들의 영역이며 낯선 사람들이 공개적으로 접근 가능한 것이 아님을 의미한다. 이러한 영역 중에서 침실, 사무실과 집은 그

영역을 차지한 사람들의 삶의 중심이 되며 흔히 소유자의 개성과 정체성을 반영한다. 이에 비하여 대학의 동아리 사무실은 그 동아리에 속한 학생들이 주로 드나드는 준공공적인 공간이다. 해변가나 식료품상가는 각양각색의 사람들이 이용하는 곳이며 누구나 자유롭게 접근할 수 있는 곳이다. 재미있는 것은 그러한 공공영역에서도 사람들은 공간규범을 따른다는 점이다. 이처럼 영역을 여럿으로 구분할 때 고려해야 할 점은 동일 장소가 상이한 사람들에게 상이한 의미를 줄 수 있다는 점이다.

두 번째 유형의 공간적 욕구는 개인적 공간이다. 개인적 공간은 그것이 고정된 지리적 범위가 아니라는 점에서 영역과는 구분된다. 오히려 개인적 공간은 각 개인 자신이 지닌 보이지 않는 공간의 '거품'이라고 할 수 있다. 상황에 따라 한 개인의 공간에 대한 욕구는 늘거나 줄기도 한다. 개인의 공간은 엄격히 규정된 경계가 있는 것이 아니다. 사람들은 친밀한 상황에서보다 공식적 상황에서 개인적 공간에 대한 욕구가 더 커짐을 느낀다. 여러 다양한 요인들이 혼합되어 공간에 대한 욕구와 선호도를 결정짓는다. 이러한 선호도가 특정 사회가 옳다고 여기는 문화적 공간의 규범이 되며 이 규범은 행태의 기준이 된다.

우리가 공간에 대해 보이는 반응은 개인의 성격과 문화배경의 표현이다. 개인주의를 강조하는 문화권(영국, 미국, 독일, 호주)은 일반적으로 공동문화권(남미, 이스라엘)보다 더 많은 공간을 필요로 한다.

앞에서 소개한 개인주의와 집단주의는 여러모로 비언어 행위에 영향을 미친다. 개인주의 문화권 사람들은 공간을 좀 넓게 이용한다. 집단주의 문화는 상호의존적이고 따라서 사람들은 공간을 좁게 이용한다. 집단주의 문화권 사람들은 동시에 행동하는 경향을 보인다. 개인주의 문화권에서 가족 구성원들은 각기 다른 계획에 따라 자신의 일을 처리한다. 개인주의 문화권 사람들은 집단주의 문화권 사람들보다 더 많이 웃는데 이는 아마도 자신이 인간관계와 자신의 행복에 대한 책임을 지지만 집단주의 문화권에서 개인적 행복은 우선순위에서 두 번째이기 때문일 것이다.46)

집단주의 문화권에서 사람들은 집단의 분위기에 합당하지 않은 감정표현은 억누른다. 이것은 집단의 규범을 유지하는 일에 제 1의 가치를 두기 때문이다. 개인주의 문화권에서 사람들은 개인의 자유가 최우선이기 때문에 감정표현을 자유롭게 한다. 이러한 가정은 개인주의 문화와 집단주의 문화의 감정표현에 관한 연구에서도 뒷받침되고 있다. 연구자들은 일본인과 중국인의 감정표현이 미국인들의 감정표현에 비해 짧고 덜 강렬하다고 보고한다.47)

사람들의 공간이용은 문화권의 가치체계와 직접적 관련을 맺고 있다. 사람들은 일반적으로 높은 신분을 지닌 사람들을 대할 때 존경의 표시로 거리를 둔다. 그 예로 아시아문화권에서 학생은 교수에게 존경의 표시로 나란히 앉을 때 가까이 앉기 보다는 거리를 두어 앉는 경우가 더 많다. 중국인들은 연회를 열 때 원탁을 주로 사용하는데 원탁의 어디에 앉느냐가 중요하다. 좌석은 처음부터 정해져 있지 않지만, 일단 호스트의 좌석이 정해지면 그 후로는 질서가 명확해진다. 호스트의 양측에는 주객 (主客)과 차객 (次客)이 앉고 호스트에게서 가장 먼 위치가 말석이 된다. 주객으로 불린 사람이 "난 말석이 좋은데"라고 불평하면 호스트의 체면이 깎이고 연회가 시작 될 때까지 어수선해 진다.48)

또 다른 재미있는 점은 다양한 문화권에서 나타나는 이성간의 거리이다. 대부분의 서구문화권에서 남편과 아내는 나란히 걷는 모습으로

---

46) S. Tomkins (1984), "Affect theory." In K. Scherer & P. Ekman (eds.), *Approaches to emotion.* Hillsdale, NJ: Lawrence Erlbaum.
47) M. Bond (1993), "Emotions and their expression in Chinese culture." *Journal of Nonverbal Behavior* 17, pp.245-262.
48) 박준식 (역) (2002), 중국인, 이렇게 생각하고 행동한다. 서울: 다락원.

자신들의 관계를 표시한다. 이들은 개인의 공간을 공유한다. 그러나 우리나라 선조들이 그랬듯이 수단의 남자들은 같이 걸을 때 아내를 몇 발 뒤에서 걷게 한다. 아내는 식사시간에는 남편의 개인 공간을 확보해 주기 위해 남편 옆에 앉지 않는다. 소머(Sommer)[49]는 공간 이용에서 남녀의 차이점을 요약하면서 다음과 같이 결론을 맺는다: "남성은 다음과 같이 여성에 대한 우세함을 나타내는 수단으로 공간을 이용한다: (a)남성은 여성보다 더 많은 개인 공간을 요구한다; (b)남성은 자신의 영역이 침범 당하는 데 대하여 더 적극적으로 방어한다; (c)밀집된 곳에서 남성은 개인의 공간을 확보하기 위해 더 공격적이 된다; (d)남성은 더 자주 여성파트너보다 앞서서 걷는다.

또 신분과 밀접한 관계가 있는 것은 연령이다. 사람들은 흔히 자신들보다 나이가 많거나 적은 사람들보다는 비슷한 사람들에게 더 가까이 선다. 공간의 이용에 결정적으로 작용하는 또 다른 요인은 개인의 성격(personality)이다. 외향적 성격의 사람은 수줍어하거나 내성적인 사람보다 남과 더 가까이 하려고 한다. 스코틀랜드와 스웨덴 사람들이 각자 개인간의 거리를 두는 자세는 상대방의 프라이버시에 대한 존중을 반영한다. 그리스, 아프리카, 이태리, 아랍문화권에서는 프라이버시가 중요시되지 않아 사람들은 별로 많은 공간을 필요로 하지 않는다. 전형적인 아랍사람들의 대화는 아주 가까운 거리에서 이루어진다.

(4) 시간의 이용

시간은 동양과 서양문화권에서 아주 달리 해석되는 요소들 중하나이며 심지어 국가마다 달리 해석되는 경우도 많다. 미국과 멕시코는 시간을 정반대로 이용하며 이로써 미국인과 멕시코인 사이에 갈등이

---

49) R. Sommer (1969), *Personal space*. Englewoold Cliffs: NJ : Prentice Hall.

일어난다. 시간에 대한 스위스인의 태도는 이탈리아인들의 태도와 전혀 다르다. 태국인들은 한국인들과 똑같은 방식으로 시간을 이용하지 않는다.

많은 문화권에서 시간은 돈이다. 시간은 값비싼, 심지어 부족한 상품이다. 시간은 봄철의 계곡물처럼 흐르고 만일 이와 같은 시간의 흐름에서 혜택을 받으려면 그 시간의 흐름만큼 빠르게 움직여야한다. 지나간 시간은 과거, 현재는 장악하고 포장하며 가까운 장래에 사용할 수 있게 만든다.

앵글로색슨, 독일 및 스칸디나비아사람들은 단시적(**monophonic**) 문화권이다. 이들은 한번에 한 가지 일을 처리하는 것을 선호하고 그 일에 집중하며 정해진 일정표 안에서 처리하기를 바란다. 이들은 이러한 식으로 더 많은 일을, 더 효율적으로 처리할 수 있다고 생각한다.

단시적 - 복시적 행위

단시적 행위	복시적 행위
한번에 한 가지씩 처리 약속 시간을 중요시함 일 자체에 집중함 단기간의 인간관계에 익숙함 저맥락 문화 계획을 바탕으로 일 처리	한번에 여러 가지 처리 약속 시간을 중요시하지 않으며 융통성 있는 자세를 보임 사람들과의 관계를 더 중시함 장기간의 인간관계를 유지함 고맥락 문화 계획이 자주 바뀜

출처: Hall & Hall, 1990, p.15.

더구나 프로테스탄트 직업윤리에 입각하여 이들은 일하는 시간을 성공과 동일시한다. 즉 더 열심히 일하면 더 많은 돈을 벌 수 있다고 생각한다. 이러한 생각이 미국인들에게는 타당하게 들리겠지만 계급의식이 있는 영국인들에게는 잘 수용되지 않을 것이며 남부 유럽 여러 나라에서는 전혀 비현실적인 것으로 여겨질 것이다.

남부 유럽인들은 선형적 행위 문화라기보다는 복합적 행위문화권에 해당된다. 같은 시간에 더 많은 일을 할 수 있으면 더 행복하고 더 많은 성취감을 느낀다. 이들은 미국인, 독일인 및 스위스인들과는 전혀 다른 방식으로 시간과 삶을 영위한다. 비선형 문화권 사람들은 스케줄이나 시간 엄수에는 큰 관심을 갖지 않는다. 이들은 스케줄에 따라 일을 처리하는 체 하지만 상대방이 고집하면 현실이 약속보다 더 중요하다고 여긴다. 스페인, 이탈리아, 아랍인들은 대화가 진행되는 한 시간의 경과를 무시한다.

이들은 인간의 상호작용을 완수하는 것이 시간을 투자하는 최선의 방법이라고 여긴다. 독일인과 스위스인은 시계가 가리키는 시간을 효율적이고 삶을 설계하는 정확한 방법으로 여기기 때문에 이러한 시간을 좋아한다. 한편 이탈리아인에게서 시간관념은 그들의 기분에 좌우된다. "내가 9시30분에 왔는데 왜 화를 내냐?"라고 독일인에게 반박한다. "내 일기장에는 9시로 되어있으니까"라고 독일인은 말한다. "그러면 9시 30분으로 써 놓으면 우리 둘 다 행복하지 않은가?"라는 말이 이탈리아인의 대답이다. 우리가 처리해야 할 일과 우리의 절친한 관계는 매우 중요하기 때문에 우리가 언제 만나는가는 별 문제가 되지 않는다. 만남 자체가 중요한 것이다. 독일인과 스위스인은 이러한 생각을 수용하지 못한다. 스페인 사람은 이탈리아인과 같은 생각을 할 것이다. 스페인 사람들이 시간 엄수를 등한시하는 데는 이유가 있다. 독일인들은 과학적 사실을 믿는다. 시적(詩的) 현실과 당면한 현실을 함께 믿는 것이다.

독일인들과 스위스인들은 서로 심리적 이해가 없으면 혼란에 빠진다. 독일인들은 프로그램, 스케줄, 과정과 생산을 구획하는 것을 효율성의 지름길로 본다. 스위스인들은 시간과 규약을 중요시하는 국민들로 정확성을 국가적 상징으로 삼고 있다. 이러한 점은 시계 산업, 광학 기기, 약품 생산, 금융업에 적용된다. 비행기, 버스 및 기차는 정시에 떠나 정시에 도착한다. 모든 일은 정확하게 계산되고 예측된다.

선형적 행위 문화권에서 시간은 세분화되어 있다. 아랍이나 남미인들 처럼 복합적 행위 문화권에서 시간은 사건(event)이나 사람의 개성과 관련되어 있고 시계가 가리키는 것과는 상관없이 조작되고, 늘어나는 일용품이다. 선형적 행위 문화권 사람들은 "시간이 다 됐어. 빨리 서둘러야 해"라고 말한다. 스페인 사람이나 아랍 사람은 이처럼 스케줄에 얽매이는 모습을 경멸하며 죽음이 눈앞에 다가왔을 때에만 이렇게 표현할 것이다.

선형적 행위 미국인과 복합적 행위 남미인들은 자신들이 각각 시간을 최선의 방법으로 관리한다고 생각한다. 그렇지만 일부 동양 문화권에서 시간에 대한 인간의 적응은 실행 가능한 대안으로 여겨진다. 이러한 문화권에서 시간은 선형적이거나 사건과 관련되어 있는 것이 아니며 순환적인 것으로 인식된다. 태양은 매일 떠오르고 지며 계절이 바뀌고 사람은 늙고 죽지만 자녀들은 그 다음을 따른다. 이러한 순환은 수천만 년을 계속해 오고 있다. 순환적 시간은 소모의 대상이 아니라 무궁무진으로 공급되는 대상이다.

아시아인들은 시간의 순환적 성격을 잘 알고 있기 때문에 일의 결정을 서양 사람들과는 다른 방식으로 한다. 서구인들은 아시아인들이 신속한 결정을 내리기를 기대하거나 과거에 어떤 일이 일어났는가 와는 상관없이 현재의 일을 처리하고 싶어한다. 아시아인들은 당면 과제의 상황을 생각하고 멀리 내다보면서 일을 처리한다.

이처럼 문화권마다 시간을 이용하는 관행의 다른 점을 전제로 하면 회의를 시작하는 모습도 문화권마다 차이를 보인다는 점을 생각해 볼 수 있다. 어떤 문화권 사람들은 정시에 회의를 시작하여 바로

의제를 다룬다. 또 어떤 문화권 사람들은 잡담으로 시작하고 어떤 회의는 전혀 진행되지 않는 경우도 있다.

독일인, 스칸디나비아인 및 미국인들은 앉자마자 주제를 꺼낸다. 이들은 지체되는 것을 용납하지 않는다. 영국, 프랑스와 스페인에서 앉자마자 주제를 꺼내는 것은 무례한 일로 생각된다. 10분에서 30분 정도 사교적인 말을 나눈 후 자연스럽게 회의 주제로 들어가는 것이 예의바른 것으로 인식된다.

일본에서는 참석자 모두가 머리를 숙여 인사를 나눈 다음 상급자가 인사말을 한 후에 회의를 시작한다. 이처럼 프랑스인, 스페인인, 많은 남미인과 일본인들은 회의를 여러 의제를 놓고 심사숙고하는 사회적 의식으로 여긴다.

시간 지향적인 (time-oriented) 사람들은 일정표와 시간을 엄수하는 일에 깊은 관심을 보인다. 이들은 매일 매일을 구체적으로 계획하며 매 시간을 어떻게 이용할 것인가를 주의 깊게 계획한다. 시간 지향적인 사람들에게 기념일, 약속일자, 역사 등은 특별히 중요하게 인식된다. 시간지향적인 사람들과는 반대로, 행사지향적인(event-oriented) 사람들은 언제 시작하고 언제 끝내는가에 대해서보다는 어떤 일들이 발생할 것인가에 관하여 더 관심을 갖는다. 행사지향적인 사람에게는 어떤 임의적인 시간 제약을 준수하는 것 보다는 활동을 완수하는 것이 더 중요하다. 행사 지향성은 일정에 얽매이지 않는 개방적인 사고 방식을 만들어 낸다. 행사지향적 사람들은 종종 시간표가 짜여진 모임에 늦는데, 그 이유는 그 이전에 참가한 행사가 정시에 끝나지 않았기 때문이다. 그들에게 있어서 모임은 마지막 사람이 도착하면 시작되고, 마지막 사람이 떠나면 끝난다. 참여와 완수가 핵심적인 목표다. 행사지향적인 사람들에게는 현재가 과거나 미래보다 훨씬 중요하다. 역사는 정확한 시간에 관한 문제라기보다는 순서에 관한 문제들이다. 마이크로네시아의 서부 캐롤라인 군도에 있는 얍 (Yap)이라는 작은 섬 주민들은 자신들의 생일은 모르지만 자기 부락에 살고 있는 모든 사람의 생일이 어떤 연차적인 순서로 되어있는 지는 알고 있다. 그들에게 역사라는 문제는 그리 중요하지 않다. 대신 그들은 현재 연관성이 있는 일들을 더 중요하게 여긴다.50) 아래 그림은 각 문화권이 시간과 행사에 두는 강조 점이 다르다는 것을 보여준다.

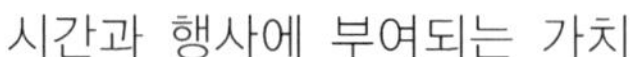

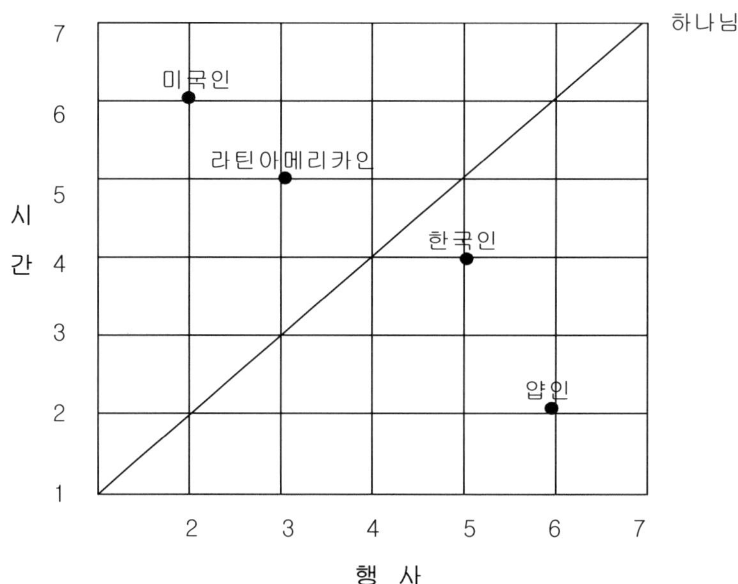

출처 : Lingenfelter & Mayers, op. cit

---

50) Lingenfelter & Mayers, op. cit.

5. 문화적 충격 그리고 적응

1) 문화충격

외국에 체류하는 사람들 중 일부는 짧은 기간에 새로운 환경에 잘 적응하는 반면 일부는 새로운 환경이 악몽이라는 것을 발견한다. 낯선 환경에 머무르는 일이 문제로 대두되는 주요 이유 중 하나는 일상생활에서 체류자에게 익숙한 상징들이 낯선 문화권에서 갑자기 바뀌었기 때문이다.

사람들은 이러한 충격을 어느 날 갑자기 경험하는 것이 아니라 상이한 상징적 환경을 맞이하여 점진적으로 경험하게 된다. 문화충격은 체류자와 현지인들 간 사회적 만남, 사회적 상황 또는 거래에서 발생하며 현지인들과의 상호작용에서 겪게 되는 문제점에 대한 체류자의 반응이다. 다시 말해서 우리는 친숙한 문화적 단서들과 양식들이 단절될 때, 상당기간 모호한 환경에서 살거나 일할 때, 우리의 가치와 신념이 새로운 환경에서 의문시 될 때, 현지의 규칙들을 명확하게 이해하기 전에 적합한 기술과 속도로 일을 처리할 것으로 기대 될 때, 문화충격을 경험하게 된다.[51]

이러한 문화충격의 문제를 줄이려면 체류자는 새로운 상징적 환경

---

51) L. Kohls (1984), *Survival kit for overseas living.* Yarmouth, ME: Intercultural Press.

에 적응하는 방법을 배워야 한다. 다시 말해서 현지의 사회문화적 욕구를 감당하기위한 능력을 개발해야한다. 이러한 적응문제는 6개의 차원으로 구성된다.52) 첫째, 공식적 관계차원인데 이는 현지문화의 규칙과 관습을 이해하는 일이다. 둘째, 관계관리 차원은 우정을 관리하거나 친구관계를 맺고 현지인들을 이해할 수 있는 능력이다. 셋째, 공식적 의식 (public rituals) 차원은 현지의 공공시설을 이용하는 능력을 일컫는다. 넷째, 접촉의 차원은 스스로 현지인과 접촉을 시도하고 유지하며 현지인과의 상호작용에서 자신을 표현하는 능력이다. 다섯째, 공적의사 결정 (public decision-making) 차원은 다양한 공공문제에 관한 선택을 할 수 있는 능력이다. 마지막으로 주장 (assertiveness) 차원은 적개심 또는 무례하게 보이는 현지인의 태도를 다룰 수 있는 체류자의 능력을 의미한다.

(1) 문화 충격의 유형

문화 충격은 여러 가지 형태로 나타나는 데 보통 6개의 개념을 사용하여 기술 한다: 언어충격, 역할충격, 전환충격, 문화피로, 교육충격, 적응충격, 및 문화거리. 언어충격은 현지 언어가 낯설 때 일어난다. 많은 사회적 관계는 인간의 언어 영역에 반영된다. 우리가 언어를 이해하지 못하면 새로운 상징적 환경에 적응할 능력을 잃게 된다. 역할 충격(role shock)은 모호한 새로운 환경에서 개인적 지위의 상실감을 일컫는데 이런 환경에서 사람들은 현지 문화에 부합되는 역할로 바꾸려는 노력을 한다.

전환충격(transition shock)은 현지문화에서 요구되는 복합적인 변화에 대처 할 때 우리가 경험하는 고통을 일컫는다.53) 이것은 가까

---

52) A. Furnham & S. Bochner (1982), "Social difficulty in a foreign culture." In S. Bochner (ed.), *Culture in contact*. New York: Pergamon.
53) M. Bennett (1977), "Transition shock: Putting cultural shock in

운 친척을 잃거나, 이혼 또는 지리적 이동 상태와 유사하다. 문화피로(culture fatigue)는 해외 체류자가 새로운 문화에 적응하려고 노력하는 과정에 겪는 심리적, 육체적 불쾌감을 의미한다.54)

교육충격은 학교생활에 적응하려고 노력하는 유학생들에게 일어나는 현상을 일컫는데, 특히 수업 환경이 아주 다를 때 더욱 두드러진다.55) 적응 스트레스는 새로운 문화 환경의 도전을 직면 할 준비를 알리는 신체적 긴장을 기술하는데 쓰이는 용어다,56) 마지막으로 문화거리(culture distance)는 해외 체류자 자신의 문화와 해외 현지 문화의 차이를 일컬으며 체류자가 느끼는 소외감과 심리적 고통의 정도를 알려준다.57)

(2) 문화충격의 영향

선교사들이 겪는 문화 충격은 그들이 서서히 새로운 환경에서 문화의 차이를 알게 되고 그 차이에 적응하는 전환적 과정이라고 말할 수 있다. 이 과정은 개인의 인성에 따라 두 가지 방향중 하나로 진행된다.

긍정적 의미에서 문화충격은 개인적 성장에 기여한다. Adler[58]는

---

perspective." In N. Jain(ed.), *International and intercultural communication* 4. Falls Church, VA: Speech Communication Association.

54) G. Guthrie (1975), "A behavioral analysis of culture learning." In R. Brislin et al. (eds.), *Cross-cultural perspectives on learning*. New York: Wiley.

55) G. Chen & W. Starosta (1998), *Foundations of intercultural commu -nication*. London: Allyn and Bacon.

56) L. Barna (1983), "The stress factor in intercultural relations." In D. Landis & R. Brislin (eds.), *Handbook of intercultural training* vol. 2. New York: Pergamon.

57) J. Babiker et al. (1980), "The measurement of culture distance and its relationship to medical consultations, symptomatology and examination performance of overseas students at Edinburgh University." *Social Psychiatry* 15, 109-116.

문화충격은 해외 체류자에게 여러 유익한 결과를 가져 올 수 있다는 점을 제시 한 바 있다. 첫째, 문화 충격은 끊임없이 변화하는 환경에 대처하는 과정에 새로운 대응이 필요한 체류자에게 배울 기회를 제공한다. 따라서 만일 선교사가 문화 충격이 두려워 해외 체류를 회피한다면 선교사역자로서의 성장은 불가능 하게 된다. 둘째, 대부분의 체류자들은 독특하고 특별한 목표를 추구하는 경향이 있어서 문화 충격은 이들에게 새로운 자아실현 목표를 이룰 동기가 될 수 있다. 셋째, 문화 충격은 문화 배경이 다른 사람들과의 상호작용과정에서 해외 체류자에게 도전과 성취감을 줄 수 있다. 넷째, 불안의 수준이 어느 정도 높아질 때 학습량이 늘어난다. 문화 충격은 체류자에게 새로운 문화와 체류자 자신에 관하여 배울 수 있는 높지만 극단적으로 높은 수준이 아닌 불안을 제공한다. 다섯째, 문화 충격의 경험은 새로운 아이디어를 생산해 내고 이러한 아이디어는 앞으로 맞이할 낯선 상황에 대한 새로운 대응 능력을 제공한다. 마지막으로 해외 체류에서 얻게 되는 새로운 아이디어는 주로 비교와 대조의 결과물이다. 이러한 과정은 우리가 아직 경험하지 못한 문화를 다루는데 도움이 된다.

문화충격은 또한 부정적 결과를 가져온다. 문화충격으로 인하여 발생되는 몇 가지 문제들이 제기되고 있다.59) 첫째, 문화충격은 균형을 잃은 경험으로 구성된다. 하루는 열광과 흥분에 사로잡히다가 어느 날은 히스테리, 혼동, 불안 및 우울증을 경험한다. 이런 불확실성은 체류자의 심리적 성장에 장애가 될 수 있다. 둘째, 한 문화권에서 바람직스럽거나 적절한 행동이 다른 문화권에서는 이상한 행동

---

58) P. Adler (1987), "Culture shock and the cross-cultural learning experience." In I. Luce, & E. Smith (eds.), *Toward internationalism*. Cambridge, MA: Newbury.

59) J. Draguns (1977), "Problems of defining and comparing abnormal behavior across cultures." In I. Adler (ed.), *Issues in cross-cultural research*. New York: New York Academy of Science.

으로 비칠 수 있다. 일부 체류자들에게는 이러한 느낌을 통해서 문
화 차이를 분류하는 일은 많은 시간이 걸리거나 아니면 불가능한 일
일 수 있다.

2) 타문화 적응의 차원

타문화에 대한 적응(intercultural adaptation)은 넓게 말해서 새로
운 문화 환경의 필요 사항들을 갖추기 위한 적합성의 수준을 늘이는
과정을 의미한다.60) 이것은 해외 체류자 또는 새로운 이민자들이 현
지 문화(host culture)와 자국 문화간 부조화로 인하여 생긴 고난을
어떻게 경험하는가를 설명한다. 다시 말해서 타문화에 대한 적응은
현지 문화권 안에서 겪는 부적응을 다루는 과정이다.

현지 문화와의 접촉에서 선교사와 같은 체류자가 변화와 차이를 경
험하는 것은 피할 수 없는 일이다. 일부 체류자에게 새로운 문화에 대
한 적응 과정은 문화적 정체성을 잃게 되는 계기가 되고, 또 다른 체
류자들에게는 개인적 성장의 기회가 된다. 해외 체류자는 타문화 적
응과정에서 어느 정도 4가지 감정적, 정서적 상태를 경험 한다: 소외,
주변성 (marginality), 문화변용 및 이중성.61)

소외(alienation)는 체류자에게 자신의 문화 정체성을 유지하려는
강한 욕구를 갖게 한다. 현지 문화를 거부하게 되면 체류자는 사회적
접촉을 평소 아는 사람 또는 직장 동료로 제한하고 주로 자국인들과
사귄다. 이러한 체류자는 적응에 필요한 사회적 기술을 갖추지 못해
서 현지 문화와 조화를 이루지 못하고 고국으로 돌아가고 싶어 한다.

---

60) Y. Kim (1988), *Communication and cross-cultural adaptation*. Philadelphia:
   Multilingual Matter.
61) M. Mansell (1981), "Transcultural experience and expressive response."
   Communication Education 30, 9-108.

주변성은 체류자가 상이한 두 문화 사이에 갇힌 채 자신이 어느 문화권에 속하는지를 이해하지 못할 때 발생한다. 이 체류자가 처한 상황은 모호해지고 불확실한 자아 정체성으로 혼란스러워한다. 현지 인과의 관계는 개인적이고 친밀하기 보다는 기능적이고 피상적인 관계가 된다. 체류자가 자신의 문화권의 주요 습관과 관습을 버리지 못하면 정체성의 혼란으로 인해 자신의 문화 또는 현지 문화를 좋아하거나 즐길 수 있는 기회를 갖지 못하게 된다.

문화변용(acculturation)은 체류자가 현지 문화권의 생활 방식을 채택하려는 강한 욕구를 갖게 될 때 일어난다. 현지 문화와의 관계로 볼 때 체류자의 제 1의 문화가 그 중요성을 잃게 된다. 이 상황에서 체류자는 현지인들과 친한 친구가 될 수 있고 점차 자신의 문화의 일부 요소들을 현지 문화의 요소들로 바꿀 수 있게 된다. 그러나 새로운 문화를 너무 빠르게 채택하게 되면, 좌절을 겪게 되고 타문화 적응에 방해가 될 수 있다.

끝으로 이중성(duality)은 새로운 환경에 살면서 자신의 문화와 현지문화 모두에 적응할 수 있는 능력과 자율성과 이중 문화적으로 독립 할 수 있음을 의미한다. 그러한 유연성은 체류자들에게 문화를 비교하여 새로운 신념 및 규칙을 기존의 신념 및 규칙과 통합하는 새로운 기술을 제공한다. 열린 마음과 유연성은 이러한 상황에서 지속성과 성장사이의 균형을 유지하는데 필요한 것이다.

3) 타문화 적응 단계

지난 수십 년 간 학자들은 타문화 적응과정의 단계를 밝히려는 노력을 기울여 왔다. 이 분야에 관한 연구 중 U곡선과 W곡선 모양이 문화간 적응의 발전적 단계를 설명하는데 쓰이는 널리 알려진 모형들이다.

(1) U 곡선 모형

1950년대에 풀브라이트 장학금으로 미국에 유학한 노르웨이 학생들을 대상으로 한 연구에서 문화간 적응 과정은 초기 조정, 위기 그리고 재조정의 세 단계를 거친다는 결과가 발표되었다.[62] 연구자는 이 과정을 초기의 감동, 불만족 그리고 회복기로 끝나는 U곡선 모형으로 설명했다. 이외에도 Morris[63], Oberg[64] 등의 학자들이 문화간 적응의 U곡선 과정을 확인했다. 일반적으로 U곡선은 네 단계로 구성된다: 밀월기간, 위기기간, 적응기간(adjustment period) 그리고 이중문화주의 기간.

밀월기간

밀월 또는 초기 행복한 단계는 문화간 적응의 초기 기간이다. 이 단계는 새로운 문화에 대한 황홀감과 현지에서 경험하는 새로운 것에 관한 흥분으로 가득 찬 기간이다. 이 단계에서 우리는 아직도 우리 자신의 문화적 시각으로 새로운 환경을 본다. 이 단계에서 우리의 호기심은 종종 우리의 문화와 현지 문화의 유사성과 차이를 발견할 때 흥분과 황홀감을 제공한다. 하지만 이 단계에서 체류자들은 차이를 간과하고 자신의 문화의 현지 문화간 유사성을 강화함으로써 지위와 정체성을 타당화 하는 경향을 보인다.

위기기간

위기기간은 적개심 또는 좌절단계로도 불린다. 이 기간 체류자들은 일상생활에서 새 문화의 여러 도전을 직면해야 한다. 이 단계에서는

---

62) S. Lysgaard (1955), "Adjustment in foreign society." *International Social Science Bulletin* 7, 45-51.

63) R. Morris (1960), *The two-way mirror*. Minneapolis: Univ. of Minnesota Press.

64) K. Oberg (1960), "Culture shock: Adjustment to new cultural environments." *Practical Anthropology* 7, 177-182.

우리가 가치, 신념, 행위 및 라이프스타일의 차이에 부딪히면서 혼동과 좌절을 자주 겪는다. 우리가 당연시 했던 행동들이 갑자기 극복 할 수 없는 문제가 되기도 한다. 이러한 문제는 종종 현지 문화권에서 거부감을 자아내거나 배척의 대상이 된다. Smalley[65]에 따르면 차이를 많이 느껴 현지 문화권에서 필요로 하는 여러 요구사항을 충족시키지 못하여 소외되면 체류자들은 자신의 문화의 우수성을 고집하게 된다. 지나친 자민족 중심적 (ethnocentric) 태도는 체류자의 인성에 도전이 되며 전체성을 혼란시킨다. 체류자가 이러한 문제를 극복하지 못하면 심각한 우울감과 소외감이 체루자의 삶을 황폐화 하게 한다.

적응기간

위 기간에서 문제를 극복하려는 노력은 서서히 체류자에게 새로운 문화권에서 사는 새로운 방식을 제공한다. 체류자는 현지 국가의 사회적, 문화적 규범을 따르면서 새로운 환경에 적응하는 방법을 배우기 시작한다. 체류자는 또한 새로운 문화를 존중하고 문화적 차이에 대한 민감성(sensitivity)을 개발하는 기간으로서 이 단계를 회복 단계로 부른다. 체류자는 어느 정도의 효율성, 여유 및 편안함을 다시 찾고 현지문화의 부정적, 긍정적인 점들을 수용하는데 별로 어려움을 느끼지 않게 된다.

이중 문화주의 기간

이중문화주의(biculturalism)기간은 U곡선 모양의 마지막 단계이다. 이 단계에서 우리는 아직도 이따금 불안감과 좌절을 경험하지만 현지 문화에 대한 이해력을 갖게 되었고 새로운 환경에서 즐겁게 일하고 놀 수 있게 되었다. 우리는 문화충격의 증상을 극복했거나 거의 극복해간다. 이 단계에서 체류자는 자신이 태어난 문화권의 성향

---

65) W. Smalley (1963), "Culture shock, language shock, and the shock of self-discovery." *Practical Anthropology* 10, 29-50.

에서 벗어난 태도와 행위를 보인다. 체류자는 이중 문화정체성을 갖
고, 문화의 차이에 대한 심미적 판단을 하며 만족스런 개인 관계를
개발하고 두 문화권에 대한 참여도를 높인다.[66]

4) W 곡선모형과 재 진입 충격

만일 체류자가 현지 문화권에서 남아 살기로 결정하면 적응과정은
보통 U곡선 모형에서 끝난다. 하지만 체류자가 고국으로 돌아가게 되
면 체류자는 유사한 적응 과정을 다시 한번 고국에서 겪게 된다. 학자
들은 U곡선 모형을 연장하여 재 진입(reentry) 과정 또는 역 문화충격
으로 부른다. 이들은 체류자가 자신의 문화권에서 겪는 재 적응 과정
을 W 곡선 모형으로 설명한다.[67] W곡선 모형은 우리가 귀국할 때 U
곡선 모형의 세 단계를 다시 한번 거친다는 점을 의미한다. 우리가 자
신의 문화에 재 적응 할 때 충격을 적게 경험하고 좀더 빠르게 적응
하겠지만 문화충격을 피할 수는 없다.

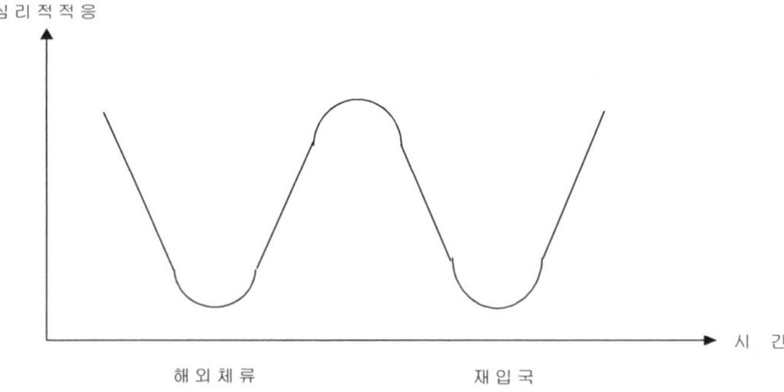

---

66) J. Gullahorn & J. Gullahorn (1963), "An extension of the U-curve
   hypothesis." *Journal of Social Issues* 19, 33-47.
67) Y. Kim (2002), "Adapting to an unfamiliar culture". In W. Gudykunst(ed.),
   Handbook of international and intercultural communication. London : Sage.

제 Ⅲ 장 동남아 선교를 위한 전략 1

- 동남아의 실체-

김 한 식

1. 동남아는 어떤 곳인가?

　동남아 선교 역시 전하는 자와 이를 받는 자의 커뮤니케이션에 의해 이루어진다. 물론 그 배후에는 하나님의 의지와 간섭 그리고 돌봄이 있다. 하나님의 의지가 선교의 내용이요 하나님의 간섭이 선교의 동기요 하나님의 돌보심이 전할 수 있는 능력일 것이다. 동남아 선교 역시 하나님의 절대명령이다. 그렇지만 어떻게 잘 전하느냐 하는 문제는 전하는 자의 열심과 사명감 이전에 동남아에 대한 이해의 폭이나 효과적인 전략구상과 관계가 있다. 따라서 이제 앞서 살펴본 선교에 적용될 수 있는 이론적 근거를 바탕으로 동남아 선교의 전략구상에 참고해야 하는 내용을 검토해보기로 한다.

　동남아 선교에 가장 중요한 것은 동남아인을 이해하는 일이다. 동남아인들이 무엇을 생각하며 무엇을 미워하며 어떤 가치관을 가지고 있는지 알아야 할 것이다. 그들의 마음 깊숙이 스며있는 아픔을 알아내야 한다. 그들의 꿈과 바람을 이해해야 할 것이다. 그들만이 겪었던 삶의 경험과 이방인에 대한 인식 그리고 문화를 알 필요가 있다. 그래야만 그들의 마음에 닿는 언어를 구사할 수 있기 때문이다. 같은 내용의 복음이지만 상대에 따라 전하는 방식이나 내용 그리고 복음의 깊이나 수준은 달라지기 마련이다. 문제는 전하는 자는 듣는 자의 입장에서 그들을 이해해야 할 것이다. 그들이 정확하게 그리고 효과적으로 복음을 알아들을 수 있도록 그들의 의식세계를 이해하는 것이 효과적인 커뮤니케이션을 위한 비결이라고 할 수 있다.

동남아인에게 복음을 정확하게 그리고 효과적으로 전하는 방법은 거듭 말하거니와 특이한 전달의 기술이라기보다는 그들 스스로 마음을 열 수 있게 하는 일이다. 이것은 전적으로 전하는 자의 몫이다.

먼저 동남아라고 했을 때 여기에 포함되는 범위를 알아보자. 문화적으로나 지리적으로 중국 남부를 포함하여 호주 북단에 이르는 전 지역이 포함된다. 그러나 이 글에서는 대만을 포함한 중국 남부와 인도를 중심으로 한 인도아 대륙을 제외하고, 인도차이나 3국에 태국과 미얀마를 포함한 소위 **Kra** 지역과, 말레이시아와 싱가포르를 포함한 필리핀, 인도네시아 등 도서국(島嶼國)들 곧 **Malay** 문화권으로 한정하기로 한다.[1]

이러한 구분에 따라 이 지역을 개관해보면 <표 1>과 같다. **Kra** 지역은 194만 3,672㎢의 넓이에, 2억 87만 명의 인구를 점하고 있으며, **Malay** 문화권은 면적 3백만 8,397㎢에 인구 3억 1,494만 명으로서 두 지역을 합치면 동남아는 그 면적이 4,952,069㎢로서 세계 육지 135,837천㎢의 3.65%를 점하는 셈이며 인구는 5억 1,581만 명으로 세계 인구 59억 7,840만 명의 8.6%를 차지하는 셈이 된다. 급증하는 인구밀도로 보아 세계 인구에 점하는 비율은 더욱 높아질 것 같다.

---

1) 이 점에 관하여서는 Guy Hunter(1966), *Southeast Asia-Race, Culture, and Nation*, Oxford University Press 참조.

<표 1> 동 남 아 시 아 제 국 현 황

구분	국가	개요			사회		
		면 적(㎢)	인 구 (1999년) (만명)	연평균 인구 성장률 ('95-'99)	종 족	언 어	종 교
크 라 지 역	베 트 남	33만 2,800	7,871	1.6 %	베트남족(89%) 소수민족(60종)	베트남어(공용) 소수민족어(4)	불교(1,500만) 가톨릭(600만)
	캄보디아	18만 1,035	1,094	2.1 %	크메르족(90%) 베트남인(4%)	크메르어	불교(75%) 가톨릭 등
	라 오 스	23만 6,804	530	2.4 %	라오족(50%) 중국계 메오, 야오	라오어	불교(95%)
	태 국	51만 4,000	6,086	0.9 %	타이족(82%) 화교(13%) 말레이족(3%)	타이어 (공용어)	불교(94%)
	미 얀 마	67만 8,033	4,506	2.0 %	버마족(67%) 카렌족(7%)등 40개 민족	미얀마어/기타 소수 민족어	불교(88%) 기독교(4.6%)
말 레 이 문 화 권	말레이시 아	33만 1,321	2,183	2.0 %	말레이인(62%) 중국인(27%) 인도인(8%)	말레이어 중국어 타밀어 등	이슬람교(53%) 불교(17%) 등
	싱가포르	616	352	1.4 %	중국인(76%) 말레이인(15%) 인도인(6.5%)	영어, 말레이어, 중국어,타밀어	불교, 이슬람교, 힌두교
	인도네시 아	191만	2억 925	1.4 %	말레이인- 자바족(45%) 순다족(13.6%) 등 300여 종족	인도네시아아	이슬람교 (87%) 기독교(6%)
	필리핀	29만 9,000	7,445	2.1 %	말레이계 중심	필리핀어 영어	가톨릭(85%)
	브루나이	5,765	32	2.1 %	말레이인(68%) 중국인(15%) 이주민(11%)	말레이어 (공용어), 영어중국어	이슬람교(국교)
	파푸아 뉴기니	46만 ,695	470	2.2 %	파푸아족(96%)	파푸아어 피진어, 영어	기독교 샤머니즘
	동티모르	만 ,874	87	1.47%	티모르인(말레이/ 폴리네시아계)	티모르어	가톨릭(98%) 샤머니즘

자료 : 국제통계연감 2000(통계청), p. 42 참조.

여기서 우리는 동남아의 범위를 이렇게 제한한다고 하더라도 동남아는 매우 다양하고 이질적이라는 사실을 알 수 있다. 면적이 191만 ㎢에 이르는 인도네시아가 있는가 하면 616㎢의 싱가포르도 있다. 인구에 있어 2억의 인도네시아가 있는가 하면 3백만 명 내외의 라오스, 싱가포르, 파푸아뉴기니가 있다. 브루나이는 35만도 채 되지 않는다. 이와 같이 동남아 지역은 면적과 인구에 있어서 차이가 나는 국가들이 서로 섞여 있다. 종족에 있어서도 어느 하나 단일민족으로 형성된 국가가 없을 뿐만 아니라 거의 모든 국가가 종족간의 갈등에 시달리고 있다. 인도네시아의 아체와 이리안 자야에서의 분리주의 움직임, 미얀마와 태국 등지에서의 소수민족 게릴라 활동 등은 이미 잘 알려진 세계적인 인종갈등의 예이다. 특히 동남아에서 화교는 어느 경우보다 인종간의 갈등을 심화시키는 원인이 되고 있다. 말레이시아에서는 말레이인과 화교간의 마찰이 심하여 인종에 관한 이야기는 일상대화에 금기로 되어 있으며, 인도네시아에서는 화교의 국적문제로 인한 갈등 때문에 중국과의 국교 정상화에 주된 방해요인이 되기도 했다.

언어도 매우 다양하다. 언어가 소통되지 않음으로 인해 국가로서의 통일성 유지에 많은 지장을 주고 있으며 각종 사회적 마찰을 빚곤 한다. 각 부족마다 특유한 언어를 사용하고 있는데다가 과거 식민 지배국들의 영향으로 외래어가 공용어로 사용되고 있기도 하다. 종교도 없는 것이 없다. 힌두교, 이슬람교, 불교, 카톨릭교, 수많은 샤머니즘이 공존하고 있다. 이슬람교가 90%에 가깝다는 인도네시아의 경우 이슬람교라 하더라도 각 파에 따라 내용이 달라 서로간의 반목이 있다.

역사적 배경에 있어서도 동남아는 매우 다른 경험을 가지고 있다. 동남아 국가로서 외세의 지배를 받지 않은 국가는 없다. 근세기에 들어오면서 서구 강대국의 영향이 강하게 스쳐갔다. 과거 중국의 영향이 있었다. 인도차이나 3국은 프랑스의 지배를 받았고, 미얀마, 말레이시아, 싱가포르, 브루나이 등은 영국의 지배를 받았으며 오늘날에도 미얀마를 제외하면 모두 영연방의 일원이다. 인도네시아는 네덜란드에 의해 350년간이나 혹독한 식민 지배를 받았고 얼마 전까지만 해도 동티모르는 포르투갈의 자치령이었다. 필리핀은 스페인의 식민지배를 받다가 미국으로 넘겨졌다. 2차대전 중에 이들 국가들은 모두 일본의 식민지배를 받았다.

이렇듯 동남아는 면적이나 인구 그리고 종족, 언어, 종교 등의 사회 전반에서 이질적이다. 한마디로 동남아는 지리적으로 인접해 있다는 점 외에는 공통성이 거의 없다.

여기서 우리는 동남아 선교전략이 다양할 수밖에 없다는 것을 알게 된다. 어느 한 국가에 알맞은 선교전략이 동남아의 다른 국가에도 그대로 적용한다는 것이 매우 위험할 수 있다는 사실을 알 수 있다.

그러면 먼저 동남아를 이토록 다양하게 만든 근원이 어디에 있는 가라는 문제부터 살펴보기로 하자. 이 장에서는 그 원인을 주로 과거의 역사적인 흔적을 통해 살펴보는데 초점을 맞추고자 한다.

동남아의 이질성 문제는 동남아에 대한 강대국의 관심과 관계가 깊다. 동남아는 강대국과의 관계에서 오늘의 동남아로 고착되었다고 해도 과언이 아니다. 여기서 우리는 의문점을 가지게 된다. 왜 강대국들이 후진적인 동남아 지역에 관심을 가지게 되었는가 하는 것이다. 동남아 지역이 강대국들의 관심을 가지도록 만든 매력이 무엇인가 하는 것이다. 이러한 검토는 오늘날에도 그리고 미래에도 강국들이 동남아에 대한 관심을 가지게 되는 이유가 될 수 있기 때문에 국제관계 속에서 동남아를 이해하는데 근간이 된다는 점에서 이 지역에 대한 선교전략구상에 참고가 될 것이다.

도대체 왜 강대국들은 동남아에 그토록 깊은 관심을 가지게 되는 것일까? 동남아가 강대국들에게 보인 매력이 무엇인가?

2. 동남아지역의 특이한 매력

(1)　관계위치상의 의미

선교사가 하나님의 부름을 기대하면서 세계지도를 펴듯이 강대국이 되고자 하는 나라 지도자도 세계지도를 펴면서 중요한 지역이 어디인가에 관심을 쏟는다. 이럴 때 자연히 위치에 관한 주의를 기울이게 되는데 지정학상으로 주로 관계적 위치(relative location)에 주목하게 된다.

위치란, 기준이 되는 어떤 물체와 다른 물체간의 거리와 방향에 의하여 구체화된 일정한 관계를 말한다. 관계적 위치는 다른 위치와는 달리 두 개 이상의 물체간의 관계가 절대적이 아니라 상대적이며 가변적이라는 데 그 특징이 있다. 또한 이러한 관계적 위치의 성격을 가장 잘 나타내는 것으로 위치를 기능 면에서 살펴보는 기능상으로 본 관계적 위치를 들 수 있다. 그러면 동남아 지역을 지정학적인 기능상의 관계적 위치라는 관점에서 볼 때 어떠한 가치를 가지는 것인가를 살펴보기로 하자.

기능에 유의한 관계적 위치에서 동남아를 살펴볼 때 동남아가 지니는 가치는 어떤 것일까? 그것은 대체로 다음 세 가지로 집약할 수 있다.

첫째, 동남아는 대륙과 해양, 해양과 해양세력들 간에 분리 및 결합의 기능을 수행하는 위치에 있다. 동남아는 그 자체가 아시아대륙과 태평양에 접한 하나의 큰 반도로서 아시아 대륙세력과 태평양의 해양세력을 연결시키기도 하고 분리시킬 수도 있는 기능을 수행한다. 동시에 동남아지역이 지니고 있는 분리와 결합의 기능은 해양세력을 분리하고 결합시킨다는 의미를 내포하고 있다. 국제관계 면에서 볼 때 해양의 의미는 실로 막중하다. 구체적인 이유를 제시할 필요도 없이 지표의 **71%**가 해양이다. 그 중 동남아지역과 인접한 태평양이 **32.4%**, 인도양이 **14.4%**로서 **46.8%**에 달하고 있다. 다시 말하면, 세계강국이 되려는 나라는 해양에 무관심할 수 없으며, 해양에 대한 관심을 가지게 된다면 당연히 태평양과 인도양을 가로지르고 있는 동남아에 대하여 주목하게 된다. 동남아는 태평양세력과 인도양(및 대서양)세력을 하나로 묶기도 하고 서로 떼어놓기도 한다. 태평양세력을 확보한 강국이 동남아지역에 세력기반을 구축하지 못했을 경우 인도양(및 대서양)에 세력을 확보하기란 어려운 일이다. 비록 어떤 강국이 태평양과 인도양에 지배권을 행사하고 있다고 하더라도 이에 대항하는 어떤 세력이 동남아지역을 장악하고 있다고 할 경우 그 강국의 제해권은 심각한 도전을 받지 않을 수 없다. 태평양을 방위선으로 삼고 있는 미국과 새로운 해양국가로 등장하려고 시도하고 있는 러시아나 중국이 동남아지역에서 자국의 세력구축을 위해 각축전을 벌리고 있는 것은 이러한 관점에서 쉽게 납득할 수 있는 일이다.[2]

둘째, 동남아는 완충지대의 가능성이 높은 지역이이다. 완충지대란 두 개 이상의 강대 세력의 틈바구니 속에서 강대 세력들의 영향력을 줄이기 위하여 설정되는 지역을 말한다. 동남아는 완충지대의 가능성이 매우 큰 곳이다. 이 지역의 문화 바탕부터 그러하다. 이곳은

---

2) 사실상 지난 **20**년 간 지정학에 있어 큰 변화는 해양과 관련해서 일어나고 있다. 해양의 중요성이 그만큼 높아진 것이다. 해상의 섬이나 대륙붕의 영유권 논쟁이 높아지고 있고, 소규모의 해양국가가 크게 늘어나고 있다는 점 등은 그 중요 이유가 되고 있다. Yves Lacoste(1987), "The Sea and Key Geopolitical Changes: The Falklands," eds. & trans. by Pascal Girot and Eleonore Kofman, *International Geopolitical Analysis*, Groom Helm Ltd., pp. 46-58 참조.

항상 외부강국으로부터 침략을 당해 왔다. 서구강국의 동남아에 대한 식민지배는 정도의 차이는 있겠으나 수탈의 목적이요 방법이었음에는 다를 바 없었다. 그럼에도 불구하고 동남아인들은 독립항쟁을 꾸준히 지속해왔다. 이들이 독립을 얻고 나서 1차적으로 관심을 가진 것이 외세의 배격이었다. 외부세력은 믿을 수도 없거니와 어떤 형태로든지 배격되어야 한다는 것이었다. 이러한 분위기에서 동남아는 세3세력권의 중심지가 되고 있다. 어느 강국이나 제3세계의 힘을 필요로 할 때 동남아에 관심을 돌리는 이유도 여기에 있다.

서구인들에 의해 주도된 오늘날의 국제정치가 비서구지역에 합리주의, 민주주의, 민족주의 등을 촉진시킨 점도 없지 않으나 근본적으로는 그들의 정치 및 경제적인 이익추구가 목적이었음은 재론의 여지가 없다. 따라서 식민지배국들의 식민지역에 대한 정치적 및 경제적 억압은 처음부터 전제된 것이었고 그 억압의 정도에 따라 독립을 얻은 이들 신생국의 전(前)식민지배국에 대한 반발의 정도도 비례되어 나타났다. 여기에다 오늘날에 와서는 빈부국가간에 잉여가치가 전도(顚倒)될 때 빈곤국가에 불리한 무역방식을 내용으로 하는 새로운 '제국주의'3)가 노정(露呈)됨에 따라 신생 각국의 서구 강국에 대

---

3) 국제정치의 성립배경에는 보다 미묘한 사상논쟁이 곁들여 지고 있는데, 그 중심과제 중에 '제국주의논쟁'이 포함된다. 원래 서구 강국이 식민지를 찾아 세계의 구석을 뒤지게 된 동기부터가 제국주의 정책에 있었기 때문이다.
제국주의라는 말은 매우 다양하여 개념파악에 혼란이 없지 않으나 대체로 다음 두 가지로 나누어 생각할 수 있겠다. 하나는 제국주의를 자유민주주의적인 입장에서 보는 경우인데 외교정책의 일환으로 생각하는 견해(예컨대 Parker Thomas Moon(1902), *Imperialism and World Politics*, New York : Mac-millian p. 11 또는 Vermon Van Dyke(1972), *International Politics*, Englewood Cliffs, N. J. : Prentice Hall. p. 107)이다. J. A. Hobson이나 J. A. Schumpeter 등도 여기에 속한다. 이들은 제국주의를 비판하면서도 제국주의가 자본주의 발전과정의 필수단계라고 보지 않는데 그 특징이 있다. 다른 하나는 좌익노선을 취하는 사상가들의 주장이다. 그들은 제국주의란 자본주의가 겪어야 하는 필수단계라고 본다. 그래서 세계를 분할하는 독점자본가의 등장은 불가피하다는 것이다. N. Lenin은 대표격이라고 할 수 있다.

한 저항은 더욱 강렬해졌다.

이러한 신생국의 가속적인 저항은 오늘날의 국제정치에 있어서 후진국의 반서구적, 반식민적 형태로 나타나게 되었고 새로운 국제질서 태동의 발원이 되고 있다. 제3세계권의 등장은 비록 그것이 뚜렷한 비전을 가진 것도 아니며 또한 일관성 있는 정책이나 조직을 가진 것도 아니지만 제3세계권이 등장한 20세기 후반 이후 국제상황은 1950년대 이전과는 근본적인 차이를 보인다. 동남아지역은 제3세계권의 중심지이다. 냉전체제에서 제3세계권이 사라졌다고 하더라도 문화적으로나 인종적으로 제3세계권은 계속 나타날 것이다.

셋째로 동남아지역은 해상교통로의 중요한 위치를 점하고 있다는 점이다. 해양이 제공하는 중요한 지정학적 의미로 해상교통로를 들 수 있다. 바다를 이용하지 못하는 나라가 강국이 될 수 없다고 하는 말은 어느 나라가 해상교통로를 확보함으로써 해양세력을 장악하게 되고 해양세력을 장악함으로써 강국이 된다는 것을 의미한다. 사실상 해상교통로는 생명선(life line)이면서 세력선(power line)이고 동시에 비상생명선(emergency life line)과 같은 뜻으로 사용된다. 생명선, 세력선 또는 비상생명선을 잇는 중요거점이 지정학적 위치에 있어서 대체로 중앙지점, 병참지점, 디딤돌지점 등의 요충을 겸하고 있다.4) 이와 같이 강국 또는 강국이 되려는 국가에게 해상교통로의 확보는 중요한 관심의 대상이 되지 않을 수 없다.5) 동남아는 이러한

오늘날 국제정치의 변화과정, 특히 선후진국간의 갈등과 관련하여 문제가 되는 것은 주로 후자의 경우이다.

4) 생명선과 세력선이 겹치는 선상의 주요 거점은 대체로 중앙위치, 병참위치, 디딤돌위치를 겸하는 예로 다음 몇 가지 경우를 들 수 있다. 미국의 아시아 연결의 생명선인 푸에르토리코-파나마운하-하와이-웨이크-괌-필리핀을 잇는 선이나 영국의 태평양 진출로인 영국 본토-지브롤터-수에즈운하-아든-콜롬보-싱가포르-홍콩 및 오스트레일리아-뉴질랜드 등을 잇는 선 그리고 네덜란드의 해상생명선인 네덜란드 본토-지브롤터-홍해-인도네시아에 이르는 선 등이 대체로 모두 그러하다.

해상교통로의 중요한 교차점이다.

동남아는 다음 <표 2-1>에서 보여주는 바와 같이 말라카(Malacca) 해협을 비롯하여 많은 중요한 해협을 가지고 있다. 이러한 해협들은 오늘날 강국들의 생명선이며 동시에 세력선의 역할을 하고 있다. 더욱이 인도네시아에 포함되고 있는 여러 해협과 연안바다는 환해국(環海國 : circummarine state)6)의 성격을 띠고 있다. 이 지역 관할국들이 이들 해협이나 연안 바다를 국제공로(國際公路)로 인정하지 않으려는 성향을 보이고 있어7) 강대국들의 신경을 곤두세우게 하고 있다.

---

5) 1970년대에 들어서면서 말라카해협(Malacca Strait)을 公海로만 보지 않으려는 관련국가들의 움직임이 나타나자. 말라카 반도의 태국 남단을 동서로 관통한다는 크라 지협계획(地峽計劃)과 발리섬과 롬바크섬 간의 해협을 이용하는 논의가 일부 일고 있는 것도 이러한 관점에서 이해될 수 있는 일이다.

6) 環海國(circummarine state)이란 도서국(島嶼國 : island state)과 구별되는데 국토가 바다로 둘러져 있을 때를 도서국이라 한다면, 환해국은 국토가 바다를 둘러싼 경우를 말한다. 인도네시아는 그 좋은 예인데 인도네시아 주변의 바다는 인도네시아의 국력에 따라 내해(內海) 또는 潮水의 역할을 하게 된다. 任德淳(1973), 政治地理學原論. 一志社, pp. 49-50 참조.

7) 이에 해당되는 좋은 예로써 1971년 11월 발표된 *Malacca and Singapore Strait* 에 대한 국제해협거부의 성명 등을 들 수 있다.

<표 2-1> ASEAN 諸國 주요해협의 수심 및 폭

해　　협　　명	主權所在	최소폭 (海　里)	最　小　길　이	
			Fathom	Feet
Malacca해협	인도네시아· 말레이시아	4	2 ½	15
Singapore해협	인도네시아· 말레이시아	2 ½	10	60
Makassar해협 (Borneo와 Celebes 사이)	인도네시아	62	300	1,800
Salat Lombok (Bali와 Lombok 사이)	인도네시아	62	100	600
Selat Sunda (Java Sumatra 사이 : Palau와 Sangiang 제외)	인도네시아	12	3	18
Selau Wetar (Wetar와 Timer 사이)	인도네시아	12	1,700	10,200
San Bernardino 통로 (Luzon과 Samar 사이)	필 리 핀	2	6	36
Surigao 해협 (태평양을 Gulf of Leyte와 Mindanao Sea 연결)		3 ¾	10	60

자료 : "The Indian and Pacific Oceans," The Institute For Strategic Studies, Adelphi
　　　Paper, no.57, p. 18.

　일본은 말라카 해협을 그들의 생명선이라고 공공연히 주장하고 있
다. 그들 산업의 원동력인 원유가 대부분 이 해협을 통하여 들어오
고 있다. 러시아의 경우도 매우 심각하다. 러시아가 동남아에 대하여
가지는 주요 관심은 해상교통로의 확보에 있다. 러시아 동쪽의 블라
디보스톡에서 서쪽의 흑해 또는 발틱해에 이르는 해상교통로는 동쪽
의 태평양에서 서쪽의 인도양 혹은 대서양을 거쳐야 하는 긴 해상수
송로이다. 거기다가 러시아 본토에서의 직접적인 통제가 어려운 곳
이다. 따라서 러시아는 이들 해상교통로를 원활히 확보할 수 있는
기지가 필요하다. 이러한 기지획득지점으로 동남아는 일차적인 관심
대상이 됨은 물론이다. 사실상 구 소련시절 인·파 전쟁시 인도를 지
원하여 그 지원대가로 러시아가 요구한 것이 벵골만의 기지사용권이

었으며, 베트남이 공산화된 후 러시아가 베트남에 대하여 요구한 보상도 캄란만의 기지사용권이었다.

미국은 과거 필리핀 수빅만에 군사기지를 보유했었으며, 현재도 디에고가르시아에 군사기지를 확보하고 있다. 영국이 **ANZUK** 또는 5개국 방위협약에 의하여 싱가포르나 말레이시아와 계속 유대를 지속하고 있는 이유도 그들의 해상통로확보 및 세력선 확보에 큰 비중을 두고 있는 것임은 두말할 필요도 없다.

이상에서 우리는 강대국들이 동남아에 관심을 가지게 되는 지정학적인 관점을 살펴보았다. 동남아의 중요한 도시는 서구 국가들의 동남아 진출의 거점이었고 동시에 선교의 거점이기도 했다. 도시는 복음전파의 거점이면서 동시에 원주민들의 저항의 표적이기도 했다. 오늘날 동남아에서 도시는 근대화를 위한 선구자이면서 기독교인인 소수 엘리뜨들인 이들의 근거지이면서 다수의 기존 종교인으로부터 위협과 공격의 무대이다. 대체로 동남아에 영향력을 행사했던 강국들은 해양국가라는 점에 주목하게 된다. 그리고 이들 해양국가들은 기독교를 국교로 했거나 기독교의 영향을 크게 받는 국가들이었다. 여기서 우리는 동남아를 지배했던 서구 해양국가들 출신이거나 또는 그러한 배경을 가진 서양 선교사들이 동남아 선교에 겪는 어려움을 이해할 수 있다. 동남아인들이 이런 역사적 배경에서 역사적으로 기독교와 제국주의를 동일시했었기 때문이다.

(2) 숨겨진 자원의 보고(寶庫)

동남아의 전략적 가치를 가늠하는 데에는 그것이 품고 있는 자원을 도외시할 수 없다. 이 지역에 세계강국들이 큰 관심을 가져온 이유에는 동남아지역에 숨겨있는 무진장한 자원과 관련이 있다.

자원의 고갈에 대한 우려가 높아지면서 강국들의 자원에 대한 관심은 국제적 긴장을 가중시키고 있다. 무인도에 대한 영유권 주장이 새롭게 대두되고 있는 것이나 국경분쟁이 격렬해지고 있는 것도 이러한 자원확보와 관련이 있다. 특히 동남아지역에는 풍부한 자원이 매장되어 있어 강국들의 큰 관심의 대상이 되어왔다.

대체로 자원이라고 하면 인적 자원과 물적 자원으로 나눈다. 동남아는 이 양면 모두를 갖추고 있다.

동남아의 인구는 앞서 살펴본 바와 같이 1999년에 5억 1,581만 명으로 세계 인구의 8.6%를 차지하고 있다. 인도를 포함하면 25.2%에 달한다. 시장의 구매력이라는 관점 외에 노동력 활용이라는 점에서 크게 중요시할 만하다. <표 2-2>에서 보는 바와 같이 동남아국가들의 노동인구의 연평균 성장률은 높게 나타나고 있으며, 특히 농업노동력은 줄고 서비스업의 노동력이 크게 신장되고 있다. 이처럼 동남아는 시장의 구매력이라는 점 외에 노동력이라는 관점에서 중요시된다.

<표2-2> 산 업 별 취 업 자

(단위 : 1,000명, 1998년 기준)

국 가	총 계	산업별 구성비(%)				연평균 노동력 증가율(%)		
		농림어업	광공업	서비스업	건설업	1965~'73	1973~'83	1983~2000
베 트 남	37,000	67.0	9.5	23.5(건설업포함)		X	X	2.9
태 국	33,162	50.3	13.1	30.5	6.1	2.4	3.1	2.1
미 얀 마	17,964	63.4	9.5	25.0	2.1	1.3	1.4	2.2
말레이시아	8,600	17.3	23.8	49.6	9.3	2.9	3.2	2.7
싱가포르	1,831	0.3	22.7	70.1	6.9	3.4	2.3	1.1
인도네시아	87,050	41.2	13.9	40.1	4.8	1.9	2.3	2.4
필 리 핀	27,888	40.4	10.3	43.4	5.9	2.1	3.0	2.5
브루나이	112	1.8	8.9	89.3(건설업포함)		X	X	X

註 : X = not available

자료 : International Labor Organization ; U. N. Food and Agriculture Organization, APEC 국가의 주요통계지표(1999, 통계청), p. 31.

과거 식민지배국들은 이 지역에서 인적 자원을 크게 활용하였다. 2차 대전 당시 일본은 동남아를 깊이 연구했다. 전쟁을 승리로 이끌기 위해 일본은 동남아를 1차적인 점령 목표로 삼았는데 그것은 이 지역의 자원활용과 관련이 있다. 일본은 많은 전투인력을 동남아에서 충당했던 것이다.

물적 자원에는 광물자원 농산물 그리고 수자원까지 포함된다. 동남아는 대체로 이 모든 것을 골고루 갖추고 있다. 우리가 흔히 전략자원이라는 말을 하는데 이 말의 뜻은 유사시 대량소비가 되는 품목 또는 희소성이 있는 긴요한 자원을 말한다. 그렇기 때문에 전략자원이라고 할 때 여기에는 유사시를 대비하여 평소 미리 비축해둘 필요성이 있는 자원이 대부분 포함된다. 동남아의 삼림면적은 1985년도 중국과 대양주 국가를 제외하고 1,262백만 헥타로서 세계 총삼림 면적 5,228백만 헥타 의 24% 이상을 점하고 있다. 원목의 경우 1981~1983년도 세계 총 생산량 약 30억㎥ 중에서 아시아는 약 9억㎥로서 30%에 달하는데 동남아의 인도네시아, 말레이시아, 필리핀, 태국이 4억 7천만㎥로서 아시아 총 생산량의 반 이상을 점하고 있다.

원유매장량은 1994년에 확인된 매장량만도 인도네시아 58억 배럴, 말레이시아 43억 배럴, 브루나이 14억 배럴 등 총 122억 배럴로서 세계 총매장량 10,093억 배럴의 근 1.2%를 차지하고 있다. 원유생산량에 있어서도 <표 2-6>에 나타난 대로 1994년도에 인도네시아 74,200 b/d, 말레이시아 30,900 b/d, 브루나이 8,500 b/d, 베트남 6,000 b/d, 파푸아뉴기니 5,700 b/d를 생산함으로써 이것은 같은 해 세계 총 생산량 3,209,100 b/d의 근 4%에 해당되는 양이다. 천연가스도 동남아지역의 매장량이 1994년 기준으로 150조ft³에 달하여 세계 총 매장량 4,980조ft³의 근 3%에 해당된다. 생산량에 있어서도 1994년의 경우 인도네시아, 말레이시아, 브루나이를 중심으로 한 동남아 국가들의 양이 8800만 TOE에 달해 같은 해 세계 총 생산량

18억 7,380만 **TOE**의 약 **4.7%**를 점하고 있다. 원유와 천연가스는 동남아에서 계속 발굴되고 있어 앞으로 더 늘어날 전망이다.

이 외에도 석탄, 주석 등 각종 자원이 동남아에 묻혀있다. 아직 확인되지 못한 천연자원도 엄청나며 계속 발굴되고 있다. 무진장의 해양자원과 관광자원까지를 고려한다면 동남아는 실로 지구상에 자원의 보고라 할만 하다. 세계적 전략을 구상하는 강대국들의 입장에서 이러한 동남아의 자원은 큰 관심의 대상일 수밖에 없다. 자본주의의 발달에 따른 원료공급처로서 그리고 상품판매시장으로서 동남아의 의미는 실로 엄청나다. 물론 노동력 공급원이라는 점 역시 중요시되고 있다. 양차의 대전과 냉전체제에서 양진영의 대립과 갈등을 겪으면서 동남아의 자원에 대한 가치는 전시를 대비한 전략자원의 차원에서 더욱 중요시되었다.

경제적인 가치에 군사적인 의미도 내포된 이러한 전략자원이라는 관점은 태평양과 인도양상에 위기가 감돌 때 보다 중요시 된다. 미·일 간의 전쟁 시 동남아를 중심으로 한 치열한 공방을 편 것이나, 냉전시기 이 지역에서 대륙세력이라고 불릴 수 있는 공산국가들과 미국을 중심으로 한 자유진영 국가들 간에 벌렸던 각축전 등에서 잘 드러난다. 말하자면 미국과 러시아간, 미·중국간 긴장감이 고조될 때 특히 그 성격이 군사적인 의미를 띨 때 동남아에는 자원배분과 관련하여 위기감이 높아질 가능성이 커진다. 강국들은 동남아의 전략자원을 최소한 적의 수중에는 들어가지 못하도록 해야 하기 때문에 이 지역에서 강국들의 역학관계는 한결 미묘해진다.

이러한 사정은 오늘날 동남아국가들과 태평양 연안강국들과의 관계에서도 나타나고 있다. 강국들은 동남아국가들과의 협력을 요망하고 있다. 매우 조심스럽게 그렇지만 끈질기게 동남아 사람들의 마음의 문을 두드리고 있다. 이미 1970년대부터 이러한 징후가 나타났다. 호주의 경우 1974년 4월 아세안(ASEAN)과 최초의 공식접촉을 한 이후 1985년 2월까지 9회 이상의 회담이 있었다. 여기서 아세안·호주 경제협력계획(AAECP) 등을 통하여 호주는 아세안에 1억 1천 7백만 호주 달러를 지원한 바 있다. 미국은 1983년 12월에 있었던 제5차 아세안·미국 협상과 1984년 4월에 있었던 통상장관회의를 통하여 일반특혜관세제도(GSP : Generalized System of Preferences)를 확대하여 섬유류 수입규제를 완화하고 중소기업을 지원하기로 합의한 바 있다. 캐나다도 아세안·캐나다 공동협력위원회와 Canadian International Development Agency를 통하여 계속 협력이 강화되었다. 이미 아세안 제국의 상품이 캐나다에 진출하는데 있어서 관세감면의 혜택을 주거나 GSP를 확대하며, International Development Research Center를 통한 16만 7천 달러의 자본과 기술을 ASEAN Crops Post-Harvest Program에 제공하기로 했었다. 일본은 1970년대 초 천연고무 수출협상이 있은 후 계속 깊은 관심과 협력을 추진하고 있다. 아세안의 공업 프로젝트를 지원하기 위해 10억 달러의 Fukuda Fund를 마련하고 아세안 무역투자센터를 설립했다. 1983년에는 112개 품목의 특혜관세율을 인하했고 아세안 공산품에 대한 배당량의 인상에 대하여 합의했다. 1984년에는 일본·아세안 협력촉진계획(JACPP)을 통해 무역과 투자를 늘리도록 4천만 엔의 자금을 지원한 바도 있다. 이렇듯 주변강국들은 동남아국가들에 대하여 깊은 관심을 가지고 있으며 경제적 협력증진을 위하여 때로는 경쟁적인 노력을 보이기까지 하고 있다.

동남아 선교는 강국들의 자원확보와 시장경제의 교활함에 대한 현지 주민들의 저항의식을 염두에 둘 필요가 있다. 동남아 현지인들은 선교사의 활동이 자신들의 경제적 이익에 손해를 끼치지 않을까 관심이 높은 것도 이러한 자원에 대한 강국들의 관심과 관계된다. 선교사가 매우 상식적인 경제활동을 하더라도 현지인들은 경각심을 가지게 된다. 이러한 경제관이야말로 삶 속에서 깊이 유의해야 할 것이다.

(3) 중국대륙과의 상관성

동남아가 지니고 있는 또 하나의 매력은 중국대륙과의 상관성이라는 점에서 찾아 볼 수 있다.

오늘날 동남아지역이 국제무대에 급격히 부상되고 있는 이유에는 중국대륙의 위치가 국제관계에서 새롭게 조명되기 시작한 것과 관련이 있다. 동남아는 중국대륙과 깊은 상관성을 지니고 있다. 중국 문제가 부각되면 흔히 동남아 문제가 부각되고 동남아 문제가 제기되면 자연히 중국대륙에 시선을 주게 된다. 그러면 동남아가 어떠한 점에서 중국대륙과 상관성을 지니는 것일까? 이것은 다음 세 가지 점으로 나누어 살펴 볼 수 있겠다. 지리상의 측면과 문화적인 측면 그리고 인종상의 측면이다.

지리적인 측면에서 동남아는 중국대륙과 인접해 있다. 육지로 연결되어 있을 뿐 아니라 바다로도 긴밀한 소통관계에 있다. 중국대륙의 남부는 지리상으로 동남아지역에 속한다. 동남아지역 내에 게릴라 활동이 계속될 수 있는 원인도 동남아가 지리적으로 중국대륙과 연결되어 있다는 점과 관련이 있다8). 동남아가 중국대륙과 지리적으

---

8) 동남아의 게릴라 수에 관하여 정확한 정보는 없으나 다음 자료를 통하여 개괄적 숫자를 이해하는데 참고가 될 것 같다.

Membership and Orientation of Communist Parties in Southeast Asia

Country	Membership	Orientation
Myanmar	3,000 Claim	pro - Beijing
Indonesia	1,000 Claim	Spilt
Cambodia	unknown	pro - Moscow
Laos	15,000 claim	pro - Moscow
Malaysia	3,425 estimated	Spilt
Philippines	3,000 ~ 4,000 estimated	Spilt
Singapore	325 estimated	pro - Beijing
Tailand	1,200 estimated	pro - Beijing
Vietnam	1,533,000 claim	pro - Moscow

자료 : Richard F Staar (1981), "Checklist of Communist Parties and Fronts" *Problems of Communism,* vol. 30, p. 91. Leo Suryadinata (1985), *China and the ASEAN States: the Ethnic Chinese Dimension,* Singapore Univ. Press, p. 20에서 재인용.

로 밀접한 관련이 있으므로 야기되는 문제 중에 중국과 러시아간의 갈등이 포함된다. 중국대륙을 지배하고 있는 세력이 외부의 침략에 대해 느끼는 위협은 두 가지 경우이다. 하나는 북쪽의 시베리아로부터 오는 대륙세력의 위협이고 다른 하나는 남쪽 동남아지역으로부터 오는 해양세력의 위협이다. 중국대륙의 지배자가 가장 심각하게 생각하지 않을 수 없는 상황은 북쪽의 시베리아를 지배하는 세력이 동시에 남쪽의 해양세력, 곧 동남아를 지배하는 경우이다. 이러한 상황을 오늘날에 적용해본다면 북쪽 시베리아를 지배하고 있는 러시아가 남쪽의 동남아에 세력을 확장하려고 할 때 중국으로서는 매우 민감한 반응을 보이지 않을 수 없는 것이다.

동남아는 중국대륙과 문화적으로 매우 밀접한 관련이 있다. 동남아와 중국대륙과의 문화적인 관계는 중국중심의 방계(傍系)적 국제관계라는 틀로 집약할 수 있으며 과거 이러한 중국중심의 방계적 정치질서가 동력화(動力化) 될 수 있는 구체적인 장치가 조공제도(朝貢制度)였다. 오늘날도 중국과 동남아의 관계가 전통적인 조공제도의 모습으로 재정립되기 시작하였으며 다만 그 형식과 내용이 현대적 의미로 각색되었다고 볼 수 있다. 이 점에 관하여는 뒤에 보다 자세하게 언급될 것이다.

뿐만 아니라 동남아는 인종적으로 중국대륙과 밀접한 관계가 있다. 동남아와 중국대륙 간의 인종문제라면 그것은 동남아에 거주하는 중국인, 곧 화교문제9)이다. 화교문제야말로 동남아를 중국대륙과

---

9) 여기 화교(華僑)라는 의미 자체가 통일되어 있는 것은 아니다. 화교라고 했을 때 대체로 '해외에 거주하여 살고 있는 중국이민과 그 후손' 또는 '중국 본토에서 해외로 이주한 중국 이민과 그 거주지에서 성장한 자손의 총칭'으로 사용되된다. 그러나 엄격하게 따지고 보면 해외의 중국 국민(Chinese Nationals)과 華族(Ethnic Chinese)은 구별되어야 할 것이다. 뿐만 아니라 화교를 종족의 관점에서 볼 때 어느 정도의 혈통을 순수하게 유지하고 있는지 또한 언어나 생활양식 등의 문화적 특성을 어느 정도 유지하고 있느냐를 제대로 알기란 거의 불가능하다. 그러나 본 글에서는 동남아에 거주하

인종상으로 뗄 수 없는 관계로 만드는 중요한 원인이 되고 있다. 5세기 이후 중국인은 계속 동남아에 진출했다. 특히 중국대륙의 정치적인 변혁기인 청(淸)이 건국된 1644년, 반청(反淸)의 태평천국운동이 있었던 1850년과 1864년 그리고 쑨원(孫文)의 국민당 혁명기였던 20세기 초에 중국인은 동남아에 대거 진출하였다.[10) 현재 인도아대륙을 포함한 동남아 화교는 동남아 전 인구의 2%에 가까운 2천만 명을 넘고 있다.[11) 이렇게 엄청난 숫자의 중국인이 동남아에서 큰 영향력을 끼치고 있다. 경제적인 면에서 특히 그러하다. 화교들은 동

는 중국인을 통칭하여 어느 나라의 국적을 지니고 있는가 하는 것은 고려하지 않기로 한다.

10) 20세기에서 2차 대전이 발발되기까지 중국인의 이민율이 높지 않았는데 그 원인을 Guy Hunter는 다음 두 가지로 지적하고 있어 흥미롭다. 첫째는 孫文革命 이후 중국정부와 화교간에 많은 이해가 성립되었다는 것, 둘째로 1920년 이후 중국여성들이 다수 동남아에 오게 되었다는 점이다. 예를 들면, 1919년 태국의 화교중 남자가 20만 5천 470명, 여자가 5만 4천 724명이었는데 1947년에는 화교중 남자가 49만 5천 188명, 여자가 34만 743명으로 늘어나고 있음을 지적하고 있다. Guy Hunter(1966). 앞의 책, pp. 37-38.

11) 印度亞大陸을 제외한 ASEAN, 인도차이나 3국, 미얀마의 경우 화교의 총인구에 점하는 비율은 5%를 넘고 있다.

동남아시아의 화교인구 분포(1981년)

국 별	전체인구(人)	화교인구(人)	비 율(%)
브 루 나 이	212,840	54,150	25.4
미 얀 마	33,300,000	466,000	1.4
인 도 네 시 아	147,000,000	4,116,000	2.8
캄 보 디 아	5,100,000	425,000	5.5
라 오 스	3,200,000	60,700	1.9
말 레 이 시 아	12,736,637	4,214,282	33.1
필 리 핀	46,600,000	699,000	1.5
싱 가 포 르	2,413,945	1,856,237	76.9
태 국	46,100,000	6,000,000	13.0
베 트 남	52,741,766	1,000,000	1.9
합 계	349,405,188	18,891,369	5.2

資料 : Leo Suryadinata(1985), *China and ASEAN States.* Singapore Univ. Press, p. 6.

남아에서 경제권을 장악하고 있다.[12] 화교들의 경제관계는 그들 특유의 방언집단(方言集團)이라는 조직에 의해 한결 효과적으로 운영된다. 직업의 분포도 방언집단에 의해 구별된다. 예를 들면 광동지방의 화교는 Haka어를 사용하며 주로 농업에 종사한다.[13] 중국은 화교를 활용하여 동남아의 경제구조에 적지 않은 영향을 끼칠 수 있다. 중국이 유엔에 가입하던 1971년 11월 3일 전후 1주 동안에 대만에서 1억 달러 이상의 돈이 홍콩으로 유출된 예는 이러한 사정을 잘 말하여 준다.

화교의 군사적인 영향력 역시 무시할 수 없다. 화교는 군사적인 면에서 동남아와 중국과의 관계를 긴밀하게 해주는 구실을 한다. 동

---

12) 필리핀의 경우 정미업의 **80%**, 섬유공업의 **60%** 이상을 화교가 주도하고 있으며, 태국의 경우는 상업의 **51%**를 화교가 운영하고 있다. 싱가포르에서는 자본의 거의 전부가 화교에 의하여 지배되고 있다. 이렇게 동남아의 경제권은 거의 대부분 화교에 의하여 장악되고 있다. 화교들은 경제적 실권으로 동남아지역 내에서는 물론 중국과도 깊은 관련을 맺고 있다. 엄청난 돈이 화교에 의해 중국에 전달된다. *Far Eastern Economic Review* 가 소개한 바에 의하면 이미 **1978**년에 이미 화교에 의해 중국에 송금된 액수가 **4**억 달러였는데, 이 액수는 해마다 늘고 있으며 **1990**년대에는 **10**억 달러를 훨씬 상회하고 있다고 한다.

13) 동남아 화교는 대략 다섯 개의 Dialect group으로 분류되는데 ① Hokkiens, ② Jeochius, ③ Cantonese, ④ Hakkas 그리고 ⑤ Hailams들이다.
① 복건성의 '아모이(廈門)'로부터 동남아에 이주하여 온 약 **250**만 명이 가장 큰 Dialect group이며, 이들은 말레이시아, 싱가포르, 인도네시아, 미얀마, 필리핀에 거주하고 있는 화교의 대부분을 구성하고 있다.
② 광동성 북부로부터 이주하여 온 약 **230**만 명의 Jeochius는 태국, 캄보디아, 라오스 등에 거주하는 대부분의 화교들이다.
③ 광동성 중부로부터 이주하여 온 약 **170**만 명의 Cantonese는 말레이시아, 싱가포르 그리고 베트남에 대부분 거주하고 있다.
④ 복건성과 광동성에서 이주하여 온 Hakkas group은 약 **150**만 명이 되며, 이들은 보르네오 (Borneo), 사라와크(Sarawak) 그리고 브루나이(Brunei)에 대부분이 거주하고 인도네시아와 태국에도 상당수가 거주하고 있다.
⑤ 海南島로부터는 약 **60**만 명의 Hailams가 동남아 전역에 분산되어 거주하고 있다. A. D. Barnet(1960), *Communist China and Asia: Challenge to American Policy.* New York : Harper and Brothers, p. 173.

남아국가들이 당면하고 있는 가장 큰 과제가 게릴라 문제이다. 그런데 중국이 이들 게릴라를 경제적으로 돕거나 또는 직접 화교들을 게릴라 요원으로 투입한다. 자세한 내용을 알기가 쉽지 않으나 태국 남부의 게릴라 중에는 1천 명 가량의 화교가 포함된 적이 있었다. 말레이 인민해방군이 활동했던 1949년 2월, 6천 명 중 90%가 화교였다. 그러나 대부분 화교들은 경제지원 또는 정보제공 등의 방법으로 게릴라 활동을 돕는다. 이들이 가지고 있는 막강한 경제력과 특수한 조직력을 활용하여 중국이 동남아의 게릴라를 지원한다면 실로 중대한 사태가 야기될 수 있을 것이다. 그렇기 때문에 동남아국가들은 서둘러 중국과 수교를 했고 계속 좋은 유대를 가지려고 노력한다. 중국과 좋은 관계를 맺음으로써 게릴라 배후세력을 차단하겠다는 의도이다.

이상에서 동남아가 지니고 있는 전략적 가치를 지정학적인 관점, 특히 기능상의 관계적 위치라는 관점에서 조명해 보았다. 여기서 우리는 동남아가 대륙세력과 해양세력간의 접촉의 장이었다는 것과 세계전략상 대륙과 해양 그리고 해양과 해양간의 분리 또는 결합이라는 반도로서의 기능을 맡고 있다는 것을 알 수 있다. 뿐만 아니라 동남아는 완충지대의 속성을 지니고 있으며 제삼세력권의 구심지라는 점과 해상통로로서 생명선과 세력선 모두의 성격을 띠고 있다는 사실을 알 수 있게 되었다.

동남아지역은 감추어진 무진장한 물적 자원의 원료공급처로서, 또는 상품 및 노동시장으로서의 의미를 살펴보았다. 전략자원이라는 관점에서 태평양이나 인도양상에 위기가 감돌 때 그 중요성이 한결 부각된다. 우리는 동남아가 중국대륙과 어떤 상관관계를 유지하고 있는가를 검토하면서 중국대륙과 동남아의 상관성, 전통적인 중국 중심의 방계적 정치 질서의 재생이라는 관점에서 살펴보았다.

동남아는 복음이 제대로 전해지지 못한 중요한 선교전략지역 중의 하나이다. 이 지역이 지정학적으로 중요하면서 무진장한 자원이 매장된 곳이기 때문에 강대국이 입김이 앞으로도 크게 서려질 수 있는 지역이라는 점에서 서구 해양세력권 출신의 선교사에게는 한결 선교에 부담이 되는 지역이다. 기독교가 서양제국주의와 동일시되었던 과거 인식 때문이다. 그렇기 때문에 선교사는 선교사가 소속된 국가뿐만 아니라 동남아 현지 국가의 정부와 정치적 상관성이 없음을 보여주어야 한다. 지정학적으로 동남아의 도시는 전통적으로 서구세력의 진출거점으로 개발되었고 따라서 복음전파의 거점이다. 그만큼 도시는 기존 종교의 기독교에 대한 저항의 대상이기도 하다. 특히 도시에는 소수이긴 하지만 근대화를 위한 기독교인 엘리트들이 사회에서 중요한 역할을 하고 있어 기존 종교계의 저항의 표적이 되고 있다. 시장경제 논리에 익숙하지 못한 원주민으로서 과거 서구 제국주의가 지신들의 자원을 수탈해간 기억을 잊을 리 없으며 따라서 선교사의 경제관에 대해 민감해지는 것은 당연하다. 선교사로서는 법적으로 당연한 주장이요 관례라고 하더라도 이들의 감정에 엇나가지 않는 재물관과 경제활동이 이뤄지도록 각별한 주의가 필요하다. 러시아와 중국 간의 갈등이 어떻게 나타날 것인가는 동남아에서 가장 민감하게 나타난다는 점에서 동남아에서 러시아의 움직임은 국제적 감각을 익히는 하나의 기준이 될 수 있다. 동남아인들이 중국을 멀리할 수도 없고 가까이 할 수도 없는 사정을 잘 이해하면서 화교들과의 관계가 유지되어야 할 것이다. 동남아는 점차 분명해지고 있는 미국과 중국의 갈등이 가장 첨예하게 부딪치는 지역이라는 점 역시 동남아 선교에 고려해야 할 사항이다. 중국의 유교권 문화와 인도의 힌두교 그리고 인도네시아 말레이시아의 이슬람 문화권이 서로 부딪치는 지역임을 감안한 선교전략의 구상이어야 할 것이다.

3.   잊혀질 수 없는 슬픈 과거

앞에서 살펴본 동남아의 매력 때문에 강대국 또는 강대국이 되고 싶은 나라는 곧바로 동남아를 그들의 영향권으로 삼으려고 한다. 그런 관정에서 그들 간에 쟁탈전이 벌어지곤 한다. 동남아는 처음 중국과 인도의 영향권에 들어갔다가 이어서 서구 강국들에 의해 차례차례 정복된다. 강국들의 흥망성쇠에 따라 동남아 각국의 운명도 달라진다. 강국들의 이러한 정치적 지배는 동남아인들의 민족, 인종, 종교 그리고 언어에 영향을 미치게 된다. 국경의 획정이나 영토의 분할은 물론 오늘의 정치형태나 정치의식에까지 큰 영향을 끼치게 된다. 앞에서 지적한 바와 같이 인도차이나 3국, 태국 그리고 미얀마를 포함하는 크라(Kra)지역과 인도아 대륙을 제외한 기타국가들 곧 말레이 문화권으로 나누어 이를 좀더 자세히 살펴보기로 하자.

1) 크라(Kra)지역의 역사

(1) 베 트 남

베트남의 건국신화에 따르면 베트남의 시조는 강한 힘을 가진 海神(락 롱껀)과 아름다운 山神(어우 꺼)이며, 이들 사이에 100명의 아들이 태어나 반은 아버지를 따라 바다로 갔고 나머지 반은 어머니를 따라 산으로 들어갔다고 전해진다. 이때 어머니를 따라 산으로 들어간 사람들이 반 랑 왕국(현 하노이 지역)을 건국했던 베트남의 전설적 황제들인 훙(Hung)家로 보고 있으며, 후에 이 왕국을 '어우 락'

이라 불렀다고 한다.

실제로 하노이 남서부에 위치한 마江계곡은 구석기 시대(BC 50만~BC 30만년)부터 인류가 출현했던 고대 유적지로서, 최근 발견된 고고학적 유물들은 훙(Hung)왕조가 풍 우엔(Phung Nguyen)이라고 불리는 고도로 발달된 문화를 가지고 있었다는 사실을 확인시켜 주었다. BC 3000년경 동선(東山 : Dong Son)문화를 이루고 있던 마강 계곡의 락 비에트족은 상당히 복잡하고 정교한 사회조직을 형성하고 있었던 것으로 추정되고 있다. 오늘의 베트남인들은 고대 락 비에트인들을 자신들의 직접적인 조상으로 생각하고 있다.

한편 베트남 건국신화에 대한 또 다른 설에 의하면 중국 神農의 자손이 양자강 이남으로부터 통킹[14]지방에 걸친 지역에 반랑 왕국을 건국하여 1500여 년간 존속되다가 BC 3세기경 인접국인 漢의 왕자에 의해 멸망되었고 한나라의 왕자는 이 지역에 아우라크[15] 왕국을 건립하였다고 한다.

베트남인의 기원에 대하여서 이밖에도 많은 논쟁이 있다. 통킹(Tongking)에 이미 정착한 지역 부족들과 몽골계(mongoloid) 사람들 사이의 혼합결혼의 결과로 형성되었다는 주장도 있다. 가장 오래된 고고학적 증거로서 앞에서 언급한 동선문화를 통해 그들의 문화가 이미 중국에 의해 영향을 받아 몽골과 인도네시아 계통의 혼합물임을 보여준다. 중국 문화는 BC 9세기부터 4세기에 걸쳐 이 지역(광동 및 광시, 푸킨 등)에 널리 퍼지지 않았나 생각되며, BC 3세기경 지금의 통킹과 안남 북쪽 지역에 영향을 미치기 시작했던 것 같다.[16]

---

14) 통킹(Tonking)지방은 베트남 북부지방으로 대부분 산악지역이며 중국의 운남성에서 발원한 紅河가 가장 긴 강으로 통킹만과 접한 하류지역에 광대한 삼각주(면적 15,000㎢)가 형성되어 있다.

15) 다른 저서에서는 어우 락으로 표기되기도 한다. 본 글에서도 이후부터는 어우 락으로 표기하기로 한다.

유에족이 개척해 놓은 길을 따라 漢족의 원정대가 락 비에트족의 영토를 침범하여 郡을 설치하고 군대를 주둔시켰다. **Hall**은 이 시기가 **BC 214**년으로, 난하이(**Nan-hai**), 쿠에이린(**Kuei-lin**), 시앙(**Siang**)에 郡의 중심으로서 3개의 요새를 설치하였다고 하며, 이때부터 중국의 지배시기가 시작되었다고 보고 있다. 중국은 그후 **BC 207**년 한의 장군 '차오 토'가 홍하 유역과 중국의 남동부 지역을 재편성하여 南비에트(**NamViet**)라는 단일국가를 세웠다. **BC 111**년에는 漢제국이 남비에트를 '짜오 찌'(**Chiao Chih**)라 부르며 이를 자국 행정 지역의 하나로 합병했다.

前漢의 지배시대 말기에 영주 처형법이 실시되어 영주들을 처형하자 **AD 39**년에 처형된 한 영주의 아내 트룽 트라크와 그 여동생 트룽 니 자매가 반란을 일으켜 중국군을 축출하고 **AD 40**년에 베트남 여왕으로 추대되었다. 그러나 **AD 43**년에 後漢의 광무제의 명으로 베트남 토벌이 시작되었으며 베트남군은 두 여왕을 중심으로 완강히 저항하였으나 역부족으로 패퇴했고, 두 여왕은 데이강에 투신 자살함으로써 베트남 최초의 독립운동은 실패하였다. 이 트룽 자매는 지금까지 베트남 민족운동의 선구자로서 추앙 받고 있으며 음력 2월 6일에는 이들 자매의 넋을 기리는 하이바 트룽 祭가 개최되고 있다.

그후 248년 투리우 아우, 544년에는 리 본의 반란이 일어났으나 실패하였다. 安南이라는 명칭은 622년 새로운 당 왕조가 응안난(**Ngannan**)이라는 보호령을 수립하였는데, 여기서 안남(**Annam**)이라는 지역명이 유래하였다고도 하고[17] 또는 베트남의 민족저항이 수그러들자 이에 베트남은 「평정된 南國」이라는 뜻으로 安南으로 부르게 되었다고도 한다.

---

16) D. G. E. Hall (1993), *A History of South-East Asia*, London : Macmillan Press, p. 211.
17) D. G. E. Hall, 앞의 책, p. 213.

이후 939년에 고 꾸옌(Ngo Quyen)[18]이라는 장군이 당의 점령군을 바익당강의 전투에서 대패시켜 당군을 축출하고 독립왕조를 건국하기까지 1,000년 이상 중국의 지배를 받았다. 중국은 972년 베트남의 독립을 정식으로 인정하였다. 새로이 건설된 자치독립국 다이코비에트(Dai Co Viet)는 현 하노이의 남동부에 있는 호아루를 첫 도읍지로 정했다. 이후 베트남의 독립은 19세기까지 이어졌지만, 베트남 북부지역에 대한 중국의 정치, 문화적인 영향은 상당히 컸으며, 지금까지 북부지방은 사회적으로 중국과 많은 유사성이 있다.

베트남은 972년 독립 吳왕조 건국이후 1883년 프랑스와 보호조약을 체결하기까지 10왕조 약 950년간(1407~1427년간 明 지배시대 제외) 많은 내란과 외국침략에도 불구하고 독립을 유지하며 인도차이나의 유력 민족으로서 두각을 나타냈다.

13세기의 정복자 쿠빌라이 칸의 몽고 군대가 베트남의 국경을 위협하게 되자 베트남과 참파 왕국은 상호간의 반목을 접어두고 연합군을 결성하였다. 게릴라전에 능했던 쩐(Tran)왕조(1225~1400)의 홍 다오는 당시 베트남의 수도였던 현 하노이를 몽고군의 세 차례 침략으로부터 성공적으로 방어해냈다. 그러나 14세기 말 베트남의 정치적 분열을 틈타 明은 베트남을 침공, 1407년부터 1427년까지 직접 통치했다. 이에 대항하여 베트남인들은 지도자 레 러이의 지도하에 단결하였으며, 항거한지 10년 만에 마침내 明의 군대를 몰아내는데 성공하였다. 국민적 영웅이 된 그는 후기 레 왕조를 건설하였다.

후기 레 왕조(1427~1789)는 토지 및 사회개혁에 중점을 둔 정책을 폈다. 또한 레 왕조의 치적으로는 당시 동남아에서 가장 발달된 법전(法典)을 들 수 있다. 레 왕조시기에 북 베트남인들은 남하를 계속하여 1471년 비옥한 영토의 참파 왕국까지 진출하게 되었다. 18

---

18) 국가안전기획부의 앞의 책에서는 吳權(Neo Nguyen)으로 표기하였음.

세기 중엽에 베트남의 영토는 타일랜드灣까지 확장되었다.

1620년에서 1777년까지는 찐(鄭:Trinh)家와 응우엔(阮:Nguyen)家가 대결하는 시기였다. 후기 레 왕조 말기(1533~1802년)에 왕조의 실권은 동호이 지방을 경계로 하여 북부는 찐 씨가, 남부는 응우엔 씨의 세력권으로 분할되었다. 옹우엔가는 남하를 계속하여 1657년에는 코친차이나 지역의 캄보디아인을 몰아내고 현재의 베트남, 캄보디아 국경지대까지 점령했다. 1672년에는 사이공까지 진출했고, 1757년에는 현재 베트남 영토의 최남단인 가마우 반도까지 장악했다. 이는 남진정책을 계속 추구했던 레 왕조의 수도가 북부지방에 있었던 관계로 남부의 행정기관들을 직접 관장하기가 어려워졌기 때문이다.

포르투갈의 예수교 선교사들은 마카오에 선교 본거지를 두고 1550년부터 다낭 지역을 중심으로 본격적인 선교활동을 개시했다. 또한 향료무역이 유망할 것으로 판단했던 프랑스의 상인들이 프랑스 동인도 회사를 설립하여 동남아시아와 교역을 추진했다. 당시 베트남인들은 기존 선교사들을 중개인 또는 통역사로 이용하여 샴(현재 태국)과의 교역도 활발히 전개했다. 16세기 유럽의 해양 강국들은 인도네시아, 인도, 중국과는 통상하고 있었지만 베트남은 그때까지 이들과 교역이 없었기 때문에 여전히 문호가 폐쇄되어 있었다. 그러나 Hall에 따르면 16세기말에 포르투갈은 안남과 통킹 양쪽과 정기적인 무역관계를 수립하였다고 한다. 포르투갈인들은 이 두 지역에 공장들을 가지고 있지는 않았지만, 그들의 근거지로써 중국의 마카오를 사용하였다. 포르투갈인들은 일본시장에 팔기 위한 비단원료를 구입하기 위해 통킹에 갔으며, 수요가 매우 커서 이 상품은 극동지역의 주요 무역물품중의 하나가 되었다. 치앙남(Quang-nam)에 가까운 파이포(Fai-fo)항은 응우엔이 지배하는 상업적 항구였으며, 도시라기보다는 시장이었다. 포르투갈인들이 그곳에서 무역을 시작했을 때 중국인과 일본인들이 인구의 대부분을 차지했으며, 각자의 행정장관 아래서 분리된 지역에서 살고 있었다. 안남과 통킹의 외국무역은 거의 전부가 외국인의 손에 있었으며, 원주민들은 오직 해안무역에 종사했다.[19)

17세기에 들어와 베트남의 촌락들은 프랑스의 선교사들에 의해 변모되기 시작했으며, 그 중에서도 특히 해안지방이 가장 큰 영향을 받았다. 베트남의 왕들은 불어 습득이나 의학, 천문학 기술을 도입하였다. 그러나 서방에서 온 새로운 종교는 유교가 중시하는 왕권중심의 통치체계를 와해시켰으며, 베트남의 제왕들은 이내 기독교를 통해 외국의 지배를 받을지 모른다고 걱정하게 되었다. 비록 그들이 공식적으로 선교사들의 설교를 금한 것은 아니었지만 그들을 계속 경계하였다.

유럽의 개입 초기에 막강했던 응우엔(Nguyen)가는 네덜란드로부터 무기를 공급받던 찐가와의 싸움에서 프랑스 및 포르투갈의 지원을 요청하였다. 이러한 과정에서 점차 심화된 두 가문간의 불화로 결국 지도층의 무능이 온 국민에게 드러나는 계기가 되었다.

1771년 떠이 썬에서 3형제는 반란을 일으켜 1777년 베트남 남부를 지배하고 있던 院(원)가의 마지막 왕자 구엔 안을 메콩델타의 늪지로 몰아낸 데 이어 남부의 鄭가를 제압하여 1786년에는 베트남의 대부분을 장악했다. 그러나 떠이 썬의 반란에서 살아남은 院가의 院福映이 프랑스인 선교사 삐엘삐뇨(Pierre Georges Pigneau de Behaine) 신부의 주선으로 베트남을 탈출, 프랑스로 건너가 1786년 11월 프랑스와 공수동맹(攻守同盟)을 체결했으며 프랑스는 영토의 할양과 선교의 자유를 조건으로 원조를 약속했다. 그러나 프랑스는 당시 국내정세의 불안으로 이 약속을 이행하지 못했으며 에에 삐뇨

---

19) D. G. E. Hall, 앞의 책, p. 439.

신부는 인도에 진출해있던 프랑스 상인들의 도움을 받아 병력 300
명과 대포, 선박 등을 마련, 1789년 7월 베트남에 진주해 院福映 軍
을 지원했다. 태국(당시 샴國)軍도 院福映 軍을 도와 떠이 썬 군대를
토벌, 院福映은 1802년 베트남 전국을 통일하였다. 院福映은 자신을
지아롱帝라 칭하고 院朝(1802~1945)를 건립하여 국호를 安南(베트
남)이라 하였으며, 국내를 3등분하여 중부 안남 지방은 자신이 직접
통치하고 북부의 통킹과 남부의 코친차이나 지역은 부왕제도를 두어
지배하였다. 그는 또한 국내질서를 회복하고 중국과 선린우호 관계
를 도모했으며, 프랑스인과 선교사를 우대하는 정책을 실시하였다.

지아롱의 후계자들인 민망, 튜트리, 투둑 왕들은 지아롱帝와는 달
리 외국에 대해 철저한 배타정책으로 외국인의 입국은 물론 카톨릭
교의 포교까지 엄금하고 박해를 가했다. 이 당시 프랑스인들은 베트
남에서의 교역특권을 지나치게 남용하여 오히려 자신들의 유리한 입
지를 위태롭게 만들었다. 교역을 통해 문호 개방을 도와주었던 선교
사들은 점차 적극적으로 정치적 문제에 개입하기 시작했다. 이에 따
라 지아롱의 후계자들은 자신의 통치를 어렵게 만들고 있는 각 지방
에서의 봉기에 외국인들의 영향이 미쳤을 것으로 의심하게 되었으며
프랑스와 자국인 성직자들을 박해했다. 프랑스인 성직자들의 참형소
식이 프랑스로 전해져 국민들의 항의가 거세지자 나폴레옹 3세는 마
침내 베트남에서의 군사개입을 승인하기에 이르렀다. 당시 영국은
미얀마와 중국에 문호개방을 강요하며 식민지착취에 열중해 있었다.
이러한 영국인들의 도전에 직면한 프랑스인들은 중국 내륙 깊숙이
위치하고 있던 풍부한 자원을 선점할 수 있는 지름길을 찾기 위해
베트남을 발판으로 이용하고자 했던 것이다. 당시 통킹지역에서만도
튜트리帝와 투둑帝는 15년 동안에 10명의 유럽 신부와 100명의 베
트남인 신부 및 2만여 명의 신도들을 학살하였다고 한다. 이에 따라
중국과의 통상개척을 위해 동방진출을 적극 기도하던 프랑스는 베트

남에서의 선교사 박해를 구실로 베트남에 대해 무력개입을 하게 되었으며, 이 지역에 대한 식민 정책을 적극 추진하기 시작하였다. 1853년 8월 제누이 제독이 지휘하는 프랑스와 스페인 연합 함대는 안남 지역에서 프랑스인 및 스페인 선교사가 학살된 데 항의하여 무력개입을 시작, 뚜란(다낭)을 포격하고 1859년 2월에는 사이공을 점령하였다. 이어 1862년 베트남과 프랑스 및 스페인간 평화협약이 체결되어 프랑스는 베트남으로부터 코친차이나의 동부 3개성을 이양받고 1867년에는 샴(태국)과의 합의하에 캄보디아에 대한 보호권을 인수하였으며, 1874년 베트남은 서부 3개성까지 프랑스에 할양하게 되었다. 한편 프랑스는 1876년에 베트남과 평화협약을 체결, 코친차이나 지역 6개성을 식민지화하고 계속적인 군사, 외교적 압력을 통해 북부지역 장악을 기도하였다. 이에 대해 중국의 청나라는 1881년 안남에 대한 종주권을 주장하며 紅河를 통해 통킹으로 의용군을 파견하였으며, 프랑스도 원정군을 파견하여 1883년에는 전 안남과 통킹지역에 대한 통치권을 선언, 베트남을 보호령화 함으로써 청나라와 프랑스 양국은 전쟁상태에 돌입하게 되었다. 이에 청국은 1885년 프랑스와 조약을 체결하고 프랑스가 중국과 인지반도간의 국경선을 존중한다는 조건하에 인지반도에 대한 종주권을 포기하였다.

1883년 베트남을 보호령화한 프랑스는 베트남의 영토를 통킹, 안남, 코친차이나의 3부분[20]으로 분할하여 통치하고 1887년 캄보디아, 1899년 라오스, 1900년 광주만을 포괄하는 '프랑스령 인도차이나 연

---

20) 안남(Annam)지방은 베트남 중부의 남중국해에 접하는 좁고 긴 지역(면적 147,600㎢)으로 북쪽지역은 땅이 비옥하여 농산물이 풍부하게 생산되고 중남부 지역은 야생동물이 많이 서식하며 상당량의 목재가 생산된다. 코친차이나(Cochin-China)는 베트남 남부지방을 말한다. 티벳고원에서 발원하여 라오스, 태국과의 국경을 이루어 캄보디아를 지나 이 지방의 중앙을 흐르는 메콩강이 남중국해에 이르는 하구에 광대한 삼각주(면적 22,000㎢)를 형성하고 있다. 이곳을 중심으로 하여 주요 곡창지대가 형성되어 농업과 상업이 발달하였다.

방'을 구성하고 하노이에 총독부를 두어 인도차이나에 대한 식민통치를 실시하였다.

프랑스는 우선 중국 서남부와의 통상 증진을 위해 교통망 확장에 착수하는 한편 프랑스의 자본과 시설을 도입하여 인도차이나반도의 자원을 개발하기 시작하였다. 1924년 이후 프랑스 자본이 인도차이나반도에 대규모로 유입되기 시작하면서 본격적인 개발이 추진되었다. 1875년 설립된 인도차이나 은행은 프랑스인들의 기업활동에 재정적 후원을 아끼지 않았는데 당시 가장 이윤이 컸던 수출품목은 쌀이었고 다음이 고무였다. 프랑스인들은 중국인 중간상인들을 앞장세워 거래하면서 중국인들에게는 그 대가로 베트남 농민들을 대상으로 한 고리대금업을 허용해 주었다. 이와 같은 모든 상거래는 베트남인들의 이익을 위해서가 아니라 효율적인 식민지 착취를 목적으로 이루어졌다. 중국 상인들은 베트남 농민들로부터 낮은 가격으로 쌀을 수매한 다음 프랑스 전매회사에 이를 전량 공급했다. 프랑스인들은 거의 불모지나 다름없던 메콩강의 델타지역을 개간토록 하여 경작 가능한 땅으로 변화시켰지만, 이곳에서 생산된 쌀의 대부분은 베트남 국내의 절박한 식량부족을 해소하는데 쓰였던 것이 아니라 유럽인들을 위해 수출되었다. 당시 산업화가 진행 중이었던 프랑스는 자국이 생산한 공산품 수출시장의 확보가 시급한 상황이었다. 당시 주류, 담배, 소금과 아편의 제조 및 분배를 담당하기 위해 전매회사가 설립되었는데, 1차대전 초기 이들 회사에서 나오는 총독부의 세수는 全인도차이나 반도에서 거두어들이는 세금의 50%~60%를 차지했다.21)

그러나 프랑스의 동화정책을 통한 통치방식은 베트남인들의 저항의식을 불러 일으켜 후에 폭동(1885년), 한기帝의 반란운동(1885~

---

21) 대외경제정책연구원(1994), 베트남 편람, p. 71.

1888년), 판딘훈의 하틴봉기(1893~1895년), 두이자틴 폭동(1940년), 게안폭동(1941년) 등 민족독립운동을 유발하였다. 특히 프랑스는 1930년 2월 9일 베트남 국민당이 일으킨 이엥바이(하노이 북서부)봉기를 계기로 프랑스는 베트남의 민족주의 저항세력에 대하여 철저한 무력탄압을 가해 20만여 명의 사상자가 발생하였다.[22]

AD 40년에 있었던 트릉(Trung) 자매의 반란으로부터 프랑스의 식민통치에 저항했던 게릴라 전쟁에 이르기까지 공통된 특징은 베트남인들 서로가 반목해 온 사이라 할지라도 외세 앞에서는 서로의 이해관계를 접어둔 채 항상 단결해 왔다는 점이다.

특히 1924년 프랑스에서 정치수업을 쌓고, 모스크바에서 일정기간 공산주의 학습을 받은 호지명(호치민)은 중국 민족주의 운동의 산실이었던 광동으로 가서 그곳에 거주하고 있던 베트남 망명객들을 규합하여 혁명청년동맹을 결성했다. 정파를 초월한 다양한 단체들이 독립운동에 앞장섰으며, 비밀 노동조합과 다른 혁명 단체들이 잇달아 결성되었다. 또한 1930년대의 경제공황은 베트남 경제에도 심각한 타격을 주었다. 이에 따라 소요와 폭동이 만연했으며 모든 사회적 병인을 프랑스인들의 실정 때문이라고 비난하였으며, 국민들의 불만을 자신들에 대한 지지로 연결시키는데 성공하면서 반제국주의 활동을 더욱 본격화하였다. 1925년 광동에서 호지명이 결성했던 베트남 혁명청년동맹은 1930년 홍콩에서 호지명 주도하에 또 다시 인도차이나 공산당으로 조직과 명칭을 바꾸었다. 청년동맹과 서너 개의 소규모 사회주의 단체들을 한데 묶어 창설된 인도차이나 공산당은 베트남 인구의 90%가 농민임을 감안하여, 지역경제와 정치 및 사회구조를 연구, 분석하는 한편 동요된 민심을 자극, 규합하여 프랑스인 농장주에 대한 파업을 유도하고 대대적인 시위를 주도하였다. 또한 협동정

---

22) 나머지 저항세력은 중국 남부지방으로 도피함으로써 이후 독립운동은 호지명 주축의 공산주의 세력들이 주도하게 된다.

신을 고무하고자 자신들이 직접 나서 농촌의 일손을 돕기도 하고 글을 가르치며 결속을 다지기 위한 선전책자도 배포하였으며, 그 대가로 주민들은 그들에게 은신처와 필요한 정보를 제공했다.

1939년 제2차 대전이 발발하고 1940년 프랑스 본토가 독일군에게 점령되자 9월 독일의 동맹국인 일본은 베트남 점령을 개시했다. 호지명은 일본군의 점령에 조직적으로 저항하기 위해 베트민(Viet Minh)을 창설했다. 1941년 6월 호지명은 30년간의 해외 망명생활을 청산하고 베트민 즉 베트남 독립연맹을 강화시키고자 베트남으로 돌아왔다. 베트민은 독립이라는 공동의 목표를 가진 공산주의자와 민족주의자간의 연합체였다. 호지명과 뜻을 같이 했던 민족주의자들은 과거 중국에 거점을 두고 프랑스 보안대의 전력을 약화시켰던 반식민 운동을 일본 제국주의에 대한 저항운동으로 방향을 바꾸었다. 프랑스 총독부는 일본과의 협력 아래 전쟁기간에도 계속해서 베트남을 통치했다. 1945년 3월 전쟁이 종식되기 6개월 전에서야 비로소 일본은 베트남을 완전 장악, 베트남을 하나의 독립국으로 선포했다. 한편 院왕조의 마지막 왕인 바오다이 황제를 옹립, 트란 트론 킴을 총리로 하는 바오다이 정권을 탄생시키고 베트남에 대한 사실상의 간접통치를 실시하였다. 또한 일본은 인도차이나 반도를 노동력 조달과 태평양전쟁 수행을 위한 전초기지로 삼았으며, 전쟁비용 조달을 위해서 쌀을 비롯한 농산물과 텅스텐, 주석 등과 같은 주요 지하자원을 수탈하였다. 베트민은 유격대를 조직, 프랑스인과 일본인들을 동시에 공격하였으며, 인도차이나에서 일본군을 물리쳐야 한다는 공동목표를 위해 미국과 베트남은 상호협력에 합의하였다. 호지명은 추락 당한 미 공군기 조종사들의 탈출통로 및 정보망을 제공하고 그 대가로 미국은 무기를 공급하며 군사훈련을 지원하였다. 1945년 8월 일본이 항복하자 연합국 정상들은 포츠담회담에서 위도 16도선을 기준으로 남부는 영국군이 북부지방에는 중국군이 주둔하기로 합의

하였다. 그러나 호지명은 지배권의 공백상태가 발생한 기회를 이용하여 소위 8월 혁명을 일으켜 중국군이 도착하기 전 하노이를 장악하였으며, 8월 24일 바오다이 황제를 퇴위시킨 후 1945년 9월 2일 베트남 민주공화국을 선포하였다.

비록 나라의 독립은 쟁취하였지만 호지명 정부는 수백 만이 겪고 있던 기아를 우선적으로 해결해야 하는 상황에 직면했다. 정치적 화합을 목적으로 온건파와 카톨릭을 포함하는 거국내각을 구성, 자신의 지지기반을 넓히면서 미국의 지지를 얻기 위해 노력했다. 1945년 프랑스인들은 영국군의 도움을 받아 한때 사이공에서 권력을 장악했던 베트민을 남베트남에서 축출하였으며, 포츠담회담의 합의사항 이행을 위해 20만의 중국 군대가 북베트남으로 들어왔다. 그러나 과거 역사에서 중국의 지배를 잊지 않고 있던 호지명은 2만 5천 명의 프랑스군이 북베트남으로 와서 질서를 확립해 주도록 요청했다. 그러나 당시 그가 진정으로 의도했던 바는 중국군의 철수였다. 프랑스와 협상을 통해 중국은 프랑스군이 하이퐁에 주둔하는 것을 허락하고 자신들은 통킹으로부터 철수했다. 그 대가로 중국인들은 프랑스로부터 유리한 통상조건을 얻어냈으며, 중국의 서남지방과 남중국해를 연결시켜 주는 베트남 철도의 안전이용을 보장받았다. 1946년 3월 프랑스군이 북 베트남으로 재 입성한 직후 호지명과 프랑스는 베트남을 인도차이나연방과 프랑스 연합내의 자유국가로 규정하는 협정을 체결했다. 그러나 당시 이 용어의 정의가 불명확하였으며, 결국 인도차이나 전쟁을 발발시키는 결과를 초래했다.

1946년 11월 베트민과 프랑스인 사이에 전면전이 발발했고 1949년 6월 14일 프랑스는 바오다이 전 베트남 황제를 옹립하여 남부 베트남 지역에 베트남 공화국(월남)을 수립하였다. 이로써 1945년 9월 2일 호지명이 수립한 베트남 민주공화국(월맹)정권과 함께 베트남에는 2개의 정권이 탄생하게 되었다. 1949년 말 프랑스는 미국에 지원을 요청하였다. 인도차이나 전쟁기간중인 1953년 무렵 미국은 인도차이나 주재 프랑스군 경비의 80%를 부담하고 있었다. 1950년 경 베트남 거주 프랑스인의 수는 25만 명이었다. 한국전쟁이 휴전되자 1954년 프랑스 점령 인도차이나에 대한 국제적인 반전여론이 형성되기 시작했다. 프랑스군은 하노이로부터 북서쪽으로 200㎞ 떨어진 라오스와의 국경지대에 5개의 낮은 구릉으로 둘러싸인 협곡(디엔비엔 푸 요새)에 진지를 구축했다. 3월 12일 베트민은 맹렬한 공격을 개시했고 55일간의 전투후 1954년 5월 7일 프랑스의 항복으로 인도차이나 전쟁은 막을 내렸다. 1954년 7월 20일 인도차이나 내전에 관한 제네바 협정이 조인됨에 따라 베트남은 북위 17도선을 경계로 북부에는 베트남 민주공화국(월맹), 남부에는 베트남 공화국(월남)으로 양분되었다.

1954년 6월 53세의 고 딘 디엠 통치로 시작된 월남정부는 미국의 도움으로 유지되었으며 군주제를 금지하고 베트남 공화국을 출범시키면서 자신은 초대 대통령으로 취임했다. 미국은 1961년 디엠 정부와 그의 군대가 점차 확대되는 농촌지역의 저항을 감당할 수 없게 되자 베트남 문제에 더욱 깊숙이 개입하게 되었다. 1962년 미국은 베트남 주둔 미군을 1만 1천 명으로 증강했다.

월맹은 월남에서의 게릴라 활동거점을 확보하고 통일전선 조직체로서 소위 VC(Vietnam Communist의 약칭)라고 불리는 민족해방전선(NLF: National Liberation Front)을 결성하여 월남내의 공산무장 세력들로 인민해방군을 조직, 무력투쟁을 전개하였다.

월남은 '고 딘 디엠' 정권의 독재로 정국이 극도로 혼란해지자 군사 쿠데타의 악순환에 정권이 계속 교체되는 등 정치적 혼란이 가중되었다. 1964년 8월 2일~4일 발생한 통킹만 사건(미 구축함 매독스호와 터너죠이호에 대한 월맹의 고속 어뢰정 공격사건)은 미국의 월맹에 대한 북폭과 지상군 투입 및 미 우방국의 참전을 불러왔다.

그리하여 통킹만 사건이후 확대된 베트남전은 장기화되었고 마침내는 1975년 월맹의 대규모 총공세로 인하여 그해 4월 30일 사이공이 함락됨으로써 공산화에 의한 베트남의 통일을 가져오게 되었다.

통일 베트남은 '폴 포트'정권을 축출한다는 명분 하에 1978년 12월 캄보디아를 침공하여 장기간에 걸쳐 이를 점령하였다. 베트남은 또 다시 중국과의 전쟁(1979. 2~3)을 치르게 됨으로써 경제난과 외교적 고립에서 벗어나기 위해 1982년 7월부터 8차에 걸쳐 캄보디아로부터 부분철수를 단행한 후 1989년 9월말 철수를 완료하였다.

베트남의 역사를 통하여 우리는 선교는 비록 피선교지의 경제적 번영이나 국가적 통일을 도울 경우라 하더라도 정치와 연계를 가질 때는 위험에 처한다는 사실이다. 1550년 경 이후 제수잇파 선교사들은 베트남의 대외교역과 농촌계몽에 노력했으나 어려움을 겪게 되었고 1789년 프랑스 신부는 베트남의 院福映의 통일을 도왔고 지아롱帝통의 후계자들을 교역으로 도왔으나 결국 선교사들은 참형에 처해졌다. 박해는 매우 심했다. 통킹지역에서만 15년 동안 10명의 유럽신부와 100명의 베트남인 신부 그리고 2만여 명의 신도가 학살되었다. 이것이 도화선이 되어 프랑스는 선교사 박해를 구실로 베트남에 대해 무력개입하게 되는 정치적 사건으로 확대된다.

베트남에 대한 선교전략에는 중국과의 관계에 깊은 배려가 필요하다. 프랑스인들은 1875년 설립된 인도차이나 은행을 통해서 보여주는 바와 같이 중국인 중간상인들을 이용하였고 중국인들에게는 그 대가로 베트남 농민들을 대상으로 한 고리대금업을 허용하는 등 베트남인들의 중국에 대한 저항의식을 읽을 수 있다. 사실상 호지명이 북베트남의 질서확립을 위해 프랑스군에 지원을 요청한 것도 중국군을 철수시키기 위해서였다. 베트남인들의 중국에 대한 저항의식은 매우 뿌리깊은 것이다. 또한 서로 반목하다가도 외세 앞에서는 단결하여 저항했던 베트남인의 특징도 유의해두어야 할 일이다.

(2) 캄보디아

역사학자들 중에는 캄보디아에서 청동문화가 BC 2000년 중반기에 활발하게 이루어졌다고 주장하는 이들이 많다. BC 500년대 이후에는 선진화된 인도의 도시국가들의 문화와 문명이 유입되면서 사회발달을 촉진시켜 원시도시 사회는 국가형태로 발전하였다. AD 500년대에 이르기까지 서법체계, 다신종교, 산스크리트어와 어휘, 불교 등 다양한 인도문화들의 흔적은 보이지만 인도의 강제적이고 물리적인 침략이나 식민정책의 흔적은 보이지 않고 있다. 이러한 문화유입은 거의 1천 년 기간에 조금씩 점진적으로 진행된 것으로 보인다.

푸남 왕국은 AD 1세기경 바다에서 약 20여 마일 떨어진 동남 캄보디아의 오늘의 바남(Banam) 근처에서 건설된 것으로 기록되고 있다. 해적의 발흥과 푸남인들의 내분, 그리고 수리시설을 통한 대단위 경작지가 만들어지자 이주민이 내륙으로 유입됨으로 세력이 약해져 종속국이었던 첸라 왕국에 의해 멸망하게 된다. 6세기 말 푸남 왕국을 점령한 첸라 왕국은 자야바르만 2세에 의해 앙코르에 도읍하여 앙코르 왕국이 건설될 때까지 지속되었다.

대략 802년부터 1431년까지 유지된 앙코르 제국은 12~13세기경 동남아시아에서 가장 강력한 제국으로 미얀마, 말레이시아, 태국, 베트남 등의 왕국으로부터 조공을 받았다. 앙코르(Angkor)라는 명칭은 산스크리스트어로 도시를 의미하는 나가라(Nagara)에서 유래된 것으로 자야바르만 후계자들이 통치한 제국 혹은 앙코르와트로 대표되는 기념비적인 복합 사원단지를 의미한다.23) 앙코르 제국의 종교는 초기에는 시바나 비시누 등 신앙대상이 다른 힌두 종파였으나 12세기에 와서 대승 불교가 공식 종교로 되었다. 그러나 그 영향력은 수도 부근에 국한되어 일반국민들은 조상숭배, 정령신앙, 공식종교를 혼합

---

23) 양기식(1997), 캄보디아를 아십니까? 서울 : 삶과 꿈, p. 43.

한 종교생활을 하고 있었다. 12세기 후반에 와서 소승불교가 동남아를 휩쓸면서 불교는 캄보디아 전체인구의 대다수를 차지하였고[24] 오늘날까지 계속 이어져왔다.

태국 군대는 앙코르 톰을 5년 간 지속적으로 강력한 공격을 감행, 1431년 이를 점령하였고[25] 베트남의 팽창으로 왕족과 왕자들은 친태국 성향과 친베트남 성향으로 나뉘어져 서로 싸우게 되었다. 결국 캄보디아 영토는 서부를 태국의 영향력 하에 동부를 베트남의 지배 아래 놓이게 되면서 왕의 권위는 추락하게 되었다. 캄보디아는 베트남과 태국의 개입에 휘말리게 되었고 태국 성향의 두앙이 왕위에 올라 어느 정도 평화를 되찾았으나 새로운 돌파구로 시도된 프랑스와의 교류가 태국의 저지로 실패하게 되자 후계자인 노로돔에게 왕위를 물려주게 되었다.

18세기 중반 프랑스의 선교단이 캄보디아에 진출하면서 프랑스는 캄보디아 왕조와 우호적인 교류를 하였다. 그들은 캄보디아의 정치문제에 관여하지 않으면서 선교활동을 벌이고 있었다. 프랑스는 캄보디아에 관심을 가지고 있었지만 베트남의 게릴라 문제로 인해 즉시 캄보디아에 진출할 수 있는 상황이 아니었다. 하지만 1850년대 말 본국의 지원으로 프랑스는 베트남의 주요 지역을 점령하고 그 세력을 인도차이나 전역에 확대하기 위해 캄보디아와의 접촉을 시도하였다. 노로담 왕은 캄보디아에 파견된 태국 고문관의 간섭에 실증을 느끼면서 프랑스와 협상에 나서게 된다. 결국 1863년 8월 노로돔은 프랑스 해군 대표단과 보호조약을 체결하였는데 그 내용은 프랑스가 캄보디아 왕 노로돔과 왕정을 보호하는 대가로 목재 채벌권과 광물 탐사권을 취득한다는 것이었다. 4년 후 태국도 캄보디아가 프랑스의

---

24) 이우진 (1992), "캄보디아의 역사적 형성과 정치구조", 김달중 편저, 베트남. 캄보디아. 라오스: 정치. 사회. 문화구조와 정책. 서울: 법문사, p. 129.
25) 김기태 (역) (1994), 동남아사 입문. 서울 : 한국 외국어대학교 출판부 p. 36.

보호령이 되었음을 인정하기에 이른다. 20년 후인 1880년 초 프랑스는 베트남 전역을 장악한 후 아직 남아 있는 캄보디아로 관심을 돌리기 시작하였다.26) 1884년 노로돔 왕은 프랑스의 강압으로 명목상의 왕위만 유지하고 통치권을 프랑스에 넘겨주는 조약을 체결하였다. 이러한 조약에 반발하여 캄보디아 전역에서 약 2년 동안 반프랑스 폭동이 일어났는데 이때 게릴라전을 통하여 프랑스 정규군에 대항할 수 있다는 의식을 가지면서 국민의 전폭적인 지지를 받았고, 노로돔 왕의 지원을 의심한 프랑스는 캄보디아 왕의 간택과 계승에 적극적으로 개입하게 된다. 이후 캄보디아의 왕가는 노로돔가와 시소와츠가를 번갈아 옹립하면서 조정하였는데 더욱 큰 문제점은 캄보디아의 식민행정을 베트남인 관리들에게 맡긴 것이었다. 캄보디아는 프랑스의 식민정책상 중요한 지역이 아니었으므로 베트남과 대조적으로 투자도 적었고 이에 따라 경제발전도 미약하여 캄보디아는 종속적인 지위로 전락하고 말았다.27)

1930년대 중반 캄보디아인을 계몽하는 신문이 창간되고 캄보디아 불교 종단의 지도자들이 각성하면서 민족의식이 싹트기 시작하였다. 1942년에는 승려들의 반프랑스 시위가 있었지만 역시 캄보디아의 독립을 주장하는 강력한 움직임은 없었다. 2차 대전 초기 프랑스가 독일에 패배하게 되자 이를 틈타 일본이 동남아시아 전역에 발빠르게 움직이며 영향력을 행사하기 시작하였다. 일본은 태국에 親일본 정부를 세우며 인도차이나 진출의 계기를 만들어 1941년 8월 캄보디아에 일본군을 증파, 캄보디아 지식인에게 반프랑스 감정을 부추기고 그들의 영향력을 확대하였다. 초기에는 프랑스와의 충돌을 피하고 反프랑스 감정을 확장시키는데 주력하였지만 1945년 3월 13일

---

26) 양기식, 앞의 책, p. 91.
27)　www.mofat.go.kr/missions/Cambodia.nsf?opendatabase(주캄보디아　대사관 홈페이지).

캄보디아는 독립을 선포하고 국명을 캄푸치아 왕국으로 변경하였다. 일본이 패망하자 프랑스는 다시 캄보디아에 대한 지배권한을 되찾으려했다. 1946년 프랑스는 캄보디아에게 프랑스 연방 내에 속한다는 조건하에 자치권을 허용하게 되었다.

국왕인 시아누크는 독자적으로 독립을 추진하였는데 그 과정에서 국회를 해산하고 계엄령을 선포하면서 전권을 가지고 국제사회에 캄보디아의 독립을 호소하였다. 베트남의 디엔 비엔 푸에서 패배한 프랑스는 캄보디아에서의 유사상황을 두려워하여 1953년 12월 모든 통치권을 캄보디아에 이양하고 1954년 제네바 협약에 따라 프랑스 군대를 완전히 철수하였으며 캄보디아는 공식적인 독립국으로 인정받게 되었다.

독립이후 시아누크는 국왕으로서의 헌법상 제한을 해소하기 위해 1955년 그의 아버지인 수라미트에게 왕위를 이양하고 모든 야당을 통합, 국회를 장악하여 수상직에 올랐다. 그는 미국이 시아누크 자신의 정치적 입지를 약화시킨다고 보고 1965년 미국과 외교관계를 단절했다. 이에 국민 총 생산량의 16%를 차지하던 미국 원조가 중단되고 투자가 감소되자 경제가 불안하게 되었다. 대외 관계에 있어서도 중국의 문화혁명으로 인해 중국과 정치적 협력관계가 약해지고, 캄보디아의 영토가 점차 남베트남 혁명을 위한 군수 보급로로 사용되어 미국의 캄보디아 영토 폭격을 유발하게 되었다. 1969년 론놀이 수상이 되자 그는 시아누크의 경제정책 및 외교정책에 제동을 걸고 새로운 외교 정책 및 경제정책을 추진하려 하였다.

1970년 3월 시아누크가 모스크바를 방문하던 시기에 론놀과 시아누크의 사촌인 시릭 마탁이 군부와 미국 중앙 정보부의 지원으로 쿠데타를 일으켜 시아누크는 국가 수반직을 박탈당하고 망명길에 오르게 되었다.

론놀은 강력한 북 베트남 군과 정면 대결했으나, 동부의 대부분을

베트남에게 빼앗겼다. 이에 미국의 닉슨 대통령은 1970년 4월 북베
트남 군대의 소탕을 구실로 남 베트남과 함께 캄보디아의 침공을 감
행하였다. 하지만 이로 인해 론놀 정권은 그 동안 명목상 추진하였
던 중립외교노선은 무너지고 친미 성향을 표방하게 되었고 이에 중
국은 시아누크에 대해 적극적인 후원을 하게 되었다.

상류층의 부패와 정치적 불안정으로 크메르루즈의 세력은 더욱 확
대되었고 1975년 4월 17일 아침 크메르루즈는 월맹의 사이공 함락
보다 2주일 앞서 프놈펜에 입성함으로써 전쟁을 종식시켰다. 이때부
터 1979년 1월 베트남이 침략할 때까지 공산 캄보디아는 세계 역사
상 유례가 없는 비극과 공포의 대명사가 되었다. 모든 사람들을 강
제로 농장에 내몰았는데 이들의 노동시간은 하루 10~12시간으로
캄보디아 전통적 관습으로는 도저히 상상할 수 없는 것이었다. 불평
을 하는 자는 가차 없이 총살했으며 캄보디아 국민의 삶은 집단 농
장의 동물보다 열악하였다.

베트남은 1978년 12월 24일 캄보디아를 전면 공격하였다. 캄보디
아 군은 베트남 군의 적수가 되지 못했고 국민 역시 크메르루즈의
폴포트를 지지하지 않게 되자 결국 폴포트는 캄보디아의 서북부 밀
림지역으로 철수하게 되었다.

1979년 초 베트남은 프놈펜을 점령한 후 친베트남 정부를 구성하
여 국방, 치안, 외교권을 장악하였다. 1979년 중국은 미국의 묵시적
승인 하에 베트남을 공격하였지만 베트남은 캄보디아에 대한 점령
정책을 변경하지 않았으며 다만 전반적으로 사회주의 통제체제를 완
화하였다. 태국 국경지대에 수 십 만의 피난민이 몰려들고 수용소가
설치되자 론놀 정권하의 非공산주의자, 고위정권담당자들과 교육받은
지식인들을 중심으로 반베트남 저항단체들이 형성되게 되었다. 대표
적인 단체는 시아누크를 추종하는 캄보디아 국민전선(FUNCINPEC)
과 론놀 정권의 마지막 수상인 손산을 추종하는 국민해방전선

(KPNLF)이었는데 중국은 국제사회 여론으로 인해 폴포트를 지원할 수 없게 되자 이 두 단체와 폴포트를 연합하는 정책을 추진하여 결국 3분파가 협력하여 연합정부를 구성하게 되었다.

1989년 9월 베트남은 중국과 미국이 캄보디아 연합정부군에 군사 경제적 원조를 중단한다는 약속을 하자, 잔여병력을 일방적으로 철수하였다. 이에 친베트남의 프놈펜 정부군과 반베트남 연합정부군의 마찰은 불가피한 것이었다. 태국의 중재로 두 정부간의 평화접촉이 시작되어 1991년 10월 파리에서 유엔 안전보장이사회가 관여, 평화협정이 체결되었다. 이 협정의 체결로 캄보디아는 국가최고회의를 구성하고 유엔 임시행정기구 하에서 1993년 5월 23일 총선을 실시하여 시아누크의 캄보디아 국민전선이 46%를 차지하면서 1당이 되었고 훈센의 캄보디아 인민당이 39%를 차지하여 야당이 되었다. 1993년 9월 21일 제헌의회는 헌법초안을 개정한 후 시아누크를 국왕으로 하는 입헌 군주국을 선포하였고 시아누크의 장남인 노로돔 라나리드가 제1총리, 훈센이 제2총리가 되어 새로운 신정부가 출범하였다. 이 정부는 중앙 및 지방의 모든 권력을 분점하는 독특한 연립정부형태였는데 이러한 형태로 인해 양쪽은 대립할 수밖에 없었고 급기야 1997년에는 무력충돌까지 있었으나 1998년 총선을 실시하여 훈센이 승리를 거두어 자신이 단독 총리에 취임하고 경쟁자인 라나리드 왕자를 국회의장에 취임시킴으로써 최초로 캄보디아 전역을 중앙 행정력으로 통제하는 통치권 장악에 성공하게 되었다.

1999년에는 국회를 상하 양원으로 구성하는 헌법개정을 통해 국가의 안정을 도모하였으며 ASEAN가입을 통해 국내 정치안정과 국제사회에의 복귀를 통한 국정 개혁과 경제발전을 추구하고 있다.

캄보디아 선교에 있어서 그들의 민족주의적 성향이 불교에 의해 주도되었다는 사실을 기억할 필요가 있다. 동시에 기독교 선교와 밀접한 관련을 보였던 프랑스의 캄보디아 정책은 캄보디아 보다 베트남에 치중한 프랑스의 식민정책으로 캄보디아인의 저항을 받아왔으며 동시에 서구제국주의 세력은 기독교와 연관되어있다는 생각을 강하게 가지게 되었다. 캄보디아인은 베트남에 대한 뿌리깊은 반감을 가지고 있으며 동시에 중국과는 여러 가지로 친밀한 관계가 유지되어왔다는 점도 캄보디아의 선교전략에 고려되어야 할 것이다.

(3) 라 오 스

라오스에 관하여는 잘 알려져 있지 않다. 여기서 잠깐 라오스의 환경여건을 먼저 살펴보기로 하자.

라오스의 공식 국명은 라오 인민민주공화국(Lao People's Democratic Republic)이며 라오 인민혁명당의 일당체제 국가이다.[28] 인구 5백만에 총면적은 236,800㎢로 한반도의 약 1.1배에 해당되는 소국이며 베트남, 태국, 미얀마, 캄보디아, 중국 등에 둘러싸인 내륙국가이다. 히말레이에서 시작되는 메콩강은 서부국경의 대부분을 이루고 있으며 안남산맥이 동부국경이 되고 있다. 라오스 전국토의 70%가 산악지대이거나 구릉 또는 고원으로 이루어진 산악국가이다. 중국의 운남성과 베트남의 북동부가 접해 있는 라오스 북부 국경 지대는 해발고도 2,000m 이상의 산으로 둘러싸여 있으며 이곳에서 발원하는 메콩강은 1,800㎞의 라오스 영내를 흐르고 있으며 산악지대의 작은 강들이 메콩강의 줄기를 이루어 몬순삼림과 사바나 지대를 덮고 있다.

68개의 다른 인종 집단으로 구성된 다종족 국가인 라오스에는 인구의 약 절반을 차지하는 라오(Lao)족이 있으며 그 외에 10~20%는 타이계 종족이고 20~30%는 라오퉁 종족이며 이들은 주로 말레이나 크메르 계통이다. 그리고 나머지 10~20%는 몽족으로 고산지대의 화전농으로 생활하고 있다. 이들의 95%가 불교도이며 라오족

---

28) 양승윤 외 7 (1999), 라오스·캄보디아. 서울 : 외국어 대학교 출판부, p. 3.

을 제외한 소수종족들은 정령신앙(phi)을 신봉하고 있다.29) 라오스는 안전보장상 주변국과의 관계가 자국의 국민생활에 커다란 영향을 미치는 중요한 변수가 된다.30)

동남아시아에서 어떠한 민족이건 북쪽으로의 이주는 남으로 팽창하려는 중국과 충돌하게 된다. 650년경 타이인은 남부 중국에 난짜오(Nan chao)라는 국가를 세우고 750년 이후에 따리(Tali)에 수도를 정했다. 중국인들에게 타이(Thai)는 라오(Lao)로 알려졌으나31) 구체적인 라오스의 역사는 베일에 가려진 채로 잘 알려지지 않았다.

라오스 땅에서 석기시대인 20만 년 전부터 인류가 살았다는 증거가 발견되었으며 라오스 남쪽지역에서 공룡의 화석이 발견되었고, 북쪽에서는 유사이전에 사용하던 돌도끼, 항아리, 매장지 등을 포함한 증거물이 새로이 발견되었다. 이들 대부분의 정착민들은 중국에서 이주한 것으로 추정되며 이들은 특정 농산물을 재배하며 외부세계에 잘 알려지지 않은 상태로 살아오다가 AD 757년 쿤러왕이 지금의 루왕파방을 정복하고 그 도시의 이름을 '므엉스와'에서 '시양텅'으로 바꾸었던 일도 있었다.32)

독립된 작은 제후 집단인 라오스는 란상(Lan Xang) 혹은 백만 마리의 코끼리가 있는 땅이라 불렸는데, 역사상 최초의 왕은 화 쿤(Fa Goum)으로 라오스족의 신화적 선조인 쿤러의 23세손으로 자처했다. 그는 크메르(캄보디아)왕국의 원조를 받아 작고 많은 왕조 세력들을 통합함으로써 루앙프라방에서 왕국을 건설했다. 화 쿤은 크메르의 볼모로서 그곳 왕실의 공주와 결혼한 후 소승불교를 받아들이고 크

---

29) 김홍구 (1998), "라오스의 승가와 국가권력." 동남아시아연구 제6호. p. 49.
30) 김한식 (1991), 동남아시아와 한국. 서울 : 국방대학원, p. 37. 해외투자연구소 (1996), 라오스 투자가이드. 서울 : 한국수출입은행, p. 1. 다끼가와 쯔도무 외 6인 공저 (1983), 동남아시아 현대사 입문. 서울 : 나남, p. 161.
31) 김기태 (역), 앞의 책, p. 38.
32) http://laos.co.kr/LAOS.HISTROY.htm

메르 황제의 도움에 의해 태국 동북부 지방의 코랏(Korat)고원을 포함한 오늘날의 라오스지역을 구성하는 므엉스와(Muong Swa)의 라오 중심지로 보내졌는데 그는 그때 프라방이라는 금불상을 가지고 왔으며 이것은 아직도 대다수 주민이 원시적 신앙을 믿는 라오스인들에게 가장 중요한 국가적 종교의 상징물이 되고 있다. 그리고 그는 크메르로부터 상좌불교를 받아들여 국교로 삼았으며 이후 상좌불교는 전근대 라오스 국가의 정치, 사회생활 전반을 지배하게 되었다. 화 쿤은 인접국인 태국의 쑤코타이 왕국과 앙코르 왕국이 아유타야 왕국(1350~1767)의 발흥과 함께 쇠퇴하기 시작하자 주변지역의 혼란한 틈을 이용하여 세력을 확장할 수 있었다. 이 강력한 왕국이 기록상 라오스 역사의 시작이다.33) 1355년에 므엉스와로 도읍을 정했고 상좌 불교의 선교사와 승려들이 앙코르(Angkor)로부터 이곳에 와서 불교를 전하였다. 라오스 불교의 뿌리는 스리랑카에서 시작된 상좌불교로서 태국이나 캄보디아와 같은 계율불교이다. 이 왕국은 15세기에 크게 번성하였고 수도인 므엉스와를 잠시 점령한 안남의 베트남인들을 물리치기도 했다. 16세기 이후에 란상은 타이계 국가였던 치앙마이를 놓고 미얀마와 치열한 투쟁을 벌였다.34) 라오스왕인 포티사랏은 치앙마이 왕조의 왕권계승문제에 개입하여 자기 아들 셋타티랏을 그곳의 왕으로 만들었다. 그가 죽자 셋타티랏은 치앙마이의 종교적, 정치적 주권을 상징하는 프라깨우라는 에메랄드 불상을 가지고 므엉스와로 돌아왔다. 이에 대한 보복으로 미얀마는 이 불상을 찾기 위해 두 차례나 란상을 침공했기 때문에 셋타티랏은 1563년 경 수도를 위양짠으로 옮기고 이 에메랄드 불상을 받드는 사원을 건설했다. 이와 함께 그는 므엉스와를 그곳의 금불상을 받든다는 의미로 루앙프라방(Luang Prabang)이라고 개명했다.

---

33) 이우진(1984), 동남아정치론. 서울 : 법문사, p. 67.
34) 동남아정치연구회 편(1991), 동남아정치입문. 서울 : 박영사, p. 141.

라오스의 황금기는 17세기 수리나봉사왕 시대에 맞이하였으며 그 국경이 오늘날의 라오스를 넘어 운남의 남부, 안남, 캄보디아 그리고 태국의 동북부를 포함하는 거대한 것이었다.35) 이때 수도인 브양트 얀은 동남아 불교연구의 중심지였다. 불교가 크게 번성하여 태국, 캄 보디아, 심지어 미얀마의 승려들까지도 방문하여 불교를 연구하는 중심지가 되었다. 따라서 전근대 라오스 왕국을 설명하는 데 빼놓을 수 없는 역사적, 문화적 요인은 불교라고 볼 수 있다. 라오스는 17 세기 말 수리나봉사왕 때 영토와 세력 면에서 절정기를 맞았는데 그 의 통치기간 중 라오스의 영토는 중국의 운남, 미얀마의 샨, 태국 동북부 이싼, 베트남, 캄보디아지역까지 확대되었다.

그리고 베트남, 태국, 미얀마 등과의 싸움이 그치지 않았으며 18 세기에는 국내도 수리나봉사왕 사후 그의 손자들에 의해서 루앙프라 방(Luang Prabang)과 위양짠(Vientiane)으로 분열되었다.36) 이들 왕 국은 태국, 미얀마, 베트남의 위협에 직면하여 18세기 내내 왕위쟁 탈전을 벌이다 프랑스가 개입하기 시작한 19세기 중엽에는 태국의 속국이 되어 버렸다. 그러나 1827년에 영국의 함대가 방콕을 위협하 자 완전한 독립을 위하여 위양짠의 아누왕이 태국을 공격했으나 실 패로 끝나고, 아누왕은 1835년 방콕에서 사망하였고 태국의 보복으 로 북쪽 경계선 넓은 지역과 북동쪽에 많은 사람들을 이주시켰다.37) 강제이주로 말미암아 이 지역에 살게된 약 170만 사람들이 라오계 타이족인 이산(Isan)족으로 알려지고 있다.38) 이후 프랑스의 인도차 이나 진출에 따라서 라오스는 프랑스의 보호를 받게 되었고, 1893년 5월 태국은 메콩 동안에 대한 권리를 포기하였으며, 1899년 프랑스

---

35) D. G. E. Hall, 앞의 책, p. 467.
36) 위의 책, pp. 469-471 참조.
37) 위의 책, pp. 473-474 참조.
38) http://laos.co.kr/LAOS.HISTROY.htm

는 루앙프라방과 위양짠을 인도차이나 통합 연방에 편입시키고, 프랑스 고등판무관 밑에 루앙프라방왕을 둠으로써 라오스의 상징적인 왕으로 삼았다.

프랑스 식민통치하에서 라오스의 전통적 불교세계관에 따른 정치, 종교적 질서는 크게 약화되었다. 이것은 불교세계관에 따라 느슨하게 구조화된 전근대 라오스 사회의 만다라체제가 갖는 취약성으로 내부의 분열을 야기했는데, 이것이 라오스가 프랑스의 보호령으로 전락하게 된 주요 원인인 것이다.

국토가 작은 후진국이라는 점에서 볼 때, 라오스는 근래 이 나라가 감당하기 어려울 정도로 정치가 복잡했고 따라서 세계의 주목을 받아왔다. 2차대전이 종결될 무렵까지 라오스에는 국가의식 혹은 독립운동이라고 할만한 것이 없었다. 그러던 것이 1945년 3월 일본군이 프랑스를 축출한 후 점령군 일본이 정책적으로 라오스인들에게 자치권을 상당한 정도로까지 허용한 것이 계기가 되어 소수이긴 하나 라오스 엘리트간에는 라오스 독립에 대한 의식이 싹트기 시작하였다.39)

라오스 독립은 1945년 4월 당시 일제의 치하에서 루앙프라방(Luang Prabang)의 왕이었던 시사방 봉에 의해 프랑스로부터의 독립이 선언 된 것이 그 효시라 할 수 있다. 그러나 일본이 항복하고 총독을 지낸 분콩公의 장남 페차라트(Phetsarath)公은 프랑스로의 복귀를 거절하고, 1945년 9월 위양짠(Vientiane)에서 라오스 영토로부터 프랑스지배의 종식과 단일 지도체제하에 통일 라오스를 위한 이른바 자유라오스당(Free Laotian Party)이라는 임시정부의 수립을 선포하였다.

그러나 일본군의 패전에 따라 프랑스가 복귀하고, 친 프랑스적인

---

39) 이호재(1974), "라오스 중립연립정부의 실패과정." 동남아 연구실 편, 동남아세아론. 서울 : 고려대학교출판부, p. 290.

반대세력 때문에 페차라트公을 중심으로 한 독립운동 지도자들은 일단 태국으로 망명한다. 한편 페차라트公의 이복 형제인 수파누봉公이 베트남의 도움을 얻어 중부라오스지역의 대부분을 지배하면서 프랑스에 항쟁을 계속하고 있었다. 수파누봉公은 원래 자유라오스 임시정부에 외상으로 임명되어 있었고, 자유라오스 지도자들의 망명이후에 잔여세력을 자신을 중심으로 프랑스 대항세력에 결집시키고 베트남과 공동전선을 펴면서 게릴라전을 전개하고 있었다. 이렇게 하여 라오스는 전후에 페차라트公 형제를 중심으로 라오스의 즉각 독립을 요구하는 프랑스 대항세력과, 프랑스와의 협조정책을 내세운 친 프랑스 세력으로 크게 양분되었다. 그리고 대 프랑스 독립운동은 다시 좀더 온건한 민족주의 세력과 베트남과 협조하려는 과격파로 나뉘어져, 실제로 라오스 국내정치는 일찍부터 크게 3파로 분열되어 있었다.[40]

프랑스군은 1946년 4월 라오스를 다시 점령하였고 라오스국왕의 이름으로 이뤄지는 간접 보호통치 형태의 지배를 꾀하였다. 사방바타나 왕자가 임시 국민정부의 수반이 되어 1947년 1월 총선거가 실시되고 이에 의해 구성된 제헌의회에서 헌법에 따라 라오스 입헌군주국이 수립되고 불교를 국교로 선언하였다. 분움公에게는 국왕 다음의 서열인 종신감찰감이란 지위가 주어졌고, 라오 이사라의 지도자들이 대부분 방콕에 망명하여 있는 가운데 1947년 8월 27일 왕국의 이름은 라오스로 명명되었고 루앙프라방은 왕국의 수도가 되었다. 그러나 위양짠은 보다 중요한 중앙 도시로서 행정의 수도가 되었다.[41]

1949년 7월 19일 프랑스와 체결한 조약에서 라오스는 프랑스 연합 내의 한 동맹국으로 인정되었다. 라오스는 유엔 회원국으로 가입신청을 할 권리를 포함하여 대외관계에 대한 행동에서 많은 재량권

---

40) 위의 책, p. 291.
41) D. G. E. Hall, 앞의 책, p. 922.

을 가지게 되었다. 한편 항불 투쟁파는 1950년 8월 새로이 '라오 이
사라'라는 이름으로 등장했다. 그것은 수파누봉公을 지도자로 하는
파테트 라오(Pathet Lao : 공산주의 진영)로 탈바꿈했다. 그리고 다
른 편인 수바나 푸마公은 프랑스가 온건파인 그들에게 권력을 이양
하자 1951년 선거에서 승리하고 수상이 되었다. 그후 2년 만에 파
테트 라오는 숫자상으로 증가하였고 루앙프라방에 있는 왕실의 문을
두드리기 위해 1953년 북부 라오스를 대규모로 공격한 이웃의 베트
남군과 유대관계를 강화했다. 프랑스는 그해 10월 라오스 정부와 보
다 많은 조약을 체결했다. 좌익진영은 외부의 원조를 받아 군사적으
로 보다 강해졌는데 제네바회의가 열렸을 때쯤에는 파테트 라오가
이미 라오스 북부 2개의 성 퐁사리와 삼누아성에 주둔하도록 허락받
았다. 1954년 7월의 제네바협정은 외국군철수와 라오스중립을 위해
개최되었으며 베트남은 라오스로부터의 철수와 전국적 선거를 실시
할 수 있도록 파테트 라오가 지배하던 퐁사리와 삼누아주에서 철수
하는데 동의하였으며 협정조항의 이행여부는 인도, 폴란드, 캐나다 3
국으로 구성된 국제감시위원단이 담당하게 되었다. 그러나 막상 선
거실시 문제에 접하여 파테트 라오는 위의 2개 주에서의 자치를 주
장하면서 자신이 유일 합법정부가 되어야 한다고 주장하였다. 그 결
과 정부측과 파테트 라오측간에 총선거협정을 이행키 위한 협상이
결렬됨으로써 라오스는 사실상 분단되었고 이 과정에서 파테트 라오
는 2개주에서 그 지배권을 공고히 하고 전국적 게릴라 활동을 강화
시킬 수 있었다.

　1956년 라오스에 대한 프랑스 통치가 끝나는 것을 계기로 2년여
의 지루한 회담을 가진 후 1957년 11월 의붓 형제간에 협정이 성립
되어 연합정부가 발족되었다. 수파누봉公은 라오스 왕국에 퐁사리와
삼누아의 통치권을 양도하고 그의 군대를 라오스 정부군에 편입시켰
다.42) 그러나 연립정부는 구성되자마자 곧 깨졌다고 1958년 수바나

푸마 수상의 정부는 붕괴되었다. 이후 국내 정치상황은 미국의 지원을 받는 남부지역의 우익집단이 계속 중앙정치 무대에 참여함으로써 더욱 복잡하게 되었다. 1958년부터 1960년까지는 혼란한 시기였다. 수바나 푸마의 중도집단, 수파누봉의 좌익집단 그리고 우익집단까지 3파사이의 당파싸움으로 정치가 분열되었다. 1962년 여름 대규모의 공산주의자들의 공격이 북부에서 시작되어 중부라오스까지 확대되었다. 상황이 위급하여 미 해병대가 출동준비를 하고 태국에 상륙했다. 미국은 우익을 연정에 참여시키기 위해 우익원조를 중단하고 있었다. 이렇게 하여 1962년 6월 또 한번 라오스의 연립 정부에 관한 협정이 조인되었다.43) 그 다음달 제네바에서 이와 병행된 조치가 취해졌는데, 중국과 미국을 포함한 14개국 대표가 참가하여 라오스의 중립을 보장하고 모든 외국군대가 라오스로부터 75일 이내에 철수해야 한다고 규정하였다. 그러나 과거와 마찬가지로 1963년 각 파벌간에 싸움이 다시 일어났으며 연립정부의 활동이 마비되었다. 1965년 초 이러한 상황을 타개하려는 쿠데타가 실패한 후 분움公은 국내에 머물러 있었지만 푸미 노사바 장군은 방콕으로 망명했다. 그리고 그해 국회에 의해 예산안이 거부되자 수바나 푸마 수상은 국회를 해산시켜 버렸다. 이렇게 쿠데타에 의해 우릭의 수바나 푸마가 계속 집권하였다고는 하나 점차로 미국의 군사원조에 의존하게 되었다.

1970년 초 쟈르평원과 남부라오스에 대한 파테트 라오의 공세가 가열되고 반면 미국은 이른바 호지명 루트라고 알려진 동부라오스의 북베트남군의 보급로에 대해 공중폭격을 퍼붓기 시작하였다. 공식적으로는 중립주의를 표방하고 있음에도 불구하고 1971년 남베트남군은 호지명 루트와 관련하여 라오스에 침입하고 바로 그 후 파테트 라오가 루앙프라방의 근교까지 공격하는 등 라오스에 깊숙이 개입,

---

42) 1차 연정 성립.
43) 2차 연정 성립.

라오스는 월남전의 제2전장으로 변하게 되었다.[44] 그리고 1973년 휴전협정 조인 후 1974년 4월 5일 라오스 역사상 3차 연립정부가 수립되었고, 1975년 12월 3일에 소집된 라오스 인민회의는 왕정을 폐지하고 라오스 인민민주공화국 수립으로 공산화되었다. 그리고 공산당정부는 계획경제와 매체의 통제 그리고 소위 전 정부와 군 간부들의 재교육 수용을 포함한 광범한 공안대책을 실시했다. 이들의 가공할 정책과 악화하는 경제사정이 라오스 족과 묘족의 이탈을 촉발했다. 1975년 이후 라오 스국민의 10퍼센트가 난민지위를 신청했다. 이들 중 많은 이들이 제3국에 정착했으며 1975년에서 1996년까지 미국은 태국에 피난하고 있는 13만의 묘족을 포함한 25만의 라오스인을 미국에 정착시켰다. 1997년 말까지 2만 7천의 라오스인들이 라오스로 재 송환되었다. 3천 5백 명이 중국에서 송환되었으며 나머지는 태국에서 송환되었다. 유엔난민고등판무관실과 국제이민기구가 라오스내의 재정착을 지원하고 있으며 어떤 조직적인 박해나 차별도 발견하지 못하고 있다. 1998년까지 태국의 반나포 수용소에 남아 있는 1천 3백 명의 묘족에 대하여는 심사가 실시되어 거의 본국으로 송환이 되었다.

라오스 선교는 라오스가 주변국가들로 둘러싸여 있어 인접국과의 유대와 인접국간의 힘의 균형유지가 라오스의 국가안보에 매우 중요시될 수밖에 없다는 입지조건과 왕자들을 중심으로 한 지도층 내분의 갈등에 의해 모든 상항이 급변할 수 있다는 점을 유의해야 할 것이다. 오늘날 라오스가 공식적으로는 공산주의를 내걸고 있으나 공산주의의 성격이 인접 베트남이나 중국의 성향에 따라 크게 달라질 수 있다는 점도 유의해야 할 것이다. 선교단체가 라오스 내의 어떤 정치 그룹에 포함된다는 것이 매우 위험함은 물론이다.

---

44) 동남아연구실 편(1974), 동남아세아론. 서울 : 고려대학교 출판부, p. 461.

(4) 태 국

타이족은 원래 다른 지역에서 이주하여온 종족인데 아마도 중국의 양쯔강 북부에서 남하했을 것이라고 보는 것이 일반적인 설이다.45)

타이족들은 수세기 동안 중국 제국의 변방에서 하나의 왕국으로 성장하였으며, 특징적인 정치조직을 가지고 있었던 것으로 알려져 있다. 이들은 이웃 몬족과 크메르족의 우수한 문명을 재빨리 받아들여 적응하였는데, 특히 테라바다 불교, 문자, 예술형태 그리고 왕권의 반신성적 역할 등에서 그러하다는 것이다.

아유타야 왕국은 수코타이와 치앙마이 왕국을 통합하는데 성공하였으며, 남으로 말레이시아, 동쪽으로 캄보디아와 라오스까지 확장하였고, 서쪽으로는 미얀마에 압력을 가했다. 이웃 국가에 대한 이러한 진출은 600년간 태국정치의 핵심이었다. 태국과 캄보디아간의 부단한 분쟁은 캄보디아 지배를 위한, 그리고 이보다는 덜하였으나 라오스 지배를 위한 태국과 베트남 간의 경쟁으로 바뀌었다.

태국 왕들은 19세기부터 20세기 초반까지 변화하는 정치, 경제적 상황적응에 뛰어난 능력을 보였다. 그러나 그들의 근대화 노력은 왕권을 중앙집권화 하는 것이었는데, 정치 엘리트들에게 정부의 중요한 역할을 분담시키는 데는 실패하였다.46)

타이족은 오래 전부터 지리적, 혈연적 인접성에 따라 여러 개의 마을로 구성된 므엉(Muang)이라는 비상시 동원 단위를 갖고 있었는데 므엉의 지도자를 짜오(Chao)라고 불렀다. 짜오는 19세기까지도 중앙의 왕으로부터 부분적인 독자성을 유지하며 세습적인 지위를 누리고 있었다.

타이 종족들은 서서히 미얀마, 캄보디아, 라오스를 향해 남쪽으로 이동하여 몬족(Mon), 크메르족(Khmer), 버마족(Burman)들 틈에서

---

45) 金英愛(1986), 태국사. 서울 : 관악서당, pp. 15-16 참조.
46) 동남아정치연구회 편(1991), 앞의 책, pp. 326, 356-357 참조.

자리를 잡아 나갔다. 12세기까지 그들은 현재의 태국 북부 하천지역에 소규모 왕국들을 형성하였다. 13세기에 이르러 타이족이 산간 고원에서 평야지역으로 대대적으로 이동하여 그들의 국가를 형성하면서 인도차이나 반도는 대변혁기에 들어서게 되고 타이족은 세계 역사의 무대에 등장하게 된다.

1219년(혹은 1238년) 일단의 타이족이 중부 태국 수코타이의 크메르족을 공격하여 점령하였다. 이곳에 그들은 터를 잡고 13세기 후반까지 왕국의 기틀을 세웠는데 이것이 현 태국의 직접적인 선조가 되는 왕국이다. 수코타이 왕국이 강대해져 독립을 선언하고, 크메르 왕국을 대신하여 패권을 잡을 수 있었던 이유로는 몽고의 침입, 크메르 제국 자체의 쇠퇴, 타이족 지도자의 탁월성 등 세 가지를 들 수 있다.[47]

수코타이 왕조의 출발 연도는 일반적으로 1257년으로 보고 있다. 수코타이 왕조는 현재의 태국 국경과 비슷한 영토에서 존재했던 최초의 고대 왕조이다. 제3대 왕인 '람캄행'왕은 영토를 넓히고 1283년에 크메르 문자를 개량하여 타이 문자 표기법을 만들었으며, 테라바다 불교를 국교로 채택하고, 또 중국인 도공을 불러들여 송호록 도자기의 바탕을 만들었다. 람캄행의 재위시절(1275~1317) 수코타이는 샴 문명의 요람이라고 불렸다.

수코타이 왕국의 통치제도는 많은 특징을 갖고 있는데 주요내용은 다음과 같다.[48]

첫째, "아버지(국왕)가 아들(백성)을 다스린다"라는 통치이념으로 가정을 기본단위로 하고, 가정이 모여 국가를 구성한 형태의 체제를 유지하였다. 과거의 '므엉'형태의 제도는 그대로 유지하였다.

둘째, 전국을 수도인 수코타이와 그 주변도시 4곳을 중심으로 한

---

47) 金英愛(1986), pp. 31-32.
48) 위의 책, p. 42.

내지(內地)와 속국을 포함한 외지(外地)로 나누어 조세, 행정, 치안 등의 권한을 각 지역지배자에게 이양하였다.

셋째, 토지분배법에 의거 토지 소유자인 지배자가 피지배자에게 가정단위로 토지를 분배해 주어 인력을 통제하였다.

넷째, 백성은 종교49)에 대한 믿음이 강하여 정치권에 대한 충성심이 강했다. 계급구조는 왕과 왕족을 포함한 지배계급, 관료계급, 평민계급, 노예계급의 4계급으로 구성되어 있었다.

수코타이는 람캄행왕이 사망한 후 급격히 쇠퇴하기 시작하여, 1349년 우텅(Uthong)왕국이 성립되고 우텅왕은 수도를 아유타야로 옮기면서 1350년에 아유타야 왕조가 시작된다. 아유타야 왕조는 현재의 태국 국경선을 이룬 역사상 최초의 단합된 통일국가로서 태국 특유의 사회제도를 발전시켰다. 그 대표적인 것이 중앙집권화 된 관료제의 도입이다. 앙코르 왕국의 관료제를 모델로 한 아유타야 왕조는 관료들을 주로 몰락한 주변 왕국의 지식인들로부터 충당하였다. 아유타야 왕국의 역사는 내외적으로 투쟁의 역사였다. 내적으로는 왕위계승을 위한 투쟁과, 외적으로는 란나타이 왕국, 크메르 왕국, 버마 왕국 등과 세력 확장을 위한 전쟁이 계속되었다. 이러한 내외적인 투쟁이 바로 아유타야 왕국의 멸망원인이라 할 수 있다.50)

16세기는 유럽인들이 동남아 중심부에 밀려 들어와 개입하기 시작하였고 17세기는 유럽과의 접촉이 더욱 많아졌다. 1612년까지 수도에 네덜란드와 영국의 동인도 회사들의 공장이 세워졌다. 1687년 6월 태국인들이 두 영국전함의 선원들을 학살하는 사건이 발생했다. 유럽인들에 대한 반감은 결국 이러한 대규모 감정의 폭발로 나타났으며, 19세기 중엽 몽꿋 국왕 시절까지도 유럽인들에게 특권을 주는

---

49) 여기에는 소승불교와 애니미즘, 브라마니즘이 큰 역할을 하였다. 金英愛, 앞의 책, p. 41.

50) 위의 책, p. 60.

데 매우 조심스러웠다는 사실에서 이 사건의 여파를 짐작케 한다.

아유타야 왕국의 마지막 왕이었던 버롬라차 5세 때 버마는 태국을 두 번이나 침략하였고, 1767년에 아유타야를 함락시켰는데 도시는 철저히 파괴되었다.

아유타야가 1767년 적에게 포위되어 있는 동안 중국계 장군인 프라야 딱신이 500명의 추종자들을 데리고 탈출했다. 그는 샴만 해안에서 군대를 재조직하고, 버마가 중국 본토의 공격을 받아 약화된 틈을 이용하여 샴만으로부터 차오프라야강을 거슬러 올라와 버마군으로부터 톤부리지역을 탈환하고 톤부리(Thon Buri) 왕국시대(1767 ~1782)를 열었다.[51]

서기 1779년에 국가의 기틀을 잡고 크메르, 라오스와 함께 동남아시아의 강대국이 되었다. 그러나 약 15년간의 짧은 집권 후 딱신왕은 정신이상으로 인해 사원으로 쫓겨났으며 왕위는 군대직위가 차크리(Chakri)로 알려져 있던 총사령관 텅 두엉에게 돌아갔다. 1782년 텅 두엉은 딱신과 그의 일가를 모두 처형하고 차크리 왕조를 세웠으며 이 왕조는 지금까지 이어져 오고 있다.

차크리로 알려졌던 라마 1세는 오랜 버마의 침공에 맞서 태국을 방어해야만 했다. 국민들은 일년에 4~6개월간 노동력을 제공토록 의무화되었으나 돈이나 곡물로 대체할 수도 있었다. 가난한 사람들은 부역의 의무를 돈으로 지불해 주는 후견인의 노예로 전락할 수밖에 없었다. 결과적으로 19세기 초반까지 대략 인구의 1/3 가량이 노예가 되었다.

태국은 베트남이 타이손(Tay-son)반란사건에 휩싸여 있는 동안 캄보디아에서의 지위를 강화하였다. 태국인들은 베트남인들의 통제로부터 캄보디아의 어린 왕인 앙 엥(Ang Eng)을 탈출시켜 1794년 방

---

51) 동남아정치연구회, 앞의 책, pp. 319-319 참조.

콕에서 그에게 왕위를 씌워주었다. 다음해 그는 태국군의 호위를 받으면서 캄보디아로 돌아왔다. 왕을 되돌려 주는 대가로 태국인들은 바탐방과 씨엠립 등 비옥한 지대를 포함한 캄보디아의 5개 지방을 양도받았다.

19세기가 시작되면서 태국은 어느 때보다도 막강해졌다. 라마 2세 (1809~1824)는 유럽인에 대한 무역장벽을 제거하기도 하였다. 그런 가하면 라마 3세(1824~1851)는 라마 2세와는 달리 유럽인에 대한 뿌리 깊은 불신을 가지고 있었다. 라마 4세(Mongkut왕)는 1860년대 태국 왕실에 가정교사로 와 있었던 영국 여성 안나 부인의 회상기와 이를 토대로 한 영화와 연극 '왕과 나(King and I)'등에 의해 우리 에게도 잘 알려진 왕이다. 그는 즉위 전 승려생활에서 얻은 지식, 근대지식의 습득, 서양 기독교 선교사들과의 만남을 통해 폭넓은 식 견을 습득하였다. 그는 태국이 존립하기 위해서는 아시아의 전통주 의에 집착할 것이 아니라 신세계에 적응하는 능력에 달려있다는 인 식 하에 2세기에 걸친 자발적인 고립의 시대를 마감하고 서양세계에 태국의 문호를 개방하였다. 그는 서방세력의 지배로부터 태국의 안 전을 보장받는 길은 여러 국가들과 접촉하는데 있다는 판단에 따라 여러 유럽 국가들의 국민을 받아들였다. 특히 조정의 강력한 반대에 도 불구하고 오랫동안 왕실이 소유했던 무역 독점권을 폐지하고 1855년 영국과 우호 및 상업에 관한 조약[52])을 체결하였고, 1856년 에는 미국, 프랑스와도 비슷한 성격의 조약을 맺었다. 그 후 50년 동안 태국은 외국기업에게 자유무역을 허용했다. 무역장벽이 사라지

---

52) 이 條約이 소위 바우링(Bowring)조약으로 당시 영국의 조약체결자 이름을 딴 것이다. 1856년에 비준을 끝낸 이 조약은 우호통상 12개 항목, 무역조 항 6개조항, 수출상품에 대한 조세율표 3개조항으로 모두 21개조항으로 되 어 있다. 이 조약은 양국간 자유무역을 보장하는 것뿐만 아니라 영국기업들 에게 치외법권을 부여하는 일종의 불평등조약이었다. 대외경제정책연구원 (1997), 태국편람, pp. 51-52 참조.

자 태국의 對서방 무역은 놀라운 속도로 증가하였는데 이것은 태국 경제에 일종의 혁명과도 같은 것이었다. 1869년 수에즈운하가 개통된 후 태국의 쌀은 유럽에까지 상륙하였다.

1868년 라마 4세가 말라리아로 갑자기 사망하고 그의 아들 쭐라롱껀이 16세의 나이로 왕위를 계승하였으나 나이가 어렸으므로 5년간의 섭정 끝에 1873년에 왕위에 올랐다. 이때부터 라마 5세는 전통 태국 사회를 급진적으로 개혁하기 시작하였다. 그는 왕족 앞에서의 부복제(俯伏制)를 폐지하고 귀족 자제들을 그가 세운 왕궁학교의 유럽식 교육과정에 따라 교육시키도록 하였으며, 그의 두 아들은 유럽에 유학 보내고, 노예제를 법으로 금지시켰으며, 부역제도를 폐지하고 효율적인 징병제도를 개발하였다.53) 그는 관료체제를 유럽식의 12개 기능별 부처로 편성하고 지방에 왕족출신 총독을 임명하였으며 재정과 세금제도의 개혁과 현대화를 위한 장기적이고 철저한 연구를 시작하였고, 사업기구를 재정비하였다.

1859년 프랑스가 코친차이나(Cochinchina)를 차지하고 1885년 통킹을 프랑스 보호령으로 만들었다. 이 기간동안 프랑스는 1863년 캄보디아에 대해 보호조약을 강요하여, 캄보디아에서 베트남을 대신하여 태국의 경쟁자로 부상하였다.

1893년부터 영국-프랑스간 협정이 맺어진 1904년까지 태국은 프랑스와 영국의 영토경쟁에서 저당 잡혀있는 신세였다. 영국으로부터는 도덕적 지지를 받았지만 프랑스로부터는 영토를 계속 빼앗기고도 주권만은 유지하려고 노력했다. 영국과 프랑스간의 화해 이후 태국은 여전히 분쟁지역이었던 바탐방과 씨엠립 지역을 프랑스에 양도해야만 했다(1907). 또한 1909년 영국이 태국에서 치외법권을 포기하는 대신 태국은 말레이국가에 대한 종주권을 포기해야만 했는데,

---

53) 동남아정치연구회, 앞의 책, p. 323.

1909년 확정된 태국 국경이 오늘에 이르고 있다.54)

라마 6세는 외국에서 수학한 최초의 태국 왕으로 1910년 왕위를 계승하였다. 그는 일부다처제를 금지하고, 예방주사를 맞도록 하고, 姓을 쓰고, 장자서열의 원칙에 따라 왕위를 계승하도록 하는 등 태국의 법률을 개정하였다. 또한 여성들이 서양식 옷을 입도록 권하고, 그레고리안 달력을 채택하고 적십자사를 설립하였다. 그는 또한, 그의 아버지를 기념하여 쭐라롱껀 대학교를 세웠으며(1917), 초등학교 의무 교육제를 도입하였고, 현재 사용되는 국기(國旗)인 뜨라이롱을 확정하였다. 라마 6세는 현대적 의미에서 최초의 민족주의자이기도 했다. 서구화를 지향하면서도 그는 종종 교조적일 정도로 조국에 대한 애정을 나타냈었다. 외교정책에 있어 그의 가장 정확한 예측은 1차 대전에서 연합국을 지지했다는 점이다. 그는 동맹국을 지지하자는 육군의 주장55)을 일축하고 연합국에 가담함으로써 종전 후 전리품으로 수백 만 달러에 달하는 독일 군함을 얻었으며, 국제연맹의 헌장조인국가가 되었다.

태국의 입헌주의시대는 라마 6세가 죽고 1925년 왕위를 계승한 라마 7세 때부터 였다. 그의 가장 중요한 업적 중 하나는 1855~1856년 영국과 맺은 불평등조약체계를 종식시킨 일이다. 그러나 재정·경제적인 난관에 부딪치게 된 라마 7세는 관료와 귀족계층의 낭비를 없앰으로써 이를 해결하려고 노력했는데, 이것이 귀족과 군, 그리고 관료를 자극하는 요인이 됐다. 그는 또한 전통적인 절대왕권설을 부정하기 위한 구체적 방안으로 헌법제정의 가능성을 연구하였다.

1932년 6월 24일 라마 6세와 라마 9세의 재위기간동안 쌓여왔던 정치적 위기가 드디어 폭발하였다. 쁘리디 파욘(Pridi Phanomyong)이 쿠데타에 성공한 것이다. 이 쿠데타는 무혈혁명이었으며 일반국

---

54) 동남아정치연구회, 앞의 책, **pp. 323-324** 참조.
55) 당시 태국 육군은 영국, 프랑스에 대해 영토찬탈의 불만을 가지고 있었다.

민의 참여는 거의 없었다. 태국에서의 민족주의는 상위계층에서 시작되었고, 일반국민들에게 제한되어 있었다. 민족주의는 주로 근대화를 추구하는 엘리트에 의해 절대주의 반대투쟁을 위한 구실이 되었고, 권력을 획득하기 위한 수단이 되기도 했다.56) 쿠데타 성공 후 혁명세력이 명명한 인민당(People's Party)은 쁘리디가 작성한 임시헌법을 가동시켜 입헌군주제를 선포하였다. 쁘리디와 피분은 이후 30년간 태국정치의 주요 인물이 되었다.57) 이들 세 명은 곧 잠정 헌법 하에 설립된 인민위원회에서 가장 큰 영향력을 행사하였다.

이 기간 동안 정부정책은 점차 태국의 민족성과 문화를 강조하였고, 직업과 중국인에 대한 차별을 두었다. 민간인과 군부세력간의 불편한 관계는 더 많은 민간인 부처가 군부의 통제하에 들어감에 따라 긴장이 더해져 갔다. 1937년 선출된 새로운 국회는 보수성향을 띠고 군부 쪽으로 기울어져 있었다. 파욘 내각이 예산위기로 1938년 12월 사퇴하자 피분이 수상이 됨으로써 더욱 치열한 민족주의와 국수주의 시대가 전개되었다. 진정한 애국은 불교신자가 되는 것과 일치한다는 식으로 새 정부는 태국 민족주의와 문화를 적극 홍보하였다. 왕국의 이름도 라마 4세 이래 공식으로 사용하던 샴(Siam)이란 명칭 대신 므엉타이(자유의 땅) 또는 태국이라고 변경하였다.

피분은 1940년 6월 프랑스가 함락되자 프랑스령 인도차이나 대부분에 대한 영토권을 주장하면서, 일본과 우호조약을 맺었다. 1941년 12월 7일 일본은 진주만 공격을 시작으로 태평양전쟁을 시작하고 다음날 태국에 군대를 진주시켰다. 피분은 일본에 항복하고 연합군에 대한 전쟁에 합의함으로써 물질적인 피해를 면했으나 대중의 지

---

56) 대외경제정책연구원, 앞의 책, p. 60.
57) 쁘리디는 성장하던 중산계급의 좌파시민계층을 대표하였고, 피분은 상대적으로 보수적인 중산층과 군을 대표하는 인물이 되었다. 동남아정치연구회, 앞의 책, p. 330.

지를 얻지는 못했다. 한편 쁘리디는 내각에서 사퇴하고 대일본 저항 운동을 지도하였다. 그리고 **1942**년 피분이 연합국에 대한 전쟁을 선 포하였으나, 당시 주미대사였던 쎄니 쁘라못은 이문서 전달을 거부 함으로써 태국은 종전 후 패전국의 위치를 면하게 되었고, 쁘리디는 종전 후 쎄니를 총리에 임명함으로써 태국은 패전국의 위치를 면하 게 되었다.

2차 대전 이후 군부와 민간엘리트들간의 투쟁이 계속되었다. 쿠데 타와 역쿠데타가 연속되었지만 피를 흘리지는 않았다. 전전(戰前) 지 도자들이 전후에도 중앙무대를 차지하였다.

1972년 **11**월 일본상품 불매운동을 기치로 하여 反독재투쟁으로 뭉쳐진 태국전국학생센터는 **1973**년 **10**월 유혈혁명58)으로 타넘 정권 을 타도하였으며, 싼야 정권하에서 **1974**년 **10**월 새로운 민주헌법이 공포되었다. **1976**년 **10**월 **6**일 타넘 前수상에 반대하기 위해 탐마삿 대학에 모였던 학생과 극우파의 충돌로 경찰이 대학에 진입하였는데 이때 경찰은 학생들을 무력으로 진압함으로써 **46**명 이상의 사망자 를 낸 피의 수요일사건이 발생하였다.

이 사건으로 군부는 쿠데타를 일으켜 쎄니 내각을 전복시키고 학 생혁명 후 마련된 의회제 민주주의를 붕괴시켰다. 이후 군부 크테타 가 계속되었다. **1980**년대의 높은 경제성장으로 관리들은 부를 축재 하면서 부정부패의 원인이 되었다. 사람들은 정부와 자본가가 밀착 되어 있다고 생각했다. 사실 **1991**년 군부의 쿠데타는 국민들에게 부

---

58) 1973년 10월 5일 6명의 학생을 포함한 13명이 신헌법 요구 전단을 배포한 혐의로 체포되었다. 이에 약 40만 명의 학생과 지지자들이 10월 13일 방콕민 주기념비에 모여 구속자를 석방하지 않으면 폭력을 행사하겠다고 정부를 위 협했다. 결국 "대비극(Great Tragedy)"의 날로 불리는 10월 14일의 무력충돌 이 발생하였고 타넘 수상과 쁘라팟 부수상은 더 이상 무력진압이 불가능함을 알고 망명길에 올랐다. 10월 15일 푸미폰국왕은 그의 측근인 탐마삿대학 총 장 싼야 탐마삿 교수에게 민간 신정부를 구성토록 함으로써 시위를 진정시켰 는데 이로 인해 국왕의 권위를 더욱 높이는 계기가 되었다.

정부패척결이라는 명분으로 국민들에게 어는 정도 설득력이 있어 보였다. 쿠데타에 의해 한 엘리트집단에서 다른 집단으로 정권이 변동하는 것은 관례가 되어버렸고 무혈쿠데타가 일상적인 것이 되었다. 그러나 태국에서 국왕은 여전히 국가통합과 정통성의 상징이요 정치의 자문이자 중심세력으로 존재해오고 있다.

태국에서 복음전파는 라마 4세가 영국인 선교사를 통하여 서양문화를 받아들이게 되면서 일찍부터 근대화의 길에 들어서게 되자 비교적 쉽게 길이 열렸다. 대체로 태국의 지도층은 불교문화에 큰 비중을 두면서도 기독교에 대해서 우호적이었다. 태국에 대한 선교전략에는 두 가지 고려할 점이 있다. 하나는 태국의 의식 중심부에는 왕이 있으며 왕제는 불교와 깊은 연관을 맺으면서 서로 도움이 되고 있다는 점과, 다른 하나는 태국은 버마로부터 오랫동안 괴로움을 당해왔으며 캄보디아에 대한 종주권 행사와 관련하여 베트남과 경쟁관계에 있었다는 점이다.

(5) 미얀마

1988년 군사정부에 의해 '버마'에서 '미얀마'로 국명이 개칭되었으며, 정식명칭은 미얀마 연방(Union of Myanmar)이다. 면적은 678,528㎢(한반도의 3.5배)이며 삼림 면적이 39만㎢로 국토의 57%를 차지하고 세계 티크의 75%로 추정되는 견목이 생산되고 있다., 이라와디(Irrawaddy)강, 살윈(Salween)강 일대는 한때 세계적인 쌀산지이다.

민족구성은 버마족(67%), 카렌족(7%), 샨족(5%), 라카인족(4%), 몬족(2%), 카친족(2%) 등 40개 민족, 135개의 종족으로 구성되어 있다. 언어학적으로 몽골계인데 티벳-버마계, 몬-크메르계, 타이-중국계의 3개로 대별할 수 있다. 1948년 독립이래 다수 민족인 버마족은 중앙집권제의 국가를 만들기 위해 강압정치, 군부통치를 하고 있고 카렌족을 필두로 샨족, 카친족 등의 소수민족들은 명실상부한 연방정부를 만들기 위해 버마족에 대항하여 싸워왔다. 종교는 86.5%가 불교로서 큰 영향력을 행사하고 있으며, 기독교는 포르투갈의 지배하에 있었던 카렌족이 믿고 있다.

미얀마의 문헌상의 역사는 BC 9세기 북부 지방의 타가웅(Tagaung) 왕조로부터 시작된다. 미얀마의 고대는 부족국가 형태를 이루었으며 티벳 방면에서 티벳 및 버마어를 사용하는 여러 부족이 남하하여 1044년까지 할거하고 있었다. 가장 먼저 남하한 민족은 몬 크메르(Mon-Khmer) 언어권에 속하는 몬(Mon)족으로서 BC 480년경 미얀마 동부 살윈(Salween)강 하류 일대에 거주한 이후 BC 3세기에 첫 번째 왕국인 수반나부미(Suvarnabhumi : 황금의 땅)를 건설하였으며, 이때 인도로부터 농업기술과 힌두교·불교가 전해졌다.59) 그 뒤 퓨족을 정복하고 6세기경 Dvaravati 왕조가 번성하였으며 쌀과 콩 재배, 관개제도를 운영하였고 현재의 버마철자법을 만들었다. 또한 페구(Pegu) 일대에 수도를 건설하고 BC 1세기경에는 퓨(Pyu)족이 티벳 지역에서 남하, 북부 미얀마에 정착하여 AD 673년에는 스리크세트라(Srikshetra : 프롬)에 수도를 정한 후 비크라마(Vikrama) 왕조가 번성하였으며, 할린(Halin), 베익따노(Beikthanomyo) 등에서 도시 문명이 발달하였다.60) 이들은 인도로부터 대승불교, 바라문교의 영향을 받았으며 8세기경 수도를 할린(오늘날의 쉐보)으로 옮겼으나, 832년 중국 운남성으로부터 남하한 타이족에게 멸망당하였다.61) 아라칸 일대에서는 8세기~9세기 Nanchao왕국이 번성하였는데 Kolofeng왕은 퓨족과 연합하여 마니푸르(Manipur)와 친드윈(Chindwin)일대까지 공략하였다.

현재 미얀마의 주류를 이루는 버마족은 9세기경부터 티벳에서 남

---

59) http://www.myan.or.kr/ 참조(미얀마 선교회 홈페이지 : 미얀마 소개).
60) D. G. E. Hall, 앞의 책, pp. 155-157 참조.
61) http://www.myan.or.kr/ 참조.

하하여 아라칸의 Nanchao 왕조의 지배하에 있다가 이라와디강을 따라 남하하여 중부 파간일대를 중심으로 벼농사를 지으면서 정착하기 시작했다. 그리고 'Mrama'라는 부족 연맹을 통해 국가로서의 기틀을 다지고 있었다.

여러 민족의 할거 상태에 있던 이 지역은 아노라타(Anawrahta)왕에 의해 1056년 파간(Pagan)왕국이 창건되면서 최초의 통일된 버마 왕조가 설립되었다. 이 아노라타왕은 정령신앙과 대승불교의 횡포를 불식하고 왕권강화를 위해 몬족 승려인 신아라한(Shin Arahan)을 통해 소승불교를 수용하였다. 또한 1057년 그는 몬족의 중심지인 바고(Bago)를 점령하고 승려들을 데리고 온 후 쉐다곤(Shwedagon) 파고다를 비롯한 여러 성지를 건설하였다. 동시에 동쪽의 샨 지역을 함락시키면서 명실상부한 미얀마 통일왕조의 형태를 갖추게 되었다.62)

파간 왕조는 1084년부터 1167년까지 황금기를 구가하였다. 아노라타왕의 계승자인 캰지타(Kyanzittha, 1084~1113)는 아난다(Ananda)사원 등의 많은 사원과 파고다를 건설하여 파고다 건축의 황금기를 열었다. 이런 영화를 누리던 파간 왕조는 무리한 건축공사로 인한 재정의 낭비로 국권이 약해지고 1287년 몽골의 침입으로 멸망했다.

파간 왕조는 사원에 대한 토지와 금품의 과도한 기증으로 왕실재정이 궁핍해진데다, 13세기 중엽 타이족(샨족)의 공격이 있었고 1287년에는 몽골 쿠빌라이 칸(Khubilai Khan)의 공격을 받아 멸망하였다.

몽골군은 침입한 지 12년 만인 1299년 퇴각하지만 그후 약 250년간 미얀마는 버마족, 몬족, 샨족 등 다민족이 할거하는 분열의 시대를 맞이하게 된다. 미얀마 북부의 사가잉(Sagaing)을 수도로 한

---

62) http://galaxy.channeli.net/albert0366/myanmar.htm 참조.

샨족은 이후 1364년 수도를 아바(Ava)로 옮기면서 발전하였고, 몬족은 탈라잉(Talaing)에서 함사와디(Hamsawaddy : 오늘날의 페구)로 천도하면서 발전하였다. 그러면서 몬족과 샨족은 1385년~1425년간에 걸친 40년 전쟁을 치루었다. 그 와중에도 소승불교는 계속 번성하였다.

이후 몬족은 신소부(Shinsawbu) 여왕과 담마제디(Dhammagedi) 왕이 통치하면서 평화의 시대(1453~1492)가 시작되었다. 이때 버마 서부, 오늘날의 치타공(Chittagong : 방글라데시의 도시)에서 북쪽으로 세력을 확장하던 아라칸족이 무라욱우(Mrauku)에 수도를 정하고 남하하기 시작했다.

이러한 샨족과 몬족의 분열의 시대는 버마족에 의한 두 번째 통일 왕조인 토웅구(Toungoo) 왕조에 의해 마감되었다. 1530년 타빈슈에티(Tabinshweti) 왕은 바고(Bago)에 수도를 정한 후 포르투갈인과 연합하여 마르타반(Martaban)을 정복하였으며, 포르투갈인들은 이때부터 마르타반을 거점으로 1613년까지 무역활동을 하였다. 바인나웅(Bayinnaung) 왕은 영토확장사업을 펼쳐 코끼리 부대를 이끌고 치앙마이와 샴의 수도인 아위탸(Ayuttia)를 점령하였고, 서북쪽으로는 아삼(Assam) 일대까지 위세를 떨쳤다. 티리투다마(Thiritudhamma) 왕은 수도를 아바로 옮겼고 이후 아리칸의 황금시대(1622~1638)가 열렸다.

그러나 1581년 즉위한 낭다나웅(Nandanaung)은 획득한 영역을 대부분 손실하였고, 17세기경부터는 영국, 프랑스, 네덜란드 상인들이 미얀마에 상륙하여 무역을 요구하기 시작하였으며, 토웅구 왕조는 프랑스의 무력지원을 받은 몬족에 의해 1752년 멸망했다.

미얀마 세 번째 통일왕조이자 마지막 왕조인 콘바웅(Konbaung) 왕조는 알라웅파야(Alaungpaya) 왕에 의해 창건되었다. 알라웅파야 왕은 미얀마 역사상 가장 용맹했던 군주로서 1752년 만달레이 근교

쉐보(Shwebo)에 수도를 정한 후 8년간의 전쟁 끝에 몬족 등을 누르고 버마 전역을 재통일하였다. 이 콘바웅 왕조를 버마라 일컬으며 이때부터 랑군이 건설되기 시작하였다. 뒤를 이은 신부신 왕은 1767년 대규모 코끼리 부대를 이끌고 샴에 원정, 수도 아위타를 점령하고 대승을 거두며 버마 역사상 최고의 전성기를 구가하여 그 영토가 東으로 현재의 태국, 서로는 현재의 방글라데시 일대까지 영향력을 떨쳐 일시적으로나마 이 일대 최강국으로 군림하였다.

콘바웅 왕조는 18세기 후반부터 19세기 초에 걸쳐 세력을 확장하여 남부의 테나세림(Tenasserim, 1766)과 아라칸(Arakan, 1784)을 병합하고, 서쪽의 마니푸르(Manipur, 1813)와 아삼(Assam, 1816)까지 진출하였다. 특히 3대 왕인 보도파야(Bodawpaya : 1782~1819) 왕과 뒤를 이은 바기도(Bagyidaw) 왕의 아라칸·마니푸르·아셈지방 원정은 인도를 점령하고 있던 영국과의 충돌을 야기하였다. 1818년 그 이전부터 아라칸에 조공을 바쳤던 벵골지역의 할양을 요구하는 서한을 벵골지방의 영국 총독에게 보냈다. 이후 1823년 말 캘커타 점령을 노린 버마군이 동부 벵골로 진격하였고, 1824년 초 영국과 전면적인 전쟁에 돌입하였다.

영국은 서부뿐만 아니라 남부 일대 해상으로 진입하여 수도인 아바 부근까지 진격하였고, 이에 바기도 왕은 항복하였다. 그 결과 얀다부(Yandabu)조약(1826)을 맺어 아삼과 마니푸르를 포기하고 아라칸과 테나세림을 영국에게 할양하였다. 영국의 군사력을 과소 평가한 실수가 영국의 식민지 확대의 기회를 제공했던 것이다.

제2차 버마전쟁은 총독 달후지(Dalhousie)의 강제침략 및 병합정책으로 영국이 버마를 자극시켜 도발의 구실을 만들어 개시한 전쟁이다. 버마의 얀다부 조약 불이행과 1850년 영국 상인들에게 과도한 세금 부과, 1851년 11월 랑군에 입항(入港)한 영국 상선(商船)에 대한 가혹한 취급, 배상금 지불 청구 등을 이유로 영국 함대가 랑군에 파견되어 남부 지역인 바세인·마르타반·랑군의 세 항구를 점령한 뒤, 1852년 12월 일방적으로 폐구의 병합을 선언하였다.63) 그리하여 버마는 내륙국으로 전락하였고, 이후 영국과의 충돌을 회피하기 위해 남부의 관리를 인도 총독이 파견한 영국인 판무관에게 위임하였다.

민돈왕(1853~1878)은 1861년 수도를 만달레이(Mandalay)로 옮기고, 세계불교대회를 개최하여 불법(佛法)에 의한 민심수습을 위한 노력을 하였고, 외교적으로는 영국과의 우호적 관계를 유지하면서 여타 유럽국과의 균형을 이뤄, 콘바웅 왕조를 외세의 침략으로부터 지켜 나갔다.

제3차 미얀마 전쟁이 일어난 표면적 이유는 인도 봄베이에 있는 영국 목재회사와 미얀마 정부 사이의 티크(teak) 목재채벌권을 둘러싼 분쟁에 있다. 그러나 진짜 이유는 티보(Thibaw)왕이 프랑스와 제휴, 영국의 압력에 대항코자 하였기 때문이다. 버마 정부가 영국을 견제하고자 프랑스에 이권을 주는 비밀협정을 체결하고, 영국이 경영하는 봄베이·버마 무역회사의 불법행위에 대하여 벌금을 부과하자64) 영국은 목재회사 분쟁을 핑계로 침공하였다.

1885년 인도 주둔 영국군 1만 2천여 명이 국경을 넘어 수도인 만달레이로 진격하였다. 티보왕은 2만 명으로 대항하였으나 근대식 장비를 갖춘 영국군에게 대패하였고 티보왕은 인도로 유배되었으며, 영국은 수도인 만달레이를 점령하고 1886년 1월 1일 북버마 합병을 선언함으로써 버마는 이후 영국식민지인 인도의 한 주가 되었다.

영국의 식민통치 정책은 분할지배정책(divide & rule poilcy)으로 각 종족들이 통합할 수 없도록 하였다. 미얀마 경영의 중심을 랑군에 두고 인도인 상인과 기업가를 유치하고, 공무원 등도 인도인을 채용하였으며, 카렌족 등 비(非)버마족을 모집하여 군대를 만들고 이

---

63) http://www.myan.or.kr/
64) http://www.myan.or.kr/

들을 중간관리로 등용하여 미얀마를 통치했다. 그러나 이러한 영국의 미얀마 통치와, 특히 인도인에 의한 경제 지배는 버마족의 반감을 고조시켜 1920년대에 들어서면서 버마 민족주의가 격렬해지는 원인이 되었다.65) 초기 영국령 인도의 한 부분이었기에 판무장관이 버마 행정을 주도하였으나 1894년 부총독이 부임하면서 영국 통치가 구체화되었다. 1937년 바모(Ba Maw)를 수반으로 하는 최초의 연립정부가 성립되었고, 새로운 의회의원 선거를 통해 버마는 인도로부터 분리되었다.

영국령 시대의 미얀마는 영국의 아시아 식민지 경영의 거점이 되었다. 영국은 특히 인도방면에 대한 식량 공급지로서 이라와디·시탕의 삼각주 지대에 주목하여 이곳에 인도인을 이주시키고, 또 버마족·카렌족을 이용하여 벼농사를 개발하였다. 그 결과 이라와디 삼각주는 1930년대에 세계 최대의 수출용 벼농사지대로 발전하여, 미얀마는 세계 제1의 쌀 수출국이 되었다.

버마인의 독립운동은 초기 영국의 섬멸작전으로 인해 무장저항운동에서 전통문화·불교문화의 보전운동으로 전환되었다. 그러면서도 청년불교도연맹(YMBA)이 인도 캘커타에 대표를 파견하여 인도로부터 버마의 분리를 주장하는 한편 동맹휴학한 학생들과 공동으로 미얀마인 단체 총평의회(GCBA)를 결성하여 독립투쟁에 나섰다. 1930년대에는 무장투쟁을 포괄하는 버마 민족주의 운동이 등장하여 아웅산과 우누 등 우리버마연맹(타킨黨)이 결성되어 외래교육제도를 반대하며 동맹휴학 등을 선도하였으며, 승려 사야산(Hsaya San)이 주도한 랑군 북부 타라와디 농민봉기도 일어났다. 이후 바모와 아웅산이 주도하여 1939년 자유블럭이란 공동전선이 결성되어 버마의 독립투쟁노력을 가속화하였다.

---

65) http://galaxy.channeli.net/albert0366/myanmar.htm 참조.

2차 대전 발발 후 일본은 육군참모부 주도 하에 버마의 독립지원이라는 명분으로 남기관(南機關 : 南方企業調査會)을 설치하였다. 이 남기관의 주선으로 아웅산(Aung San)을 중심으로 한 '30인의 同志'가 방콕에서 결성되었다. 남기관은 방콕에 집결한 버마인으로 버마 독립의용군(BIA : Burma Independence Army)을 조직하고, 1942년 3월 BIA 15,000여 명을 이끌고 랑군을 점령하였다. 이 과정에서 카렌족 등 소수민족이 영국에 협조함으로써 독립 후 소수민족과 버마족간 갈등의 원인이 되었다. 이후 일본에 의해 중앙행정부(中央行政府)66)가 설치되고 BIA는 버마 방위군(BDA : Burma Defense Army)으로 재편되어 아웅산이 초대사령관이 되었다.

1943년 8월, 일본의 도조 내각은 일본군정을 폐지하고 버마의 독립을 허용하였으며, 독립국이 된 버마는 국가원수에 바모, 국방장관에 아웅산, 외무장관에 우누(U Nu)가 취임하였고, BDA는 버마 국민군(BNA : Burma National Army)으로 개칭되었다.

그러나 1945년 3월 연합군은 만달레이를 점령하였고, 5월에는 영국·인도군이 랑군에 입성하였다. 이때 아웅산은 일본과의 제휴가 장차 독립에 불리함을 인식하고 1945년 3월 1만여 명의 버마군을 중심으로 한 버마 애국군을 구성, 연합군에 가담시켜 랑군 탈환작전에서 활약하였다. 이후 영국 수상 처칠은 총독에게 버마 전권을 위임하였고 이에 대해 미얀마의 反파시스트 인민자유연맹(AFPFL)67)은 이를 거부하며 완전독립을 요구하였다(1945. 8. 19).

1947년 1월 영국-버마협의회가 종료된 후 아웅산-애슬리 협정을 체결하여 제헌의회 개최를 위한 선거를 실시하고 행정참사회(行政參

---

66) 미얀마지역 일본군사령관인 이이다(飯田)에 의해 바모를 중심으로 결성되었는데 타킨미야, 바세인, 아웅산 등이 요직에 임명되었다.
67) AFPFL(Anti-Fascist People's Freedom League)은 아웅산과 공산주의자들이 1944년 결성한 조직으로 버마 독립 후 우누 정권시기에 정권을 담당한 기구가 되었다.

事會)를 잠정내각으로 승인, 버마를 자치령으로 대우하는 것 등에 관해 합의를 보았다. 또한 그해 2월에는 全 소수민족을 포함한 단일국가로의 독립을 위해 팔롱(Panlong)에서 AFPFL 대표와 소수민족 대표간에 팔롱합의(Panlong Agreement)가 이루어졌다.

제헌의회선거(1946. 4)를 통해 개최된 의회에서 버마의 독립을 결의하였으나 아웅산을 비롯한 행정참사의원 7명이 각료회의 도중 암살되었다. 1947년 런던에서는 누-애슬리 협정이 조인되고, 버마 독립법안이 영국의회를 통과하여 1948년 1월 4일 영국으로부터 버마연방으로 독립하게 되었다

버마의 독립운동을 주도하고 국가 건설과정에 핵심적 역할을 한 사람들은 대부분 사회주의 노선을 추종하고 있었다. 그리하여 1947년 아웅산 주도하에 소렌토-빌라회의(Sorrento-Villa Conference)는 사회주의 경제체제를 채택하였다. 식민지 시대의 수탈과 전쟁으로 피폐된 국내경제를 소생시키기 위해 국가관리를 통한 전국적 규모의 계획경제가 최상의 선택이라고 판단한 것이다. 1948년 독립 후 초대 수상이 된 우누(U Nu)는 민주사회주의자로서 의회중심의 자유민주주의를 근간으로 하면서 혼합경제모델을 통해 점진적 사회주의를 실현하고자 하였다. 그는 국가가 경제를 관리하고 사회적 공동소유를 확대하면서 재래의 정신적·문화적 전통이 스며있는 사회주의체제를 지향하였다. 철도·설탕·시멘트 등 기간산업을 국유화하였다. 그러나 미얀마는 점진적 사회변혁의 사회주의자, 급진적 사회변혁의 공산당, 분리독립을 요구하는 소수민족으로 국론이 분열되어 내전상태에 돌입하게 된다.

내전은 1946년 7월 공산당 과격파인 '적기(赤旗) 공산당'이 반란을 일으키면서 시작되었다. 그러다가 1948년 공산당 다수파(미얀마 공산당, 속칭 백기 공산당)가 반란을 일으키고, 1949년 카렌족이 독립을 요구하며 반란을 일으키자 내전은 본격적으로 확대되었고, 미

얀마 신정권은 붕괴 직전까지 몰렸다. 그러나 그 후 미국·영국 등의 원조로 미얀마 정부는 정상을 되찾았고, 이 때 네윈 총사령관이 이끄는 미얀마 정부군은 점차 그 지배력을 확대해 갔다.

1954년 반정부군은 게릴라 규모로 축소되었으나 1959년 미얀마 공산당과 카렌족 좌파와의 제휴가 이루어져 내전이 다시 확대되고, 샨족·카친족 등의 민족자결 요구도 높아졌으며, 그 중에는 무장 반란부대가 출현하기도 하였다. 우누 정부는 이러한 사태를 수습하지 못하였고, 설상가상으로 여당마저 분열하는 등, 미얀마 정계는 1950년대 말부터 1960년대 초에 걸쳐 커다란 혼란 상태에 빠졌다.

이와 같은 혼란을 극복하기 위해 네윈(Ne Win) 중심의 버마 군부가 1958년부터 1960년까지 국정을 담당하게 되었다. 1962년 3월 네윈 장군은 군사 쿠데타로 26년간 통치하게 된다. 이때부터 미얀마에서는 불교적 전통을 접목한 '버마식 사회주의 노선'이 천명되었다. 그해 7월에는 유일 정당인 버마 사회주의 계획당(BSPP)이 출범하였으며, 권위주의적 정치체제를 확립하기 위해 대규모 국유화 조치가 시행되었다.

그는 군 내부에서 버마족의 지위를 확고히 하고, 군사독재를 펼쳤다. 1974년 1월 1당 체제에 내각책임제를 혼합한 헌법을 공포하고, 그 해 3월에 민정에 이양하면서 네윈이 대통령으로 취임하였다.

그러나 네윈의 집권기에는 국영기업의 비효율성과 민간부분의 침체, 1976년 적극적 외자도입으로 인한 경제개혁의 부작용 등으로 인한 극심한 경제피폐로 대규모 반정부 시위와 군부의 불만이 가중되었고, 1987년 이후에는 세계 최빈국에 지정되기에 이르렀다.

네윈의 경제실정과 비민주적 강압통치에 대한 반발로, 1988년 3월 랑군에서 대학생을 중심으로 하는 대규모 반정부 시위(3월 폭동)와 6월 대학생 외에 시민, 승려 등 전국적 규모의 6월 폭동이 발생되었다. 1988년 7월에 네윈은 공식적으로 퇴진하였으며 사회주의 계획당의 세인 루인이 대통령으로 취임하였다. 그러나 1988년 8월 8일 랑군에서만 시민, 학생 10만 명이 참가한 대규모의 전국적 반정부 시위가 발생하였고, 군에 의한 유혈진압으로 8월 13일 세인 루인의 사임시까지 사망자가 약 1천 명을 넘었다. 아웅산 수지와 틴우(Tin U), 아웅지(Aung Gyi)를 중심으로 하는 반정부 시위가 있었으나 1988년 9월 18일 소몽(Saw Maung) 국방장관이 중심이 된 군사 쿠데타로 끝을 맺는다.

쿠데타로 입법과 행정의 전권을 장악한 군은 소몽을 의장으로 하는 '국가 법질서 회복위원회(SLORC : State Law & Order Restoration Council)'를 구성하고, 국회, 내각, 국무원, 사법위원회를 해산하였으며 통행과 집회, 데모를 금지시켰다. 1989년 군부는 국호를 미얀마 연방으로 변경했다. 1990년 5월 27일 실시된 총선에서 감금된 아웅산 수지가 이끈 민주국민연합이 군부가 주도한 민족통일당(NUP : National Unity Party)에 대해 총 의석의 80%를 상회하는 압승을 거두었다. 그러나 군부는 민정이양을 거부하고 계속 군사통치를 유지하고 있다. 1992년 4월에는 탄쉐가 SLORC 의장을 계승하였으며, 1997년 SLORC는 국가평화개발평의회(SPDC : State Peace and Development Council)로 개편된다. 또한 아세안에 가입하여 외교다변화 및 주변국과의 관계를 강화하고 있다.68)

미얀마에 대한 선교전략에는 영국식민정책의 여파로 버마 민족주의 운동이 시작되었는데 이 운동의 중심에는 불교문화의 보전이라는 종교문화가 자리잡고 있었다는 사실을 기억할 필요가 있다. 이들 운동의 주역들이 근대 버마의 핵심 인물들이었고 그 후손들이 수지여사를 비롯한 오늘날 정치적인 주역들이다. 미얀마에는 사회주의적 정치움직임이 강하며 군사독재가 경제개발과 안정확보라는 측면에서 집권의

---

68) http://galaxy.channeli.net/albert0366/ 참조(개황).

명분을 계속 유지하고 있다. 1974년 헌법은 종교에 대한 입법, 행적적 제한이 허락되고 있다. 군사정부는 종교를 국가화합을 저해하는 것으로 보고 있다. 실제로 정부는 소승불교(Thervada Buddhism)을 장려하며 초등학교 교과에 불교교리를 담고 있다. 모든 종교가 등록하도록 되어 있으며 5명 이상 모이는 외부모임은 금지된다. 외관상 공식휴일에 기독교나 이슬람 성일도 포함되어 있으며 랑곤 시내에는 여러 종교의 기념비를 허락하여 종교자유가 있는 것처럼 보이고 있으나 불교도들에 의한 기독교 확산 저지가 정부의 뒷받침 속에서 용의주도하게 이뤄지고 있다. 1960년 중반부터 외국인의 선교활동은 금지되고 거의 모든 외국인 선교사들이 추방되고 밋숀계 학교 그리고 병원이 국유화되었다. 2002년 1월 한 독일 회사가 정부허가를 받고 1만 권의 성경을 배포한 것으로 전해지고 있다. 이슬람도 물론 거부되고 있다. 그러나 버마 독립 이전부터 있었던 일부 카토릭 사제와 수녀들의 활동이 허락되고 있다.

(6) 몇 가지 암시

인도차이나 3국과 태국, 미얀마로 이뤄지는 Kra지역의 과거는 제각기 특이한 역사적 경험을 바탕으로 이루어져 한마디로 매우 다양한 배경을 가지고 있다고 말할 수 있다. 그러나 우리는 다음 몇 가지 공통점을 발견할 수 있다. 이러한 공통점들은 오늘날 이들 지역의 정치흐름을 이해하는 중요한 문화적 배경이 될 뿐 아니라 이 지역에 대한 선교전략을 세우는데 참고사항이 된다.

첫째, 이들 크라지역의 국가들은 민족의 기원을 북방에 두고 있다는 점이다. 북방에 살다가 어떤 이유로 남하한 종족들이다. 베트남의 건국신화 중에는 神農의 후손이라는 설도 있고, 선사시대에 양쯔강 계곡에서 이주해온 몽골계(mongoloid) 사람들이 주류를 이루었다는 주장도 있다. 라오스의 경우 650년경 남부 중국에 '난짜오'라는 국가를 세웠고 중국인들에게는 타이(Thai) 또는 라오(Lao)로 알려졌다. 태국 역시 중국 양쯔강 북부 또는 중국 변방에서 이주해온 종족이라는 설이 유력하다. 미얀마는 BC 9세기 경 티벳에서 남하한 부족이었고 언어도 몽골계라는 것이 일반적으로 인정되고 있다. 따라서 이들의 문화나 관습이 북방계에 원형을 두고 남방계 또는 인도계의 영향을 받은 것으로 볼 수 있다.

둘째, 중국과 오랜 정치적인 교섭의 경험을 가지고 있다는 점이다. 베트남은 BC 207년에 중국의 장군에 의해 남비에트(Nam Viet)라는 단일국가가 세워졌고, BC 111년에 漢나라는 남비에트를 합병하였다. AD 972년까지 천년이 넘도록 중국은 베트남을 지배한 것이다. 라오스는 중국과 국경을 접하고 있고 캄보디아는 베트남을 견제해줄 국가로 중국과의 유대를 가지는 것은 지정학상 불가피했다. 태국은 중국에서 시작된 국가인 듯하며 1767년에 시작된 돈부리 왕국은 중국계 장군 프라야 딱신이 버마로부터 탈환하여 세웠다. 중국과 접경으로 양국간의 오랜 문화적 교류는 오늘날도 그대로 이어지고 있다. 미얀마의 경우 BC 1세기경 퓨(Pyu)족이 티벳에서 남하하였고, 832년 중국 운남성에서 남하한 타이족이 비크라마(vikrama)왕조를 멸망시키기도 하였다. 파간 왕조(1044~1287)가 몽골에 의해 멸망되었고 몽골군이 1299년 퇴각했지만 그 영향은 지대하였다. 현대에 들어서서 우누의 사회주의 시대에는 공통된 이데올로기를 추구한다는 점에서 미얀마는 중국과 긴밀한 관계를 유지하였다. 이러한 사실은 이 지역 선교가 중국과 상관성을 고려하여 진행될 필요가 있다는 것을 의미한다. 다만 중국과의 상관성은 긍정적일 수도 있고 부정적일 수도 있어 일률적으로 단정할 수 없다.

셋째, 이들 국가들은 서구 열강의 식민지배를 받았다. 인도차이나 3국은 프랑스에 의해, 미얀마는 영국에 의해 오랜 시간 시달렸다. 태국이 영국과 프랑스의 와중에서 정치적인 독립을 유지했다고는 하나, 영국과 우호 및 상업조약(1855)을 시발로 하여 1856년에는 미국과 프랑스와도 비슷한 조약을 체결, 자유무역을 보장할 뿐 아니라 외국기업들에게 치외법권을 인정하여 서방제국의 경제적 식민지나 다름없었다. 이들 식민지배국들은 분할통치방식을 취하여 정치적, 사회적, 종교적, 문화적으로 서로 격리시켜 단일의 저항을 하지 못하게 하였으며, 대개 그 나라의 민족이나 다른 아시아 종족을 원주민 지배수단으로 사용, 내적 갈등을 야기시켰고 국가적으로나 지역적으로 통합과 협력이 이루어지지 못하게 하였다.

넷째, 서구 열강의 식민지배하에서 끈질긴 독립운동이 있었고 여기서 근대적 민족의식이 형성되었다. 베트남은 1883년 프랑스의 보호령이 된 이래 후에 1885년 폭동, 두이자틴 폭동(1940) 등 민족독립투쟁을 계속하였다. 호지명에 의한 대프랑스, 대일본, 대미국 그리고 대중국 항쟁의 승리는 이들 강국들과의 관계에서 싹튼 민족의식 때문이었다. 라오스는 일본의 점령 하에 대프랑스 항전을 하면서 엘리트들이 독립의식을 분명히 가지게 되었다. 다만 자연환경과 지도층간의 분열로 강대국에 대한 보다 효과적인 저항이 되지 못했다. 캄보디아는 베트남과의 미묘한 갈등 속에 태국이 관여하자 이들 주변국의 간섭에서 벗어나기 위해 프랑스의 보호를 요청, 1863년 노로돔은 프랑스와 보호조약을 체결하였다. 그러나 프랑스는 베트남에 대한 많은 투자와는 달리 라오스에 대해서는 투자가 빈약했고 관심도 극히 낮았다. 태국은 서구 열강의 침략에 대하여 일찍 서구문화를 수용하여 이를 받아들였고 또한 지도층의 현명한 판단으로 이를 지혜롭게 처리할 수 있었다. 반면 미얀마는 17세기경 영국, 프랑스, 네덜란드 상인이 상륙하여 무역거래를 요구받은 경험이 있고 1752년 두번째 통일왕조인 Toungoo(1531~1752)가 프랑스의 무력지원을 받은 몬족에 의해 멸망된 경험이 있었으며 대영국 항쟁을 3차에 걸쳐 수행함으로, 결국 1886년 인도의 한 주로 편입되는 비운을 맞게 되었다. 사실상 미얀마의 민족주의는 1920년대 영국의 분할지배 정책이 그 도화선이 되었다. 크라 각국은 이렇게 서방국가의 지배와 간섭에 저항하면서 근대적 민족의식을 가지게 되었다.

세 번째와 네 번째의 이러한 경험은 이 지역 주민들이 기독교를 서구 제국주의와 동일시하는 원인이 되었으며 따라서 오늘날 서양 선교사들에게 저항감을 가지게 하는 배경이 된다. 캄보디아가 스스로 프랑스의 지배하에 들어갔으나 프랑스는 캄보디아 보다는 베트남 중심의 식민지배를 실시했기 때문에 프랑스에 대한 저항감은 여전하다. 다만 미얀마의 경우 영국의 식민지배를 받았으면서도 영국과 힘을 합해 일본에 저항했던 경험 때문에 카렌 족을 비롯한 소수민족이 기독교 신앙을 가지게 되었을 뿐 아니라 일부 야당 지도자들이 기독교에 대하여 우호적인 모습을 보이고 있다.

다섯째, 1942년에서 3년간 일본의 식민지배를 받았으나 대일 저항의식은 그리 크지 않는 특징을 보이고 있다. 베트남에서는 반일의 감정이 처음부터 강했다. 특히 프랑스와 일본이 서로 협력하여 베트남을 통치했기 때문에 호지명 등 베트남의 민족주의 세력은 프랑스와 일본을 동시에 공격하였고 이를 격퇴하기 위해 미국과 상호협력에 합의하기까지 하였다. 라오스는 일본군이 프랑스를 격퇴시켜 주었고 일본에 의해 상당한 자치권 행사의 경험을 얻을 수 있었으며, 캄보디아는 1941년 일본군에 의해 반프랑스 감정에 고취될 수 있었고 1945년에는 프랑스가 일본에 선전포고를 함으로 독립을 선포할 수 있었다. 태국은 피분 내각이 일본에 항복, 연합군에 전쟁선포를 하는가 하면 주미 대사였던 쎄니 쁘라못은 친미적 입장을 취함으로써 양면전을 수행하여 종전 후 패전국을 면하게 되었다. 그 후 태국은 일본과는 좋은 관계를 계속 유지하였다. 미얀마는 2차대전이 발발한 초기에는 일본군에 의해 독립의용군이 조직되고 1942년에는 랑군을 점령하기도 하였다. 뒤에 연합군에 가담하긴 하였으나 1943

년 일본이 버마의 독립을 허용한 혜택을 경험하였다. 이렇듯 대부분 국가들이 일본의 식민지배를 받았으면서도 일본에 대한 반감보다는 고마움을 가지게 되는 이유는 일본이 이들을 반(反)서구 세력에 끌어들이기 위해 그들이 바라는 독립을 부추기는 전략 때문이었다.

여섯째, 근세기에 와서 정권을 인수한 주된 세력이 군부였다는 점이다. 베트남은 청년들 중심의 동맹으로 혁명운동을 시작, 민족주의 진영과 사회주의 진영이 협력하여 프랑스에 대한 저항운동을 폈으며, 독립 그리고 통일 후에는 군부가 중심 역할을 하였지만 당 우위의 입장을 견지하였고, 전(全) 국민의 참여 하에 이뤄졌기 때문에 군부 독단의 정권인수는 이루어지지 않았다. 반면 캄보디아는 공산혁명군 주도하에 통일이 이루어져 정치적 안목을 못 가진 채 군사 전략적 관점에만 집착, 결국 내분에 휩싸이고 만다. 이러한 사정은 라오스의 경우도 비슷하며 내분에 따른 권력다툼이 외세의 개입과 겹쳐 군부 중심도 아닌 기존 세력에 군이 얹히는 모습으로 나타났다. 미얀마는 서구세력과 최후까지 항전을 계속하면서 군부가 주도하였고 독립 후에도 소수민족의 저항에 맞설 수 있는 군부가 정치권력의 중심에 서 있다. 국민투표에서 민주세력이 승리했음에도 군부가 계속 집권하고 있을 정도로 군부 주도의 정치운영이 되고 있다. 그러나 민주세력 역시 만만치 않게 성장하고 있고 1988년 학생시위는 비록 실패했지만 1천 명의 사망자를 낼 정도로 격렬하였다. 태국의 경우는 군부의 역할이 컸음에도 불구하고 국왕제도가 유지되고 있고 또 학생세력도 상당한 정도로 신장되고 있어 군부만의 전횡은 어려운 상태가 되고 있다. 이미 1973년 10월에 있었던 유혈혁명은 학생시위의 잠재력을 드러낸 바 있다. 이렇게 동남아 각국은 독립항쟁을 주도한 군부가 독립 후에도 정치무대의 중심에 서 있으며 태국과 미얀마를 비롯한 일부 학생의 저항세력이 있기는 하나 아직 한계가 있다. 특히 노동자 세력이 군부와 맞설 수 있기에는 긴 시간이 요할 것 같다.

대체로 군부는 보수적인 성향을 띠며 민족주의적 성격을 드러내고 있다. 그리고 그들의 민족주의 샐갈 속에는 전통종교가 자리잡고 있어 선교에 어려움을 주고 있다.

일곱째, 중심이념이 공산주의나 사회주의 또는 자본주의보다는 민족주의라는 사실이다. 베트남은 호지명의 영도아래 세계열강인 프랑스와 미국을 대상으로 한판 전쟁을 치르면서 공산화 통일을 이룩했다. 호지명은 모스크바에서 공산주의 학습을 받았고 공식적으로 공산주의 이데올로기를 선포했고 공산화 통일을 이룩했다. 그러나 그의 사상적 근저는 베트남의 독립이었고 특히 중국의 영향으로부터 벗어나는 것이었다. 1941년 30년간의 해외망명생활을 끝내고 귀국한 그는 공산주의자들과 민족주의자들 간의 연합으로 베트민(Viet Minh)을 창설했다. 그는 프랑스와 대항하였지만 1945년 포츠담 회의의 합의사항을 이행하기 위해 20만의 중국군이 북베트남에 들어오자 프랑스군 2만 5천 명의 지원을 요청했고 하이퐁 주둔을 허락하기도 하였다. 때로는 미국과도 협력, 프랑스와 일본에 저항할 때 추락당한 미 공군기 조종사들의 탈출로를 알려주기도 하고 베트남·미국간 상호협력에 합의하기도 하였다. 2차 대전 직후 호지명은 미국의 지지를 받기 위해 노력을 기울이기도 하였다. 베트남인들의 근본 목표는 사회주의 국가의 건설이라기보다는 국가의 독립이요 특히 중국의 영향에서 벗어나는 것이었다. 캄보디아는 1940년대 초반까지 민족의식은 일부 지식층에 국한되어 있었고, 거기다가 긴 역사적 경험을 가진 태국과 베트남의 영향하에 그리고 시아누크의 개인적인 영향력 하에, 독립 후 국정이 유지되었다. 1975년 공산화되었으나 얼마 후 곧 시아누크 중심의 새로운 정치로 바뀌면서 베트남에 대한 견제를 목표로 중국과의 긴밀한 관계가 수립되었다. 냉전 이데올로기에 편승하는 것이 아니라 국가존립을 위해 민족주의 의식으로 되

돌아온 것이며 여기에는 전통적인 지도층의 영향력이 큰 변수로 작용하고 있다. 라오스는 엘리트간에 분열이 극심한데다 이들의 민족의식이 희박할 뿐 아니라 태국과 베트남 그리고 중국의 영향력에서 벗어나지 못해 주변 여건에 따라 정치지도층이 바뀌는 상태에 있다. 라오스는 영향력 있는 주변국가들 때문에 외형상 공산주의 이데올로기를 따르고 있다고 하더라도 내면적으로 선린정책에 의한 독립유지 곧 민족주의를 추구하고 있다. 시간이 지남에 따라 이러한 모습은 더욱 구체적으로 나타날 것이다. 태국은 왕제를 불교와 연결하여 국가의 구심력으로 삼아왔으며 이를 바탕으로 빈번한 쿠데타로 정치적 불안이 있음에도 불구하고 어떤 이데올로기도 수용할 만큼 독립적이고 높은 민족의식을 유지해왔다. 미얀마는 Toungoo왕조가 프랑스의 지원을 받은 몬족에 의해 멸망했다. 여기다가 콘바웅 왕조 때 3차에 걸친 대영항쟁의 경험, 영국의 분할지배정책에 대한 저항 등으로 인해 1920년대 민족주의 세력이 등장했다. 따라서 미얀마는 서방세계의 자본주의에 대한 강한 경각심에서 러시아, 중국의 사회주의적 요소를 크게 수용, 사회주의 노선을 공식으로 천명해왔다. 그러나 이것은 서방 강대국에 대한 저항감을 바탕으로 동양 전통적 문화 그리고 군부 중심의 전통적 리더십 등에 따른 것으로 극히 유동적이라고 할 수 있다. 즉 동남아 크라지역의 모든 국가들은 공산주의나 사회주의적 색채를 띠고 있기도 하나 본질적으로 국가 독립을 추구하는 민족주의에 바탕을 두고 있으며 이러한 성격은 시간이 지남에 따라 더욱 두드러지게 나타날 것이다.

이 지역 선교에 있어서 민족주의와의 공존을 어떻게 도모하느냐가 하는 것이 하나의 과제이다. 신앙의 순수성을 지키면서 민족주의 속에 내재되어 있는 전통종교와의 갈등을 어떻게 이겨내느냐 하는 것은 매우 중요한 선교전략의 한 부분이다.

2)   말레이(Malaya)문화권의 역사

(1) 말레이시아

페락주(州)의 렝공(Lenggong)에서 발견된 석기 유물들과 사라와크 주(州)의 니아흐(Niah)동굴에서 발견된 유물은 오래 전부터 말레이시 아 지역에 사람이 살아왔음을 보여준다. 중국 등지에서 사람들이 현 재 말레이시아 지역으로 이주하기 전부터 살았던 사람들은 말레이 반도의 아랑 아스리(Arang Asli), 사라와크의 페난, 사바의 룬거스와 같은 사람들로 추정되고 있다. 이들이 살았던 시기는 적어도 5000년 이전으로 거슬러 올라간다. 이들은 중국과 티벳으로부터 말레이 반도 를 포함하여 동남아시아를 관통, 인도네시아 도서 등지로 가장 먼저 이주한 사람들 중에 일부인 것으로 추정된다. 이들에 이어 두 번째, 세 번째의 이주가 더 있었는데, 이들이 바로 말레이계를 대표하는 사 람들이다. 두 번째 이주민인 프로토 말레이계가 말레이 반도에 정착 한 것은 BC 1000년쯤으로 추정된다. 이후 2~3세기에 걸쳐 세번째 로 말레이반도로의 이주가 있었는데, 이들 두테로 말레이계는 이전 원주민들보다 앞선 농업기술과 새로운 금속기술을 습득하고 있었다.

말레이시아 거주자의 역사 발전은 BC 1세기경 동남아시아 국가 및 중국, 인도와의 정규적인 교역이 개시되면서 시작되었다. 본격적 인 정치세력이 등장한 것은 7세기부터로, 수마트라에 말라카 해협을 통과하는 무역을 주요 기반으로 하는 슈리비자야라는 강력한 고대국 가가 출현하였다. 가신국들의 반란으로 슈리비자야는 수도를 팔렘방 에서 멜라유로 옮기는 등 내우외환을 겪게 되었다. 결국 14세기 슈 리비자야 왕국은 당시 해상권에 대한 경쟁국이었고 인도네시아 고대 왕국 중 가장 강력했던 마자파히트 왕국에 의해 멸망하였다. 즉 7세 기부터 14세기까지 대부분의 기간동안 말레이 반도와 보르네오 주 민들은 자바 또는 수마트라의 지배 하에 있었다.

말라카 왕국은 슈리비자야의 멸망에 따라 피난민의 수장인 이스칸 달 샤가 명나라 영락황제의 지지로 국왕으로 책봉 받아 말라카 왕국을 건설하게 되었다. 말라카 왕국은 초기부터 타이족으로부터 위협을 받았으나, 명나라의 보호로 안전할 수 있었다. 명나라는 1434년까지 8차례에 걸쳐 대함대를 말라카에 보내어 무력시위를 함으로써 말라카국이 대국으로 성장하는 것을 도왔다. 말라카 왕국은 동남아시아에 이슬람을 전파하는 역할을 하였으며, 무역을 통해 말레이어를 상업용어로 각지에 전해 오늘날의 말레이어와 인도네시아어의 모태가 되게 하였다. 말라카 왕국은 말레이에 거주하는 말레이인에 의해 세워진 최초의 통일국가로서 15세기 중엽까지 말레이 반도의 대부분 소국가들과 수마트라 동부연안의 전역을 그 세력 하에 두었다. 말라카 왕국은 말레이 술탄 상속자체계에 포함되어 있지 않고 식량의 자바 의존, 지배계급과 민중사이의 완충계급 부재 등의 취약점을 가지고 있었는데, 이러한 약점들 때문에 1511년 포르투갈의 공격을 막아내지 못하고 점령당하였다.

포르투갈은 동인도와의 향료무역을 위한 접근로를 확보하고, 당시까지 아랍상인들이 장악하고 있던 향료무역을 탈취하기 위해 말라카를 점령했다. 포르투갈의 말라카 점령으로 이슬람 상인들은 수마트라의 서쪽에 있는 아체국으로 옮겨갔고, 그 결과 아체가 이슬람무역의 중심지가 되었다. 17세기 네덜란드가 진출할 때까지 아체, 포르투갈, 조호르 왕국간의 간헐적인 전쟁이 계속되었다. 네덜란드가 진출하자 조호르 왕국은 네덜란드와 동맹관계를 맺고 아체와 포르투갈에 대항하였으며, 그 결과 1641년 조호르 왕국은 포르투갈을 축출하고 말라카를 회복하였다. 네덜란드는 포르투갈과는 달리 말레이반도의 정치에는 개입하지 않고 무역활동에만 전념한 관계로 조호르 왕국은 외부의 도전 없이 태평성대를 구가할 수 있었다.

네덜란드의 동아시아 진출은 1596년부터 시작되었다. 1602년 네덜란드 동인도회사가 설립되어 무역을 독점하였으며, 1619년에 인도네시아의 자카르타에 근거지를 세우고 1641년 포르투갈을 축출한 네덜란드는 영토보다는 무역에 관심이 있었던 관계로 종교와 상업을 분리하였고, 종교의 포교에 직접 관여하지 않았다. 네덜란드의 동인도회사는 17세기 동남아 무역을 장악했으나, 18세기 들어서 점차 그 세력이 약해져 1799년에 해체되었다.

영국의 동인도회사는 1784년 케다와 리아우에 발판을 마련했으나 네덜란드에 축출당했다. 그후 여러 번의 시도 끝에 1786년 케다의 술탄으로부터 페낭을 양도받았으며, 1805년부터는 이곳에 총통정부를 설립하였다. 18세기 말엽 유럽에서 발발한 전쟁으로 프랑스 혁명군이 네덜란드를 점령하자 네덜란드는 동인도회사 소유를 영국의 보호에 넘겼다. 이에 따라 영국은 말라카를 점령하고, 네덜란드로 반환될 경우 말라카가 페낭의 위협이 되지 않도록 하기 위해 말라카의 주요 시설 및 요새를 파괴하였다. 영국은 1814년 네덜란드와 협약을 체결하고 말라카 등 이전 네덜란드의 식민지를 반환받고 1818년에는 말라카, 자바, 기타 동남아지역에 대한 네덜란드의 소유를 인정하였다.

말레이 반도에서 네덜란드를 대신한 영국의 동인도회사는 1826년 총통 관할하에 페낭, 말라카, 싱가포르를 결합하여 해협식민지로 삼고 동인도회사 아래 편입시켰다. 1867년 해협식민지는 영국 왕실식민지로 전환되었다.

19세기 중엽이후 말레이 반도는 주석이 국제무역의 주요 교역상품이 되면서 큰 변화를 겪었다. 영국은 주석의 채굴 및 무역을 위해 저임의 많은 중국인 노동자들을 받아들였다. 1873년말 세계적으로 주석에 대한 수요가 급증하자, 영국은 이것을 계기로 간섭정책으로 전환하였다. 보호령 말레이 국가를 1876년 설립하고, 1877년 셀랑고르와 페락에 직접통치를 위한 행정의회를 설립하였다. 결국 1895년

연방조약이 조인되고, 셀랑고르, 파항, 페락, 네게리 셈빌란을 보호국으로 묶는 연방이 1896년 공식적으로 성립, 해협식민지에서 발전하였다. 이 연방은 재빨리 총독제도를 도입하여 정부를 하나로 통합시키고 행정 및 경제활동을 활성화시켰다.

표면적으로 평온해 보이는 말레이 정치무대 이면에도 이미 20세기초부터 차츰 격동의 시대가 시작되고 있었다.

19세기를 통해서 말레이인 지식인층은 1차 대전 이전에 아랍어교육을 받은 이슬람 개혁파, 말레이어 교육을 받은 급진파 그리고 영어교육을 받은 온건파등 3부류로 나뉘어져 활동하고 있었다. 이슬람 개혁파는 주로 싱가포르 등의 도시주재 말레이인으로 대다수가 서아시아에서 교육을 받은 자들이었다. 이들 대학 재학생과 졸업생들 가운데서 급진적 좌익세력이 일어났다. 이들은 말레이인의 후진성에 대한 자각과 영국의 말레이인에 대한 정책에 의문을 갖기 시작하였다. 1937년 야곱과 모하메드가 '말레이 청년연맹'을 설립하자 종래의 가치관과 사회관습을 부정하고 정치적으로 영국으로부터의 독립을 표방했다. 동남아시아에서 화교 공산당활동은 1921년 중국 공산당이 결성된 직후부터 시작되었다. 중국 공산당의 지원 하에 1924년 해협식민지 말레이 연합주에 공산당 지부가 설립되었고, 1926년에는 공산당 청년연맹이 싱가포르에 창설되었다. 1930년 4월 말레이 공산당이 결성되었다. 주로 화교사이에서 세력을 확장한 공산당은 1936 ~1937년에 광산 등지에서 파업을 조직할 정도로 성장했다. 19세기 중반이후 화교 광산노동자가 대량 내륙부 개척지로 집중되었다. 여기에 화교사회 경제기구는 혈연, 지연, 공통방언에 따라 성립되어 외부 인이 이들 경제기구에 참여할 수 있는 기회는 거의 없었다. 이는 심각한 정치분쟁의 결과를 초래하였고, 말레이인과 화교가 서로 교섭하지 않는 것이 일반화되었다.

1941년 12월 일본은 진주만 공격을 시작으로 말레이를 비롯한 동남아시아 지역을 점령하였으며, 1942년 2월에 싱가포르까지 점령하였다. 일본군은 인종그룹들에게 각기 다르게 접근하였다. 그들이 가장 주의를 기울인 인종은 말레이인이었다. 일본군정은 말레이 거주 화교에 대해서는 다른 인종에 비해 가혹하게 탄압하였다. 그러나 화교는 이에 굴하지 않고 일본군정에 반대하여 말레이 공산당원 화교 중심의 반일 급진그룹 출신들이 주축을 이룬 '말레이 항일인민군'을 구성하여 저항하였다. 이들은 영국의 원조 하에 지하운동을 통해 일본정책에 대해 반대하고, 게릴라전을 벌이기도 하였다. 그리고 공산주의 공화국을 세우기 위해 기존 그룹과의 관계를 발전시키고 시민들에게 우호적인 정책을 실시하였다. 사실 이들은 점령군과의 정면 충돌을 피하면서 일본의 패배 뒤에 뒤따를 것으로 예상되는 공백상태를 이용하여 나라를 혁명적 방법으로 인수할 준비를 하고 있었다. 실제 전후 혼란 가운데 말레이에서 유일하게 무장되고 잘 조직된 말레이 항일인민군만이 토착정부를 인수할 수 있었고, 영국은 이들을 통해 많은 지역에서 법과 질서를 유지할 수 있었다.

1946년 1월 말레이연합이라는 단일국가가 선포되었지만, 주권은 영국에 이양되었다. 말레이연합의 모든 시민들은 누구나 행정부에 참가할 수 있는 것을 포함한 평등권을 갖고, 인종에 차별 없이 모든 것에 개방되었다. 이 말레이 연합안에 대한 반대는 주로 말레이인 고위관료와 귀족계급에서 나왔다. 영국의 말레이 연합구상은 전전(戰前)에는 보이지 않았던 정치집회, 시위운동, 신문캠페인 등 정치활동으로 이어졌고, 일반대중사이에는 새로운 정치의식을 가지게 만들었다.

통일 말레이 국민조직(UMNO)은 1953년 초 말레이 화교협회 등과 연합하여 동맹당을 결성하였고 여기에 말레이 인도인회의가 합류하여 말레이시아 최대 정당의 면모를 갖추었다. 1955년 선거에서 압둘 라만이 이끄는 동맹당이 압승하자 라만은 말레이연방의 총리가 되어 1963년 8월 31일 사라와크, 사바, 싱가포르는 말레이연방에 편입되면서, 말레이연방이 발족되었다. 그러나 싱가포르는 정치, 사회적인 이유로 1965년 말레이 연방을 탈퇴하고 독립하였다.

1969년 5월 총선에서 UMNO가 이끄는 동맹당은 의석의 1/3을 획득하는데 그치자, 인종적 적대감이 쌓이고 있었다. 이때 비말레이계 야당들이 쿠알라룸푸르에서 총선 승리 행진을 벌이고 그 과정에서 말레이계와 비말레이계 간에 폭동이 발생하여 인종적 갈등이 폭발되었다. 1989년 무력투쟁 종식을 선언하기까지 말레이시아 정부는 국내보안법을 제정하여 공산당활동을 통제했다. 5·13 폭동을 계기로 정부는 경제적 측면에서 말레이계와 비말레이계간 차별정책을 실시하였다.

라작 총리는 1970년 9월 라만 총리로부터 권력을 이양 받은 후 주요 야당인 범말레이시아 이슬람당도 국민전선에 포함시키고 신경제정책(NEP)을 통해 말레이시아의 경제적 부흥을 추진하면서 비로소 정치적 안정을 달성할 수 있었다. 1981년 총리에 취임한 마하티르는 2004년 총리직을 사임하기까지 자본과 기술이 없는 상황에서 경제개발을 위해 외국인투자 유치에 적극 노력하는 등 개방경제정책을 추진하면서 경제성장에 성공, 국가안정에 기여하였다.

말레이시아 정부의 말레이인 우선 정책은 말레이족의 민족감정에 근거한다. 말레이족의 민족감정은 화교의 경제적 우위와 정·관료계 내에서 여전히 그 실권을 행사하고 있는 엘리트로서의 영향력이라고 할 수 있다. 특히 1969년에 있었던 인종폭동에 대한 공포심으로 중국인과 인도인도 정부의 말레이시아 우위 정책을 인정하고 타협할 수밖에 없게 되었다.

말레이시아 선교전략구상에는 말레이시아가 수많은 갈등을 겪은 복합민족 사회라는 사실이 전제되어야 한다. 이슬람을 신봉하는 말레이인은 그들의 지위가 향상될수록 이슬람의 활동은 강화되고 있으며 그만큼 타종교나 문화에 대하여 비판적이다. 말라야인의 일체성의 구심지가 바로 이슬람이며 말라야 중심의 말레이시아 민족의식이 강화될수록 복음에 대해서는 저항적이라는 사실도 알고 있어야 할 것이다. 비말레이인, 특히 중국계가 말레이시아 정부의 이러한 정책 때문에 상대적으로 많은 피해를 당하고 있다. 앞으로 복합민족사회를 효과적으로 운영하지 못한다면 민족간의 잠재된 갈등이 분출될 것이고 이는 말레이시아의 발전에 커다란 장애요인이 될 수 있다는 사실을 유념해야 한다. 따라서 문화뿐만 아니라 왕제를 비롯한 정치제도에 이르기까지 현재의 다양성을 인정하는 전제하에서 선교에 접근해야 할 것이다. 인종에 관한 이야기는 금기사항으로 되어 있는 것도 이러한 사정의 반영이라 볼 수 있다.

(2) 싱가포르

영국 동인도회사의 고위간부인 토마스 스탬포드 래플즈경은 1819년 1월 29일 싱가포르섬에 도착하였다. 싱가포르의 실질적인 역사는 이때부터 시작된다고 볼 수 있다. 그는 이 섬을 '정치적 세력을 확대할 수 있는 거대한 상업중심지 겸 세력거점'으로 개발하고자 했다. 그래플즈가 '거대한 상업중심지'라고 한 말은 정확했다. 싱가포르는 현재 로테르담에 이어 세계에서 두 번째 번잡한 항구이고, 동남아 최대의 석유산업기지이며, 최대의 콘테이너 항구, 최대의 조선 및 선박수리 중심지이다. 매년 300개 이상의 국제 해운회사에 의해 1,000억 달러가 넘는 무역이 이루어지고, 현대적인 이곳 공항은 매달 약 70만 명의 승객과 2만 2천 톤의 항공화물을 취급한다. 싱가포르는 이 같은 상업적 성공덕분에 아시아 전체에서 브루나이와 일본 다음으로 높은 생활수준을 누리고 있다. 이 나라의 1인당 국민소득은 그리스나 스페인보다 높으며, 사실상 주민전체가 이 번영을 함께 누리고 있다. 싱가포르에는 빈민굴이나 거지가 거의 없고, 실업률이 극히 낮으며, 평균 수명은 남자가 70세, 여자는 75가 넘고 있다.

동인도회사는 당시 영국과 인도 및 중국과의 교역을 독점하고 있었고, 인도 영토의 상당부분을 차지하고 있었다. 그리고 중국으로 향하는 물건을 실은 대부분의 교역선이 통과했던 주요 수로였던 말라카 해협을 통제하고 싶었다. 결국 영국은 1786년 페낭을 차지하였다. 페낭을 차지함으로써 해협의 북쪽입구는 통제할 수 있게 되었고 이후 싱가포르를 차지함으로써 남쪽 출구마저 통제하게 되었다.

래플즈경은 영국이 인도네시아 군도와 말레이 반도를 통해 영토를 확장해야 유럽의 지배자로 군림하고 거대한 상업적 이익을 획득할 수 있다고 믿는 영토 확장주의자였다. 그는 싱가푸라라는 조그마한 섬에 도착하여 조호르 왕국을 설득하여 영국에게 양도하도록 하였다. 래플즈는 싱가포르에 도착한지 1주일만에 영국의 정착권 협상을 타결지었다. 그리고 1824년에 새로운 조약에 따라 싱가포르와 주변의 54개 섬이 영국에 할양되었다. 싱가포르가 등장하기 전에는 네덜란드가 이 지역의 무역을 독점했었다. 그러나 래플즈가 싱가포르를 자유무역항으로 만들면서부터 네덜란드의 위치가 급속도로 약화되었다.69) 래플즈는 싱가포르의 지리적 이점을 적극 활용하여 관세, 인종차별, 해적이 없는 무역중심지로 개발하기 시작했다. 1826년 동인도회사는 싱가포르와 페낭, 말라카를 합병하여 해협식민지를 설립하여 싱가포르의 통치하에 두었다. 해협식민지는 1867년 영국식민청 지배하의 영국식민지로 되기 전까지는 동인도회사 지배하에 있었다.

1830년대 싱가포르는 동남아시아의 주요 교역항으로 성장하였다. 싱가포르는 다음 세 가지 점에서 다른 항구들보다 유리했다. 첫째, 지리적 위치 때문에 중국과 인도, 유럽을 오가는 대부분의 선박들은 싱가포르를 경유한다. 둘째, 자카르타는 네덜란드, 마닐라는 스페인

---

69) 한국일보 타임-라이프 편집부 (역) (1992), 세계의 국가-동남아시아. 서울 : 한국일보 타임-라이프, p. 89.

이 세금을 부과했는데 비해 싱가포르는 자유항이었다. 셋째, 상업 및 산업왕국인 영국과의 밀접한 관계를 가지고 있었다. 이외에도 싱가포르가 1845년의 증기기관선 발명, 1850년대 호주의 금광발견으로 화물수송의 급격한 증가, 1869년의 수에즈운하의 개통 등도 싱가폴이 가지고 있는 유리한 조건이다. 그리고 1900년대 말레이시아에서의 주석광산 개발과 천연고무 재배성공으로 고무산업이 발달된 것도 중요한 요인이다.

싱가포르에는 수많은 영국상인들과 동남아시아에 근거지를 둔 중국 상인들이 이 섬의 자유항으로서의 이점을 활용하고, 잘 정비된 영국의 법률시스템, 전략적 위치 등을 활용하기 위해 모여들었다. 이 번영의 도시가 필요로 하는 노동력을 말레이 원주민만으로는 도저히 충당할 수가 없었다. 그래서 주변의 수많은 말레이인들이 이주해 왔고, 인도인들이 상인 또는 노동자로서 몰려왔으며, 수많은 중국인 계약노동자들이 들어왔다. 1824년의 인구조사 결과는 주민 약 1만 1천 명 대부분이 말레이인이었으나, 1860년에는 인구의 60%이상이 중국인인 것으로 나타났다. 1911년에는 중국인이 전체인구의 3/4에 달했는데 이 비율이 오늘날까지도 계속 유지되어 오고 있다.[70] 싱가포르에 온 대부분의 중국인들은 헐벗고 굶주린 노동자들이었다. 항구협정을 통한 중국 남부의 강제 개항과 1842년의 홍콩 합병 등을 통해 중국 남부에서 동남아시아, 호주, 태평양지역 및 미국으로의 이민이 가속화되었다. 19세기에 싱가포르에 온 중국인들은 대부분 남성들이었고 이들은 돈을 벌어 고향에 살고 있는 가족들에게 생활비를 보내고 돈을 번 후 언젠가는 고향으로 돌아가기를 원했다. 그중 일부는 그런 꿈을 이루었지만 대부분은 하급 노동자로서 매춘, 마약, 도박으로 일생을 마쳤다.

---

70) 한국외교연구원(1998), 싱가포르 편람, p. 89.

20세기 초에 들어서면서 대부분의 동남아시아국가들은 독립을 요구하는 운동이 펼쳤지만 싱가포르만은 예외였다. 싱가포르인이라는 정체성이 없었기 때문이다. 사람들은 스스로 중국인 혹은 남양인이라고 여겼다. 그러므로 독립국이 되려는 뚜렷한 의식이 없었다. 비록 1920년대와 1930년대에 말레이시아 공산당이 중국계 및 인도계 노동자들을 조직하려는 움직임이 있긴 했지만, 싱가포르의 정체성 혹은 민족주의 등을 구체화시키는 데까지 이르지 못했다. 1920년대와 1930년대 싱가포르에서의 정치활동은 주로 중국 공산당과 국민당간의 투쟁에 집중되어 있었다. 중국 공산당과 국민당은 모두 해외 중국계들로부터 재정적, 이념적 지원을 받고 있는 상태였다. 싱가포르는 중국 문화권이고 토착사회집단이 없었기 때문에 중국 민족주의는 토착 민족주의운동의 방해를 받지 않고 중국 본토의 이념투쟁에 관심을 집중할 수 있었다.

싱가포르는 1942년 2월 15일 일본군에 의해 점령당했다. 동남아시아 지역의 전략적 요충지인 싱가포르가 함락됨으로써 식민지정부는 조건부 항복했다. 수천 명의 유럽 민간인과 군인들이 싱가포르에서 사로잡혔다. 그 중 상당수가 악명 높은 태국-버마간 철도공사에 투입되었다. 특히 중국인들이 가장 큰 어려움을 겪었다. 일본군은 중국인들을 신뢰하지 않았으며 특히 국민당 추종자들을 발본색원하기 위해 혈안이 되었다. 중국인들의 소득과 재산에 대해 특별세가 부과되었다. 일본의 동남아 점령은 유럽의 동남아시아 식민통치의 종식을 가져왔지만, 3년 반 동안의 일본군 점령은 싱가포르인들에게는 큰 고난을 안겨주었다. 수많은 사람들이 감옥이나 노동현장에서 사망하였다.

전후 영국은 말레이 반도 국가들에 대해서 독립시켜 줄 계획을 가지고 있었으나, 싱가포르에 대해서는 제한적 자치정부 구성을 목적으로 조심스럽게 정치개혁을 추진해 나가기로 했다. 그 이유는, 첫째 계속해서 싱가포르를 직접 통치하는 것이 동남아시아에서의 영국의 상업적 이익달성에 유리하다는 점, 둘째 싱가포르는 동남아시아에서의 전략적 해군기지라는 점, 셋째 싱가포르의 다수 인종인 중국인들은 직접 통치하지 않으면 싱가포르뿐 아니라 말레이반도에서도 영국의 이익에 심각한 위협이 될 수 있다는 것 때문이다. 1947년 내전의 발발과 1949년 모택동이 장개석의 국민당 정부를 중국 본토에서 몰아낸 사건은 싱가포르가 동남아시아에서 다섯 번째 공산국가로 될 가능성이 있다는 영국정부의 우려를 증폭시켰다. 영국은 만일 싱가포르를 독립시켜 주면 곧바로 공산주의자 손에 넘어갈 것이고, 그렇게 되면 싱가포르는 말레이반도, 인도네시아, 기타 동남아시아 국가들에 대한 서구열강의 이익을 파괴하기 위한 전초기지 역할을 할 것이라고 예상했다. 전후 싱가포르에서 말레이공산당이 상당한 성공을 보인 것도, 만일 싱가포르에 대한 강력한 식민통치가 없다면 틀림없이 중국 공산당의 소굴이 될 것이라는 영국의 견해를 뒷받침했다. 친영국 성향의 중국계 및 인도계 엘리트 역시 이에 대해 두려움을 가지고 있었다. 1948년 말레이공산당은 싱가포르와 말레이반도에서 봉기하였고, 이어 국가비상사태가 선포되어 1960년까지 12년간 지속되었다.

1955년 영국은 싱가포르 국민에게 광범위한 자치권을 부여하였고, 제한적인 자치정부가 수립되었다. 그해 최초의 자유선거가 실시되어 노동전선이 10석을 차지하였고 공산계열과 연합하고 있던 인민행동당(PAP)은 3석을 차지하였다. 이어 1959년에 실시된 제헌의회선거에서 인민행동당이 다수를 획득하여 현재까지 계속 집권하고 있다. 영국 캠브리지 대학을 졸업한 리콴유 변호사가 이끄는 인민행동당은 1950년대 싱가포르로 몰려든 영어교육을 받은 엘리트들로 구성된 정당이었다. 당의 구성원들은 대부분 유럽의 사회 민주주의 사상의 영향을 받았다. 리콴유와 인민행동당 지도자들은 1960년대 초 공산주의자들을 자신들의 강력한 라이벌로 간주했다. 그러나 인민행동당의 조직구조는 공산당의 조직구조를 따랐고 중앙집중주의는 공산당의 정치권력구조와 비슷한데 소수 엘리트의 손에 실질적 통제권을 부여하는 형태를 띠었다.

1960년대 들어서면서 영국은 싱가포르에 대한 직접통치를 끝내기 위한 방안을 모색하기 시작했다. 싱가포르 독립에 대한 요구 역시 점차 거세져갔다.

말레이연방을 구성하는 것은 모든 문제를 해결할 수 있는 것처럼 보였다. 싱가포르는 사바, 사라와크, 말레이 반도의 국가들과 함께 말레이연방에 가입하였다. 싱가포르는 교육이나 통신 등 주요 분야에 대해서는 통제권을 계속 유지했으나, 말레이연방 의회에서 차지하게 된 의석수가 인구비중에 비해서 너무 적었다.

싱가포르는 1965년 8월 9일 말레이연방을 탈퇴하여 독립 싱가포르 공화국이 되었다. 2년간의 연방 가입기간은 매우 불행한 시간이었다. 말레이시아인들은 싱가포르인들이 말레이시아를 지배하게 될까봐 두려워했고, 인민행동당이 의회에서 다수를 차지하기 위해 말레이시아 연방의 중국인 중심 주요 야당과 연합하는 것을 못마땅하게 생각했다. 2년간 인종간에 갈등이 증폭되었고, 게다가 말레이연방 구성을 반대한 인도네시아와의 대결로 경제적 피해가 확산되었다. 이에 말레이연방정부는 싱가포르의 분리독립을 결정했으며 싱가포르는 독립국이 되었다. 1965년 9월에는 유엔에 가입하고 그해 10월에는 영연방에 가입했다. 그리고, 동년 12월에는 초대 Yusof 대통령을 국가수반으로 하는 공화정이 탄생했다.

싱가포르는 독립전후의 인종·종족간의 갈등과 경제적 어려움, 영국군 철수에 따른 대외 안보적 위협과 내부의 식민지 잔존관료의 부정부패 등 총체적인 위기를 겪게 되었다. 이에 싱가포르는 국가생존을 국정의 최고이념으로 삼고 강력하면서도 발전 지향적인 일당국가체제를 제도화시켰다. 이러한 일당체제하에서는 좌익, 노조 등 반정부세력은 물론 인종주의적 극단주의자들과 심지어는 인민행동당 간부들까지도 탈정치화, 무력화되었으며, 그 대신 정부, 여당, 의회의 강력한 연계와 국가·사회의 일체화 현상이 가속화 되었다. 그 사이에 소수의 인민행동당(PAP) 핵심지도층을 정점으로 하여 모든 세력들이 경제발전과 국가생존을 위하여 일사불란하게 움직이는 '행정국가체제'로 탈바꿈되었다. 이에 기초하여 싱가포르를 1960년대 '외자의존적, 노동집약적, 수출지향적 경제발전전략'을 효과적으로 집행하여 동아시아의 경제기적을 창출하였다.71)

싱가포르정부는 1960년대에 외국인 투자와 다국적 기업을 끌어들임으로써 산업혁명을 일으켰다. 그리고 1960년대 중반, 금융발전을 저해하던 영국 및 현지은행들의 카르텔을 분쇄함으로써 세계적 금융중심지로 육성할 기반을 마련했다. 1970년대 말 국제석유위기로 인해 선진국들의 보호무역주의가 강화되었을 때 싱가포르정부는 '제2산업혁명'으로 기민하게 대처하였다. 노동집약산업에서 고급기술산업으로 이행한다는 목표 하에 첨단 전자부품, 컴퓨터 하드웨어, 금속공업, 석유 채굴장비 등의 생산에 역점을 두었다. 이를 위해 금융 및 세제 혜택을 제공하고 특정한 지정산업으로 전환하는 기업에 대해서는 산업훈련을 지원하였다. 이 시책들은 큰 성공을 거두어 1979년과 1984년 사이에 연 8%의 경제성장을 이룩할 수 있었다. 1985년 싱가포르의 경제성장률이 갑자기 마이너스를 기록했다. 노동조합은 임금인상 요구를 보류하고 정부는 공공요금의 인하와 산업지원시설의 개선 등으로 기업에 대한 지원책을 제시하여 위기를 성공적으로 극복하였다.72)

---

71) 전제국(1996), "싱가포르의 리더십 세대교체와 정치진화," 동남아의 정치리더십. 서울 : 서울프레스, pp. 140-148 참조.
72) 한국외교연구원, 앞의 책, pp. 94-95.

독립이후 싱가포르가 급격하고 지속적인 경제성장을 달성할 수 있었던 데는 지정학적 입지가 큰 역할을 했음은 재론의 여지가 없다. 주변 아세안국가들이 급속한 경제성장을 이룩한 것도 싱가포르의 경제성장에 큰 도움이 되었다. 노동집약적 산업이 싱가포르에서 주변 아세안국가로 이전되면서, 이들 국가들은 기술적으로 정교한 상품 및 서비스에 대해 싱가포르에게 더욱더 의존하게 되었다. 이것이 싱가포르의 경제발전에 긍정적 작용을 했다. 싱가포르가 경제적으로 성공한데는 이외에 다른 요인들도 있었다. 첫째, 인민행동당은 강력하고, 안정적이고 청렴한 정부를 만들었다. 강력하고 도덕적으로 깨끗한 정부주도의 계획발전은 여타 국가들의 모범이 되었다. 둘째, 중앙적립기금제도를 통해 싱가포르의 고용주 및 근로자들은 임금총액 중 근로자 **20%**, 고용주 **20%**를 분담하여 총 임금액의 **40%**까지 강제로 저축해야 했고, 정부는 이를 통해 투자재원이 되는 국내저축을 급속히 증가시킬 수 있었다. 셋째, 모든 싱가포르 국민들이 경세성장의 혜택을 누릴 수 있는 사회정책을 시행하였다. 넷째, 싱가포르의 뛰어나고 우수한 교육제도 역시 고도성장을 이룩하는 데 필요한 숙련노동자 양성에 큰 역할을 했다.

싱가포르는 공식적으로 의회민주주의를 표방하고 있다. 등록된 야당도 **10**여 개에 달하고 총선은 **5**년 이내에 실시하도록 되어 있으며, **21**세 이상의 모든 시민은 투표가 의무화되어 있다. 그러나 이 민주제도에는 심각한 제한이 있다. 텔레비전과 라디오 방송은 정부의 규제를 받으며, 신문과 잡지의 출판은 **1**년마다 정부의 허가를 얻어야 한다. 정부는 **2**주미만의 공고를 거쳐 언제든지 총선거를 실시할 수 있으나 야당은 이러한 미디어를 제대로 이용할 수 없다. 거기다가 더욱 중요한 것은 인민행동당이 싱가포르 사회의 구석구석까지 당의 의사를 침투시킬 수 있는 수단을 갖고 있다는 점이다. 노조지도층은 전원 인민행동당 당원이며, 또한 그 대다수가 국회의원이다. 매 선거구마다 출신 국회의원에게 지역사회의 의사를 전달하는 시민협의위원회가 조직되어 있고, 동네마다 소위원회가 있다. 지역위원회는 공공주택 배정 및 공무원 채용에 영향을 미치며, 인민행동당에 반대하는 사람들은 주택이나 직장을 얻는데 차별을 당하게 된다. 그러나 인민행동당이 만들어 놓은 여러 가지 장치에도 불구하고 선거를 통해 반대의사를 표시할 길은 열려 있다. 그러므로 이 당이 계속 집권하고 있다는 것은 국민들의 지지, 특히 경제분야의 업적에 대한 지지의 표시라고 보아야 할 것이다. 싱가포르의 정치는 각 시대별로 경제적 상황과 시민사회의 성장 그리고 신세대의 정치경향에 맞추어 정치개방화의 길로 들어서고 있다. 그러나 여전히 일당국가구조의 연속선상에서 신질서가 구질서를 대체해 나가는 양상을 보이고 있다. 그러나 도시국가의 취약성과 경제·사회를 위한 정치안정 희구의 국민정치문화의 변화가 없는 한, 그리고 인민행동당이 안정적인 정치발전을 계속해 나가는 한 서구의 양당제나 다당제에 의한 정권교체가 이루어지기까지는 상당한 기간이 걸릴 것이다.

중국과의 관계는 싱가포르내의 중국인을 고려하여 소원하다. 지역협력기구와의 관계는 싱가포르가 가장 관심을 갖는 것이다. 외교의 주된 목표는 지역 내 국가들간의 협조를 증진시키고 이를 기반으로 둔 자체의 안보를 강화한다는 것이다. 이들간의 경제협력이 지역 내 안정을 도모하는 가장 효과적인 방법이라고 생각한다. 싱가포르 1인당 국방비는 다른 동남아국가들 중 가장 높다. 우선 지역 내 국가들과의 긴밀한 외교관계를 통해 자국의 안전을 보장받고 대내적으로 자체 군사력을 증가시킴으로써 생존을 위한 노력을 강화해 나가고 있다.

지난 30여 년 간 싱가포르 정부는 싱가포르인으로서의 정체성 확립에 많은 노력을 기울여왔다. 여기에는 무엇보다도 공산국가인 중국과의 긴밀한 연결에서 벗어나고자 하는 의도가 깔려 있다. 싱가포르인으로서의 정체성을 확립하기 위해 무엇보다도 언어정책이 핵심적 역할을 하였다. 1960년대에 말레이시아어와 영어를 배우도록 장려했고, 정부도 매일 새 말레이시아 단어를 공부하자는 캠페인을 지원했다. 중국이 더 이상 위협적 존재가 아니라 오히려 자부심을 느낄 만한 존재로 인식되면서, 언어정책은 지역방언을 줄이고 중국 표준어를 적극 권장하는 방향으로 나아가기 시작했다. 최근에는 중국표준어, 영어와 함께 지역방언의 사용을 권장하는 방향으로 언어정책의 기조가 바뀌었다. 이런 방향전환 역시 싱가포르가 늘 세계 경제 흐름을 날카롭게 파악하고 있다는 것을 반증해준다.

싱가포르는 어떤 면에서는 모순으로 가득 찬 나라이다. 싱가포르는 많은 면에서 현대적 유교국가이다. 정부는 국민들의 삶의 많은 부분에 관여할 수 있는 권한이 있다. 경제구조뿐만 아니라 가족규모, 인간관계의 성격 등에도 관여한다. 그러나 사회보장장치는 거의 존재하지 않는데, 그 이유는 각 개인은 열심히 일해야만 하고, 스스로 자기 살길을 찾아야 한다는 생각을 정부가 하고 있기 때문이다. 정부는 공격적 경제활동을 장려하며, 개인적 능력이나 성과에 대해 적절한 보상을 해준다. 청소년들이 서구사상에 물들지 않도록 많은 관심을 쏟는 등 청교도적인 색채도 강하다. 싱가포르는 토착민보다는 여러 민족으로 구성된 이민자들이 중심역할을 했던 이민사회이다.

실질적으로 싱가포르의 역사는 1819년 영국이 싱가포르를 통치하기 시작했을 때였고, 그때 싱가포르에는 해안 어촌지역에 단지 천여 명의 말레이인이 거주하고 있었을 뿐이다. 그러나 180여 년이 지난 지금 싱가포르는 인구 415만의 역동하는 도시국가로 변모하였다.

선교전략면에서 싱가포르는 중국계가 중심인 이민계 도시국가라는 사실을 기억할 필요가 있다. 중국계 외에 소수의 말레이계가 있고 규모가 더 작은 인도계도 존재하지만 정치적, 상업적, 문화적 영향력은 중국계가 장악하고 있다. 따라서 싱가포르에게 있어서 가장 주요한 과제는 하나의 국가로서 가져야하는 정체성 확보이다. 싱가포르는 중

국본토와 동남아에 흩어진 중국계는 물론 말라야 문화권에 복음으로
접근할 수 있는 하나의 기지가 됨은 물론 이질 문화가 서로 복음으로
화합하게 하는데 필요한 많은 암시를 제공해주는 지역이라고 볼 수
있다. 중국문화와 서구문화가 긍정적으로 맞부딪치는 하나의 혼합무
대로서 싱가포르는 앞으로 서구 선교사들이 아시아에서 어떻게 선교
할 것인가를 알려주는 하나의 시험대라고 말 할 수 있다.

(3) 필리핀

필리핀의 공식적인 국명은 필리핀 공화국(Republic of the Phi-
lippines)으로 7,107개의 섬으로 이루어져 있다. 필리핀은 3개의 그룹
으로 나누어지는데 북부의 가장 중요한 루손(Luzon)섬에는 수도 마닐
라(Manila)가 있는데 이 도시는 스페인 사람들에 의해 1571년 건설되
었다. 중부의 비사얀(Visayan)섬 그리고 남부의 민다나오(Mindanao)
섬이 있다. 필리핀은 섬 전체가 열대지방에 속해 있으며 가끔 화산이
폭발하고 지진이 자주 발생하며 매년 태풍에 의해 많은 피해를 입고
있다. 필리핀의 기후는 고온 다습하고 강우량이 풍부하며 건기와 우
기가 교차하는 전형적인 열대성 기후이다. 이러한 기후는 물론 전통
적인 농민생활에 지대한 영향을 미쳐 왔다. 해뜨기 전에 일을 시작하
고 태양이 뜨거운 낮 시간에는 점심을 먹으며 긴 휴식을 취하고 해가
질 무렵 집으로 돌아와서 어둠이 뒤덮이기 전에 저녁 식사를 마치는
하루일과는 이러한 기후에 적응하는 생활 습관인 것이다. 또한 바다
나 강, 산림으로 구분된 지리적 환경은 지역간에 교통과 통신의 소통
을 어렵게 하였을 뿐만 아니라 정치, 경제적으로도 단절된 상황을 초
래했다. 이것이 종족과 언어의 차별성을 만들어내기도 했고 필리핀의
국가적 통합을 가로막고 지역주의와 종족 갈등의 배경으로 작용하고
있다.73)

전통사회는 위치에 따라 서로 다른 사회구조를 가지고 있었다. 친

족으로 구성된 씨족집단 사회인 바랑가이(Barangay)는 30 내지 100 가족으로 구성되어 있었고 이들은 진보된 사회, 경제적 구조를 가진 지역의 사람들과 접촉하여 연맹을 형성하거나 국가형태를 이루었으며 라자(Rajah)나 술탄(Sultan)과 같은 지도자가 등장하여 다투(datu)라는 법령 하에 입법, 사법, 행정까지 장악하고 원로회의의 조언을 받아 상호 독립적으로 통치하였다.

필리핀이 서방세계에 알려지기 시작한 것은 스페인 국왕의 원조에 의해 세계일주 항해를 하던 마젤란이 세부섬에 상륙한 1521년이다. 마젤란은 세부섬의 추장과 우호관계를 맺었으나 막탄(Mactan)섬의 추장에게 살해당하고 말았다. 마젤란이 세부섬 도착이후 스페인은 이 지역을 탐색하기 위해 원정대를 수차례에 걸쳐 파견하지만 실패를 거듭하다가 로이 로뻬스 데 빌라로보스(Luy Lopez de Villalobos)가 이끌었던 탐험대가 1542년 레이테(Leyte)섬에 도착 이 섬을 필리핀네스(Philippines)라고 이름지었다. 이것은 찰스 5세의 아들이며 나중에 필립(Philip) 2세가 된 당시의 황태자에게 경의를 표하기 위한 것으로 전체 군도가 이 이름으로 알려지게 되어 오늘날 필리핀이 되었다.74) 1565년 레가스피(Legaspi)가 세부를 손에 넣고 필리핀을 식민지화하기 시작했지만 적대감과 포르투갈인의 공격, 식량부족 때문에 1571년 수도를 훨씬 북쪽에 있는 마닐라로 옮기게 되었다.

마닐라시내 중국인의 반란을 우려한 스페인은 1579년에 중국인들을 파시그강 연안에 파리안 지구를 만들어 중국인 지구로 정하였다. 또한 늘어나는 중국인들의 경제력을 견제하기 위하여 스페인 정부는 중국인에 대해 중세를 부과하여 그 재력을 흡수하는 정책을 취함으로써 중국인들과 많은 싸움이 반복되어졌다. 13세기 대부분의 사람

---

73) 양종회 외 공저(1996), 동남아시아의 사회 계층. 서울 : 고려대 출판부, pp. 126-128 참조.
74) D. G. E. Hall, 앞의 책, p. 272.

들은 정령신앙을 믿었고 남부지방에서는 회교가 우세하였다. 스페인 사람들은 이들을 모로족이라 불렀는데 이것은 모로코에 사는 회교도인 무어(Moor)라는 단어에서 온 말이었다. 회교는 북쪽으로 전파되어 가고 있었으나 카톨릭에 대항할 정도로 세력이 강하지는 못했다. 이와 같은 원시사회에 스페인 사람들은 엄격하고 가부장적인 세속과 교회의 지배를 강요했다. 성직체계는 정부조직과 평행했고 1581년 마닐라에 주교가 왔는데 1600년에는 대주교로 격상되었다.

필리핀은 1821년 스페인의 식민지였던 멕시코가 독립되기까지 멕시코 부왕령의 일부로 편성되어 실질적으로는 200여 년 간 멕시코의 부왕에 의해 통치되었다. 그 후 스페인 본국의 직할통치를 받게 되었다. 18세기 후반에는 지방행정단위를 주(州)로 나누고 주지사는 스페인이 통치하고 바랑가이를 한 단위로 필리핀인 추장에게 통치권을 주었다. 통치권을 부여받은 사람들은 주민들 중 특권계층이 되어 주민에 대해 절대적인 권력을 행사하게 되었으며, 이 특권계층들에 의해 대토지 소유제도가 정착되었다. 스페인의 필리핀 식민지화는 세 가지의 명확한 목적 하에 진행되었는데 그것은 향료무역에서 이익을 얻기 위한 것과 중국과 일본과의 접촉을 유지하고 필리핀 자신을 기독교화 하는 것이었다.[75]

1762에서 1764년 사이에는 마닐라가 영국의 점령 하에 들어가게 되었다. 이는 유럽에서 일어난 영국과 스페인간의 7년 전쟁에서 비롯된 영국이 1762년 스페인에게 선전포고를 한 시기에 스페인은 마닐라의 방위에 대처할 수가 없었으며 영국은 동인도회사를 통해 군대를 마닐라에 파견하여 마닐라와 주변의 카비테군항을 점령하였다. 그러나 스페인이 주권 쟁탈전에 승리함으로써 영국은 2년만에 마닐라로부터 철수하고 필리핀은 다시 스페인의 지배를 받게 되었다.

---

75) D. G. E. Hall, 위의 책, p. 273.

스페인은 필리핀에 카톨릭을 정착시키려는 정책과 원주민에 대한 비교육 정책을 펼친 결과 필리핀인 90%이상이 문맹이 되었으며 필리핀 전지역이 카톨릭에 교화되었고 스페인의 필리핀 식민지 지배는 용이하게 진행되었다. 그러나 19세기말 자유주의 사상이 퍼지면서 민족주의에 대한 인식이 확산되기 시작하였다. 이러한 움직임이 1872년 카비테주에서 필리핀 노동자들의 인두세 및 강제노동에 대해 항거하는 노동자의 폭동으로 나타났다. 리잘(Dr. Jose P. Rizal, 1861~1896)이 스페인 통치를 비판하는 최초의 정치소설 '노리 메 탄게레(Noli Me Tangere, 사회의 암, 혹은 잃어버린 낙원)'등이 발표되면서 대민족 운동으로 발전되었다. 아귀날도 장군은 1898년 미국과 스페인전쟁이 일어나자 홍콩주재 미국 대사관으로부터 무기를 지원 받아 미국과 협력하여 카비테에 상륙하여 스페인 군을 물리치고 1898년 6월 12일에는 필리핀 독립을 선언하고 수도를 마닐라로 정하였다. 그러나 미군은 같은 해인 12월에 파리에서 미국·스페인조약을 맺고 스페인에 2,000만 불을 제공하여 필리핀을 양도받음으로써 330년간의 스페인 통치를 종식시키고 자국의 영향권으로 편입시켰다.

1899년 2월 4일 무장투쟁이 시작되어 그 후 3년간 미국과 필리핀은 전쟁상태에 들어갔다. 이 전쟁으로 미국인 1만 명이 희생되고 필리핀인들은 16,000명이 전사했고 20만 명이 기근이나 페스트로 죽는 등 엄청난 피해가 발생했다. 무력충돌이 일어난 한달 후인 1899년 6월 미국 대통령이 임명한 필리핀위원회가 필리핀에 도착했다. 필리핀 통치를 위한 필리핀위원회는 1901년 7월 타후트를 초대민정장관으로 임명하고 미국에 의한 민정통치를 시작하였다.

1920년대에 들어서부터 그 동안 대지주들에게 착취당해온 농민과 노동자들의 불만이 격화되어 폭동과 노동운동이 빈번히 발생하였다. 그 과정에서 1922년에 소작인 노동자연맹이 조직되었으며 1924년에는 필리핀 노동자의회, 1928년에는 노동당, 1929년에는 사회당, 1930년에는 공산당이 결성되어 이들을 중심으로 농민 및 노동자운 동이 빈번히 일어나 사회불안을 가속화시켰다. 1934년 필리핀에 독 립을 부여한다는 '필리핀독립법안'이 미국의회에 의해 가결되었다. 이 독립법안에 의해 케손(Quezon)을 대통령에, 오스메냐(Osmena)을 부통령으로 한 연방정부가 성립되었다. 그러나 성립 6년째 제2차 세 계대전이 발발하여 일본의 침입을 받자 연방정부는 워싱턴으로 망명 하고 미국에서 임시정부를 수립하였다.

1941년 12월 8일 일본군의 진주만 공격으로 미·일간에 전쟁이 발 발하자 일본군 폭격기가 필리핀 주둔미군과 연방정부 통합군 기지에 포격을 가해왔다. 맥아더가 마닐라를 무방비도시로 선언하고 크레히 돌섬으로 후퇴한 후 일본군은 이듬해 1월 마닐라에 입성하고 군정을 선포하였다. 그후 일본군은 미군과 각지에서 격전을 벌인 끝에 4월 에는 점령을 끝내고 1942년 군 정부를 설치, 필리핀을 일본의 대동 아 공영권에 편입시켰다. 일본은 전쟁물자를 조달하기 위하여 자원 및 물자의 조달, 교통 및 통신망 등을 관할하는 직할기구로서의 군 정부를 설치하는 한편 연방정부의 행정기구를 그대로 유지시킴으로 써 필리핀내의 민생안정을 도모하고자 하였다. 심각한 식량난과 군 정당국의 잔혹한 학대와 만행으로 인해 전국 각지에서 일본군정에 저항하는 게릴라활동이 이어졌다. 1944년 맥아더가 이끄는 미군이 레이테섬에 상륙한 후 일본군은 열세에 몰려 후퇴를 거듭하였다. 1945년 2월 맥아더는 망명 중 객사한 케손에 이어 대통령에 취임한 오스메냐와 함께 마닐라 입성에 성공하고 연방정부를 복귀시켰다. 이후 일본군은 산악지대로 후퇴를 거듭하던 중 1945년 8월 15일 패 전을 맞이하였다.

2차대전 종전 후 마닐라에 복귀한 연방정부는 1946년 4월 총선을 실시하고, 7월 4일 필리핀공화국이 탄생되었다. 1946년 7월 벨 통상

법에 의해 미국과 필리핀 양국은 28년간의 특혜무역기간을 설정하
였다. 1946년 3월에는 미국과 필리핀간의 군사협정에 의해 미국은
23개 기지의 사용권을 99년간 임대료 없이 사용할 수 있는 권리를
획득하였으며 그 후 군사원조협정과 상호방위조약을 체결하였다. 이
에 따라 수빅 해군기지와 클라크 공군기지를 중심으로 하는 미국의
재외 최대의 군기지가 필리핀에 설치되었다.

막사이사이 대통령은 1955년에 처음으로 농지개혁법을 제정하는
등 농촌발전을 위한 획기적인 정책과 필리핀의 고질적인 부정부패의
척결을 위한 과감한 정책을 실시하였다. 그 성과는 25%의 지표상의
상승을 이끌어냈다.76) 그러나 1957년 3월 불의의 비행기 사고로 급사
하였다. 1961년 대통령선거에 마카파갈(Diosdado P. Macapagal) 대
통령, 1965년 마르코스(Ferdinand E. Marcos)대통령으로 이어졌다.

마르코스대통령은 1986년 2월 미국에 망명할 때까지 권위주의 독
재체제를 유지하였다. 망명지 하와이에서 1989년 5월 사망하기까지
어려운 시간이 계속되었고, 1986년 2월 25일 아키노 정권이 탄생하
였으나 정치, 경제적 기반은 취약한 상태였다. 1992년 5월 라모스는
23.6%라는 낮은 득표율로 당선되었으나 안정, 개혁, 번영이라는 슬
로건 하에 재건을 추진하고 정권의 지지기반을 확립하는데 성공하였
다. 1998년 5월 야당연합인 민족주의자 필리핀 대중투쟁(LAMMP)
의 후보로 에스트라다가 정권교체에 성공하였으나 '피플파워'에 굴
복, 2001년 1월 20일 결국 권좌에서 물러났고 아로요로 이어지고
있다.

필리핀 선교를 위해서는 이들의 문화나 역사의 흔적 역시 고려해
야 할 것이다. 필리핀에만 독특하게 발달되어온 바랑가이를 통한 중
간규모의 통일성을 가진 집단이 항상 존재해 왔다는 사실을 기억할

---

76) D. G. E. Hall, 앞의 책, p. 951.

필요가 있다. 선교의 효과적인 접근에 참고할만 하다. 또한 필리핀은 스페인에 의해 4백년간, 그리고 미국에 의해 48년간 식민통치를 경험하면서 식민지 시대 유산을 그대로 지니고 있다는 점도 기억해둘 필요가 있다. 필리핀 정가는 후견-수혜관계(Patron-Client Relations)로 인해 개인 대 개인의 비공식적이고 위계적이며 은혜에 대한 보답에 기초하는 사회를 이룸으로써 수혜자에게 자원을 제공하는 후견인들이 필요하다는 것이 사회전역에 걸쳐 타락의 주요 원인이 되었다.77) 이 점은 선교에 있어서는 오히려 긍정적으로 활용될 수 있는 점이라 생각된다. 사랑의 마음으로 은혜를 베풀면서 복음을 전하는 것이 어느 경우보다 효과적일 수 있기 때문이다. 식민지 시절부터 미국과 필리핀의 관계는 거의 100년 동안 두 나라에 의해 공유되어 온 가깝고도 복잡한 특별한 관계를 유지하여 왔다. 아시아에서 가장 미국화 되어 있는 국가인 필리핀은 카톨릭교의 유산과 영어사용이라는 공통점을 가지고 있지만 미국과 필리핀의 관계는 사랑-증오의 관계가 되고 있다.78) 여기서 우리는 미국인 선교사에 대한 필리핀인들이 느낄 감정을 이해할 수 있을 것 같다. 스페인 식민시절 식민정책 가운데는 선교의 비중이 짙게 포함되고 있었지만 당시 민족주의 의식이 싹트면서 스페인에 대한 저항감은 기독교에 대한 저항감으로 표시되기도 했다는 점을 유의해야 할 것이다. 스페인에 의해 전해진 카토릭이 그 후 필리핀의 정신적 지주가 되고 교황청의 후원을 얻는 기회도 되었지만 동시에 복음이 전래된 과정상의 특수성 때문에 필리핀에서는 카토릭이 필리핀화되는 촉매역할을 했다는 점도 인정해야 할 것이다. 복음은 역시 정치적 힘에 의해서가 아니라 복음의 순수성에 의해서 전래된다는 사실을 다시 한번 깨닫게 된다.

---

77) 동남아지역연구회 역 (1993), 현대동남아의 이해. 서울 : 도서출판서울프레스, pp. 61-73 참조.
78) 위의 책, pp. 90-91 참조.

(4) 인도네시아

인도네시아는 인도로부터 산스크리트어로 적힌 힌두교의 경전 (Veda)이 전래되면서 문자도 얻어 쓰게 되었다. 대략 AD 400년경 東칼리만탄의 쿠타이(Kutei)지방을 흐르는 Mabakam 강변에 위치한 Muarakaman 근처에서 발견된 석문이 이를 말해주고 있다. 7세기부터 인도네시아에는 3개의 왕국이 건국되었다. 인도와 중국의 문화교류의 가교적 역할을 했던 인도네시아에는 힌두교뿐만 아니라 불교의 영향도 받았다. 중국 사료에 따르면 7세기경 중부 수마트라에 등장한 말라유 왕국, 스리위자야 왕국, 샤일렌드라 왕국이 있었다. 이 중 스리위자야 왕국과 스리위자야 왕국은 불교를 받아들였다.[79] 스리위자야 왕국은 950년경 해상 무역왕국으로서 불교문화의 중심지가 되어 전성기를 이루었다.

8세기경 초부터 중부 자바에는 힌두교를 숭상하는 마따람 왕국이 있었다. 힌두교뿐만 아니라 불교 및 기타 모든 종교를 중시하였던 마자파힛 왕국은 1292년 탄생하여 1350년경부터 전성기를 누렸다.

이슬람교가 언제부터 인도네시아에 전래되기 시작했는지는 명확하지 않으나 대략 13세기말부터로 추측된다. 1292년 북부 수마트라를 방문했던 이탈리아인 마르코 폴로에 의하면 뻬락지방(수마트라의 북부)에 거주하는 주민들 가운데는 이슬람교를 믿는 사람들이 있었다고 한다. 그러나 이슬람교가 명백히 전해진 것은 마자파힛 왕국의 전성기에 무역을 위해 아랍과 인도의 서부 구자랏 지방으로부터 온 무슬림 상인들에 의해서이다. 사무드라 왕국을 선두로 인도네시아 군도 각지에는 이슬람 왕국들이 등장하게 되었는데, 무역의 중심지일 뿐만 아니라 이슬람 전파의 중심지 역할을 한 말라카 왕국은 자바 지역에 이슬람교를 전파한 대표적인 왕국이었다. 말라카를 포함

---

79) 양승윤 (1994), 인도네시아. 서울: 대한교과서 주식회사, **p. 40.**

한 인도네시아 전역에 이슬람교 전파는 15세기 동부자바 지역에 Ternate를 중심으로 1500~1550년 사이에 시작되었다. 본격적인 전파는 16세기를 통하여 이루어졌으며, 이 기간에 이미 말라카는 포르투갈인들의 장악하에 들어갔고, 자바의 마자파힛 왕국은 이슬람국인 Demak왕국에 의해 교체되는 한편, Samudera와 Pase는 아체 왕국에 의해 몰락되었다. 1511년 포르투갈인들의 말라카 공격은 이슬람 세력의 확대를 촉진한 결과가 되었는데, 이것은 당시 인도네시아 군도에 외세에 대응할만한 통일세력이 없었고 종교적인 통일만이 최선의 방법이라고 생각하게 했던 때문이다.

말라카 왕국을 점령한 포르투갈인들은 1522년에는 말루쿠 군도의 Ternate에까지 손을 뻗쳐 향료무역을 위한 상업활동 뿐만 아니라 카톨릭의 전파에 힘을 썼다.

1511년 포르투갈을 선두로 하여 인도네시아 군도에 몰려든 유럽 열강은 제각기 무역독점권을 위하여 혈안이 되었으나, 네덜란드가 1596년에 Banten 왕국에 상륙한 이후 동인도회사(VOC : Verenigde Oost-Indische Compagnie)를 설립하는데 성공함으로써 두각을 나타냈다. 네덜란드인들은 보다 훌륭한 조직과 더 좋은 화기, 성능이 월등한 함대와 재정적 환경 그리고 포르투갈인들에 못지 않은 담력과 잔인성을 가지고 인도네시아에 들어왔다. 그들은 포르투갈인들이 인도네시아 향료무역을 독점하려다 실패한 경험을 살렸고, 인도네시아 군도의 심장부인 자바에 영구적 발판을 마련함으로써 획기적인 성공을 거두었다.[80] 네덜란드는 무역독점권을 획득하기 위한 인도네시아 군도 전역에 걸친 거점 확보를 위해 1605년 암본과 반다 그리고 1619년 바타비아(지금의 자카르타)에 요새를 세워 착취와 독점을 위한 식민세력의 요충지로 정하였다. 1772년 네덜란드는 東자바를 정

---

80) 위의 책, p. 37.

복하자 자국 내의 하류층을 인도네시아 현지인들과 결혼시킴으로써 유라시안이라는 새로운 인종을 만들어냈다.

네덜란드인은 착취와 독점력을 사용함으로써 인도네시아 국민에게 증오의 대상이 되었다. 여기에다 인도네시아 국민들의 가슴에 큰 상처를 준 것은 인도네시아 군도 각 지방의 왕국을 군사력을 이용하여 분열을 초래한 데 있었다. 이로써 인도네시아 곳곳에서는 민중봉기가 일어났다. 한편, 동인도회사내 관리들의 착복 등 부정부패와 더불어 민중탄압이 심해지자 1799년 드디어 민중 핍박의 원천이었던 동인도회사는 파산을 하게 된다. 그리고 1800년 1월 1일 식민정부로 그 형태를 바꾸었으며, 1830년에 '강제경작(Tanaman Paksa)'과 1870년에 '노동법(Undang-Undang Agraria)'의 시행으로, 농민들의 생활을 더욱 빈곤해져 곳곳에서 민중봉기가 일어났다.

해상권을 장악하고 있던 네덜란드 식민정부 치하에서 분열과 대립으로 일관해 온 인도네시아인들의 마음속에 싹트기 시작한 민족의식은 1908년 5월 20일에 부디 우토모(Budi Utomo)가 창설됨으로써 구체화되었으며, 1929년 10월 28일에 자카르타에서 열린 Sumpah Pemuda(젊은이의 맹서)에서는 '하나의 조국, 하나의 민족, 하나의 언어'를 염원하는 인도네시아인들의 굳은 결의가 나타나게 되었다. 독립운동의 기초가 된 부디 우토모라는 지식인 모임은 1908년 5월 20일 의사들에 의해 조직되었으며 1912년 이슬람 동맹이 창립되었다. 1917년 이슬람 동맹의 목표가 궁극적으로는 인도네시아의 독립에 있다고 천명하기에 이른다.81) 1924년에는 인도네시아 학생연합이 결성되어 독립을 쟁취하기 위한 국민운동의 선두에서 활약하였고, 1926년 인도네시아 공산당이 창설되어 네덜란드 정부에 항거하는 폭동을 주도하였다. 1937년에는 민족주의 원칙에 입각하여 인도네시

---

81) 대외경제정책연구원, 앞의 책, p. 74.

아 국민운동이 전개되었으며 1939년 전인도네시아 정당연합은 온전한 인도네시아의 입법기관의 인정을 요구하기에 이른다.

일본의 인도네시아 점령은 식민지체제의 변경에 불과한 것이었지만 인도네시아 국민들에게 끼친 정신적인 영향은 매우 크다. 절대적인 지배자로 보였던 네덜란드가 붕괴될 수 있다는 사실을 인식하게 된 것이었다. 일본은 태평양전쟁을 수행하면서 많은 전쟁물자와 노동력이 필요하였으므로 인도네시아를 국민적 지지를 얻기 위해 민족주의자와 이슬람 지도자와 우호적인 관계를 추구하였다. 이에 인도네시아의 독립을 바라는 수카르노와 하타는 겉으로 일본과 협력하면서 안으로는 전국적인 반란을 유도하여 결국 인도네시아에 의해 관리되는 시민정부를 수립하여 드디어 일본의 인정을 받게 된다.

2차대전이 일본의 항복으로 끝나자 1945년 8월 17일 인도네시아인들은 인도네시아 공화국을 선포하였고, 수카르노와 하타가 초대 인도네시아 공화국의 대통령과 부통령으로 취임하였다. 네덜란드가 다시 식민지배 권리를 주장하며 인도네시아 공화국의 존재를 부정했으나 1949년 11월 2일 인도네시아의 독립을 인정하는 협정에 서명하였다. 1950년 9월 인도네시아는 UN회원국이 되었다. 그러나 1965년 수카르노 대통령의 건강에 이상이 생기자 차후의 입지에 불안감을 느낀 공산세력이 쿠데타를 일으켰고 이를 진압한 수하르토가 차기 대통령이 되었다.

수하르토는 강압적인 카리스마를 통해 32년간의 장기집권을 이끌었다. 그는 공산세력의 활동을 무자비하게 진압하였다. 그는 1975년 포르투갈로부터 독립하려는 동티모르에 좌파가 주도권을 잡게 되자 전격적인 공격을 시도하여 인도네시아에 합병하였다. 하비비와 와히드 그리고 메가와티를 거치면서 인도네시아의 긴 민주화 행진이 이어지고 있다.

선교전략상 인도네시아는 여러 가지 문화가 혼합되어 발전을 이룩하여 왔다는 점을 유의해야 한다. 초기에는 힌두 문화가 번성하였고, 그 이후 불교 왕국도 건설되었으며 14세기 이후에는 이슬람 문화가 지배적인 역할을 했다. 또한 풍부한 천연자원과 노동력 그리고 지정학적 이점을 탐낸 서구 열강의 식민지배, 특히 네델란드의 지배를 받았는데 그것은 매우 잔인했고 경제적 착취형이었다. 따라서 인도네시아인들은 서구 제국주의와 기독교를 동일시하는 성향이 더욱 강하다. 인도네시아 선교는 종족, 언어, 종교 등 문화의 다양성과 이로 인한 갈등이 심각하다는 것을 고려해야 한다. 인구의 87%가 이슬람교도이지만 식민시대에 전파된 카토릭이 일부지역에서는 주류를 이루기도 하고 있다는 점도 유의해야 할 것이다. 인도네시아의 다양성은 분리 독립 운동 및 유혈 분쟁의 배경이 되고 있지만 특히 종교적 갈등의 소지가 높다는 점을 염두에 둔 선교전략이 필요하다.

(5) 부르나이

브루나이는 사라와크(Sarawak)州의 림방(Limbang)강에 의해 두개의 비대칭적인 영토로 나뉘어 있으며, 지리적으로 동남아 제국들의 중앙에 위치해 있다. 국토의 면적은 우리 나라 제주도의 약 3배, 경기도의 약 절반인 5,765㎢이고 인구 33만 8천 명(2000년)에 불과한 전형적인 소국이지만 풍요한 생활을 누리고 있다. 브루나이는 언덕과 늪으로 이어진 밀림지대와 100마일의 해안선을 끼고 있다. 수도는 반다르 세리 베가완(Bandar Seri Begawan)이다. 인종적으로는 말레이계가 68%, 중국계 15%, 토착인종 6%, 기타 외국인 11% 등으로 구성되어 있고, 원유에 의존한 국가경제를 운영하며 식량은 주로 수입에 의존하고 있다.

브루나이國 민족의 고대 기원은 현재의 말레이시아와 인도네시아 그리고 필리핀 남부 도서민들의 기원과 같다. 브루나이는 중국 사서에 나타나는데, AD 6세기경 포니(Po Ni)라는 이름으로 알려졌고 현재의 수도에 인접한 꼬타바투에 교역항이 있었다고 기록되어 있다. 당시 포니는 중국에 장뇌와 제비집을 공급하고 황실에 조공 사절을 보냈다. 브루나이는 AD 900년 후반부터 이 지역에서 중국과 인도로부터 도래한 상인들과의 교역을 기반으로 비교적 번영된 토후국으로 한 때는 그 세력이 현재의 사바와 사라와크 전 지역에 미쳤다.

브루나이는 늘 주변에 강국이 있어 정치적 독자성이 문제되었다. 중국이나 스리위자야, 마자빠힛 등과의 조공외교를 통하여 생존해 왔다. 브루나이는 1405년 왕조를 설립한 이래 수세기에 걸쳐서 술탄에 의해 통치된 세계에서 가장 오래된 왕조 중의 하나이다.82) 술탄의 역할은 시대에 따라 어느 정도의 차이가 있으나 브루나이 역사 전체를 통해서 거의 절대적인 역할을 해왔다는 점에서는 변함이 없다.

1511년 말라카가 포르투갈에 의해 함락되었을 때 많은 말라카 상인들과 일부 지배계층이 브루나이로 건너와 자리를 잡았다. 이들은 브루나이의 경제를 번창하게 했고 이슬람교를 브루나이 지배계층에게 소개했다. 교역이 증가했던 이유는 말라카 상인들이 자본과 상업 기술을 전수하였고, 포르투갈인들이 브루나이를 유용한 동맹으로 간주했기 때문이었는데 여러 말레이 국가 중 유일하게 브루나이만이 친구로 취급받았다. 브루나이는 말라카와 마카오를 오가는 중간 기착지였고, 말라카와 포르투갈인들이 찾던 향료 생산지 말루쿠 군도 간의 기착지이기도 하였다. 따라서 브루나이는 16세기에 이러한 지리적 이점을 이용하여 번영을 이룩했다.

1521년 서구인으로서 처음으로 찾아 온 포르투갈의 마젤란 원정대는 당시 브루나이의 번영에 관한 상세한 기록을 남겼다. 1562년 말라카로부터 포르투갈 선대가 브루나이를 방문하여 우호관계를 수립하였고, 이후 스페인은 마젤란의 탐험 결과라며 남부 필리핀과 술

---

82) 술탄(Sultan)은 브루나이 국왕에 대한 칭호이며, 현재 제29대 술탄인 하사날 볼키아왕이 1968년부터 통치해 오고 있다.

루 군도에 대한 권리를 주장했다. 1577년 스페인은 브루나이를 점령하였고, 1588년과 1645년 두 번에 걸쳐 술탄에 대해 공격을 가했지만 전 지역을 차지할 수는 없었다. 동남아시아의 섬들을 포르투갈로부터 빼앗은 네덜란드인들이 스페인인을 필리핀 남부로부터 쫓아냈기 때문이다. 브루나이는 비록 동부 보르네오의 조공국들과 말루쿠 군도의 교역로를 잃었지만 네덜란드인과 원만한 관계를 유지하였다.

18~19세기 동안 정치적 권위나 경제상황이 계속 악화되고 술탄이 그의 추장들에 대한 통제력을 상실하자, 이 지역은 해적집단과 노예시장으로 전락하고 말았다. 왕국은 본래의 브루나이와 사라와크, 사바 일부만을 포함하는 지역으로 축소되었다. 브루나이는 1730년만 해도 4만 명의 인구와, 주변에서 후추를 재배하는 수천 명의 중국인들이 살았지만 1842년에는 마을 규모로 줄어들었다.

브루나이는 지정학적 조건으로 유럽의 동남아 침략에도 불구하고 비교적 국가로서 독립성을 잘 유지해왔다. 그러나 19세기에 이르러 강대국의 이해관계가 엇갈림으로 인해서 정치적 생존 자체가 위협받게 되었고, 이때부터 브루나이는 자기보존 즉 왕정의 정치적 생존이라는 문제를 가장 중요시하였다. 이를 위해 영국의 보호를 요청하게 되었고, 어떤 때는 영토의 일부 또는 국가의 주권 일부를 유보해 가면서까지 왕정유지를 위한 외교를 시도해 왔다.

18세기 후반부터 브루나이에 관심을 갖기 시작한 영국은 1761년 동인도회사로 하여금 팔라완도 지역에 상역관 개설허가를 얻었다. 영국이 마닐라를 점령하고 있었던 1763년 북보르네오 지역을 동인도회사에 양도받는 조약을 체결하였다.

19세기 브루나이는 연안해로 뿐만 아니라 싱가포르와 말라카 해협에서 해적들의 공격함으로 국제교역에 심각한 위협이 되었다. 동인도회사는 이러한 해적행위를 막기 위해 군인이었던 제임스 브룩(James Brooke)이라는 영국인을 인도에서 불러왔고 1841년 싱가포르 상인들의 요청에 따라 그는 브루나이 왕을 도와 조공국이던 사라와크의 반란을 진압하였다. 그에 대한 대가로 그는 이 지역의 총독이 되었다. 1846년 브루나이는 사라와크 영토를 영국인 제임스 브룩에게 양도하면서 영국 정부의 허가 없이 더 이상의 영토를 처분하지 않는다는 조건으로 라부안(Labuan)섬을 영국에게 상업 및 해군기지로 양도하였다. 이러한 상황에서 브루나이왕은 앞에서 살펴본 바와 같이 1865년 미국 출신 모험가였던 찰스 리 모제스(Charles Lee Moses)의 도전을 받았다. 모제스는 미국의 브루나이 영사였는데 그는 왕을 설득하여 현재의 사바주에 해당하는 북부 브루나이땅을 매년 9,000달러를 지불한다는 조건으로 양도받아 영국 무역회사인 덴트 브러더즈(Dent Brothers)사에 팔아 넘겼고 이 회사는 왕으로부터 이 지역에 대한 완전한 종주권을 얻었다.

　1877년 영국은 북보르네오 회사를 설립하여 브루나이와 술루 왕국의 술탄으로부터 북보르네오 지배권을 이양 받았고 1882년부터는 동인도회사가 북보르네오를 지배하기 시작하였다. 1885년 영국은 스페인과의 조약에서 사바지역에 대한 영국의 권리를 스페인이 인정해 주는 대신 술루 군도에 대한 스페인의 권리를 인정하였으며, 1891년에는 영국과 네덜란드령 보르네오간 경계선을 합의하였다.

　1888년 보호령 조약체결로 브루나이와 사바, 사라와크는 영국의 보호령이 되어 1984년 브루나이가 영국으로부터 완전 독립할 때까지 계속 되었다. 1906년의 추가협정을 통하여 영국으로부터 '완전한 보호'를 획득하는 상주 주재관제를 도입함으로써 약 1세기에 걸친 영국의 보호를 통한 생존이 이어지게 되었다.

　1906년부터 1941년까지는 완만하지만 안정된 발전의 과정이었다. 새로 도로가 생기고, 무역이 증가하고 사람들이 농부와 어부로 정착하였다. 1928년 석유가 발견되고, 1932년부터 세리아(Seria) 유전지대에서 원유 생산이 시작되자 국가재정의 확보는 물론 국제사회에서 브루나이에 대한 관심이 크게 높아졌다.

일본은 1941년 12월 16일 세리아 유전지대를 공격하여 점령하였다. 6일 후 브루나이 타운도 점령하였다. 영국이 1945년 6월 1일 브루나이를 재탈환하기까지 국토는 피폐해졌으며, 탈환 직전 일본인들은 모든 정치범을 살해하고 유전지대를 폭파하였다.

1959년 9월 영국과 브루나이 간에는 국방, 외교, 치안을 제외한 자치권 보유협정이 조인되었다. 이 해에 브루나이 최초 헌법이 술탄에 의해 공포되었고, 브루나이 행정부는 사라와크로부터 분리되었다. 1962년 입법위원회 선거에서 압승한 좌파성향의 브루나이 인민당 지도자 아자하리가 말레이시아 연방 창설에 브루나이가 참여하지 못하도록 반란을 일으켰으나 술탄은 영국군의 군대파견을 요청하여 봉기를 쉽게 진압하였다. 술탄은 과도한 석유수입세, 말레이시아 술탄들과의 서열문제, 연방제도하에서의 술탄 자신의 힘의 상실 등에 대한 염려 때문에 말레이시아 연방에 참여하지 않기로 결정하였다. 1964년 영국의 권유에 의해 술탄 알리 사이푸딘은 제한된 내각정치를 실시하기 위한 헌법개정을 받아들였다. 1959년도 헌법과 1964년도 수정안에 따라 영국은 브루나이의 방위와 외교업무에 계속해서 책임을 지게 되었으며, 1968년 8월 1일에 제29대 국왕 하사날 볼키아가 즉위하였다.

1971년 브루나이와 영국은 브루나이의 국내문제에 대한 완전독립을 인정하는 합의서에 서명했지만, 여전히 고위감독관의 자문과 주요 정부부처, 특히 재정문제에 대해 영국인 관리들에게 의존하였다. 영국은 국방과 외교문제도 여전히 책임지고 있었다.

브루나이는 1984년 1월 1일 독립하여 완전한 국가운영상태로 돌입한 이후 경제적 번영을 즐기고 있다. 절대군주제를 고수하고 있는 브루나이는 왕정의 유지가 곧 국가존재의 의미이자 생존의 문제로서 가장 중요한 국가이익이라고 할 수 있다. 일반적으로 약소국의 외교정책에 있어 대부분 국가들은 국방과 대외관계 분야만큼은 자국의 행동의 자유를 유지하려고 하는데 비해, 브루나이는 국방과 대외관계분야 조차 강대국에 위임하였다.

브루나이는 대규모로 매장된 해저유전을 바탕으로 경제력을 자랑하고 있음에도 불구하고 몇 가지 잠재적 사회문제에 봉착해 있다. 5만여 명에 달하는 중국인들에 대한 시민권과 재산권에 대한 엄격한 제재조치가 술탄정부와 알력을 심화시키고 있다. 말레이시아는 브루나이와 밀접한 관계를 발전시키는데 많은 관심을 나타내고 있는데 작은 브루나이를 말레이시아연방의 한 주로 편입시키려는 의도가 일부 말레이시아인의 의식 속에 내재되어 있다.

브루나이는 반군주주의 사상이나 테러의 유입을 두려워하기 때문에 중동 이슬람국가들과의 관계가 지나치게 가까워지는 것에 대해 경계하고 있는 듯하다. 서구 자본주의국가들과의 관계는 원만하며 영국과의 유대도 공고한 상태이다. 1984년 독립하자마자 곧 UN 및 아세안에 가입하였고 에이펙(APEC) 및 아셈(ASEM) 회원국으로서의 역할을 적극 수행, 브루나이의 국제적인 위상을 제고하는데 노력하고 있다. 독립과 함께 한국과도 외교관계를 수립하였다. 브루나이는 현재 대외정책으로서 회교왕정 수호 및 독립보장과 경제적 안정을 위한 수출원유의확보, 친서방 정책, 아세안과의 결속, 이슬람국가, 비동맹국가 및 자유진영 국가와의 유대강화, 유엔 등 국제기구에의 적극 참여 등을 추구하면서 미묘한 국제문제에는 관여를 기피하는 중립 노선을 채택하고 있다.

브루나이에 대한 선교는 쉽지 않다. 회교국가로서 왕정과 긴밀히 연계되어 있기 때문이다. 인구가 적기 때문에 그 결집도는 매우 짙다. 그러나 하나님의 섭리는 우리가 미쳐 알 수 없는 경우가 많다. 전통적으로 영국과 긴밀한 관계에 있었다는 사실과 왕족을 통한 선교가 일차적으로 고려될 수 있다는 점을 유념해야 할 것 같다. 현지 한국인 교회가 있으며 이들의 신임도가 높은 만큼 브루나이 선교의 기지로 활용될 수 있을 것이다. 브루나이는 중국인과의 마찰이 있다는 점, 왕정국가라는 점, 그리고 싱가포르와 긴밀한 관계를 유지하고 있으며 양국 공히 말레이시아에 대한 잠재적 두려움이 있다는 점은 선교전략상 고려되어야 할 것이다.

(6) 동티모르

인구 80여만의 동티모르가 2억 인구의 인도네시아의 강압정치에서 벗어나 2002년 5월 20일 독립국가가 되었다. 노벨평화상 수상자인 벨로 주교의 기도로 시작된 독립선포식은 코피 아난 유엔 사무총장, 메가와티 인도네시아 대통령, 클린턴 전 미국대통령, 하워드 호주 총리 등 90여개국의 축하사절단이 참석한 가운데 전 세계의 축복을 받으면서 10만 여 동티모르인의 설렘으로 진행되었다. 동티모르에 주둔하는 5천명의 유엔 평화유지군이 지켜보는 가운데 유엔기가 내려지고 동티모르기가 게양되면서 21세기 최초로 국가 하나가 탄생한 것이다. 독립선포식이 있던 그 날 인도네시아는 2천명의 병력과 6척의 전함을 동티모르의 수도인 딜리항에 정박시킴으로써 긴장을 고조시킨 일이 있기는 했으나 별다른 사고 없이 동티모르의 독립이 선포되었다.

동티모르는 인도네시아 남단과 호주 북단 사이에 위치한 조그마한 티모르섬의 동편이다. 섬의 크기가 4,874㎢로 남한의 약 15%에 해당되며 독립을 저지한 인도네시아 전체 면적의 0.77%에 해당된다. 동티모르는 호주와 아시아를 연결하는 중요한 징검다리의 역할을 한다. 동티모르에 주도권을 가진 세력은 아시아 대륙을 호주대륙으로 연결시키는 매우 좋은 지리적 여건을 확보하는 셈이 된다. 호주의 입장에서 동티모르는 인도네시아의 위협을 감소시킬 수 있는 방파제가 된다. 뿐만 아니라 동티모르는 인도양과 태평양을 연결하는 중요한 해양 거점의 역할을 한다. 아프리카 남단을 거쳐 인도양에 이르던 해양세력이 태평양을 바라볼 때 동티모르는 중요한 항로의 중간 거점이 될 수 있다. 실제로 티모르섬은 고대로부터 말레이반도와 호주 및 남태평양의 폴리네시아와 멜라네시아 제도를 잇는 통로가 되어 왔다. 동북쪽의 바다는 수심이 매우 깊어 잠수함의 통과수로로서 가치가 있어 강대국의 전략적 요충지가 될 수 있다.[83] 이러한 자연·지리적 요인은 동티모르에 대해 일찍부터 강대국의 관심을 불러일으키기에 충분하였다.

1974년 포르투갈의 파시스트 정권이 무너지자 동티모르에서는 동티모르 독립혁명전선[84](Fretilin)과 티모르 민주동맹(UDT)[85]을 중심으로 독립운동이 벌어졌다. 교육받은 젊은 지식인들로 이루어진 Fretilin은 농촌개발과 토지개혁, 대중교육과 빠른 독립을 내세워 광범위한 지지를 받은 반면 보수적인 엘리트와 토지소유자, 전통적 지배계급으로 구성된 UDT는 기득권의 상실을 염려하여 포르투갈과의 연합을 주장하였다. 이 외에, 주민의 지지는 받지 못하였으나 인도네시아와 병합을 주장하는 아포데티당(Apodeti)도 있었다.

인도네시아의 수하르토 정부는 1974년 이후 동티모르에 대한 영

---

83) 티모르섬 북쪽 해협은 미국의 핵잠수함들이 태평양에서 인도양으로 이동하는 가장 빠른 항로로 이용되고 있다. 호주 역시 티모르 남쪽 대륙붕에 있는 석유와 천연가스에 깊은 관심을 가지고 있어 동티모르 문제의 중요한 당사국이다. 사실상 이러한 이해관계는 이들 강국들이 이 지역에서 일어난 분쟁에 직접, 간접으로 영향을 미치게 했다. 예컨대 인도네시아는 1974년 호주 수상 휘틀람으로부터 동티모르를 병합하는 데 동의를 얻은 후 그리고 1975년 12월 7일 포드 미국대통령과 키신저 국무장관이 자카르타를 방문하고 떠난 직후 동티모르 공략을 시작했다.

84) Fretilin(Revolutionary Front for an Independent East Timor)은 '동티모르 독립혁명전선'으로 동티모르 독립운동의 핵심적인 단체이며 전신은 '티모르 사회민주연합'인 ASDT(Timorese Social Democratic Association)이다.

85) UDT(Democratic Union of Timor)는 친 포르투갈계 티모르 민주동맹으로 완전한 독립보다는 확대된 자치를 원하는 단체로 1975년 지방선거에서 Fretilin에 참패하자 쿠데타를 시도하였으나 실패한 바 있다.

토확장 의도를 보이기 시작하였다. 1975년 8월 인도네시아의 지원 하에 UDT의 우파들이 반란을 일으켰는데 이때 Fretilin이 반란을 진압하고 사실상 정권을 장악하였다. 그리고 Fretilin은 그 해 11월 28일 '동티모르 민주공화국'의 독립을 선포했다. 그러나 12월 7일 3만 명의 인도네시아 군대(육·해·공군)는 전면 공격을 시작하였고, 1976년 6월 동티모르는 인도네시아의 27번째 주로 편입되었다. 그 후부터 동티모르에는 독립을 위한 외로운 투쟁이 시작되었다.

포르투갈이 동티모르에 발을 디딘 것은 1521년 몰러카에서 스페인을 물리치면서부터였다. 이때부터 포르투갈은 티모르섬을 몰러카 제도의 향료무역의 중계지로 이용하는 한편, 이 섬의 특산물인 백단목(sandalwood)을 독점하게 된다. 그 후 네덜란드와 서로 식민지 쟁탈전을 벌이게 되는데, 그 결과 1661년 티모르섬의 서반부는 네덜란드령이 되고 동반부는 포르투갈령이 되어 서로 나누어지게 되었다. 이때부터 동티모르는 1974년 포르투갈이 철수할 때까지 포르투갈의 식민지로서 포르투갈의 정치적·문화적 그리고 종교적 영향을 받게 된다.

1524년 동티모로는 451년간 포르투갈의 식민지배를 받으면서 가톨릭을 수용하였다. 2002년 현재 인구의 91.4%가 가톨릭 신자이다. 개신교 2.6%, 이슬람교 1.7%에 비하면 압도적인 숫자이다. 독립운동의 핵심적 지도자인 구스마오와 오르타, 벨로는 가톨릭학교에서 교육을 받았으며 후에 독립투사, 주교로서 활동하게 된다.

1975년 7월 포르투갈이 동티모르에 대한 식민통치를 종료한다고 선언하자, 앞에서 지적한 바와 같이 동티모르의 Fretilin은 그해 11월 28일 독립을 선언하였다. 인도네시아 수하르토 정부는 '신질서(New Order)'를 표방하면서 '강압에 의한 통합'을 추진하게 된다. 반공주의를 표방하던 수하르토는 인접한 동티모르가 기본적으로 좌파이념을 지향하는 Fretilin에 의해 통치되는 경우, 베트남 공산화에 고무된 인도네시아 국내 공산세력의 준동은 물론 여타 분리 독립운동 지역을 자극시키는 결과를 초래할 수 있다는 점 역시 크게 우려하였다.

1975년 12월 7일 인도네시아는 약 2만 명의 병력을 동원, 동티모르에 대해 전면 무력 공격을 감행하였다. 함포 사격에 이어 해안 상륙작전과 공중 침투작전이 전개되었고, 동티모르 최대 도시 딜리(Dili)에서 무차별 공격이 이루어졌다. 3일 후 2차 침공으로 제2의 도시 바우카우(Baucau)가 점령되었고, 추가로 1만 내지 1만 5천명의 병력이 투입되어 여타 도시들도 함락되었다. 침공 주력은 인도네시아군의 정예인 특전부대였으며, 이밖에도 서티모르에는 1만 명의 인도네시아군 병력이 대기하고 있었다. 이에 비해 동티모르측 병력은 정규군(Falintil) 2천 5백 명을 포함하여 1만 여명에 불과했고, 무장력에 있어서는 더욱 비교가 되지 않았다.

인도네시아가 동티모르를 합병하기 2주 전 동티모르에서는 친 인도네시아 계열인 아포데티당의 장관들로 구성된 동티모르 임시정부가 수립되었다. 이들은 1976년 5월 31일 딜리에 위치한 스포츠 회관에서 '통합법(Act of Integration)'을 통과시켰고 이들 28인의 대표자들은 수하르토에게 대통합을 요구하는 탄원서에 서명하였다. 이는 인도네시아의 동티모르 합병을 정당화시켜 줄 수 있는 빌미를 제공한 것이다. 이로써 인도네시아는 강압이 아닌 동티모르인들의 자발에 의해 통합을 이룬 것이라고 주장하면서, 1976년 7월 17일 수하르토 대통령이 통합법안(Bill of Integration)을 의회에 제출하여 인도네시아 의회의 전원일치 찬성으로 법안이 통과됨으로써 인도네시아의 동티모르 합병이 공식화되었다. 유엔은 이러한 결정을 승인하지 않고 자치적 결정을 촉구하였으나 이 또한 실효성이 없는 형식적인 결정에 지나지 않았다.

1978년 12월 니콜라우 로바토(Nicolau Lobato) 동티모르군 사령관이 피살된 이래, 동티모르군은 거의 모든 지역을 상실하고 깊숙한 산악지대에서 산발적인 저항에 그치게 되었다. 인도네시아군의 침공 작전 이래 수년 동안 사망자수는 20만 명이라는 주장이 널리 받아들여지고 있다.

인도네시아는 자국인들을 동티모르에 이주시킴으로써 종족적으로나 종교적으로 친 인도네시아 세력을 증대시키려고 노력했다. 이주민들은 땅과 취업기회를 우선적으로 차지하면서 군부와 함께 착취계층으로 등장한 것이다. 살해되거나 강제이주 당한 주민들의 땅을 군 당국과 이민자들이 차지하는 등 외지인의 토지소유도 급격히 증가하였다.

1981년 동티모르의 지도자인 구스마오(Xanana Gusmao)는 동티모르의 산악지대를 배경으로 정치·군사적으로 와해된 조직을 재정비하여 장기 저항태세를 갖추었다. 1992년 11월 구스마오가 체포되었지만 그가 만든 정치·군사조직은 주민들의 필사적인 저항 의지와 뛰어난 전술적 기량을 통해 동티모르 생존전략의 기반이 되었다.

이 기간 중에 가장 심각하게 문제가 된 것은 인도네시아 군이 행한 인권유린이었다. 인도네시아의 동티모르인에 대한 수많은 인권유린 사례는 국제인권단체 및 관련 NGO로부터 강력한 비판을 받아왔다. 동티모르 주교인 코스타 로페즈는 1981년에 동티모르인 5백여 명이 인도네시아 군에 의해 집단 피살되었다고 증언하여 세계를 경악케 했다. 인권유린에 대한 대표적인 예는 인도네시아 군이 저지른 집단학살이며, 인도네시아의 강제합병 이후 당시의 잔혹한 탄압의 실상이 1997년 40여 장의 사진이 공개됨으로써 밝혀지기도 했다.86) 인권침해 대표적인 사례로 꼽히는 '딜리 대학살(Dili Massacre)'은

---

86) 사진의 주요 내용에는 임신부에게 잔혹한 행위를 하는 장면, 담뱃불로 지지는 장면, 배에 못을 박는 장면, 죽은 여성의 몸에 낙서를 하는 장면 등이 포함되어 있다.

1991년 11월 12일 수도 딜리에서 벌어진 믿기 어려운 학살사건을 말하는데 현장에 있던 외국기자들이 목숨을 걸고 반출한 비디오테이프를 통하여 전 세계에 드러나게 되었다. 10월 28일, 인도네시아군에 의해 살해된 고메스(Sebastiao Gomes)를 추모하기 위해 산타 크루즈(Santa Cruz) 묘지 참배를 마칠 즈음 민간 복장의 인도네시아군이 대규모 학살을 감행한 사건이다. 2천여 명의 시위대 가운데 903명의 사상자가 발생하였다고 한다.87) 인도네시아 정부가 동티모르에 대해 취했던 인도네시아화(Indonesianization) 정책 역시 인권유린의 예에 속한다. 이 정책으로 동티모르 전체인구의 80%가 강제수용소에 수용되었고 그 과정에서 기아와 질병으로 많은 민간인이 희생되었다. 주민의 숫자를 줄이기 위해 일부 불임시술을 강제로 실시하는 조치를 취한 것으로 알려졌다. 1978년 12월 동티모르의 여성들을 마취상태에서 불임시술을 한 사건이 한 난민에 의해 밝혀졌다. 이러한 사건은 정부의 출산율 관리에 관한 5개년 계획으로 공식화되었다. 고등학교 여학생들에게 동의 없이 피임약을 강제로 투약했다는 것이다.

  1975년 12월과 1976년 4월 유엔안전보장이사회는 인도네시아 정부의 동티모르 침공을 비난하면서 인도네시아군의 철수를 요구하는 결의안을 채택하였다. 인도네시아 정부가 이를 거부하고 서구 국가

---

87) 이 사건이 국제사회에 엄청난 반향을 일으키자 인도네시아 정부의 조사위원회는 50명 정도가 사망하고 실종자와 부상자가 91명씩이라고 발표하였다. 그러나 동티모르 저항운동의 최고 조직인 모레베 민족저항 평의회(CNRM)는 10살의 어린이를 포함한 271명의 사망자와 6살의 어린이를 포함한 250명의 실종자 명단을 밝혀내고 부상자를 382명으로 발표하였다. 이 사건을 조사한 유엔특별보고관 Ndiaye는 11월 12일 예정된 시위를 알고 있던 보안군이 평화적으로 시위하는 비무장의 민간인들을 사전에 계획된 군사작전으로 학살하였다고 보고하였다. 그는 150명 내지 270여 명이 사망한 것 같다면서 242명 이상이 실종되었다는 근거를 제시하였다. 인도네시아 법원은 21명의 시위가담자에게 최고 무기징역에 이르는 형을 선고하였다.

들이 미온적인 태도를 취함으로 동티모르에서 인도네시아군의 철수 문제는 쉽게 해결되지 못했다. 유엔이 보여준 이러한 분쟁해결 능력의 한계는 유엔의 주요회원국인 서방 여러 나라들이 친 인도네시아 정책을 취한데 있었다. 서방 국가들이 인도네시아와의 이해관계 속에서 동티모르의 합병을 동의 내지 묵인했던 이유는 이러한 인도네시아의 반공노선이나 전략적 가치의 중요성 외에 경제적 이해관계 역시 큰 비중을 차지한다. 티모르해의 석유자원 개발에 대한 참여문제와 인도네시아에 첨단무기를 판매하는 일 그리고 인도네시아의 자원과 시장성, 노동력 가치를 활용하는 문제 등 경제적 이해관계는 이들 강대국에 있어서 매우 중요했다.

그러나 비정부기구(NGO)가 동티모르 문제에 대하여 국제여론을 일으키기 시작했다. 이들은 동티모르의 독립과 권익을 위해 지원을 아끼지 않았다. 포르투갈과 호주 그리고 영국 등지의 인권 관련 비정부기구들은 언론이나 각종 매체를 통해 동티모르의 참상을 널리 알리고, 유엔의 연례 안건으로 상정시키는데 크게 기여하였다. 유엔 인권위원회와 각국 정부에 대한 홍보를 위해 노력하였다. 아울러 인도네시아의 양심적인 민주시민단체들도 동티모르 소수민족의 자결권 회복을 지지하였다.

1996년 10월 벨로 주교와 오르타 망명정객이 노벨 평화상을 공동 수상하게 되면서 동티모르의 처절한 투쟁 과정이 본격적으로 세상에 드러났다. 1997년 7월 남아공화국 대통령 만델라(Nelson Mandela)와 동티모르 지도자 구스마오가 자카르타에서 회동한 것은 그 사실만으로도 매우 이례적이었다. 특히 이 회동은 만델라의 인도네시아 국빈 방문 길에 요청되었고, 수하르토 대통령이 이를 수용하게 되었는데 이 사실은 동티모르 문제 해결의 중대한 계기가 되었다.

1998년 5월 21일 수하르토가 사임하고 하비비 부통령이 집권하는 정치변동이 일어난다. 이러한 정치변동의 와중에서 6월 23일 인도네시아는 동티모르에 '광범위한 자치'를 부여하는 계획을 발표하게 되고, 8월 5일 포르투갈이 유엔 감시 하에 자치협상에 동의하는가 하면 호주는 12월 27일 자치결정을 위한 주민투표를 지지한다고 발표한다. 동티모르의 독립여정은 매우 빠르게 진행된다. 1999년 4월 유엔-포르투갈-인도네시아 간 동티모르 자치협상이 합의되기에 이른다. 이 합의에 따라 1999년 8월 30일 인도네시아 거주자 7천명과 해외 거주자 1만 4,500명을 포함하여 45만 1,793명의 유권자가 참여한 주민투표가 실시되었고, 결과는 예상을 훨씬 넘는 투표율(98.6%)과 독립 지지로(78.5%, 34만 4,580명) 나타났다.

9월 11일 세계 인권여론에 밀려 관련국들이 동티모르 독립을 지지하기 시작한다. 미국 클린턴 대통령은 인도네시아에 대한 무기판매 중단을 선언했다. 결국 13일 인도네시아는 유엔의 평화유지군 수용을 발표하였고, 9월 27일 동티모르의 치안유지권이 다국적군에게 공식 이양되었으며, 10월 19일 인도네시아의 국민협의회는 동티모르의 독립을 승인하였다. 10월 28일 와히드 대통령이 드디어 동티모르에 대한 주권이양에 관한 공한을 코피 아난 유엔사무총장에게 전달함으로써 동티모르에 대한 24년간의 인도네시아 통치는 막을 내리게 된다.

여기서 우리는 동티모르가 독립에 성공할 수 있었던 요인을 생각해보게 된다. 여기에는 구성원의 강한 독립의지와 이를 이끌어 간 용감한 지도자들이 있었다. 인도네시아의 국내 불안한 정치상황이 동티모르를 더 이상 붙들어 둘 수 없는 외길로 몰아갔고 유엔을 비롯한 국제적인 지원이 때맞춰 이루어졌다. 여기서 우리가 특별히 주목하는 것은 서로 모순되는 두 가지의 기류가 동티모르의 독립을 이끌어갔다는 사실이다. 하나는 동티모르 독립문제를 인권의 존중이라는 인류 보편의 가치와 동일시되도록 수많은 인권단체를 비롯한 NGO들의 적극적인 활동이 있었다는 점이고, 다른 하나는 동티모르의 독립과 관련된 국가들의 국가이익이 은밀히 내재되었다는 점이다. 이 들 국가들이 추구한 국가이익은 여러 가지 형태로 나타났다. 어떤 경우는 동티모르의 전략적 가치 때문이었고(미국), 어떤 경우는 국내 외적 여론 때문이었다(영국). 보다 뚜렷한 경우로는 동티모르에 매장 되어 있는 자원 확보라는 경제적 이유[88] 때문이었으며(호주, 포르투 갈), 자국의 안보라는 고려가 짙게 깔린 경우도 있었다(호주).

동티모르의 선교전략에는 이러한 독립과정을 자세히 살펴보면서 추진되어야 할 것이다. 동티모르의 독립에는 카토릭의 영향이 절대 적이었다. 동티모르에 있는 소수의 개신교회에 대한 장기적 지원이 긴요하다. 이들 개신교회를 서티모르의 개신교회와 연결시켜 티모르 섬의 복음화를 추진할 수 있을 것이다. 그러나 이때 서티모르를 장 악하고 있는 인도네시아에 불필요한 자극을 주지 않도록 유의해야 할 것이다. 유엔군의 일원으로 파견되었던 한국군은 대단한 인기를 얻었는데 이들 중 많은 신자들의 선교노력은 계속 이어지도록 배려 되어야 할 것이다. 동티모르 지도부는 자국의 재건사업에 한국의 지 원을 강력히 바라고 있는데 이러한 지원에 한국교회가 참여하여 체 계적인 계획하에 적절한 도움을 선교와 병행하는 것도 하나의 방법 이 될 것이다.

(7) 파푸아뉴기니

파푸아뉴기니는 약 600개 이상의 섬으로 구성되어 있으며 영연방 의 일원으로서 1975년에 독립했다. 국가원수는 영국 여왕이 임명한

---

88) 1970년대 초반 인도네시아와 호주 사이에 위치한 6만 2천㎢에 달하는 해 저 석유매장이 확인되고 원유의 경제성이 밝혀졌다. 이 '티모르 갭' 유전지 대에는 최대 10억 배럴이 매장된 것으로 추정되고 있다. 호주와 인도네시 아는 유전지대의 확보에 힘써 1988년 유전지대의 분할방법에 대해 합의한 바도 있다. 특히 호주는 티모르해의 석유자원 개발 이익 때문에 인도네시아 의 동티모르 합병을 지지하기도 하고 동티모르가 인도네시아로부터 독립하 는 것을 적극 지원하기도 하였다.

총독이며, 선거에 의해 선출된 수상에 의해 통치된다. 부족주의가 강해 독립되자 지방자치제가 실시되고 있다.

파푸아뉴기니섬은 6,000년 전까지는 호주와 연결되어 있었다. 남쪽 해안지대에는 지금으로부터 2,500년이나 3,000년 전쯤부터 사람이 살았던 증거들이 제시되고 있다. 파푸아뉴기니는 깊은 원시림과 계곡, 풍부한 수자원을 제공하는 강 등 자연조건으로 인해 다양한 부족들이 그들 문화와 삶을 자연과 조화하여 독특하게 발전시켰다. 해발 4,000m가 넘는 산맥을 중심으로 독일 통치하의 북부는 뉴기니, 호주 통치하의 남부는 파푸아로 불렸다. 산맥이 남북으로 횡단하고 있어 도로가 건설되지 않아 지역간 교류가 어렵고, 강이 원주민들의 주교통로로 활용되고 있다.

인구는 주민의 대부분은 멜라네시아계(系)의 파푸아족(96%)이며, 1,000여개 종족, 862개 언어, 인종적, 언어학적으로 세계에서 가장 복잡한 나라이다. 공용어는 영어, 모투(Motu)어, 피진어이나 원주민들은 파푸아어를 사용하는데 그들이 사용하는 언어는 지역에 따라 큰 차이가 있으며 언어를 통일하는 일이 앞으로의 큰 과제이다. 지방어 중에서는 모투어가 가장 많이 사용되며 포트 모르스비(Port Moresby) 해안지역에서 사용되고 있다. 언어의 다양성으로 인한 의사소통 문제를 해결하기 위해 새로운 언어로서 Pidgin(Pisin)어가 탄생했다. 피진어는 영어, 독일어를 비롯한 다양한 언어에서 추출된 단어들로 이루어져 배우기가 매우 쉽다.

파푸아인은 단신·장두(長頭)에 고수머리를 특징으로 하고 있으며, 세계에서 가장 원시적인 인종의 하나로 간주된다. 여러 부족은 해안과 산지에 흩어져 살고 있는데 같은 부족끼리는 단결력이 강하지만 다른 부족에 대해서는 배타적 경향이 짙다. 산지 주민은 미개하며 체격도 빈약하고 각 마을마다 다른 언어와 특이한 풍습을 보존하고 있다. 이들은 바나나, 고구마, 감자 등을 주식으로 하며, 해안지대주민은 원시적인 방법으로 물고기와 조개를 잡아 생활하고 있다.

다른 부족과의 무역은 아주 중요시 되었고 따라서 소금, 기름, 흑요석(돌칼을 만들기 위한 도구), 염료 등은 파푸아뉴기니 대부분 지역에서 거래가 활발했다. 중국에서 온 유리와 청동제품 유물이 마누스섬에 딸린 로우(Lou)섬에서 발견되기도 했다.

1600년대에는 남아메리카에서 동남아로 전래된 고구마가 현재의 인도네시아 영토인 Irian Jaya를 통해 파푸아뉴기니 고산지대로 전래되었다. 고구마가 지닌 내한성과 척박한 토양에서의 높은 생산성은 곧바로 이 지역의 인구증가로 연결되었고 이러한 변화가 파푸아뉴기니 하이랜드의 급격한 인구증가와 문화유형의 변화를 유발시켰다. 따라서 1930년대 유럽인들이 처음으로 하이랜드에 도착했을 때 이 지역의 인구가 다른 지역보다 훨씬 많은 거의 백만에 육박하고 있었다.

파푸아뉴기니는 유럽인들과의 접촉으로 철제도구를 사용하게 됨으로 그 동안 석기만을 사용해 왔던 부족민들의 생활상을 바꾸는데 획기적인 역할을 했다. 순리적인 역사발전단계를 무시하고 갑자기 석기시대에서 철기시대로 변화된 것이다. 이러한 철제도구의 사용은 돌도끼 제작, 밭갈이, 카누 제작 등 남자들의 노동을 감소시켰고 여가시간의 증가와 더불어 'Big man'(사회적으로 중요한 위치에 있는 사람들)의 중요한 업무중의 하나인 부족전쟁이 필연적으로 빈번해지게 된다.

파푸아 뉴기니아 유럽인들에게 처음 알려진 건 1512년 포르투갈 탐험가들이 남태평양을 항해하다가 이 곳을 지나면서였다.89) 이후 1526~1527년 뉴기니 해안을 항해한 포르투갈인 J. 메네세(Jorge De Meneses)가 뉴기니 남해안에 최초로 상륙하였고 이 지역을 'Ilhas dos Papuas' 즉 파푸아라고 하였다.90) 1545년에는 스페인의

---

89) http://user.chollian.net/~wantok/basic.htm, 2000. 2. 4. 참조(Pilkon's World of Papua New Guinea : 파푸아뉴기니 자료실, 오늘날의 파푸아뉴기니).

오리츠 레테스(Qrtiz Retes)가 아프리카의 기니아 해변을 연상하여
이 지역을 뉴기니라고 붙였다.

16세기에 네덜란드만이 파푸아뉴기니에 대해 지대한 관심을 보이
고 있었는데 그것은 동인도제도를 다른 유럽국가들로부터 보호하기
위해서였다. 1824년 뉴기니섬의 서쪽(지금의 이리안 자야) 절반에
대해서 네덜란드의 영유권이 인정되었다.91) 그러다가 1870년대 무역
업자 '코디프로이'가 코코낫 무역차 이곳에 정주하면서부터 유럽인
의 파푸아뉴기니 진출이 본격화되었다. 1883년 영국의 식민지였던
호주의 퀸스랜드 주 정부는 파푸아뉴기니의 **Thursday Island**섬에 경
찰관을 파견했는데 그 후로부터 몇 몇 영국 선교사와 무역상들이 이
지역을 방문하기 시작했다.

영국령인 동쪽 뉴기니섬의 북부지역에서는 제3의 식민지배 세력인
독일이 상당한 흥미를 가지고 지켜보고 있었다. 영국은 1884년에 남
동해안과 동부의 섬들을 보호령으로 선포했고, 1870년대에 남태평양
지역의 강자로 부상한 독일 역시 뉴기니 북동해안을 식민지로 선포
(一名 : **German New Guinea**)하고 비스마르크 군도를 보호령으로
선포하였다. 당시 독일은 뉴기니 회사를 중심으로 플랜테이션과 무
역을 펼쳤으며 후에는 독일 정부가 직접 통치했다. 독일 관할 통치
부는 1889년 마리아나, 캐롤라인, 마샬군도를 병합하고 부겐빌과 부
카도 복속시켰다. 그리하여 동쪽 뉴기니섬은 남북으로 영국령과 독
일령으로 나뉘게 되었다.

1888년 새로 영국 뉴기니(**British New Guinea**)의 식민행정관이
된 멕그레거(**William MacGregor**)경은 영국정부의 이익을 지키기 위
해 경찰을 창설했고, 1895년 7월 영국과 네덜란드간의 식민지 경계

---

90) http://user.chollian.net/~wantok/ 참조(주 파푸아뉴기니 대사관 홈페이지 :
     파푸아뉴기니 개황).
91) http://user.chollian.net/~wantok/basic.htm 참조.

획정에 관한 협약발효로 현재의 서부 이리안 자야와의 경계가 확정되었다. 1909년 영국 뉴기니는 파푸아(Papua)로 지명이 바뀌면서 새로 독립한 호주에게 통치권이 위임되었다. 1907년 머레이(Hubert Murray)경이 파푸아를 통치하기 시작하여 1940년 밀린베이 지방 순시 중 사망할 때까지 통치를 계속하였다.

1914년 1차 대전이 발발하자마자 호주군은 즉각 Rabaul에 있던 독일군 본부를 공격해 함락시키고 7년간 통치했다. 1920년 국제연맹이 1916년 9월부터 Territory of Papua로 개칭한 호주령 파푸아와 함께 全 파푸아뉴기니를 호주의 위임통치지역으로 결의(1920)했고, 1921년부터 전역에 호주의 위임통치가 시행되었다. 1941년 일본군의 침략으로 수도인 라바울까지 함락되었으나 곧 반격에 나선 호주군에 의해 1942년 수도지역이 탈환되었다. 그러나 본토 북부지방을 비롯해 북쪽 섬들은 1945년 일본이 항복할 때까지 일본군의 지배하에 있었다.

1946년 12월 유엔이 파푸아뉴기니 지역을 호주의 신탁통치하에 둘 것을 결의함에 따라 1947년부터 이 지역은 호주의 신탁통치를 받게 되었다. 1962년 파푸아뉴기니를 방문한 유엔시찰단은 비록 파푸아뉴기니인들이 독립을 탐탁치 않게 생각한다고 하더라도 이들을 교육시키고 깨쳐 독립시키는 것은 호주정부의 책임이라고 권고했다. 파푸아뉴기니는 1964년에 64명을 정족수로 하는 입법부(자치의회)가 구성되었는데 그 중 44명은 공개경쟁을 통해 선출되었고 20명은 식민정부에 의해 선발되었는데 그 중 10명은 호주인들로 구성되었다.

1972년 3월 총선(국회의원 102명 선출)이 실시되었고 1973년 12월부터는 외교, 국방을 제외한 행정권을 가지는 자치정부가 수립되었다. 1975년 6월 파푸아뉴기니 제헌의회는 독립일을 결정하였고, 1975년 9월 16일 독립을 선포하게 된다. 1975년 10월 10일에는 유엔에 가입함으로써 명실상부한 국제사회의 일원이 되었다.

　그러나 독립에 관한 국내의 의견조율 끝에 독립직전인 1975년 9월 3일 이 나라 수출의 50%를 점하고 있는 구리 광산 소재지인 부겐빌(Vougainville)섬이 파푸아뉴기니 지역과의 사회·문화적 차이 및 경제적 이해관계를 이유로 파푸아뉴기니와는 별도로 '북 솔로몬 공화국' 수립을 일방적으로 선언함으로써 국가분열의 위기에 직면하게 된다. 식민지 시대 영국이 솔로몬 제도를 획득하기 위해 부겐빌을 독일에 이양한 이후 부겐빌은 솔로몬 제도에 속해 있으면서도 파푸아뉴기니와 운명을 같이 해왔다. 1909년 영국 뉴기니의 통치권이 영국에서 호주로 이양되고, 1914년 독일의 패퇴와 호주의 통치가 시작된 이후 부겐빌은 파푸아뉴기니의 일부가 된 것이다. 이러한 역사적 문제에 더하여 부겐빌에 위치한 Panguna 구리 광산이 파푸아뉴기니 수출의 50%를 차지함에도 부겐빌인에겐 혜택 없이 환경오염만을 유발시키자 이에 대한 반발로 내전은 시작되었다.

　소마레 수상은 일부 강경파들의 반대를 무릅쓰고 장기간에 걸쳐 부겐빌 분리주의자들과의 협상 끝에 1976년 8월 8일 이 지역에 대해 광범위한 자치권을 허용하는 한편 부겐빌 동광(銅鑛) 수입 중에서 일정의 배당을 보장해 주는 선에서 국가분열의 위기를 수습하였다. 1999년 7월 수상에 선출된 국민민주운동당의 Morauta는 국내 정세 안정의 최대 걸림돌인 부겐빌 사태의 평화적 해결을 위하여 2000년 3월 23일 정부와 부겐빌 대표간에 부겐빌 지방정부에 전면적인 자치권을 부여키로 하는 Loloata 양해각서에 서명함으로써 부겐빌 내전92)의 평화정착 및 국내정세 안정을 확보하게 되었다.

---

92) 부겐빌 내전은 인종적 차이와 식민시대의 유산(1889년 독일에 점령되었고, 1차대전에서 독일의 패전으로 솔로몬 제도임에도 불구하고 파푸아뉴기니에 부속되어 호주의 영토가 됨)으로 야기된 것인데 중앙정부에 의한 팡구나 구리광산 채굴로 인한 경제적, 환경적 불이익에 대항해서 발생했다. 반군단체인 BRA (Bougainville Revolutionary Army)는 무력투쟁을 통해 팡구나 광산의 강제폐쇄와 분리독립을 요구하였으며, 10년에 걸친 내전기간 동안 4만

파푸아뉴기니는 석기시대, 철기시대, 산업화 시대가 공존하며 국가의 내부통합과 이를 바탕으로 한 현대 산업국가로의 발전이 지연되고 있다. 역사적 과정을 통해 파푸아뉴기니는 다음 몇 가지 특징을 보여주고 있다.

첫째, 국가적 통합의 어려움이다. 먼저 외부통합의 문제는 파푸아뉴기니의 영토적, 정신적 통합을 의미하는 것으로써 뉴기니섬의 서부인 이리안 자야와의 통합 문제이다. 이리안 자야는 식민지 역사의 유산으로 같은 파푸아인이지만 네덜란드의 지배 하에 있었다는 이유로 1962년 인도네시아에 귀속되었다. 현재 이 지역 파푸아인들은 OPM(Organisasi Papua Merdeka)이라고 부르는 게릴라 저항운동을 펼치며 분리독립운동을 펼치고 있다. 그로 인해 1985년 이후 이리안 자야와 파푸아뉴기니 국경 사이에 약 10,000여 명의 피난민이 발생했고, 아직도 웨스턴 지방에는 약 7,500여 명의 이리안 자야 피난민들이 캠프에서 생활하고 있다. 그러나 인도네시아는 국가유지를 위해 이리안 자야의 분리독립 및 파푸아뉴기니와의 통합을 용인할 리 없으며, 파푸아뉴기니 역시 인도네시아에 대항해서 분리 독립 내지는 통합을 요구할 능력이 미약하다.

둘째, 유엔과 호주의 영향력이 크다. 호주는 1909년 이후 약 60년간의 통치를 통해 파푸아뉴기니에 민주주의 정착을 통한 내정의 안정적 유지에 많은 영향을 미쳤다. 비록 파푸아뉴기니가 경제적으로 낙후되었으나 정치적으로 의회 민주주의가 원활하게 운영되어 정치적 안정을 기할 수 있는 바탕이 되었다. 그리고 이러한 역사적 관계와 지리적 근접성은 경제적 관계에까지 영향을 미쳐 호주로부터 연간 예산의 9%의 무상재정지원 외에 면세수출, 군사훈련 등 각종 지원을 받고 있어 호주 의존관계가 유지되고 있다. 기타 팡구나 구리

명의 난민이 발생했으며 2만 명 정도가 희생되었다. http://user.chollian.net/~wantok/basic. htm 참조.

광산을 비롯해 각종 개발에 호주가 참여하고 부겐빌 내전 해결노력 등 많은 영향력을 행사하고 있다. 따라서 파푸아뉴기니는 자신들이 동남아 국가라기보다는 인종적, 역사적으로 호주를 중심으로 한 오세아니아권에 속해 있다고 인식하고 있다. 비록 1981년 호주 의존관계 탈피하고, 외교 다변화를 위해 특별 옵저버 자격으로 아세안에 참가했지만 가입은 동티모르보다도 늦게 이루어지고 있다.

셋째, 외세(호주)에 대한 반감이 덜하고, 1차 산업 위주의 산업구조를 가지고 있다. 이 지역은 여타 동남아 국가와 달리 농작물(차, 고무 등), 지하자원(석유, 금 등)이 없고, 문명이 존재하지 않아 경제적으로 원료공급지와 소비시장의 기능을 할 수 없다. 따라서 유럽 국가들은 무관심했고, 독일의 태평양 진출 이후 전략적 측면에서 관심을 가졌다. 다만 해안지대는 부분적 플랜테이션(코코야자, 커피, 고무, 차 등)이 있었을 뿐이다. 따라서 산업화를 위한 공장 건립은 없었고, 1960년대 이후에야 부겐빌의 구리광산의 발견과 함께 지하자원에 대한 관심도 이루어졌다. 식민지 수탈이 없었기 때문에 호주에 대한 반감이 없으며, 다만 이리안 자야에 대한 인도네시아의 무력 점령에 대해서 저항을 가지고 있는 정도이다. 또 자급자족의 상황은 면했지만, 산업화를 통한 국가 경제의 발전을 통한 국민복지를 기대하기에는 어려운 상황이다.

파푸아뉴기니 선교는 파푸아뉴기니가 동남아 다른 국가에 비해 특이한 점이 있다는 점에 유의하여 이뤄져야 할 것이다. 독립의식이 높지 않으며 반서구적 저항의식 역시 매우 약하다. 호주에 대하여 일부 저항감을 가지고 있으나 현실적으로 호주의 도움 없이는 지탱이 어렵다. 다양한 언어가 공존하는 상황을 고려해야 하기 때문에 언어재능이 있는 선교사의 파견이 중요하다. 지역의 전통문화에 대한 이해가 필수이며 호주와의 유대를 강화한 바탕 위에 선교를 진행하는 것이 바람직하다.

(8) 몇 가지 암시

말레이시아, 싱가포르, 브루나이, 인도네시아, 필리핀, 파푸아뉴기니 그리고 신생국으로 새롭게 발돋움하는 동티모르로 이루어지는 말레이 문화권의 역사를 살펴보았다. 종교적으로도 다르고 식민지배의 경험도 다르다. 인종도 언어도 다르며 따라서 정치문화나 정치의식, 그리고 정치체제도 각기 다르다. 그렇지만 이들 국가들을 하나로 묶어 생각할 수 있는 공통점이 없는 것은 아니다. 다음 몇 가지 공통점을 중심으로 선교전략상 고려해야 할 점을 생각해본다.

첫째, 이들 국가의 민족적 발원지가 북방이 아니라 남방이라는 점이다. 말레이시아의 사라와크주 니아흐(Niah)동굴에서 발견된 유물은 말레이시아, 싱가포르, 브루나이 등지에 중국으로부터 이민이 몰려들기 시작하기 전부터 사람들이 살고 있었음을 말해주고 있다. 브루나이 민족의 고대 기원은 말레이시아나 필리핀 남부 도서인들과 같은 것으로 간주되고 있다. 브루나이 토착인들은 말레이계의 다약족으로 알려져 있다. 필리핀 원주민은 BC 8000~BC 3000년경에 인도네시아인이었는데 그 후 BC 2000년, BC 100~AD 130년, AD 1400~1500년 등 3회에 걸쳐 필리핀으로 이동해온 말레이족에 의해 주도되어 왔다. 빙하시대가 끝날 무렵 자바인으로 불리는 Homo Soloensis가 자바섬에 있었다. 동티모르계의 인종은 멜라네시아계, 파푸아계, 그리고 말레이계가 서로 섞여 형성된 사람들이다. 파푸아뉴기니는 6000년 전까지 호주대륙에 연결되어 있었던 것으로 알려져 있다. 따라서 선교전략상 말라야 문화권은 지리적으로는 물론 문화적으로나 인종적으로 Kra지역 국가들보다 북방의 영향을 적게 받고 있다는 점이 유의되어야 할 것이다.

둘째, 남방계의 인종이라고 하지만 문화적으로 중국과의 관계가 계속 있어 왔다는 점이다. 말레이시아는 기원전부터 수차례에 걸쳐 중국과 티벳으로부터 이주가 이어졌고 BC 1세기경에는 정규적인 교역이 이루어지면서 그 이후 계속되었다. 말레이인 최초의 통일국가인 말라카 왕국은 명나라 영락제의 지원으로 건국되었고 명나라는 1434년까지 8차례에 걸쳐 함대에 의한 무력시위를 하기도 했다. 말레이시아에는 말레이인과 중국인 사이에 끊임없는 인종갈등이 빚어왔고 오늘날 말레이시아가 안고 있는 가장 심각한 취약점이 되고 있다. 싱가포르에는 1860년에 이미 60% 이상의 주민이 중국인이었다. 이러한 상황에서 오늘날 싱가포르는 정체성을 유지하기 위해 중국인과 구별하기 위한 노력을 계속하고 있다. 브루나이도 이미 6세기경에 중국 사서(史書)에 포니(Poni)라는 이름으로 소개되고 있고 조공을 바친 기록이 전한다. 1730년에는 후추를 재배하는 수 천 명의 중국인이 살고 있기도 했으며, 오늘날 총인구 34만 명 중 5만 명의 중국인에 대한 엄격한 시민권과 재산에 대한 제재가 큰 잠재 갈등요인으로 남아 있기도 하다. 필리핀의 오스트로네시아(Austronesia)인들 중에는 중국 남부에 거주하다가 전쟁으로 쫓겨난 중국인이 많이 포함되어 있으며 1574년에는 중국인 해적 리마홍이 4천 명의 병력으로 마닐라를 공격했고 이로 인해 스페인 식민정부가 중국인을 견제하자 16세기~17세기 중반에 이르러 수차례의 중국인 반란이 야기된 바 있다. 필리핀은 중국의 해양진출을 위한 본거지이며 동시에 해양세력이 중국을 공격할 때 전초기지가 되는 전략적 중요성으로 인해 현재도 해양세력과 중국 대륙세력간에 갈등이 계속되는 지역이다. 인도네시아에는 BC 3000~BC 2000년경 중국 남부 운남지방에 살던 아(亞)몽고족의 이동이 있었다는 설이 있으며 1세기경에는 중국문화가 크게 영향을 끼쳤고 7세기경에는 인도로 가는 중국 승려들의 임시 거처지로 중국 문헌에 전하고 있다. 1260년경 싱하사리 왕국은 중국을 종주국으로 섬기기도 했다. 경제계를 장악하고 있던 인도네시아 화교들은 식민지 시대 네덜란드의 간접지배방식에 이용되어 원주민과 심한 갈등을 빚어왔으며 이러한 갈등은 독립 후 수카르노 시대에 다시 표면화되어 오늘에 이어지고 있다. 파푸아뉴기니나 동티모르의 경우는 지리상으로나 정치적으로 중국의 영향력은 거의 없는 상태이다.

이러한 상황은 선교에도 유의되어야 할 점이다. 말레이시아, 싱가포르, 인도네시아, 필리핀은 식민지배의 후유증으로 중국과의 관계가 매우 부정적으로 영향을 끼쳐왔고 오늘날도 그러한 상황이 직접·간접으로 계속되고 있다. 싱가포르는 중국인이 주를 이루고 있으면서도 중국과의 외교관계는 가능한 멀리하고 있으며, 인도네시아는 과거 식민시대 중국인들의 간접지배에 대한 저항의식이 그대로 남아 있다.

셋째, 이들 말레이 문화권 국가들은 모두 서구 열강의 식민지배를 경험했다는 점이다. 말레이시아와 싱가포르, 브루나이가 영국에 의해, 인도네시아가 네덜란드, 동티모르가 포르투갈, 파푸아뉴기니가 독일과 호주, 필리핀이 스페인과 미국에 의해 식민지배의 경험을 가지고 있다. 식민지배국의 식민정책 양태에 따라 이들 국가에 미친 영향도 제각기 조금씩 다르다. 영국 지배하의 말레이시아, 싱가포르, 브루나이가 비교적 민주적이며 그 나라의 사정을 고려한 식민정책으로 나타났는가 하면, 인도네시아는 네덜란드에 의해 300여 년간의 혹독한 강압적 식민지배를 받으면서 경제적 수탈대상이 되었고 절대다수의 문맹률에 분할지배정책에 의한 각 세력이나 종족간에 불신과 갈등을 조장하였다. 오늘날 대부분 국경도 식민지배국의 식민지배영역에 의해 만들어졌다. 동티모르와 서티모르의 경우나 파푸아뉴기니나 이리안 자야의 경우가 모두 그러하다. 따라서 이 지역 국가들은 제국주의와 기독교를 동일시하는 성향이 매우 짙으며, 싱가포르와 필리핀을 제외하면 친서구적 선교는 행정적으로는 협력하되 주민과의 관계에 있어서는 탈서구적 선교방식을 지향하는 지혜가 필요하다.

넷째, 말레이 문화권 국가들은 식민지배에 저항하면서 근대 민족의식이 싹트기 시작했다. 19세기 이후 말레이시아의 경우 많은 저임금 노동자들이 자신의 생활방식을 지켜나갔고 영국 관리의 강압정책에 반발하는 술탄 등 현지인의 저항을 통해서 근대적 독립의식이 싹텄고 20세기 말레이인 우위정책으로 치닫게 되었다. 이러한 말레이인 우위정책은 식민지배자가 물러간 이후 중국인과의 갈등이라는 분쟁을 유산으로 안게 되기도 했다. 네덜란드의 착취와 독점력에서 인도네시아인들의 저항이 일어났다. 1830년의 '강제경작'과 1870년의 '노동법' 시행은 민중봉기의 계기가 되었고 분열과 대립으로 한계에 달해 있었던 인도네시아인들은 1908년 우토모(Budi Utomo)가 창설됨으로써 근대적 민족의식이 구체화되었다. 이러한 분위기에서 1912년 이슬람 동맹이 창설되었다. 다만 두개의 특이한 경우가 있는데 싱가포르와 브루나이의 경우이다. 싱가포르의 경우는 토착사회집단이 없다시피 했고 중국 문화권에 속해 있었기 때문에 독립운동이 1960년대까지 늦추어 졌다. 이는 싱가포르가 중국 대륙의 영향을 두려워하여 영국 정부나 싱가포르의 지식인이 동조하여 영국 식민지배를 용인했기 때문이다. 브루나이의 경우는 말레이시아의 압력과 위협에 오히려 영국을 끌어들여 왕실을 보존하는, 그리하여 1984년 독립 후에도 영국과 유대를 돈독하게 유지하는 특이한 경우이다. 스페인은 필리핀의 내부갈등을 활용하여 쉽게, 보다 효과적으로 식민정책을 수행하였으나 원주민의 문맹방치, 자유주의 사상의 확산으로 1872년 노동자의 폭동, 리잘(1861~1896)의 개혁운동 등으로 독립운동이 전 사회계층으로 확산되었다. 1892년 노동자 출신의 지식인 비밀결사대 까띠뿌난(Katipunan)의 결성과 민중해방군 조직을 통해 스페인에 대한 저항의식이 확산되었다. 1898년 6월 필리핀이 독립을 선포하고 그해 12월 미국과 스페인간의 조약에 의해 330년간의 스페인 식민지배가 막을 내렸다. 그 이후 1899년 미국과의 3년간에 걸친 전쟁이 있었고 여기서 미국인 1만 명이 희생되고 필리핀인 1만 6천 명의 전사에 20만 명이 질병 등으로 사망자가 발생하는 아품을 경험했다. 그리고 2차대전 기간의 혹독한 일본 군정을 겪고 난 후 비로소 참된 독립을 맞이하게 되었다.

동티모르 역시 19~20세기에 포르투갈에 몇 번의 저항을 통해 1970년 젊은이들을 중심으로 한 민족독립운동이 본격적으로 전개되었다. 1970년 1월 지하조직의 탄생, 1974년 포르투갈 파시스트 정권 전복이라는 외적요인 등에 의해 독립의지는 커져 갔고 이러한 바탕에서 1975년 인도네시아의 군사적 점령 하에 주민 1/3이나 희생되면서도 독립을 유지할 수 있었다. 파푸아뉴기니는 1512년 포르투갈 탐험가의 발길을 계기로 포르투갈, 스페인, 독일, 영국, 호주 등의 간섭을 받았지만 독립에 대한 관심은 희박했다. 1962년 파푸아뉴기니를 방문한 유엔시찰단은 호주 정부에 이들이 독립을 원치 않더라도 독립시키는 것이 호주 정부의 책임임을 강조할 정도였다. 이 나라는 지리상으로 서로 고립되었고 다양한 언어와 종족 등 문화적으로 독자적인 삶을 원시시대 이후 계속해오고 있었기 때문이다.

이들 지역에 대한 선교전략이 이들의 민족주의와 대립하는 요인이 발생하지 않도록 각별히 유의할 필요가 있다. 한국 선교사의 경우 이러한 경험이 없기 때문에 자칫 범하기 쉬운 사항이다. 우리는 일본의 식민지배를 받으면서 민족주의자들과 선교사가 서로 협력하는 관계가 이뤄지면서 민족주의운동과 신앙이 공존하는 형태를 취해왔기 때문이다.

다섯째, 이들 국가들은 2차 대전 중 일본의 식민지배를 받았으며 이에 대한 경험이 매우 다양했다는 점이다. 말레이시아의 경우 일본은 말레이족을 우대하며 민족의식을 고취하여 영국에 항전하게 하였는가 하면 화교에 대해서는 가혹한 탄압을 하였다. 싱가포르의 경우도 마찬가지였는데 중국인에게는 소득과 재산에 대한 특별세를 부과하는 등 수 많은 사람들이 큰 희생을 치렀다. 브루나이도 세리아 유전지대가 일본에 의해 점령당했고 국토가 피폐되었다. 일본은 철수하기 직전 모든 정치범을 살해하고 유전지대를 폭파하였다. 일본에 의해 가장 큰 피해를 본 나라는 필리핀이다. 필리핀은 일본에 군수 조달기지로 그리고 교통요지로 중요시되었으며 일부 유화정책을 쓰면서도 혹독한 군정으로 인해 현지인의 일본에 대한 저항과 게릴라 활동이 대단하였다. 특히 필리핀은 전쟁 당사자인 미국에 속해 있었으므로 일본에 대한 저항의식은 더욱 강했다. 일본의 점령으로 덕을 본 나라는 인도네시아이다. 일본은 인도네시아의 민족주의자들과 이슬람 지도자간에 화해를 모색하였고 인도네시아의 독립을 부추겨 네덜란드에 저항하도록 유도하였다. 이러한 일본에 의한 인도네시아의 독립국가로서의 경험과 지도층간의 화해시도는 독립 후에도 큰 영향을 끼쳤다. 파푸아뉴기니는 1941년 일본에 의해 잠시 침략을 받았으나 이듬해 곧 북쪽 섬들을 제외한 전 지역이 호주군에 의해 회복되었으며, 1870년대 뉴기니 북동해안을 식민지로 선포하고 비스마르크 군도를 보호령으로 했던 독일의 영향력은 모두 사라지고 말았다.

그러니까 일본의 지배에 의해 말레이시아, 싱가포르, 필리핀 그리고 브루나이는 강한 반일감정으로 나타났고 인도네시아는 오히려 일본의 점령에 향수를 느끼는가 하면, 동티모르나 파푸아뉴기니는 영향을 별로 받은 것 없으며 또는 저항의식도 가지지 않았다. 현지에서 일본과 선교협력을 할 경우 이러한 대일 감정의 차이를 염두에 두어야 할 것이다.

여섯째, 식민지배의 유산으로 군부의 정치적 영향력이 커졌는데 그 대표적인 국가가 인도네시아이다. 인도네시아는 유일한 민족독립 세력으로 군이 있었고 독립 후에도 군의 절대적 영향력 하에 정치가 운영되었다. 1965년 육군 중장 수하르토의 지도력은 1990년대 말까지 계속되었는데 그것은 군부의 지지 때문이었다. 대체로 영국이나 미국의 지배하에 있었던 국가들은 군부의 영향력이 상대적으로 크지 못하였으며, 오늘날 인도네시아와 필리핀에서 학생세력이 크게 부상

됨으로써 군부의 영향력은 크게 줄고 있다.

선교전략상 군부와 협조하는 일이 있을 수 있겠으나 군부에 저항하는 민주세력이 동시에 지켜보고 있다는 사실을 잊지 말아야 할 것이다. 군부가 당장 집권하고 있기 때문에 이들과 유대가 필요하다고 해서 이들과 어느 한계 이상 친밀해질 경우 뜻밖에 저항세력을 만나게 될 수 있다.

일곱째, 이들 지역의 국가들이 일부 공산주의 세력과 손을 잡으려 했던 것은 사실이지만 그러나 주류는 민족주의였다. 말레이 문화권의 각국은 공산주의자들과 손을 잡는 경우가 많았으나 이것은 어디까지나 독립이나 근대화의 한 방법이었을 뿐이다. 말레이시아의 화교는 극심한 탄압에 대한 저항에서 공산당과 연결되었고 1989년 말레이시아 정부는 국내 보안법을 제정하여 공산주의 활동을 봉쇄하였다. 브루나이는 왕권의 보호차원에서 이념적으로 공산주의를 용납하지 않았으며, 1920년대 필리핀의 노동운동 또는 공산당 결성도 대지주들에 대한 농민 노동자들의 저항의 수단이었다. 인도네시아의 경우는 수카르노가 한동안 인도네시아 공산당(PKI)과 손을 잡은 적이 있으나 1965년 이후 공산당은 불법화되었다.

이들 국가가 모두 고민하고 있는 게릴라 문제를 공산게릴라로 단정해서도 안될 것이다. 이들이 추구하는 공산주의는 반제국주의, 반식민주의 투쟁의 수단으로 그리고 근대화의 한 방법으로 추구된 면이 강하며 그 기본 바탕이 민족주의 성향임을 기억해야 할 것이다. 따라서 공산주의자라고 하더날도 북한의 경우와는 다르며 이들과 접근해서 선교를 할 경우 의외로 결실을 맺을 수 있을 것이다.

제 Ⅳ 장 동남아 선교를 위한 전략 2

- 동남아인의 대외관 -

김 한 식

1. 민족주의운동의 관점에서 본 몇 가지 현상

동남아인들의 가슴속에 흐르고 있는 사상사적 흐름은 다른 지역과 다른 특이한 면모를 띠고 있다. 그것은 한마디로 동남아인의 민족의식 속에 잘 나타나 있다. 그렇다면 동남아 민족주의라고 했을 때 공통적으로 나타나고 있는 특징은 무엇인가?

여기에는 방계적 정치질서라는 특징을 지닌 중국대륙과의 관계와 제국주의로 집약되는 전 식민지배국들과의 관계라는 두 가지 틀이 있으며, 이러한 틀의 짜임새와 틀 간의 관계설정을 중심으로 동남아 민족주의의 성격이 형성되고 있음을 알 수 있다.

전 식민지배국들과의 관계에서는, 제국주의로 집약되는 식민지배국들의 민족주의 이데올로기에 대하여 이들 동남아 국가들이 저항하면서 그들 민족주의 이데올로기를 흡수하게 되었고 그러는 과정에서 동남아인들 특유의 민족주의를 생성했다고 집약할 수 있다. 오늘날 더 이상 서구 국가들과 관계를 단절할 수 없는 상황에서 이제 동남아시아 민족주의는 전 식민지배국이었으며 동시에 오늘날 선진국이 된 서방각국과 대립만을 고집하지 않고 형태로 나타나고 있다.

한편 중국과의 관계에서는, 19세기까지 동남아시아 민족주의의 특징을 이루었던 중국 중심의 방계적 정치질서가 재생되고 있다는 관점에서 이해되어야 할 것이다.

전 식민지배국들과의 관계와 중국과의 관계라는 두 개의 틀은 동남아시아 민족주의운동의 전개방향을 좌우하는 기본요인이다. 이 두

개의 틀은 어떤 면에서는 상대적이어서 마치 제로 섬 게임과 같을 수 있다. 중국 중심의 방계적 정치질서가 붕괴되면서 서구의 식민지 배질서가 확립되었고, 중국의 부각으로 중국 중심의 방계적 정치질서가 재음미되자 서구세력의 영향력이 주춤했다.

그러나 1980년대 이후 동남아시아 민족주의는 이 두 개의 틀이 공존된 상태에서 전개된다는 데 그 특징이 있다. 동남아시아 민족주의의 이러한 틀의 짜임새와 틀 간의 관계설정을 전제로 할 때 동남아에 흐르는 사상적 흐름은 동남아 선교전략상 다음 몇 가지 점에 유의하여 검토되어야 할 것이다.

첫째, 동남아는 앞으로 국제무대에서 공동으로 대응하는 힘이 강해질 것이라는 점이다. 동남아지역은 많은 이질성을 내포하고 있다. 식민지시대의 유산으로 남겨진 이러한 이질성이 이 지역 각국의 내적 통일성을 저해함은 물론 이 지역을 하나의 협력단위로 묶는데 고질적인 병폐요인이 되고 있다. 그러나 2000년대에 들어서면서는 이러한 이질성의 양태는 많이 달라지고 있다. 이러한 현상은 서구 민족주의에 대항하는 새로운 동남아인의 민족주의 이데올로기가 팽배해지고 있다는 데서 알 수 있다. 이러한 기운은 이미 1960년대에 싹이 텄고 1970년대에는 구체적으로 나타나기 시작했으며, 1980년대가 지나면서 보다 논리적 설명이 덧붙여지면서 세계의 주목을 받기 시작하고 있다.

이러한 기운은 자연히 동남아의 내적 응집력을 강화하는 결과를 가져올 것인데, 응집력의 정도나 속도는 몇 가지 변수에 의해 주로 좌우될 것이다. 무엇보다 중국의 영향력과 서구제국의 영향력이 어떤 형태로 미치게 되는가와 관련이 깊다. 동남아에 대한 중국의 영향력이 위협적이며 무력적 성격이 강하고 그러면서 동남아에 대한 서구제국의 위협 역시 매우 도전적일 때, 동남아의 내적 응집력은 가속적으로 강화될 것이다. 다른 하나의 변수는 아세안(ASEAN)의 역할이 얼마나 효과적으로 수행되느냐와 관계가 깊다. 동남아의 구심력은 아세안의 정신이나 형태를 기반으로 해서 다져질 것이다. 지역 내의 갈등요인을 어느만큼 극복하고 외부의 간섭을 최소화하면서 내적 통합력을 스스로 발휘하느냐에 달려있다.

동남아의 내적 응집력은 어떤 형태이든 어느 정도이든 강화되는 방향은 틀림없으며 그 응집의 구심점은 동남아인 특유의 민족주의임에는 의문의 여지가 없다. 동남아인들의 의식 깊숙이 스며있는 외세에 대한 경각심과 저항의식은 이러한 민족주의라는 용광로를 통하여 결속을 위한 무한한 에너지를 공급할 것이다. 그리고 그 주도적 역할을 수행할 주체는 아세안임에 틀림없다. 미국의 강력한 후원을 받으면서 1954년 군사동맹의 형태로 발족한 SEATO가 20여 년이 지난 1977년 6월 30일 해체되고 말았는데, 이에 비하여 아무런 외부의 지원도 없이 수많은 갈등요인을 지닌 이 지역국가들에 의해 독자적으로 발족한 아세안은 1977년 이후 계속 발전하고 있으며 EU에 버금가는 지역협력기구로 발돋움하고 있다는 사실은 이러한 응집력의 추세를 어렵지 않게 잘 짐작하게 해주고 있다. 동남아 선교는 동남아인들의 내적 구심력을 저해하는 형태와 연관되어서는 안 된다. 서구사회의 어떤 정치기구와 협력할 때 이점을 유의해야 할 것이다. 또한 동남아 선교는 기회가 닿는 대로 아세안과 연계선상에서 접근해야 할 것이다. 당장 어렵다고 하더라도 언젠가 이 지역의 근대화가 복음과 깊은 관련이 있으며 복음을 통해 보다 효과적으로 이뤄질 수 있다는 사실을 힌두이즘이나 이슬람과 비교해서 설명할 수 있는 세미나와 같은 토론의 장이 마련되어야 할 것이다.

둘째, 지역 외 영향력 있는 행위자(actor)의 수를 다원화하려고 한다는 점이다. 역사적으로 동남아시아는 언제나 세계 제패를 노리는 강대국의 정복대상지가 되어왔다. 근대사를 통하여 강대국 치고 동남아시아 지역에 무관심했던 나라는 없다. 특히 민족주의라는 이데올로기를 바탕으로 이 지역을 강점했던 근대 서구제국의 경우는 더욱 그러하였다. 사실상 동남아 국가들은 독립 후에도 강국들이 다시 이 지역을 넘겨다보는 것에 민감한 반응을 보여 왔다. 할 수만 있다면 외세의 관여를 배격하려고 노력해 왔다. 그러나 점차 좁아져가는 국제사회에서 외세와의 관계를 단절한다는 것은 불가능하다. 외세를 견제하면서 외세와의 불가분의 관계를 유지하는 방법이 무엇일까. 여러 가지 중에 한 방법이 외세와의 관계를 갖되 외세의 영향력은 외세가 막도록 하는, 말하자면 외세 상호간의 힘의 상쇄를 도모하는 것이다.

동남아지역에 대한 영향력 있는 외세의 수가 늘어나고 균형의 안정성이 높아질수록 동남아시아 민족주의운동의 활동영역도 더 넓어질 것이 틀림없다. 다만 그 심도나 폭의 정도는 서방세력과 중국세력이 이 지역에 어떤 형태로 공존하는가와 깊은 연관성이 있다.

셋째, 동남아지역 내에 소 강국이 부각될 가능성이 높다는 점을 들 수 있다. 동남아지역에 대하여 서구세력과 중국세력이 장기간 공존한 상태로 영향을 끼치면서 지역 내에 안정이 도모될 때 동남아지역에 소 강국이 등장하게 될 것이다. 동남아시아에 소 강국이 등장한다는 것은 전혀 다른 두 가지의 의미를 동시에 내포한다. 한편에서는 동남아시아의 내적 결속력이 공고해지는 계기가 될 수 있다는 점이고, 다른 한편에서는 소 강국들 간의 갈등이 생겨 이 지역의 안정에 위협을 가져올 수 있다는 점이다.

동남아시아에 소강대국의 가능성이 있는 국가는 앞에서 지적한 바와 같이 베트남과 인도네시아이다. 이 두 국가는 정치체제나 정치문화, 외교의 형태, 역사 등에 있어서 서로 다른 점이 많기 때문에 협력체제를 유지하기보다는 경쟁적이 될 가능성이 높다. 특히 베트남은 동남아지역에 널리 퍼져있는 게릴라 활동지원을 통하여 그리고 중국이 동남아에 대한 영향력 저지를 통하여 소 강국의 위치를 견고히 하려고 시도할 것이다. 그러나 베트남과 인도네시아간의 이러한 충돌은 다른 외부요인에 의하여 미리 방지될 수도 있다. 가장 큰 외부요인은 외부세력이 경제적 및 군사적으로 이 지역을 위협하는 경우를 상정할 수 있다. 경제적인 위협은 일본과 서방으로부터 제기될 수 있으며 군사적인 위협은 중국세력으로부터 나타날 수 있다. 이러한 두 가지 경우는 동남아인들의 역사적인 기억을 새롭게 하는 것이어서 한결 깊은 우려의 대상이 된다. 그렇기 때문에 이러한 외부세력의 위협이, 특히 경제적 위협과 군사적 위협이 동시에 가중되어 올 때, 동남아인들은 두 개의 소강국의 등장을 반제, 반식민의 동남아 특유의 민족주의라는 명분 아래 서로 협력하는 형태가 될 수 있다.

동남아 선교의 장기전략은 이들 두 소 강국 간의 힘의 관계에 유의하면서 전재할 필요가 있다. 이들 소 강국에 대한 우선적이고 적극적인 선교전략이 고려되어 앞으로 동남아 선교의 기반이 되도록 서둘러야 할 것이다.

넷째, 서구 근대 이데올로기가 동남아에 적용되는 성향은 경제분야 외에는 줄어들 것이라는 점이다. 특히 공산주의의 경우가 그러하다. 사실상 자본주의 또는 공산주의를 비롯한 서구 근대 이데올로기는 본질적으로 동남아지역의 문화에 생소한 것이다. 다만 서구국가들의 직접 간접의 영향으로 이러한 이데올로기가 이 지역에 성행하고 있는 것처럼 보일 뿐이다.

그러면 왜 동남아시아에 일찍부터 공산주의운동이 성행했고 오늘날에도 공산게릴라 활동이 계속 행해지고 있는가? 그것은 공산주의를 하나의 정치이데올로기로 받아들인 것이라기보다는 앞서 지적한 바와 같이 민족독립을 이루기 위한 하나의 전략으로 이해되어야 한다. 반제·반식민주의에 대항하여 민족독립운동의 일환으로 공산주의에 동조했던 것이라고 볼 수 있다. 오늘날 동남아의 공산게릴라 활동에는 순수한 공산게릴라 활동도 있지만 여기에는 반제국주의를 외치는 민족독립운동세력과 반정부세력이 큰 비중을 차지하고 있는 점에서도 이러한 면모를 짐작하게 한다.

1990년대 이후 동남아시아에서 공산주의운동은 근대화를 이루는 하나의 방법이라는 측면에서 그 의미가 주어질 것이다. 물론 여기서 논의될 공산주의는 소비에트식 공산주의라기보다는 마르크스 원래의 공산주의를 추구하는 형태가 될 것이다. 동남아시아의 공산주의운동이 민족주의 속에 흡수되고 있는 징후는 이미 1970년대에 나타났다. 1977년 이후 동남아의 공산주의국가들은 공산주의 이데올로기보다 민족의 이익을 드러내놓고 중요시하기 시작했다. 1975년 베트남은 베트남의 공산화 통일을 목전에 두고 공산화의 승리를 자축한 것이 아니라 국가적 이익의 성취에 대한 축배를 들었던 것이다. 1977년 베트남은 '형제국'으로 불렀던 라오스를 25년간 유효한 우호협력조약, 국경조약, 對라오스 장기무이자 원조제공조약 등 3개의 조약을 체결함으로써 실질적으로 지배하였으며, 또 하나의 '형제국' 캄보디아와는 치열한 살육전을 벌여왔음은 우리 모두가 잘 아는 일이다. 특히 공산화된 베트남이 공산국가인 중국과 한판의 무력충돌을 벌인 것은 동남아에 공산주의가 이데올로기로서는 더 이상 의미가 없다는 것을 단적으로 말해 주고 있다.

동남아시아에 공산주의가 이데올로기로서 정치적 의미는 줄어들 것이나 소비에트 공산주의에 대한 비판과 동시에 마르크스 공산주의에 대한 재조명과 더불어 근대화를 위한 하나의 모델이라는 경제적인 의미는 부각될 가능성도 있다. 서방측의 경제적 지배에 대한 우려와 반제·반식민이라는 이 지역 특유의 민족주의운동이 두드러질 때 이러한 가능성은 보다 높아질 것이다.

선교적 관점에서 동남아에서 공산주의는 구소련이나 오늘날 북한과는 성격이 다르다. 공산주의라는 이념에 충실해서 공산주의를 지향하는 것이 아니라 근대화의 모델로서 또는 서구 자본주의에 대한 저항감에서 이를 도입했기 때문이다. 따라서 동남아에서 공산주의자들에 대한 선교는 보다 과감하게 그리고 적극적으로 추진할 필요가 있다. 그들은 철저한 유물론자로서 기독교에 강한 저항감을 가지는 일반적인 공산주의자들과는 다르기 때문이다.

동남아인의 의식세계가 잘 집약된 그들 특유의 민족주의에 대한 검토를 통하여 두 가지 관점에 주목하게 된다. 하나는 동남아인들이 어떤 국제관을 가지고 있으며 그들의 대외정책을 어떻게 수행할 것인가 하는 점인데, 여기에는 어제의 식민지배국이었으면서 오늘날 선진국이 된 소위 강대국과의 관계에 주목하게 된다. 다른 하나는 동남아에 다양하지만 그래도 일반적으로 나타나는 정세의 흐름이 있는데 그 흐름이 어떤 것인가를 규명해 보는 일이다. 이런 두 가지에 대한 검토는 동남아를 보다 근원적으로 이해할 수 있게 할뿐만 아니라 동남아 선교정책을 세우는데 하나의 근간이 될 것이다. 먼저 동남아인의 국제관에 관하여 살펴보기로 하자.

2. 동남아인이 내다 본 창밖

동남아인의 독특한 역사적, 문화적 바탕에서 오늘날 그들의 대외관은 선교전략 구상에 매우 중요한 의미를 지닌다. 흥미 있는 과제가 아닐 수 없다. 국제관계는 해당 국가간의 상대성을 전제로 하여 형성된다. 강대국과 약소국 간의 관계라고 하더라도 해당 약소국의 여건을 고려하지 않고 상호관계가 이룩되기는 어렵다. 이 문제는 본질적으로 동남아국가들의 강국관과 관계된다. 왜냐하면 동남아 국가들의 대외관은 앞에서 여러 번 지적된 바와 같이 反帝의 민족주의운동이라는 동남아의 역사성에서 주로 형성되어 왔기 때문이다.

동남아 각국은 근대가 시작되면서부터 서구강국의 영향을 받아왔다. 이미 앞에서 지적한 바와 같이 인도네시아는 네덜란드로부터 350년간에 걸친 수탈을 당해 왔고 인도차이나 3국은 프랑스의 문화정책에 의하여 지배되어 왔다. 말레이시아, 미얀마, 브루나이, 싱가폴 등이 영국의 지배를 받았으며 태국의 경우 유일하게 독립을 유지하여 왔다고는 하나 경제적으로는 외세의 절대적인 영향하에 있어 명목상 정치적인 독립국에 불과하였다. 미국의 필리핀 통치도 '정치발전(political development)을 강조'하여 민주주의의 신장에 영향을 주었다고는 하나 근본적으로 미국이 필리핀을 위하여 실시한 일은 아니었다. 러시아의 경우도 이 지역에 대한 직접지배의 경험은 없으나 그것을 원치 않아서가 아니라 그들의 전통적인 남진정책이 영국에 의하여 저지되어 일찍 이룩할 수가 없었을 뿐이다.

이들 서구강대국들의 식민지배가 대체로 수탈의 방법이었고 '분할하여 지배하는 정책(divide and rule policy)'이라는, 의도적으로 피식민국의 통일을 지양하는 그런 형태였다. 그러나 이들 식민지배국들에 대한 동남아인들의 독립을 위한 투쟁은 그친 적이 없었으며 강대국들의 억압이 강해질수록 이들 동남아인들의 강국에 대한 적개심도 커져갔다. 동남아인들의 표정 없는 얼굴모습에 숨겨있는 강대국에 대한 경계심은 오랜 역사를 통하여 마음 속 깊숙이 새겨진 것이다.

이와 같이 강대국에 대한 경계심은 동남아 국가들이 20세기 후반 독립을 얻고 난 후에도 변화가 없다. 이 지역 대부분 국가들이 추구하고 있는 비동맹주의라는 대외정책이 그러하며 아세안이라는 자발적인 지역협력기구의 성립이나 이것이 내건 중립화 선언의 선포 배경이 그러하다. 현재까지도 미얀마는 외부로부터의 원조는 어떠한 것이든 조건이 붙은 것은 받지 말 것을 중요정책으로 삼고 있으며 베트남, 캄보디아, 라오스의 인도차이나 3국이 공산화 통일을 목전에 두고 밝힌 그들의 대외정책의 방향이 공산혁명의 동반자에 대한 자축이 아니라 비동맹주의로 선포된 것도 이러한 문화전통과 무관하지 않다.

동남아인들이 내다보는 바깥 세계는 매우 다양하고 착잡하다. 각 나라마다 내적 구심력이 약해 외부세력에 대하여 효과적인 대응을 하지 못한 데도 원인이 있겠지만, 외세의 영향을 받기 시작한 것이 외세의 식민지배로부터였고 그나마 식민지배 세력이 저마다 달라 전혀 이질적인 식민지배 경험을 가졌기 때문에 외세에 대한 인식이 다양할 수밖에 없었다. 뿐만 아니라 정치적 상황에 따라 식민지배국의 지배방식이나 이에 대응하는 식민지 국가의 저항의식과 저항의 태도가 달랐기 때문에 동남아 국가들의 국제관은 더욱 복잡한 형태를 띤다. 그렇지만 다음 몇 가지 공통점을 찾아볼 수 있는데, 이러한 공통점은 동남아 국가들의 정치문화를 이해하는데 있어서 그리고 이것이 동남아 국가들의 대외정책과 국내정책 추진의 방향설정에 큰 영향을 미치기 때문에 선교전략을 수립하는데 고려요소가 된다는 점에서 주목 된다.

첫째, 이들 동남아 국가들은 대부분 중국의 영향권에 있었다는 점이다. 중국의 영향은 오늘날에도 크라지역 국가는 물론 인종갈등과 관련이 되는 말레이시아, 싱가포르에게 안보상의 주요 과제가 되고 있다. 인도네시아와 필리핀은 화교문제로 중국을 일차적인 경계 대상국으로 간주하고 있으며, 태국과 캄보디아는 중국과의 관계증진과 베트남 세력에 대한 견제라는 양면의 상관관계 속에서 또는 중국에 대한 견제와 베트남과의 우호증진이라는 양면의 상관관계 속에서 중국에 대한 정책이 이뤄지고 있다. 중국이 동남아 국가들에게 영향을 끼치는 수단은 화교를 활용하거나 게릴라 활동을 직접·간접으로 지원하는 형태이다. 게릴라 문제는 동남아 국가들이 공통적으로 안고 있는 안보상의 중심과제이다. 동남아 국가들이 중국과 국교 정상화를 시도할 때 그 전제가 중국이 더 이상 게릴라 활동지원을 중단하는 것이었고, 중국이 이를 수용하고 난 후 국교가 트였다. 따라서 중국은 동남아 게릴라 지원을 공개적으로 할 수 없었고 음성적인 지원에 국한되고 있어 게릴라 활동이 크게 위축되고 있다. 화교 문제와 함께 파라셀이나 스프래틀리 군도 등지에서 일어나고 있는 영유권 문제는 동남아 국가들이 한층 더 중국을 경계하는 계기가 되고 있다.

동남아에 대한 선교전략상 동남아인들의 이러한 중국관을 이해한다는 것은 중요하다. 동남아는 중국선교의 기지이기도 하면서 중국을 통한 동남아 선교가 효과적으로 이뤄질 수 있기 때문이다. 대체로 동남아에서 중국인들은 서구 세력에 대한 저항의식이 강하며 자기들의 전통과 문화를 고수하는 경향이 강해서 복음을 받아드리려는 넓은 마음을 가지고 있지 못하다는 점도 유념할 필요가 있다.

둘째 동남아 국가들은 모두 서구 강국들의 식민지배를 받았다는 점이다. 과거 서방 강국들의 식민정책은 오늘날 동남아 국가들의 대외인식에 엄청난 영향을 주고 있다. 한 마디로 단정하기는 어려우나 프랑스와 네덜란드는 식민지에 대하여 보다 강압적이거나 문화적 동화정책을 시도하여 한층 더 강한 저항감을 불러 일으켰는데 비하여 영국은 비교적 민주적 운영을 실시하였고 이들 국가가 독립 후에 계속 영국과 유대를 유지하고 있으며 민주운동도 비교적 활발하게 전개되고 있다. 이들 서구 식민지배 세력들은 식민지 세력을 가능한 분리시켜 지배하는 방식을 취했고, 원주민에 대하여 다른 아시아 종족을 사용하여 통치하는 간접통치방식을 취하였다. 이러한 식민정책의 여파로 동남아 국가들은 통일 후에도 한 국가로서의 구심력을 유지하기가 어려웠고 내적 갈등의 도화선이 되었다. 오늘날 동남아 국가들의 국경은 대체로 이들 식민지배국이 관할했던 영역에 따라 설정되었다.

선교는 경제적 이해관계나 정치적인 목적달성과 어떤 경우에도 연관되어서는 안 된다는 사실을 다시 한번 확인하게 된다. 제국주의 정책의 목표 중에는 신앙의 자유를 포함시키도록 되어있었다. 이러한 목표에 따라 일부 복음이 전해졌고 어느 정도의 성과가 있었다. 그러나 기독교는 제국주의와 같은 것으로 취급되어 동남아 선교에 계속 부정적인 영향을 끼치고 있다. 동남아의 경제적 빈곤이나 지역적 갈등 그리고 민족운동이 거론될 때마다 기독교가 공격대상이 되고 있는 것은 바로 복음과 정치가 일부라고 연결되었기 때문이다.

셋째, 서구 식민지배에 대한 저항을 계기로 근대적 민족의식이 태동되었다. 베트남, 인도네시아, 미얀마는 특히 식민지배세력에 대하여 일찍부터 강렬한 저항을 꾸준히 계속했으며 그만큼 반외세의 성향이 짙었다. 미얀마는 對英抗爭을 무려 세 차례에 걸쳐 끝까지 버티다가 약소국으로 전락하고 마는 비운을 겪은 반면 태국은 일찍부터 영국 선교사를 통해 서구 문화를 수용, 격렬한 저항 없이 근대기를 맞이할 수 있었다. 서구세력의 보호를 스스로 요청한 경우도 있는데 브루나이는 왕권의 안전을 위해, 라오스는 인접국의 위협으로부터 보호를 받기 위해서였다. 이렇게 서구세력에 대한 저항의 정도에 따라 민족의식이나 국가의식의 정도가 비례하여 나타났고 외세에 대한 배척의 정도가 가늠되었다.

동남아 선교는 그 나라의 민족주의의 성향에 따라 전략을 달리해야 할 필요가 있다. 서구세력에 대한 저항이 강할수록 신앙에 대한 저항 역시 강하다. 근대화가 무난하게 진행되는 국가일수록 복음에 대한 저항이 약하다. 이들의 민족주의 운동은 수백 년에 걸친 아픈 상처와 연관되어 있기 때문에 표면적으로 드러난 사실로 종교자유를 주장하거나 맹목적인 전도로 복음전파의 역효과를 발생시키지 않도록 주의가 필요하다.

넷째, 일본의 지배에 대한 동남아인의 인식은 대체로 우호적인데 이는 일본이 동남아인의 마음을 읽을 줄 알았기 때문이다. 1941년 말부터 일본은 동남아를 급습하여 점령하였는데 인력보강, 전략자원 조달, 전략적 거점 확보 등이 이유였으며 동남아 국가들에게 독립의식을 고양시켜 어제의 식민지배국이었던 연합국 측에 저항하게 하였다. 다만 화교들과 미국의 영토였던 필리핀의 경우에는 일본의 잔혹한 통치가 이루어졌으며 반대로 태국의 경우는 일본 측에 항복하면서 연합군 측과도 손을 잡아 전후에는 오히려 승전국이 되기도 하였다.

동남아 선교에 있어서 불필요하게 일본에 대한 적대심을 드러낼 필요가 없다. 싱가포르와 필리핀이 일본에 대한 강한 적개심을 가진 바 있지만 전후에 일본과의 경제적 유대가 깊다. 베트남 역시 그들의 경제발전을 위해 앞으로 일본과 긴밀해질 것이다. 그런가하면 인도네시아나 말레이시아의 경우는 일본 선교사와 협력하는 것이 더욱 효과적일 수 있다. 이렇게 일본과 관련해서 동남아 선교전략은 그 나라의 사정에 따라 서로 다르게 짜여질 필요가 있다.

다섯째, 동남아 국가들은 독립 후 독립 항쟁의 주류가 군부의 중심세력을 이루어 정치의 중심이 되었고, 근대화의 방향을 전 식민지배국의 이념인 자유민주주의가 아니라 그의 적대세력인 러시아와 중국의 사회주의 방식에 따랐다. 이러한 점은 오늘날 동남아 정치기류에 그대로 영향을 끼치고 있는데, 군부의 장기집권이나 군부에 의한 계속되는 쿠데타 상황이 그러하며, 동남아의 사회주의 노선이 이데올로기의 관점에서 선택된 것이 아니라 민족주의를 근간으로 한 근대화의 방법에서 채택되었다는 점에서 그러하다.

동남아에서 군부통치나 사회주의 노선은 독립항쟁의 연장선상에서 이해하는 선교적 안목이 필요하다. 이러한 성향은 제국주의에 대항했던 중추세력이 군부였고 또한 그들을 지배했던 세력이 오늘날 자본주의를 주도하는 국가들이라는 것과 관계가 깊기 때문이다.

여섯째, 강대국의 입장에서 동남아의 중요성은 과거 역사적 경험을 통해서나 오늘날 이 지역에 대한 정책방향과 크게 다른 점이 없다. 중국은 오늘날에도 동남아 지역을 자기들의 문화권으로 생각하며 독립주권을 인정하면서도 다른 강대국의 관여에는 매우 민감하다. 해양세력이 중국 대륙을 겨냥할 때 동남아가 일차적인 전초기지가 된다고 생각하기 때문이다. 특히 시베리아 지역의 북방세력이 남방의 동남아 지역에 세력을 확충하면서 중국과 적대적인 관계가 될 때 중국은 동남아에 대한 매우 예민한 반응을 보이며 이는 중·러 관계가 악화되었을 때 중국이 동남아에 진출하고 있는 러시아에 대하여 보인 민감한 반응에서 잘 드러난다. 일본은 동남아를 생명선이라고 공언하고 있을 정도로 보급로로서의 가치를 높이 평가하고 있다. 식민지배 시 독립을 종용해서 얻은 우호적 자산을 바탕으로 엄청난 경제적 지원을 통한 접근이 이뤄지고 있다. 러시아는 동남아에 대해 기지로서 높은 가치를 두고 있다. 블라디보스톡에서 발틱 또는 흑해에 연하는 긴 수송로에 중간거점이 필요한데 동남아가 바로 그러한 지점이다. 베트남과의 깊은 유대나 미얀마와의 관개개선 노력 등에서 이러한 면이 잘 드러나고 있으며, 여기에 중국 견제의 의미가 내포될 때 그 가치는 더욱 높아진다. 미국은 동남아에 대한 가치를 세계 전략적 차원에서 평가하기 때문에 미국의 대외정책의 변화에 따라 달리 나타난다. 냉전기 봉쇄정책을 추진할 때는 SEATO를 창설할 정도로 동남아를 중요시하기도 했고 탈냉전시대에 중동전이 한창일 때는 부차적 가치로 경시하기도 했다. 이러한 미국의 대외정책기조 때문에 동남아 국가들은 미국에 대하여 신뢰성을 갖지 못하는 경향이 있다. 이렇게 중국·일본·러시아·미국의 동남아에 대한 인식이나 이해관계 설정은 기존의 역사적 경험과 크게 다르지 않다.

동남아 선교전략에는 이 지역이 정치적으로 급격한 변화를 야기시킬 수 있는 지역이라는 사실을 염두에 두어야 한다. 지역내에서도 그러하지만 강대국과의 관계에서도 그러하다. 동남아는 중·러 관계의 바로미터, 러시아의 해양전략 거점, 중국에 대한 해양세력의 발판, 일본의 생명선, 미국 세계전략의 변수라는 점에서는 예나 지금이나 마찬가지이기 때문이다.

일곱째, 동남아 국가들의 대외관 속에는 인접국과의 갈등이라는 변수 역시 큰 영향을 준다. 예컨대 베트남과 캄보디아의 경우가 그러하다. 베트남은 중국을 견제하기 위해 중국에 영향을 줄 수 있는 러시아와 우호관계를 맺고 있는데 비하여 캄보디아는 베트남에 대한 견제라는 안보상의 문제 때문에 베트남을 견제할 수 있는 중국과 관계가 긴밀하다. 베트남과 캄보디아의 내면적 갈등관계는 중국과 러시아와의 관계에 그대로 나타나 중국과 친한 국가는 캄보디아와 긴밀하고 러시아와 가까운 나라는 베트남과 우호적이다. 싱가포르와 브루나이가 말레이시아에 대하여 갖는 경계심의 경우도 마찬가지이다. 말레이시아라는 큰 국가에 둘러싸인 소국 싱가포르와 브루나이는 항상 말레이시아를 염두에 둔 대외정책일 수밖에 없다. 이슬람국가인 이라크가 같은 이슬람국가인 쿠웨이트를 침공했을 때 이들 두 소국은 말레이시아에 대한 큰 두려움에 휩싸여 있었으며, 동시에 이들 두 소 국간의 관계는 더욱 긴밀해졌다.

동남아 국가들 간의 관계 역시 선교전략에 고려해야 할 사항이다. 여러 가지 갈등요인이 있지만 베트남과 캄보디아의 관계, 말레이시아와 말레이시아에 둘러싸여 있는 싱가포르와 부르나이의 관계, 인종문제를 중심으로 한 싱가포르와 말레이시아의 관계 그리고 영유권 문제가 아직 앙금으로 남아있는 말레이시아와 필리핀의 관계가 고려되어야 할 것이다.

여덟째, 동남아 지역에는 새로운 역내 강국이 부상하고 있으며 이들 역내 강국에 의해 앞으로 동남아인들의 대외관이 크게 달라질 것이다. 이들 역내 강국은 크라지역의 베트남과 말레이 문화권의 인도네시아라 할 수 있다. 앞으로 동남아의 대외관은 이 두 나라의 문화적 이질성, 중국과의 관계, 자국의 통치능력과 국가적 구심력, 외교력 그리고 이들의 대 서방인식과 이에 따른 민족의식의 성격에 따라 동남아인의 대외관에 변화가 일 수 있다.

앞에서도 지적한 바 있거니와 베트남과 인도네시아 간의 경쟁적인 주도권 싸움은 장차 동남아 지역의 정치지도를 그리는데 중요한 고려요소가 될 것이다. 이 점은 동시에 장기적인 동남아 선교전략 구상에도 필히 고려되어야 한다.

위에서 우리는 동남아인들이 가지는 공통된 대외관 몇 가지를 살펴보았다. 이를 요약한다면 동남아인들의 대외관은 그들 특유의 민족의식에 함축되어 있다는 점이며 그 기본 틀은 중국 중심의 질서와 지금은 서방의 국제적 강국이 된 과거 식민지배국과의 관계를 어떻게 정립해 나갈 것인가로 집약할 수 있다.

3. 동남아 지도층의 꿈과 현실

동남아 지도층이 바라는 꿈이 있다. 이들의 한결같은 소원을 고려하여 선교전략을 구사한다면 보다 효과적일 수 있을 것이다. 언어전달에 있어서나 의미전달에 있어서 효과적일 뿐 아니라 적은 노력과 짧은 시간에 보다 바람직한 결과를 얻을 수 있을 것이다. 동남아 지도층이 간절히 바라는 정책방향이란 무엇일까? 그것은 대체로 다음 몇 가지로 집약할 수 있을 것이다.

1) 국가적 통일성의 유지

동남아 지도자들이 독립 후 당면한 가장 심각한 문제는 어떻게 하면 국가적 통일성을 유지할 수 있느냐 하는 것이다. 하나의 독립된 국가로서 구심점을 형성하지 못한 것이다. 그 원인은 크게 세 가지로 생각할 수 있다. 첫째는 앞에서 살펴본 바와 같이 식민지배의 유산에 기인한 것이요, 둘째는 자연적 문화적 환경 여건이요, 셋째는 지도층의 성격에 기인한 것이다. 이러한 사정은 국가에 따라 다소 다르기는 하나 대체로 일반적인 현상이라고 말할 수 있다. 특히 식민지배국에 대한 저항이 어느 정도로 강했으며 또한 그러한 저항이 성공적으로 끝날 수 있었느냐에 따라 독립 후 그 국가의 내적 응집력 정도도 매우 달리 나타났다.

동남아 모든 나라가 예외 없이 식민지배를 받았으며 이러한 식민지배의 경험이 동남아인의 국가의식에 큰 영향을 주었다. 식민지배에 저항하면서 독립을 얻어낸 경우나 또는 서구문화를 일찍부터 수용함으로써 그들의 침략의도를 지혜롭게 빠져 나온 경우는 이런 경험을 가진 국가들은 모두 독립 후에도 국가적 응집력이 강하다. 전자의 경우가 베트남과 인도네시아이며 후자의 경우가 태국이다. 그런가 하면 식민지배세력과 끝까지 항쟁을 벌여 국력을 소진, 국민적 응집력에 크게 손상을 입은 국가도 있는 데 미얀마가 그 대표적인 경우이다. 그러나 대부분 외세와의 항쟁 속에서 근대적 국민의식이 싹트기 시작했다.

자연적 문화적 환경 역시 국가적 통일성을 형성하는 데 영향을 주고 있다. 다양한 종족과 언어, 서로 다른 종교와 문화로는 하나의 국가로서 통일성을 유지하기가 매우 어려우며 이러한 현상이 동남아 국가들에게 공통적으로 나타나고 있다. 라오스, 파푸아뉴기니는 지형상 그러하고 인도네시아와 필리핀은 많은 섬들로 구성되어 있어 그러하다. 인종적 갈등이 가장 심한 국가는 말레이시아, 싱가포르 그리고 미얀마이다. 이들 인종갈등은 대개 언어상의 차이와 종교적 갈등을 동반하여 한결 심각한 양상을 띠고 있다.

국가응집력 형성에 있어서 지도층의 지도력 역시 중요하다. 훌륭한 지도력의 발휘는 여러 가지 모습으로 나타난다. 종교와의 원활한 관계를 유지함으로 정치와 종교의 조화를 도모하는 경우가 있는데, 태국, 브루나이 그리고 인도네시아가 이에 속한다. 서구문화를 주체적으로 수용하여 근대화를 주도해간 태국형의 지도력이 있는가 하면 국민의 절대적 지지를 바탕으로 외세와의 투쟁을 통해 국가 응집력을 형성한 베트남형의 지도력도 있다. 서구적 민주주의를 추구하면서도 유교적 권위주의를 혼용한 지도력을 발휘, 국가의 이질적 요소를 극복한 싱가포르의 경우도 넓게 보면 이 범주에 속한다고 볼 수 있다. 제국주의 세력과 끝까지 전쟁을 치르다가 국력을 소진시킨 미얀마의 경우도 있고, 지도층의 자체분열로 국가의 구심력 형성을 저해한 라오스, 캄보디아의 경우도 있다. 국가의 주체를 어디에 두고 있느냐에 따라 지도력 평가가 달라질 수 있다. 캄보디아와 태국의 경우는 왕정(王政)을 형식요건으로 하면서도 국민의 복지를 중시하는데 비하여, 브루나이의 경우는 형식면에서나 실질면에 있어서 국가적 통일성의 초점을 왕정의 안전에 맞추고 있다.

동남아 선교가 선교대상국가의 국가적 통일성을 저해하지 않는다는 사실을 지도층에게 인식시키는 것은 매우 중요하다. 국가적 통일성에 기여하는 선교정책이 지혜롭다. 그러나 매우 다양한 분파와 이질적 문화권이기 때문에 누구를 중심으로 한 통일성 유지냐 하는 점이 고려되어야 한다. 국가마다 지역마다 오래동안 싸여온 문화적 특징을 이해하는 것은 동남아 선교의 기본적 전제이다.

2) 실질적인 민주체제의 구현

동남아 민족주의자들은 독립 후 그들이 바라는 정치형태를 서구식 민주주의 체제로 설계하였다. 그들의 적인 서구 제국주의 세력이 한편으로는 증오의 대상이었지만 다른 한편으로는 힘과 능력을 갖춘 부러움의 대상이었다. 동남아 민족주의자들의 이러한 잠재의식은 독립을 쟁취한 후 곧 바로 현실로 나타났다. 헌법을 만들고 의회를 설립하는 등 삼권의 분립을 제도화하였다. 국회의원을 선출하고 지방이나 주민의 이익을 대변하도록 하였다. 서구식 민주주의의 형식을 그대로 따른 것이다. 그러나 이러한 민주주의의 실현을 위한 노력은 시간이 지날수록 어려움에 봉착하게 된다. 우선 토론이 제대로 이루어지지 않는다. 저마다 한 맺힌 요구가 한꺼번에 터져 나오고 때때로 이러한 요구는 다른 집단의 이해관계와 서로 상충되면서 집단간에 심각한 대립양상으로 나타난다. 무엇보다 문제가 되는 것은 이러한 요구에 작은 만족이라도 제공하면서 집단간의 이해관계를 중재해 줄 조정자가 없다는 점이다. 이 일을 맡을 유일한 기관이 정부인데 정부의 지도자는 재원도 관리능력도 없었다. 일생을 독립투쟁에만 바쳤던 이들 지도자들에게 이러한 부담은 너무 무거운 짐이었다. 시간이 지남에 따라 인종적, 종교적 갈등은 더욱 심화되고 드디어 무력충돌이 발생하기에 이른다. 이러한 상황은 중앙정부에 대한 저항으로 나타났고 많은 경우 중앙정부를 약화시키며 때로는 국가를 위기상태로까지 몰고 갔다. 이러한 악순환은 결국 지도자에게 권력을 집중시키게 만들었고 독재형태의 정치운영이 되게 만들었다. 동남아 각국은 국가가 처한 여건에 따라 상황이 다소 달리 나타나기는 하나 기본적인 흐름은 동일하였다.

베트남의 경우는 통일 후 이러한 난국을 공산당에 의한 독재체제를 유지함으로 극복하고 있다. 그러면서도 정권계승은 평화적으로 잘 이양되고 있는 점이 특징이다. 그만큼 당을 이끌어 가는 지도자의 영도력이 국민의 마음을 사로잡을 수 있었다는 것을 알 수 있다. 이렇게 지도자의 평화적 교체를 이룩하고 있는 베트남은 북한이나 쿠바 등 다른 공산주의 국가들이 대부분 1인 통치의 전체주의 형태를 치닫는데 비하여 민주적 중앙집권주의를 택하면서 집단 지도체제를 유지하고 있는 특색을 보여주고 있다.

싱가포르의 경우는 국민의 절대적 지지를 받는 지도력이라는 점에서는 베트남의 경우와 같으나 정당과 정부 그리고 의회가 하나가 되어 권력의 분립이라기보다는 권력의 합법적 집중에 의해 난국을 타개하려는 점에서 다르다는 것을 알 수 있다. 싱가포르는 140여년간의 영국 식민지배하에서 잉태되어 6년간(1959~1965년)의 산고 끝에 태어났으나, 처음부터 다종족 사회로서의 인종간 갈등과 대립이라는 휴화산을 품고 있었다. 독립 후 싱가포르는 '국가적 생존의 위기'상태에 처했다. 실업이 폭발하고 노조 파업이 범람하고 여기에 좌익과 연계된 과격 노조운동이 곁들어 사회적 혼란이 극에 달했다. 인구는 급격히 증가하였고 도시 빈민굴이 확산되었다. 국가관료기구는 비능률적이고 식민시대의 근성과 부정부패에 물들어 있었으며 여기에다 인도네시아와 대결이 지속되었다. 이러한 상황에서 싱가포르는 '생존의 이념'을 국정지도이념으로 채택하면서 중앙집권적 집단지도체제를 확립, 부정부패에 대한 전면전쟁을 전개하고, 행정국가를 제도화하였다. 좌익세력을 제거하고 야당을 무력화하며, 노조·학생·재야세력의 탈정치화와, 정부-노조의 일체화, 풀뿌리 시민조직의 활성화 그리고 다종족정치의 실현을 도모하였다. 이러한 권력집중이 이뤄질 수 있었던 것은 물론 지도층의 솔선수범과 싱가포르 국민들의 열렬한 지지가 바탕이 되었다.

동남아 국가들의 민주화 시도로 야기되는 갈등을 제어하는 데 왕제(王制)가 널리 활용되기도 한다. 태국, 캄보디아, 라오스, 말레이시아 그리고 브루나이 경우가 그러하다. 물론 각기 처한 여건에 따라 왕의 역할이나 기능에 차이가 있기는 하나 왕제를 통해 갈등의 해소에 기여되는 점을 부인할 수 없다.

태국은 1932년 절대왕정을 입헌군주제로 바꾼 이후에도 왕정의 정국안정에 기여하는 역할은 매우 크다. 태국의 근대정치는 군부와 민간의 대결이라고 할 수 있다. 1932년 무혈 쿠데타를 시작으로 하여 1991년 2월 민간정부를 붕괴시킨 쿠데타까지 크고 작은 쿠데타가 17번이나 된다. 그러나 태국 정치는 왕정을 통해 불안정 속의 안정과 조화를 유지하고 있다. 태국의 국왕은 불교에 긴밀히 연관되어 불교국가인 국민의 지지를 받고 있으며 경우에 따라서는 자신의 입장을 견해표명이란 형식을 통해 정치의 방향을 간접적으로 제시, 정국안정을 뒷받침한다.

그런가 하면 브루나이의 경우는 절대왕정제로서 모든 초점이 왕가에 집중되어 있다. 내각도 왕실이 독점하고 있다. 고급관료는 왕실의 안정을 위해 봉사할 뿐이다. 군부도 왕실의 안전에 위협세력이 되지 않도록 세심한 배려가 깃들어 있으며, 영국군과 용병으로 군 세력의 균형을 유지하고 있다. 종교와도 긴밀한 관계에 있는 국왕의 절대적 권위 아래 민주적 정치운영은 형식 요건마저도 갖추어지지 않고 있다.

캄보디아의 경우는 정통 왕정에서 왕정 지도자에 의하여 근대적 민주주의 국가형태로 바뀌었다가 바로 그 지도자에 의하여 다시 왕정으로 복귀한 특이한 예에 속한다. 수없이 겪었던 정파의 투쟁, 이념적 갈등, 인접국으로부터의 수모로부터 결국 왕정의 권위가 필요했던 것이다. 라오스의 경우는 왕정 자체가 분열되어 내적 구심력을 가지기 못함으로 국가의 분열을 가져오는 결과를 낳았다.

한편 말레이시아의 왕정도 다소 특이한 모습이다. 말레이시아는 민주주의 정치형태를 갖춘 입헌군주제 국가이다. 행정권은 국왕에게 있으며 국왕은 5년마다 9명의 술탄에 의해 선출된다. 말레이시아는 여당 UMNO에 의해 말레이 종족주의적 성향을 강화하고 있다. 말레이시아는 제도적으로 민주주의 형태를 갖추고 있으면서 실제는 말레이인 우위의 지배정당을 통한 독재를 실시하고 있다. 그리고 지배정당의 지도자는 장기집권을 지속해오고 있다. 왕제는 그 자체가 9명의 술탄에 의한 선거를 통해 결정된다는 점에서 특이하며 국왕은 아무런 실제적인 권한이 없지만 참여를 통해 정치적 안정에 기여하고 있다. 다만 9명의 술탄에 포함되지 못하고 있는 東말레이시아의 갈수록 심해져 가는 저항은 말레이시아의 향후 민주화의 큰 관건이 될 것이다.

인도네시아, 필리핀 그리고 미얀마는 민주화의 기치를 내걸면서 결국은 장기집권의 단계로 접어들었던 전형적인 예라고 볼 수 있다. 이들 나라들은 모두 정치형태는 민주주의를 표방하고 있지만 실제적으로는 1인 독재체제이거나 무력에 의한 장기집권을 시도하고 있다.

인도네시아는 독립 이후 수카르노가 독립지도자라는 배경으로 장기집권을 했고 공산당을 진압한 후 권좌에 오른 수하르토 역시 1988년 시위에 의해 하비비 부통령에게 정권을 이양하기까지 32년 간의 장기집권을 도모하였다. 장기집권의 주인공 모두 임기를 마치지 못한 불운의 지도자라는 점에 공통점이 있다. 그만큼 민주화의 열기는 높아져 가는데 정치적인 실체는 이를 따르지 못하고 있다.

시민의 힘에 의한 두 번의 정권교체가 있긴 했으나 필리핀 역시 장기집권에 시달린 나라이다. 주요가문에 의한 세력이 대단하며 빈부격차가 심한데다 군부의 영향력이 건재하다. 뿐만 아니라 남부 분리운동이 만만치 않아 민주화의 달성을 도모하기란 쉽지 않을 것 같다.

이러한 분위기는 미얀마의 경우에도 예외가 아니다. 종족문제로 진통을 겪어온 미얀마의 내적 갈등은 민주적 정치제도를 갖추기는 하였으나 계속 군부에 의해 통치되고 있다. 대도시를 제외한 지역에서는 선거 시 매표행위가 성행하며, 정치는 상류층과 정치인의 전유물이라는 의식이 만연되어 있다. 계속되는 쿠데타로 국민의 정치적 무관심이 가중되었고, 정당들은 국민의 지지를 받을 수 있는 정책마련에 실패하였다. 그러나 전반적 대세는 민주화의 물결을 막을 수 없다는 데 있다. 민주화 운동의 상징인 아웅산 수지는 비록 활동의 제약을 받고는 있으나 그의 생명은 국제적으로 보장받고 있다.

차라리 파푸아뉴기니의 경우가 민주적 정치운영에 있어 보다 기대를 걸게 한다. 1964년 호주 신탁통치 하에서 구성된 입법부 의원 64명 중 10명이 호주인으로 구성되었는데 이것은 파푸아뉴기니에게는 의회 민주주의를 위한 소중한 경험이 되었다. 독립 후 삼권분립과 다당제에 기반한 민주선거를 실시하였고 수차례의 연립정부를 구성, 성공적 민주정치를 기대하게 하고 있다. 다른 동남아 국가와 달리 정치 권력유지를 위해 군부가 등장하는 일도 없었다. 파푸아뉴기니는 난제 중의 하나인 부겐빌(Bougainville) 사건을 해결할 정도로 협상력이 돋보이고 있다.

동남아 국가들은 한결같이 형식은 민주적이나 실제는 권력이 집중되고 장기적 통치에 군부의 정치적 입김이 거세진 비민주적 운영이 되고 있다. 여기서 동남아 지도층의 아픔을 엿볼 수 있다. 진정한 민주제의 실시를 원하나 현실이 그러하지 못하고 결국 독재로 치닫고 있다. 국내의 민주화 열기와 맞부딪쳐야 하고 동시에 국제적으로 독재정권이라는 비난을 감수해야 하는 상황이 된 것이다.

동남아 선교는 동남아의 독재정치가 이뤄진 배경을 이해해야 한다. 많은 경우 인권운동이나 반독재투쟁에 현지 기독교인들이 포함되어 있다. 서구 기독교단체의 지원을 받기도 한다. 그러나 현지 선교사는 쉽게 반독재운동에 뛰어드는 일은 위험하다. 아픔이 있더라도 선교의 사명에 우선을 두고 그 사회의 아픔을 나누면서 다양하고도 장기적인 선교전략을 수립해야 할 것이다.

3) 비동맹의 실리추구

동남아 지도층은 외부의 강대국들을 신뢰하지 않는다. 이것은 길게는 수백 년간에 걸친 체험을 통해 얻은 결론이다. 강대국이 어떤 도움을 줄 때는 반드시 그 속에 상당한 이유가 있다고 믿는다. 그렇기 때문에 강대국들이 주역을 맡고 있는 이데올로기 싸움에 말려드는 것은 꺼린다. 부득이 어느 한 쪽에 관여된다고 하더라도 그것은 최소화되어야 한다는 것이다. 오히려 어느 쪽에도 가담하지 않으면서 강대국들 간에 균형자의 입장에서 여러 블록들로부터 이득을 받아 챙기는 것이 이상적이라고 믿는다. 이러한 동남아인들의 생각은 독립을 쟁취한 후부터 대체로 일관되고 있다. 그렇다면 이러한 대외관을 가지고 있는 동남아 지도층이 어떤 모습의 대외정책을 구상하는 것일까? 한마디로 그것은 비동맹중립주의라고 말할 수 있다. 국가별로 좀 더 자세히 살펴보자.

베트남은 '독립, 자주, 주권존중' 및 '다양화, 다변화'의 외교정책 기조를 표방하면서 비동맹주의에 입각한 실리외교를 추구하고 있다. 베트남은 이념과 민족을 초월하여 세계 모든 나라와 우호협력 관계를 증진하는 것이 외교정책의 목표임을 강조한다. 실제로 중국과 일본, 한국을 비롯한 동아시아 국가들과의 관계를 증진해왔다. 베트남은 프랑스와 일본 그리고 미국과 중국과 전쟁을 벌였다. 캄보디아 내전에 군대를 파견했다. 그러나 베트남은 곧 과거를 접어둔 채 전 식민지배국가로부터 외자유치 등 경제적 도움을 얻기 위해 협력을 추진하고 있다. 미국과 무역협정을 체결(2000.7)하고 WTO에 가입하는 등 세계경제로의 편입을 위해 노력을 가속화하면서 1995년 대사급 수교를 이룩했다.[1] 2000년 베트남 주석이 미국을 방문하고 클린턴 대통령과 코헨 국방장관 베트남을 방문하는 등 관계개선이 이뤄지고 있다. 1996년 2월 베트남과 중국을 잇는 철도를 재개통함으로써 중국과도 관계개선에 접어들었다. 2000년 12월에는 중국의 장쩌민(江澤民) 국가주석의 베트남 방문으로 평화적 선린 관계가 이뤄지고 있다. 베트남은 이렇게 과거에 집착하지 않고 미래를 향해 중립적 입장을 취하면서 실리를 찾아 나서고 있다.

라오스나 캄보디아 역시 비동맹의 실리추구를 대외정책의 기조로 삼고 있다. 다만 이들 국가들은 세계 강국들과의 관계에서라기보다는 인접국들과의 관계에 이러한 정책을 적용하고 있는 점이 베트남의 경우와 다를 뿐이다. 라오스 외교의 기본원칙은 인접국인 중국과 베트남과의 우호관계 유지에 최우선 순위를 두고 있다. 이것은 라오스의 생존과도 관련이 있다. 태국과의 선린 관계 역시 중요하다. 1990년대 전후 태국에 의한 라오스 시장 잠식은 매우 심각했다. 라오스의 전체 해외 투자 중 거의 60% 이상이 태국에 의해서 이뤄지

---

1) 권만학 (1996), 베트남 국가사회주의와 재통일의 정치경제. 서울 : 미래인력 연구센터, p. 77.

고 있다. 캄보디아는 전통적으로 베트남에 대하여 매우 저항감이 높다. 많은 영토가 베트남에 빼앗겼고 베트남으로부터 정치적 위협을 받아왔다. 그렇기 때문에 캄보디아는 늘 베트남을 견제해 줄 세력을 찾아왔으며 그 세력이 오늘날 중국이다. 시아누크가 늘 망명지를 북경으로 택했던 이유도 여기에 있으며 캄보디아와 베트남 사이에 긴장감이 돌면 신화사 통신이 분주해지는 이유도 여기에 있다. 캄보디아는 베트남을 견제해줄 세력을 찾아 이들 세력들이 힘의 균형을 유지하여 자국의 안전을 도모하려고 한다.

태국외교의 특성은 일부 기회주의적이라고 불릴 만큼 강대세력 속에서 독립을 위해 중립을 유지해 왔다. 중요한 외교문제가 발생하면 태국은 자신이 먼저 결정을 내리지 않고 그 문제가 어떻게 전개되는가를 지켜보며 기다린다. 바람이 부는 방향에 거슬리지 않고 순응한다는 의미에서 이를 대나무 외교라고도 한다. 태국은 강대국에 대한 경계심과 배척의식이 강하다. 그러면서도 전통적인 태국식의 유연함과 실용주의적 사고로 외교노선을 선택한다. 세력균형을 교묘히 이용함으로써 왕국의 독립을 보장하고 국가의 실리를 도모해 왔다. 1차 대전 시에는 연합국 측에 가담하여 실리를 얻었고 2차대전시에는 일본과 우호조약을 맺어 연합국에 선전포고를 하기도 했으나 주미대사의 교묘한 외교활동으로 패전국이 되지 않았다. 2차대전 후 냉전기간 동안 태국의 핵심 외교노선은 친서방 동맹외교였다. 그러나 1970년부터 미국과 중국이 국교를 수립하고 베트남 전쟁이 종결되자 곧 실리 외교노선을 채택했다. 미·중·러 등 강대국에 대해 등거리 외교를 펴왔고, 아세안을 중심으로 한 동남아 지역과의 연대를 강화하면서 실리추구, 타협주의 외교정책을 채택하고 있다. 태국은 미국의 군사원조를 받으면서 미군기지를 제공하는 등 동남아에 있어 미국의 반공군사체제의 주요역할을 수행했으나 1975년 인도차이나가 공산화되자 태국 내에 미군은 존재하지 않게 된다. 그러다가

1976년 이후 캄보디아 사태 및 베트남군의 태국국경 침범 등 공산 위협이 커지자 다시 미국과 안보협력관계를 강화하고 연례합동 군사 훈련을 실시했다. 1991년 2월 군부 쿠데타에 대한 미국의 반대입장 표명으로 한때 양국이 소원한 관계가 되기도 했으나 얼마가지 않아 서 양국간 우호 및 안보협력관계가 재확인되었다. 일본은 태국의 경 제관계 전반에 가장 중요한 상대국이며 전통적으로 왕실간 교류를 중심으로 우호관계를 유지해오고 있다. 동남아를 매우 중요시하는 일본과 경제협력을 통해 실리를 추구하고 있다. 태국은 베트남을 통 한 러시아의 영향력 강화에 대한 견제세력으로서 중국과의 우호관계 를 추구하기도 한다.

미얀마는 비동맹주의 창시국의 하나로 비동맹 중립 외교노선을 일 관해서 표방해 왔다. 과거 영국 식민지 시대에 겪은 깊은 상처가 그 원인이다. 1886년 1월 1일 미얀마는 영국 식민지가 된 이후 영국의 아시아 식민지 경영의 거점이 되었다. 영국은 미얀마에 인도인 상인 과 기업가를 유치하고 인도인을 공무원으로 채용하였다. 또한 카렌 족·카친족·샨족 등 비(非)버마족으로 구성된 군대를 조직하고 이들 중에서 중간관리를 등용하여 미얀마를 통치하였으며 인도인이 버마 족을 경제적으로 지배하게 했다. 미얀마는 영국제국주의에 대한 불 신과 반감에서 독립한 후에도 영연방에 가입하지 않고, 처음부터 비 동맹주의를 주창하며, 반서구적, 반제국주의적 노선을 일관되게 유지 해오고 있다. 군사정부는 국내적으로 국민들의 민주화에 대한 불만 을 완화시키고 국제적으로 고립과 경제난을 벗어나기 위해 ASEAN, 중국, 기타 인접국과의 관계증진에 노력하면서 적극적 실리외교를 추구하고 있다. 아세안 가입을 통해 동남아 국가와 유대를 강화하고 중국과도 관계를 개선했다. 1994년 중국에 大코코島와 小코코島 임 차 및 레이더 기지와 모항 기지를 허용했고 대신 무기지원과 경제 원조를 받았다. 이처럼 미얀마는 강대국 위주보다는 역내 국가와의 협력을 위주로 한 비동맹의 실리추구를 도모하고 있다.

말레이시아는 400여 년간 역외 강대국의 식민 지배를 경험하면서 강대국의 생리를 터득했다. 그래서 독립 후 말레이시아의 지도자들은 오히려 이러한 강대국들의 책략적인 음모를 국민들에게 역설함으로써 종교적, 언어적, 인종적 갈등을 무마하고 국가적 통합을 이루고자 했다. 실제로 비동맹정책이 대외적으로 냉전적 국제체제에서 생존을 확보하고 효율적인 국가발전을 지속하는데 중요한 요건이라고 생각했다. 동남아중립화정책에 대한 지지호소, 동남아지역의 평화·자유·중립지대(ZOPFAN) 선언, 1974년 중국과의 국교 정상화, 인도차이나 공산국가들 승인 등은. 말레이시아의 비동맹중립화정책 노선의 일환으로 제기된 것이다.

인도네시아 역시 독립 이후 비동맹 중립외교를 주도해 왔다. 소위 실용주의 외교노선을 바탕으로 한 '적극적이고 독자적인 외교정책(active and independent foreign policy)'을 계속 추진해온 것이다. 수카르노의 반서방 외교나 수하르토는 반공산주의 친서방정책도 정도의 차이며 본질적으로는 비동맹 외교정책을 추구해왔다. 인도네시아는 말레이시아와 더불어 동남아시아뿐만 아니라 제3세계권 전체를 주도해 왔다. SEATO 창설 거부, 공산주의 세력의 집권거부 등 양 진영 어느 편에도 가담하지 않으면서 인도네시아는 비동맹 세력의 중심축으로 일관해오고 있다. 여기에는 인도네시아 스스로 치밀하고도 조심스런 배려가 전제되어 있었다. 예를 들면 이슬람 국가인 인도네시아는 아랍국가들에 대한 정신적인 지원을 해오면서도 막상 1980년 9월 PLO의 자카르타 대표부 설치 요청에 대해서는 이를 거부함으로써 강대국과의 마찰을 피했던 것이다. 이를 거절하는 것이 그들의 실리추구 외교에 도움이 되기 때문이었다.

싱가포르와 브루나이의 경우도 비동맹 중립주의를 추구해왔다. 싱가포르는 말레이시아와 중국에 의한 동화 우려를 해소하고 국가적 분열을 방지하며 성장의 잠재력을 경제건설에 집중하기 위하여 비동맹중립주의 노선을 선택했다. 싱가포르는 일찍부터 '77그룹'과 '비동맹제국회의'에 인도네시아, 말레이시아와 함께 참여했다. 브루나이는 유엔과 같은 국제기구와 아세안 등 지역협력기구에 적극 참여하고 있으며, 112개국과 외교관계를 유지함으로써 절대 왕정 유지에 주안점을 둔 외교정책을 추진해 왔다. 같은 이슬람권이면서도 브루나이는 말레이시아에 둘러싸여 있어 싱가포르와 함께 안보상에 항상 무언의 위협을 느끼고 있다. 대체로 친서방 정책을 추구하고 있으며 강대국에 대하여는 중립을 견지하고 있으나 영국과의 유대관계는 지속적으로 유지하고 있다. 부르나이는 말레이시아와의 관계에서 입장이 같다는 점에서 싱가포르와는 유대관계가 깊다. 그러나 중동 이슬람 국가들과는 반군국주의 및 테러 유입을 두려워하여 지나치게 가까워지는 것을 경계하고 있다. 그리고 미묘한 국제문제에 관하여는 관여를 기피하는 중립노선을 선택하고 있다. 브루나이는 작은 국가이기 때문에 적대관계가 아닌 모든 국가나 국제기구와 선린관계를 유지하면서 특수한 관련이 있는 국가들 예컨대 말레이시아나 중국 그리고 인도네시아 등과 같은 국가를 고려하는 그러한 성격의 비동맹 중립정책을 취하고 있다.

필리핀 역시 독특한 역사적 배경이 깔린 비동맹 정책을 전개하고 있다. 1973년 新외교정책을 선언하면서 필리핀은 비동맹을 향한 보다 분명한 모습을 보이기 시작하여 중국과는 1975년에 그리고 러시아와는 1976년에 수교하였다. 초창기부터 아세안에 참여하여 아세안의 비동맹 중립정책에 따랐다. 내적 갈등으로 구심력이 약한 것이 걸림돌이긴 하나, 화교세력과 분리주의 세력을 활용하면서 중국과의 관계수위를 조절하고, 해양수송로 확보를 염원하고 있는 러시아와의 관계를 적절히 활용하면서 미국의 영향력을 줄일 수 있는 구상이 시도되고 있는 것 같다. 지역 내 인도네시아와 베트남간의 세력확장

싸움이 본격적으로 드러날 때 조정자로서의 필리핀의 역할은 한결 주목받게 될 것이다.

아직까지 아세안에 가입하지 않고 있는 파푸아뉴기니도 대외정책의 기본은 비동맹이다. 지리적 특수성과 종족연합체적 한계를 벗어나지 못해 국가의식이 약하기는 하나, 호주와 유엔에 의한 민주주의 정치의 훈련을 잘 받아왔고 당장 위협적인 세력이 주변에 없기 때문에 여유를 가지고 비동맹의 대외정책을 추진해나갈 것이다. 친서방 실리외교를 전개하고 있는 점이 특징이라고 말할 수 있는데 호주와 뉴질랜드를 중심으로 한 오세아니아 국가들과의 관계를 중심으로 대외 정책을 수행하고 있다. 아세안에 곧 가입될 것이며 그렇게 되면 파푸아뉴기니는 아세안과 오세아니아간의 중재자로서 역할을 수행하는 비동맹의 새로운 면모를 보이게 될 것이다.

이상에서 살펴본 바와 같이 동남아 지역국가들은 한결 같이 비동맹 중립정책을 추구하면서 실리를 얻으려는 공통점을 가지고 있다. 그러나 비동맹중립이라는 점에서는 일치하지만 자세히 살펴보면 내용은 다음과 같이 다소 다르다는 점은 이 지역 선교를 위해 고려해야 할 점이다.

첫째, 비동맹을 추구하게 되는 대상이 중국, 미국, 러시아 등 강대국인 경우와 지역 내 또는 인접국인 경우로 구분된다. 강대국을 대상으로 비동맹을 추구하는 경우가 베트남, 말레이시아, 인도네시아 등이다. 이웃국가들을 대상으로 삼는 경우는 캄보디아가 베트남을 대상으로 하며, 싱가포르와 브루나이가 말레이시아를 염두에 두고 있고, 동티모르가 인도네시아를 의식하고 있으며 그리고 파푸아뉴기니가 호주를 의식하고 있다.

둘째, 대체로 친서방적 성격을 띠고 있는데 이는 주로 경제적 필요 때문이다. 필리핀, 파푸아뉴기니, 태국, 브루나이 싱가포르가 여기에 속한다. 종래 반서방적이었던 베트남을 비롯한 인도차이나 3국이 친서방으로 방향을 바꾸었으며 미얀마까지도 서구사회에 접근하고 있다.

셋째, 비동맹정책을 통해 수혜를 보는 대상이 국가 또는 국민이라는데 공통점이 있지만 절대왕정 국가인 브루나이처럼 국민이라기보다는 왕정에 두고 있는 경우도 있다.

넷째, 새로 부상하는 두 축인 인도네시아와 베트남간에 비동맹주의와 관련해서 두드러진 몇 가지 구별점이 드러나고 있다. 이 두 주도자는 강대국에 대하여 강한 저항의식을 가지고 있으며 지역협력을 통하여 강대국의 영향력을 막아야 한다는 점 그리고 강대국의 경제적 기술적 지원의 필요성을 절감하고 있다는 점에서는 공통된다 그러나 양국의 역사적 환경적 배경에서 다음 몇 가지 점은 다르다. 첫째 인도네시아의 경우는 공산주의에 의한 지배경험이 없으며 이슬람의 종교국가이고 내적 구심력이 비교적 약하고 제3세계권에 주도적 역할을 해왔음에 비하여, 베트남의 경우는 공산주의의 승리자로 내세우고 있으며 종교에 대하여 부정적이고 내적 구심력이 강하며 제3세계권의 국제무대에 친숙하지 못하다. 따라서 인도네시아는 보수적이며 전통 지향적 성격이 강함에 비하여 베트남은 보다 진취적이며 미래지향적 비동맹의 성격을 띠고 있다. 둘째 인도네시아의 경우는 미국에 대하여 적대관계가 아니며 중국에 대해서도 화교 국적문제 등 불편한 관계가 오래도록 계속되기는 했으나 바다를 사이에 둔 먼 거리에 떨어져 있음에 비하여, 베트남의 경우는 미국과 생사를 건 전쟁을 10여 년간이나 치른 적대관계이며, 중국과도 천 년간이나 간섭 또는 지배를 받아왔고 20세기에 들어와서 한바탕 전쟁을 치른 경험을 가지고 있다는 점에서 베트남은 인도네시아에 비하여 국제관계에 있어서 보다 적극적이며 능동적인 비동맹정책을 추구할 것이 예상된다. 이러한 두 국가의 차이점은 앞으로 동남아 지역의 비동맹의 성격이 어떻게 변화될 것인가를 알려주는 가늠자가 될 뿐만 아니라 동남아 서교정책에 있어서 지역정세를 살피는 중요한 기준이 될 것이다.

4) ASEAN을 통한 지역협력

동남아 국가들은 독립은 했지만 냉엄한 국제무대에서 살아남는다는 것이 무척이나 어려웠다. 강대국을 신뢰할 수 없는 상황에서 생존하는 방법은 입장이 같은 동남아국가 끼리 힘을 합하는 것이었다. 동남아 국가들이 독립한지 얼마 되지 않은 1961년 과연 태국 말레이시아 필리핀이 만든 '동남아 연합(Association of South-East Asia)'이 탄생했다. 이 기구가 모체가 되어 1967년 '동남아 국가연합(Association of South-East Asian Nations)'이 탄생되었다. 1990년대를 전후해서 아세안은 세계적으로 가장 성공적인 지역협력기구 둘 중의 하나가 되었다. 아세안은 태국 말레이시아 필리핀 인도네시아 싱가포르 부르나이 베트남 미얀마 캄보디아 그리고 라오스 등 10개국으로 구성되어 있다. 인구 10억에 8천억 달러에 달하는 경제규모를 가진 방대한 시장인데다 무한한 자원을 보유하고 있으며 또한 하나같이 서구 식민지를 경험했다는 공통점을 바탕으로 관세 인하 및 무관세화의 추진, 교통, 에너지, 통신 같은 산업 인프라의 연계 또는 확대 등을 통해 역내 경제통합이 구체적으로 이뤄지고 있다. 동티모르와 파푸아뉴기니도 곧 가입할 것으로 보인다.

아세안이 큰 전략적 변화를 시도하면서 세계의 주목을 받고 있다. 강대국을 멀리하여 가능한한 관계를 꺼리던 종래의 방식에서 이제는 오히려 강대국을 끌어들여 강대국 간에 힘을 서로 상쇄시킴으로써 지역의 안정을 도모하려는 적극적인 대응책을 취하고 있기 때문이다. 아세안지역 안보포럼(ARF : ASEAN Regional Forum)은 이러한 시도로 만들어진 첫 작품이라고 할 수 있다. 아세안의 주도하에 만들어진 ARF는 참여자들에게 협의(協議)와 접촉과 대화의 기회를 제공해 예방외교의 수단이 된다는 점에서 지역협력체로서의 의의는 매우 높다. 또한 아세안은 아세안 자유무역지대(AFTA : ASEAN Free Trade Area)를 통하여 대외협상력을 높여 EU나 북미자유무역협정(NAFTA : North American Free Trade Agreement)과 같은 역외 경제협력체들의 배타적인 경제블록화에 대항하려는 시도 역시 같은 맥락이라고 할 수 있다. 아시아 유럽 정상회의(ASEM : Asia Europe Meeting)의 경우도 그러하다. 아셈(ASEM)은 현재 최강국인 미국을 견제하고 유럽과 협력하되 동아시아를 통하여 유럽을 견제하는, 그리하여 아세안의 입지를 높이는 지역협력의 새로운 모델이다.

아세안의 발전에는 두 가지 중요한 시사점이 내포되어 있다. 하나는 아세안 특유의 협상전략이기도 하고 운용방법이기도 한데 그것은 아세안이 강국들과 협상할 때 결코 내적 결속력을 해치는 결정을 하지 않는다는 점이다. 다시 말하면 아세안이 강대국과 협상할 때 자체의 정체성과 단결을 보존하고 강대국과의 관계발전을 도모한다고 해서 아세안의 내적 상호관계를 약화시키지 않는다는 사실이다. 아세안은 역내 회원국의 사회·정치체제와 경제발전 단계의 차별성을 고려한 평등, 공정, 호혜주의 원칙에 따른다. 아세안은 ASEM의 창설을 주도했으면서도 ASEM의 제도화에는 반대했고 인권이나 민주주의 제도에 대한 논의는 기피해왔다. 이러한 사실은 상호의존(interdependence)·주권(sovereignty)·단결(unity)이라는 아세안의 일관된 정책목표와 관련이 있다. 이러한 기본 원칙에서 아세안은 비록 협력의 효율성은 떨어지지만 '만장일치제'와 '내정불간섭 원칙'을 견지함으로써 내적 결속력을 도모할 수 있었다. 이렇게 보면 AFTA가 비록 느슨한 형태의 지역협력 형태를 유지하고 있는 것처럼 보일지라도 아세안은 ARF와 함께 AFTA를 바탕으로 국제무대에 있어서 독자적인 목소리를 높임으로써 아세안의 위상을 강화할 수 있으며 아세안의 발전이라는 측면에서 경제적 기반과 정치적 기반을 구축하는 기능을 할 수 있다. 뿐만 아니라 아세안은 폐쇄적이거나 특정 블록의 형성이 아닌 개방적이며 범세계적 차원이며, 강제적 명령이 아닌 다자적 협의에 의해 공통의 이해를 촉진하고 그리고 점진적이며 실용적으로 전개해 나간다. 이 원칙이 지켜지지 않으면 강대국과의 관계는 위축되거나 현상유지를 면치 못할 것이며, 이 원칙이 지켜질 수 있다면 강대국과의 관계는 보다 적극적으로 추진될 것이고 제반 결정에 있어서 제도화의 강도가 한결 두드러질 것이다.

다른 하나는 아세안의 독자성과 조정자로서의 역할 정도는 내적 결속력의 정도에 비례할 것이나, 당장 미국이나 유럽을 배제한 동아시아만의 새로운 협력체 결성을 구체화하는데 아세안의 역할이 강하게 작용할 것이라는 점이다. 이러한 징후는 **ASEM**을 통해서도 암시되고 있거니와 이미 일본이 제기된 바 있는 아시아 국가들이 독자적인 통화기금(가칭 **AMF : Asian Monetary Fund**)과 같은 형태에서 시사되고 있다. 이 외에도 마하티르의 동아시아경제회의(**EAEC : East Asia Economic Caucus**)구상이나 한국의 동아시아 경제협력체 구상, 중국의 보아오 아시아 포럼 등 협력체 구상과도 무관하지 않을 것으로 보인다.

여기서 우리는 아세안을 이렇게 발전할 수 있게 한 힘이 무엇인가를 짐작할 수 있다. 보다 포괄적이고 장기적인 동남아 선교전략을 세우기 위해 아세안을 이렇게 강하게 할 수 있는 힘에 주목하게 된다. 아세안의 힘은 다음 몇 가지로 요약할 수 있을 것이다.

첫째, 역사·문화적 요인을 들 수 있는데, 아세안 국가들이 모두 강대국들의 침탈이라는 아픈 역사를 경험했다는 점이다. 앞에서 이미 살펴본 바와 같이 아세안국가들은 과거 서구제국의 오랜 식민통치를 경험했고, 대부분 2차 세계대전의 종식과 더불어 최근에야 독립한 나라들이다. 뿐만 아니라 독립 후 통합된 민족국가를 건설하고 국민화합을 이루면서 현대화를 추진해야 하는 엄청난 과제를 모두 안고 있다. 이러한 과제를 해결하기 위한 경제적, 정치적 힘이 너무나도 미약하며, 여기서 지역협력을 통해 대안을 모색하려는 생각 역시 모두 같다.

둘째, 이 지역 정치지도자들의 강력한 협력의지를 들 수 있다. 인종·종교적 이질성과 경제적 격차가 심한 아세안의 경우는 이들 지도자들의 강력한 협력의지 없이는 각종 협력기구의 성립이 불가능했을 뿐 아니라 설사 협력기구가 탄생했다고 하더라도 그 성과는 미미했을 수밖에 없다. 수많은 정치·경제적 이해관계의 차이로 심각한 갈등으로 표출되기도 했으며, 협력이 파국으로 치달을 때도 있었다. 그러나 이러한 어려움은 회원국 정치지도자들의 빈번한 대화와 접촉을 통해 극복되었다. 오늘날 정기적으로 개최되는 정상회담, 외무장관회의, 경제장관회의, 공식·비공식적으로 개최되는 다양한 고위관료회의 등은 아세안의 발전에 있어서 정치엘리트들의 협력의지가 얼마나 중요한가를 보여 주는 단적인 예라 할 것이다.

셋째, 아세안의 독특한 운영방식을 들 수 있다. 동남아 국가들처럼 사회경제적으로 이질적이고 갈등의 역사를 가진 지역에서 협력이 지속되기 위해서는 협력의 결과보다 협력의 방식이 중요하다고 볼 수 있다. 이 점에서 아세안은 매우 유용한 협력의 원칙과 규칙 및 정책결정 절차를 채택함으로써 회원국간의 갈등을 극복하고 지역협력을 추진할 수 있었다. 아세안이 채택한 협력의 3대 기본원칙은 자제, 존중, 책임이며, 이를 바탕으로 순회규칙, 분담규칙, 효율성 규칙 등 몇 가지 규칙을 관행으로 적용해 왔다. 이러한 협력의 원칙과 규칙들은 이 지역에 강한 민족주의와 주권의식을 반영하여 회원국들의 평등을 보장하고 상호존중을 유도함으로써 협력이 원활하게 이루어질 수 있도록 고안된 것이라 하겠다.2) 합의제라는 정책결정방식은 의사결정이 느리고 지지부진한 단점이 있으나 아세안의 경우처럼 회원국들의 평등의식을 고려해야 하는 경우 협력의 지속성과 안정성을 높여 준다는 점에서 매우 유용한 방식이라고 할 수 있다.

넷째, 아세안은 외부의 개입과 간섭을 배제하는 원칙을 세웠다는 점이다. 과거의 식민지배라는 아픈 역사를 공통적으로 가지고 있는 아세안 국가들은 강대국 간섭배제의 원칙을 통하여 지역적 결속을 유지할 수 있었다. 동남아지역 자유·평화·중립지대 (ZOPFAN : Zone of Peace, Freedom and Neutrality)정책이나 동남아 비핵지대 (SEANWFZ:Southeast Asia Nuclear Weapon-Free Zone)전략 등 일련의 대외정책은 이러한 원칙의 결과물이다. 이를 통해 외부의 개입과 간섭을 배제했을 뿐 아니라 강대국과의 갈등을 최소화하면서 아세안의 결속을 강화할 수 있었다. 오늘날 강대국과의 관계를 유지하지만 강대국들의 영향력을 줄이거나 배제하려는 기본 정신은 마찬가지이다.

다섯째, 회원국들 간에 존재하는 각종 불안요인을 해소하기 위해서는 회원국들간의 협조가 절대 필요하다는 점이다. 게릴라문제의 경우 어느 국가 단독으로 해결할 수 없다. 회원국들 간에 협력이 불가피하다. 이와 같이 인접국끼리 협조하지 않고 내적 갈등을 해결할 수 없는 경우가 대부분이다. 대외적 위협에 있어 냉전기에는 1975년의 인도차이나 3국의 공산화와 1978년 베트남의 캄보디아 침공에 대한 우려 등의 경우에 그러했다. 냉전이 종식된 후 강화된 중국의 위상과 더불어 전반적인 안보환경의 변화, 그리고 유동적인 국제질서에 따른 새로운 도전에 대한 대응에서 이러한 단면을 읽을 수 있다. 이러한 국내외적 도전과 위협으로 아세안의 안보유대는 더욱 깊어졌으며, 이제는 금기시 되어 왔던 아세안 차원의 군사협력문제까지 논의하면서 다각적인 검토가 가시화되고 있다.

---

2) 변창구 (1999), 아세안과 동남아 국제정치. 서울 : 대왕사, pp. 26-27.

여섯째, 아세안 국가들의 경제발전이 지역협력체의 발전에 기여했다는 점이다. 아세안 국가들의 경제발전이 아세안의 응집력 형성에 기여했다. 동시에 아세안국가들의 경제발전은 아세안의 협력을 통해 크게 덕을 보았다는 이야기가 되기도 한다. 이렇게 경제발전과 응집력이 맞물리면서 아세안발전의 큰 힘이 되고 있다. 그만큼 아세안국가들의 탄력성(national resilience)이 높아졌고 이것이 결국 ASEAN 차원의 지역협력의 탄력성(regional resilience)을 크게 하는 결과를 가져왔다.3)

일곱째, 유럽연합, NAFTA 등 세계경제 블록화라는 도전에 지역적 대응이 불가피했다는 점이다. 세계경제블록화에 대응하기 위해 역내경제협력을 강화하는 일이 불가피했다. 아세안국가들은 강대국들의 블록화현상에 대하여 아세안국가들 간의 상호 협력을 통해 교섭에 임해야 했으며 이는 자연히 아세안의 단합된 교섭능력을 높여주었고 동시에 아세안 자체의 결집력을 높여주었다. 특히 WTO의 출범 및 경제블록화가 심화되는 상황에서 AFTA의 발족은 그 좋은 예가 될 것이다.

여덟째, 아세안이 이제는 주변 강대국들에 대하여 종래의 소극적인 자세를 벗어나 적극적으로 이를 활용하여 세계적인 안목에서 지역의 안전을 도모하면서 한결 자신감을 얻고 있다는 점이다. 앞에서 살펴본 ASEM의 경우가 대표적인 예이다. 아세안은 이제 미국의 독주를 견제하고 이를 위해 EU를 활용하면서 동시에 EU를 견제하기 위해 동북아 3국을 활용하는 모습을 보이고 있다. 아세안은 지역적 범위에서 세계적 범위로 안목을 확대하고 있다.

아홉째, 아세안지역이 지니고 있는 지정학적인 가치가 강대국들에 의해 계속 높이 평가받고 있다는 점이다. 국제적인 교류가 증대되고

---

3) 변창구, 앞의 책, pp. 27-28.

과학기술이 발달되면서 이러한 지정학적인 가치는 더욱 높아지고 있다. 이러한 사실은 아세안국가 스스로 자신감을 가지게 했고 그만큼 강대국에 대한 협상력을 높여주고 있다. 아세안의 저력이 확인되고 있는 것이다.

4. 맺는 말

선교를 커뮤니케이션 면에서 살펴보는 것은 선교전략에 중요한 요건이다. 다양한 면에서 선교 커뮤니케이션을 탐구할 수 있겠지만 가장 바람직한 것은 예수님이 보여주신 커뮤니케이션 방법과 전략을 선교지 및 현대적 상황에 맞추어 적용하는 것이다. 하나님의 아들이시지만 인간의 모습으로 이 땅에 오셔서 총체적 삶을 통한 제자 훈련으로 기독교의 진리를 전파하고 그 제자들이 종적 횡적으로 연쇄적 선교를 함으로써 오늘날 기독교는 가장 많은 사람들에게 가장 커다란 영향력을 미치는 종교가 되었다. 그 뿐 아니라 성경은 인류 역사상 가장 많은 발행 부수를 기록하는 베스트셀러이며 성경에 실린 이야기는 시대를 초월하여 소설, 연극, 영화, 음악의 주제로 살아 숨쉬면서 많은 사람들에게 감동을 주고 있다. 이런 사실들은 선교사들이 선교 대상자들의 상황, 언어, 문화를 이해하고 존중하는 가운데 그들의 삶에 참여해야 진정한 복음전파가 이루어질 수 있음을 말해준다.

예수님의 메시지 구성 방법은 비유, 실생활 이야기, 질문하기, 긍정적이며 희망적인 메시지 제시하기, 욕구에 소구하기 등의 특징을 지녔다. 그러나 이런 것들보다 더 효과를 발휘했던 메시지는 예수님 자신이었다. 마샬 맥루한은 '매체가 메시지'라고 하였지만 예수님의 선교 커뮤니케이션을 살펴보면 '송신자가 메시지'였다. 이는 선교사가 선교대상자들과의 관계에서 이룩한 신뢰감 구축 및 동일시가 중요함을 말해준다.

매체 사용에 있어서도 예수님은 말하기, 보기, 듣기, 접촉하기, 맛보기, 기도하기 등 다양한 채널을 동원하셨다. 2천년 전 예수님은 오늘날 인기를 끌고 있는 멀티미디어와 사이버 커뮤니케이션을 사용하셨던 것이다. 이는 선교에 있어서도 각각 장단점이 있는 구어 커뮤니케이션 매체, 인쇄매체, 라디오, TV, 컴퓨터, 심지어 드라마, 춤, 노래 등을 서로 보완하면서 선정해야 한다는 것을 일러준다. 특별히 선교대상자들의 선호도, 경제적 부담, 매체의 특징을 고려하면서 복합적으로 사용하는 것이 바람직할 것이다.

성경은 구어 커뮤니케이션뿐만 아니라 영상언어인 꿈과 환상도 중시하고 있다. 언어, 꿈, 환상은 상징적 활동이기 때문에 해석이 중요한데, 해석에 있어서 중요한 것은 상징이 사회문화체계, 그리고 실생활 안에서 갖는 의미이다.

선교에 문화적 이해는 필수적이다. 사실상 우리가 타문화권 사람들을 관찰할 수 있으며 그들을 있는 그대로 대할 수 있다는 것은 실로 축복이다. 이러한 능력은 저절로 생기는 것이 아니며 학습을 통해서 생긴다. 사람은 누구나 타문화권의 관습을 자기 자신의 문화권의 개념과 가치에 적용해보려 한다. 다시 말해서 선교사를 포함한 모든 사람은 자민족 중심 주의적이라고 할 수 있다.

타문화권에서 사역하는 선교사들은 개개인의 경험을 뛰어넘어 그 문화를 이해하고, 그 사회의 가치체계에 적응하고 친숙해지기 위하여 노력해야 한다. 이를 위해서 선교사는 가르치기 전에 배워야하고 말하기 전에 들어야한다. 선교사는 메시지의 내용은 물론 그 메시지가 전달되는 세상도 알아야 한다.

이 책에서는 선교사들이 문화차이에서 오는 오해와 갈등을 줄이고 타문화에 관한 이해를 넓히도록 다양한 문화권에서 나타나는 함축적 행위의 유사성과 차이점을 설명해주는 차원 접근법을 소개했다. 이 과정에서 자민족 중심주의 (ethnocentrism)가 무엇이며, 그 위험성은 무엇인지, 그리고 어떻게 문화상대주의(cultural relativism)를 견지할 수 있는가에 관해서 비교적 자세히 살펴보았다.

타문화권에 진입하는 선교사로서 현지 언어를 익히는 일은 무엇보다 중요하다. 그러나 이에 못지않게 더 중요한 것이 있는데 그것은 비언어적 커뮤니케이션의 이해이다. 선교대상 사람들의 문화를 이해하기 위해서 선교사들이 비언어 코드들 중에 몸짓, 시선, 공간과 시간을 이용하는 행위는 중요하다. 여기서 이 점을 심도 있게 다루게 된 이유도 바로 그 중요성 때문이다. 선교사가 동남아에서 이방인으로서 겪게 될 문화적 충격이 있기 마련인데 이를 소화해가면서 적응과정을 익혀두는 것은 지혜 있는 일일 것이다.

커뮤니케이션과 문화적 이해를 통해 동남아 선교를 위한 적용은 동남아의 지정학적 가치를 먼저 살펴보는 것이 마땅하다. 동남아는 스스로 지니고 있는 지정학적 가치 때문에 강대국의 표적이 되었고 그들만이 품고 있는 슬픈 뒤안길이 이어졌기 때문이다. 동남아인들의 긴 역사과정을 분석하는 일 역시 중요하다. 그들의 과거를 살펴봄으로써 비로소 오늘날 동남아인들의 아픔을 이해할 수 있기 때문이다. 동남아인들의 현재 처한 상황을 이해하는 것은 선교전략상 필수 이다. 여기에는 그들의 민족주의 운동의 성격이나 이념적 구조 그리고 그들이 주변 강국을 바라보는 대외관이 포함된다. 당장은 동남아 지도층들이 품고 있는 간절한 소망이 무엇이며 그것이 이뤄지기 위해서 고민하고 있는 현실문제가 무엇인지를 아는 것이 동남아인들의 내일을 예견하는데 길잡이가 된다. 이러한 검토를 통해 선교전략에 참고해야 할 것이 많다. 다음 몇 가지 사항은 특히 주목된다.

동남아가 지니고 있는 지정학적인 가치는 대륙세력과 해양세력간의 접촉의 장이라는 점, 대륙과 해양 그리고 해양과 해양간의 분리 또는 결합점이라는 것, 완충지대로서 제삼세력권의 구심지라는 점, 해상통로로서 생명선과 세력선 모두의 성격을 띠고 있다는 점, 전략자원의 보고라는 점, 그리고 중국대륙과 깊은 연관성 속에 전통적인 중국 중심의 방계적 정치 질서가 새롭게 태어나고 있다는 점으로 집약할 수 있다. 이러한 지정학적 강점 때문에 동남아는 일찍부터 강대국의 수탈의 대상이 되었고 기독교는 제국주의와 동일시되곤 했다. 따라서 동남아는 서구 해양세력권 출신의 선교사에게는 한결 선교에 부담이 되는 지역이다. 동남아의 이러한 가치는 앞으로도 얼마든지 국제사회에 새롭게 조명될 수 있다. 동남아의 도시는 전통적으로 서구세력의 진출거점으로 개발되었고 따라서 복음전파의 중심이면서 동시에 저항의 대상이기도 하다.

선교사가 경제관에 대해 민감해지는 것은 당연하다. 선교사로서는 법적으로나 관례상으로 당연하다고 하더라고 원주민들의 감정에 엇나가지 않는 재물관이나 경제활동이 이뤄지도록 각별한 주의가 필요하다. 동남아인들은 기독교도를 자본주의의 앞잡이로 생각하여 선교사의 경제활동도 그러한 관점에서 볼려고 하기 때문이다. 동남아인들이 중국을 멀리할 수도 없고 가까이 할 수도 없는 사정을 잘 이해하면서 화교들과의 관계가 유지되어야 할 것이다. 동남아에 대한 선교전략상 동남아인들의 중국관을 이해한다는 것은 중요하다. 동남아는 중국선교의 기지이기도 하면서 중국을 통한 동남아 선교가 효과적으로 이뤄질 수 있기 때문이다. 대체로 동남아에서 중국인들은 서구 세력에 대한 저항의식이 강하며 자기들의 전통과 문화를 고수하는 경향이 강해서 복음을 받아드리려는 넓은 마음을 가지고 있지 못하다. 동남아는 점차 미국과 중국 간에 갈등이 가장 첨예하게 부딪치는 지역이라는 점 역시 동남아 선교에 고려해야 할 사항이다. 중국의 유교권 문화와 인도의 힌두교 그리고 인도네시아나 말레이시아의 이슬람 문화권이 서로 부딪치는 지역임을 감안한 선교전략의 구상 역시 필요하다.

베트남, 캄보디아, 라오스, 태국, 미얀마로 구성되는 크라(**Kra**)지역에 대한 선교전략상 유의해야 할 점에는 다음 몇 가지가 포함된다. 이들 국가들은 중국과 오랜 정치적인 교섭의 경험을 가지고 있어 중국선교의 거점이면서 동시에 중국정황에 크게 영향을 받는 지역이다. 모두 서구 열강의 식민지배를 받았으며 그러면서도 끈질긴 독립운동이 있었고 여기서 근대적 민족의식이 형성되었다. 이러한 배경에서 독립 후 군부가 정권을 잡게 되었다. 따라서 군부는 보수적 성향을 띠고 공산주의나 사회주의 또는 자본주의라기보다는 민족주의적이며 그 속에는 전통종교가 자리잡고있다는 사실을 알 수 있다. 동남아 선교는 이들 민족주의와 그 속에 있는 전통종교와의 갈등을 어떻게 슬기롭게 이겨내느냐 하는 것이 중요한 과제이다. 이러한 성향은 이 지역 주민들이 기독교를 서구 제국주의와 동일시하는 원인이 되었으며 따라서 오늘날 서양 선교사들에게 저항감을 가지게 하는 배경이 된다.

말레이시아, 싱가포르, 브루나이, 필리핀, 파푸아 뉴기니, 그리고 동티모르로 구성되는 말레이문화권 역시 선교전략상 유의해야 할 점이 많이 있다. 말레이시아의 경우 다수를 점하는 말라야인을 하나로 묶는 힘이 바로 이슬람이다. 말라야 중심의 민족의식이 강화될수록 복음에 대해서는 저항적이라는 사실도 기억할 필요가 있다. 중국계와 말라야인 간의 인종상의 문제나 왕제를 비롯한 정치제도에 이르기까지 복합민족사회이기 때문에 생기는 갈등양상을 인정하면서 기민하게 대응하는 전략이 필요하다.

싱가포르는 중국계가 중심인 이민계 도시국가이면서도 국가로서의 정체성 확보가 중요시되는 국가이다. 따라서 싱가포르는 중국본토와 동남아에 흩어진 중국계는 물론 말라야 문화권에 복음으로 접근할 수 있는 하나의 기지가 됨은 물론 이질 문화가 서로 복음으로 화합하게 하는데 많은 암시를 제공해주는 국가라고 볼 수 있다. 중국문화와 서구문화가 긍정적으로 맞부딪치는 하나의 혼합무대로서 싱가

포르는 앞으로 아시아 선교를 어떻게 해야 하는가를 알려주는 하나
의 시험대라고 말 할 수 있다.

필리핀 선교에는 그들에게만 독특하게 발달되어온 바랑가이를 통한
중간규모의 통일성을 가진 집단이 항상 존재해 왔다는 사실을 기억할
필요가 있다. 필리핀 정가는 후견-수혜관계(Patron-Client Relations)
라는 비공식적이고 위계적이며 은혜에 대해 보답한다는 관습은 사회
전역에 타락의 원인이 되기도 한다. 그러나 이 점은 사랑의 마음으로
은혜를 베풀면서 복음을 전할 수 있다는 점에서 오히려 선교에 긍정
적으로 활용될 수 있을 것이다. 스페인에 의해 전해진 카톨릭이 그 후
필리핀의 정신적 지주가 되고 교황청의 후원을 얻는 기회도 되었지만
동시에 필리핀화되는 데 촉매역할을 했다는 점도 유의해야 할 것이
다. 복음은 역시 정치적 힘에 의해서가 아니라 복음의 순수성에 의해
서 전래된다는 사실을 필리핀의 경우를 통해 다시 한번 깨닫게 된다.

인도네시아는 유교 불교 이슬람 등 종교는 물론 종족, 언어 등 다
양한 요소가 혼합된 복합사회이며 이로 인한 갈등이 심각하다는 점
을 고려해야 한다. 매우 잔인했고 경제 착취형이었던 네델란드의 지
배를 통해 인도네시아인들은 서구 제국주의와 기독교를 동일시하는
성향이 매우 강하다.

브루나이는 회교왕정국가로서 선교가 매우 어렵다. 그러나 하나님
의 섭리를 우리가 알 수 없다. 전통적으로 영국과 긴밀한 관계에 있
고 현지 한국인교회를 중심으로 한 한인사회에 대한 그곳 주민들의
신임도가 높은 점이 활용될 수 있을 것이다. 브루나이 왕족을 통한
선교가 일차적으로 고려될 수 있다. 브루나이에는 중국인과의 마찰
이 있다는 점, 싱가포르와 긴밀한 관계를 유지하고 있으며 양국 공
히 말레이시아에 대한 잠재적 두려움이 있다는 점은 선교전략상 참
작할만하다.

동티모르의 경우 독립항쟁에 카토릭의 영향이 매우 컸다는 점이

고려되어야 한다. 동티모르에 있는 소수의 개신교회를 서티모르의 개신교회와 연결시켜 티모르섬의 복음화를 추진할 수 있을 것이다. 그러나 이때 서티모르를 장악하고 있는 인도네시아에게 불필요한 자극을 주지 않도록 유의해야 한다. 유엔군의 일원으로 파견되었던 한국군의 성공적인 결과를 선교와 연관짓는 것은 당연하다. 동티모르 지도부는 자국의 재건사업에 한국의 지원을 강력히 바라고 있는데 이러한 지원에 한국교회가 참여하여 선교와 병행하는 것도 고려할 수 있다.

파푸아뉴기니 선교는 호주에 대하여 일부 저항감을 가지고 있으나 현실적으로 호주의 도움 없이는 지탱하기 어렵다는 점 그리고 다양한 언어가 공존하는 상황을 고려해야 하기 때문에 언어재능이 있는 선교사의 파견이 중요하다는 점이 유의되어야 할 것이다. 향토병이나 전통문화 등에 대한 배려, 오지 수송, 그리고 선교사의 안전에 대한 배려가 필요하며 이를 위해 경험 있는 여러 선교단체와 협력하는 것이 효과적이다.

동남아인의 민족주의는 모든 면에 연관이 있다. 전식민지배국들과의 관계와 중국과의 관계라는 두 개의 틀은 오늘날 동남아시아 민족주의운동의 전개방향을 좌우하는 기본요인이라고 볼 수 있는데 1980년대 이후 동남아시아 민족주의는 이 두 개의 틀이 공존된 상태에서 전개되고 있다는 데 그 특징이 있다. 동남아시아 민족주의의 이러한 틀의 짜임새와 틀 간의 관계설정을 고려하여 동남아 선교에 고려해야 할 점에 다음 몇 가지가 포함되어야 할 것이다.

동남아 선교는 그 나라의 민족주의의 성향에 따라 전략을 달리해야 한다. 서구 식민지배세력이 누구였느냐에 따라 또한 그 저항의 정도에 따라 민족주의의 성향이 다르기 때문이다. 서구세력에 대한 저항이 강할수록 신앙에 대한 저항 역시 강하다. 근대화가 무난하게 진행되는 국가일수록 복음에 대한 저항이 약하다는 사실도 기억할 필요가 있다. 이들 민족주의 운동은 수백 년에 걸친 아픈 상처와 연관되어 있기 때문에 표면적으로 드러난 사실에 대하여 종교자유를 주장하거나 막무가내식의 전도로 복음전파의 역효과를 발생시키지 않도록 주의해야 한다. 이러한 역효과는 당사자 본인뿐만 아니라 많은 다른 동료선교사들의 그간의 수고를 헛되게 할 수도 있다.

선교는 경제적 이해관계나 정치적인 목적달성과 어떤 경우에도 연관되어서는 안 된다는 사실을 다시 한번 확인하게 된다. 제국주의 정책의 목표 중에는 신앙의 자유를 포함시키도록 되어있었다. 이러한 목표에 따라 일부 복음이 전해졌고 어느 정도의 성과가 있었다. 그러나 선교를 정치와 연관시킴으로 기독교를 제국주의와 동일시하는 동남아 선교에 깊은 부정적인 영향을 끼치고 말았다. 동남아의 경제적 빈곤이나 지역적 갈등 그리고 민족운동이 거론될 때마다 기독교가 공격대상이 되고 있는 것은 바로 복음과 정치가 연결된 적이 있었던 것의 결과이다.

동남아 선교전략에는 이 지역이 정치적으로 급격한 변화에 휘말릴 수 있는 지역이라는 사실을 염두에 두어야 한다. 지역 내에서도 그러하지만 강대국과의 관계에서도 그러하다. 동남아는 중국과 러시아 관계를 점검하는 바로미터이다. 동남아는 러시아의 해양전략의 거점이 될 수 있으며, 중국진출을 향한 해양세력의 발판이 될 수 있고, 일본의 생명선으로서 그리고 미국 세계전략의 중요한 변수라는 점에서는 예나 지금이나 마찬가지이다.

동남아 국가들 간의 관계 역시 선교전략에 고려해야 할 사항이다. 여러 가지 갈등요인이 있지만 베트남과 캄보디아의 관계, 말레이시아와 말레이시아에 둘러싸여 있는 싱가포르와 부르나이의 관계, 인종문제를 중심으로 한 싱가포르와 말레이시아의 관계 그리고 영유권 문제가 아직 앙금으로 남아있는 말레이시아와 필리핀의 관계가 고려되어야 할 것이다.

동남아 지도층의 깊은 고민을 이해하는 것은 선교전략에 중요하다. 국가로서 통일성이 미약하다는 점, 실질적인 민주체제의 구현이 어렵다는 점, 특정 블록에 포함되지 않는 비동맹을 추가하면서 실리를 추구하고자 한다는 점 등 이다. 따라서 동남아 선교는 선교대상 국가의 국가적 통일성을 저해하지 않는다는 사실을 지도층에게 인식시키는 것이 중요하다. 국가적 통일성에 기여하는 선교정책이 지혜롭다. 그러나 매우 다양한 분파와 이질적 문화권이기 때문에 누구를 중심으로 한 통일성 유지냐 하는 점이 고려되어야 한다. 서구사회의 어떤 국제기구와 협력할 때 이점을 유의해야 할 것이다. 동남아 선교는 인권운동이나 반독재투쟁에 각별한 주의가 필요하다는 것은 재론의 여지가 없다. 동남아 지도층은 민주주의를 이루고자 하지만 다양한 이질사회의 욕구분출로 민주주의나 인권 또는 반독재운동에 매우 민감하다는 것을 이해해둘 필요가 있다. 현지 선교사가 반독재운동에 뛰어드는 일은 신중을 기해야 한다.

비동맹의 실리추구를 꾀하는 동남아 지도층의 노력에는 비동맹을 추구하게 되는 대상이 중국, 미국, 러시아 등 강대국인 경우도 있지만 이 지역 내 이웃국가들을 대상으로 이뤄지는 경우도 있다는 것을 유의할 필요가 있다. 캄보디아가 베트남을 대상으로 하며, 싱가포르와 브루나이가 말레이시아를 염두에 두고 있고, 동티모르가 인도네시아를 의식하고 있으며 그리고 파푸아뉴기니가 호주를 의식하고 있는 경우가 그러하다. 기회가 닿는 대로 아세안과 연계선상에서 접근하는 것이 필요하다.

참고문헌

강영선 (2003), 성서 이야기 한마당. 서울: 대한 기독교서회.

권만학 (1996), 베트남 국가사회주의와 재통일의 정치경제. 서울: 미래인력
　　　연구센터, p.77.

金英愛 (1989), 태국사. 서울: 관악서당, pp. 15-16.

김기태 (역) (1994), 동남아시아 입문. 서울: 한국외국어대학교 출판부, p. 36.

김숙현·박기순·최윤희 (2001), 한국인과 문화간 커뮤니케이션. 서울: 커
　　　뮤니케이션북스.

김우룡 (1992), 커뮤니케이션 기본이론. 서울: 나남.

김주만 (2002), "세계관의 만남과 변화". 한국선교: KMQ Vol. No.2. 한국
　　　세계선교협의회, 2002.

김지찬 (1997), "성경언어의 문예적 특성". 기독교언어문화논집 제1집. 국
　　　제기독교언어문화연구원.

김한식 (1991), 동남아시아와 한국. 서울: 국방대학원, p. 37.

김홍구 (1998), "라오스의 승기와 국가권력". 동남아시아연구 제6호, p.49.

다끼가와 쯔도무 외 (1983), 동남아시아 현대사 입문. 서울: 나남, p.161.

대외경제 정책연구원 (1997), 태국편람, pp. 51-52.

동남아시아 연구회 역 (1993), 현대 동남아의 이해. 서울: 도서출판 서울
　　　프레스, pp. 61-73.

동남아정치연구회 편 (1991), 동남아정치입문. 서울: 박영사, p. 141.

로빈슨, 헤돈(1999), "다양한 회중과 효과적인 설교 전달". 그말씀. (7월호).
　　　서울: 도서출판 두란노.

로스칼조, 크레이크 (1999), "청중과 동일시화하는 설교". 그말씀. (7월호).
　　　서울: 도서출판 두란노.

문명호·김숙현 (1996), 국제커뮤니케이션의 신화를 창조한다. 서울: 시사

영어사.

민경배 외 (1998), "기독교에 있어서의 언어...그 문제와 변천". 기독교언어
　　문화논집 제2집. 국제기독교언어문화연구원.

박준식 (역) (2002), 중국인, 이렇게 생각하고 행동 한다. 서울: 다락원.

서원교 (역) (1996), 사랑언어·그림언어. 요단출판사.

신복룡 (2002), 이방인이 본 조선 다시읽기. 서울: 풀빛.

양기식 (1997), 캄보디아를 아십니까? 서울: 삶과 꿈, p. 43.

양승윤 (1994), 인도네시아. 서울: 대한 교과서 주식회사, p. 40.

양승윤 외 (1999), 라오스.캄보디아. 서울: 한국외국어대학교 출판부, p. 3.

양종회 외 (1996), 동남아시아의 사회계층. 서울: 고려대 출판부, pp.
　　126-128.

왕태종 (역) (2001), 문화적 갈등과 사역. 서울: 죠이선교회.

위어스비, 워렌 (1988), 상상이 담긴 설교. 요단출판사.

유기남 (2002), "알타이권을 향한 한국교회의 선교전략: 투르크계와 몽골계
　　중족을 중심으로". 한국선교: KMQ Vol. 12. 한국세계선교협의회.

이규호 (1999), 내가가는 무명의 도. 기독언어 문화사.

이상윤 (1998), "효율적인 언어관리". 기독교언어문화논집 제 2집. 국제기독
　　교언어문화연구원.

이오갑 (1997), "깔뱅세계관의 주요문제", 기독교언어문화논집 제1집. 국제
　　기독교언어 문화연구원.

이우진 (1984), 동남아 정치론. 서울: 법문사, p. 67.

이우진 (1992), "캄보디아의 역사적 형성과 정치구조". 김달중 편저, 베트
　　남, 캄보디아, 라오스: 정치, 사회, 문화구조와 정책. 서울: 법문사, p.
　　129.

이호재 (1974), "라오스 중립연립정부의 실패과정". 동남아연구실 편, 동남
　　아세아론. 서울: 고려대학교 출판부, p. 290.

任德淳 (1973), 政治地理學原論. 서울: 一志社.

임영수 (1997), "말씀의 전달은 신뢰관계 위에서 피어납니다", 그말씀
　　1997 7월호. 도서출판 두란노.

전재국 (1996), "싱가포르의 리더십 세대교체와 정치진화". 동남아의 정치
　　리더십. 서울: 서울 프레스, pp. 140-148.

정근원 (역) (1994), 인간의 행동과 커뮤니케이션. 민문사.

조긍호 (2003), 한국인 이해의 개념 틀. 서울: 나남.

최윤희 (1999), 비언어커뮤니케이션. 서울: 커뮤니케이션북스.

최윤희 · 김숙현 (1999), 문화 간 커뮤니케이션의 이해. 서울: 범우사.

최윤희 (역) (1990), 인간커뮤니케이션. 서울: 나남.

최윤희 · 김숙현 · 박기순 (역)(2002), 세계문화이해. 서울: 커뮤니케이션북스.

최인철 (역) (2004), 생각의 지도. 서울: 김영사.

최창섭 (1994), 자아 커뮤니케이션. 서울: 범우사.

한국외교연구원 (1998), 싱가포르 편람, **p. 89.**

해외투자연구소 (1996), 라오스 투자가이드. 서울: 한국수출입은행.

Adler, P. (1987), "Culture shock and the cross-cultural learning experience." In I. Luce & E. Smith (eds.), *Toward internationalism.* Cambridge, MA: Newbury.

Babiker, J. et al. (1980), The measurement of culture distance and its relationship to medical consultations, symptomatology and exam -ination performance of overseas students at Edinburgh University. *Social Psychiatry 15*, 109-116.

Babin, Pierre with Mercedes Iannone (trans. by David Smith) (1991), *The New Era in Religious Communication.* Fortress Press.

Barna, L. (1983), The stress factor in intercultural relations. In D. Landis & Brislin R. (eds.), *Handbook of intercultural training* vol. 2. New York: Pergamon.

Barnett, A. D. (1960), *Communist China and Asia: Challenge to American Policy.* New York: Harper and Brothers, p. 173.

Bennett, M. (1977), Transition shock: Putting cultural shock in perspective. In N. Jain (ed.), *International and intercultural communication 4.* Falls Church, VA: Speech Communication Association.

Bennett, M.(1998), *Basic concepts of intercultural communication* (Yarmouth, ME: Intercultural Press.)

Birdwhistell, R.(1970), *Kinesics and context.* Univ. of Pennsylvania Press.

Bond, M. (1993), Emotions and their expression in Chinese culture.

Journal of Nonverbal Behavior 17, pp. 245-262.

Burgoon, J.(1978), "A communication of personal space violation." *Human Communication Research.* vol. 4. pp. 129-142.

Chen, G. & W. Starosta(1998), *Foundations of intercultural communication.* London: Allyn and Bacon.

Draguns, J. (1977), Problems of defining and comparing abnormal behavior across cultures. In I. Adler (ed.), *Issues in cross-cultural research.* New York: New York Academy of Science.

Ferder, Fran (1986), *Words made flesh.* Ave Maria Press.

Furnham, A. & S. Bochner (1982), Social difficulty in a foreign culture. In S. Bochner (ed.), *Culture in contact.* New York: Pergamon.

Gannon, M. (2000), *Understanding global cultures.* Beverly Hills, CA: Sage.

Geertz, C.(1973), *The interpretation of culture.* New York: Basic Books.

Grunlan, S. and M. Mayers (1979), *Cultural Anthropology: A Christian perspective.* Grand Rapids, MI: Zondervan Publishing House.

Gudykunst, W. B. & T. Nishida (1986), "The influence of cultural variability on perceptions of communication associated with relationship terms." *Human Communication Research.* vol. 13. pp. 147-166.

Gudykunst, W. B. & S. Ting-Toomey (1988), *Culture and interpersonal communication.* Newbury Park: Sage.

Gudykunst, W. (2002), *Handbook of international and intercultural communication.* London :Sage.

Guirdham, M.(1999), *Communicating across cultures.* London: Macmillan.

Gullahorn, J. & J. Gullahorn (1963), An extension of the U-curve hypothesis. *Journal of Social Issues* 19, 33-47.

Guthrie, G. (1975), A behavioral analysis of culture learning. In R. Brislin et al. (eds.), *Cross-cultural perspectives on learning.* New York: Wiley.

Hall, D. G. E. (1993), *A history of southeast-east Asia.* Macmillan Press, p. 211.

Hall, E. T. & M. R. Hall (1990), *Hidden differences*. Garden City, NY: Anchor Press, 1990.

Hall, E. T.(1976), *Beyond culture*. Garden City. NY: Doubleday / Anchor.

Hall, E. T. (1959), *The Silent Language*. New York : Doubleday & Co.

Herskovits, M.(1995), *Cultural anthropology*. New York: Knopf.

Hesselgrave, D.(1978), *Communicating Christ cross-culturally*. Grand Rapids, MI: Zondervan Publishing House.

Hofstede, G. & M. Bond (1984), "Hofstede's culture dimensions." *Journal of Cross-cultural Psychology*. vol. 15. pp. 417-433.

Hofstede, G.(1983), *Culture's consequences: International differences in work-related values*. Beverly Hills, CA: Sage.

Hofstede, G.(1991), *Cultures and Organizations*. London : McGraw Hill.

Hunter, G. (1966), *Southeast Asia- race, culture and nation*. Oxford University Press.

Kaplan, R.(1996), "Cultural thought patterns in intercultural education." *Language Learning* 16, nos. 1 and 2.

Kim, M. S. & Wilson, S. (1994), "A cross-cultural comparison of implicit theories of requesting." *Communicating Monographs*. vol. 61, pp. 210-235.

Kim, Y. (1988), *Communication and cross-cultural adaptation*. Philadelphia: Multilingual Matter.

Kim, Y. (1991), "Intercultural communication competence." In S. Ting -Toomey, and F. Korzenny, *International and Intercultural Communication Annual*. Newbury Park, CA: Sage.

Kohls, L. (1984), *Survival kit for overseas living*. Yarmouth, ME: Intercultural Press.

Krafs, Charles H. (1997), *Communication theory for christian witness*. Orbis Books.

Larry A. Samovar & Richard E. Porter (1991), *Intercultural communication*. Wadsworth Publishing Co.

Lewis, R.(1996), *When cultures collide*. London : Nicholas Brealey Pub.

Lingenfelter, S. & M. Mayers (1986), *Ministering cross-culturally*. Grand

Rapids, MI: Baker.

Lysgaard, S. (1955), "Adjustment in foreign society." *International Social Science Bulletin* 7, 45-51.

Mansell, M. (1981), "Transcultural experience and expressive response." *Communication Education* 30, 9-108.

Mayers, Marvin (1987), *Christianity confronts culture*. Academic Books.

Morris, D. (1985), *Bodywatching*. New York: Crown.

Morris, R. (1960), *The two-way mirror*. Minneapolis: Univ. of Minnesota Press.

Nakane, C. (1970) *Japanese society*. Berkeley: University of California Press.

Nida, Eugene A. (1990), *Message and Mission*. William Carey Libray.

Oberg, K. (1960), "Culture shock: Adjustment to new cultural environments." *Practical Anthropology* 7, 177-182.

Patterson, M.(1983), *Nonverbal behavior: A functional perspective*. New York: Springer Verlag.

Prosser, M.(1978), *The cultural dialogue*. Boston: Houghton Mifflin.

Reed, L.(1985), *Preparing missionaries for intercultural communication*. Pasadena, CA: William Carey Library.

Selye, H. (1969), "Stess: It's a G. A. S." *Psychology Today* (September).

Sherif, C. et al. (1965), *Attitude and attitude change*. Philadelphia: W. B. Saunders.

Smalley, W. (1963), Culture shock, language shock, and the shock of self-discovery. *Practical Anthropology* 10, 29-50.

Soukup, Paul A.(compiled) (1989), *Christian communication*. Greenwood Press.

Staar, R. F. (1981), "Checklist of communist parties and fronts." *Problems of Communism* vol. 30, March-April, p. 91.

Stout, Daniel A. and Judith M. Buddenbaum(eds.) (1996), *Religion and Mass Media*. Sage Publications.

Suryadinata, Leo (1985), *China and the ASEAN States: the Ethnic Chinese Dimension*. Singapore Univ. Press.

Taylor, R.(1973), *Introduction to cultural anthropology*. Boston: Allyn & Bacon, Inc.

Tomkins, S. (1984), "Affect theory." In K. Scherer & P. Ekman (eds.), *Approaches to emotion*. Hillsdale, NJ: Lawrence Erlbaum.

Triandis, H. C.(1988), "Collectivism vs. individualism: A reconceptua -lization of a basic concept in cross-cultural psychology." G. Verman & C. Bagley (eds.), *Cross-cultural studies of personality, attitudes and cognition*. London: Macmillan, pp. 60-95.

Virkler, Mark & Patti, Biblical Research Concerning Dreams and Visions, *www.cwgministries.org/principles-for-Christia Dream Interpretation*.

찾 아 보 기

【ㅇ】

【ㅍ】

【ㅎ】

김한식

국방대학교 교수
고려대학교 정치외교학과 졸업
고려대학교 대학원 정치외교학과 졸업(정치학 박사)
영국 Waverley Abbey House의 Intensive Christian Counselling Course 수료
고려신학대학, 피어선 신학대학, 고려대학교 대학원, 이화여대·대학원 강사
한국성서유니온(Scripture Union in Korea) 이사장
국제복음선교회(Worldwide Evangelical Mission)한국본부 이사장
한국정신문화연구원 정연구원, 기획조정실장
런던대학교(SOAS 및 LSE), 캠브리지대학교 객원교수, 캐나다 토론토 대학교
교환교수, 동학학회 회장(현재)

저 서
동남아 정치론-과거편, 동남아 정치론-현재, 미래편, 동남아 정치-어제, 오늘 그
리고 내일, 한국의 근대화논리-실학사상, 좌경사상에 대한 현대적 조명(공저)

김숙현

한세대학교 신문방송학과 교수(현)
이화여자대학교 영어영문학과 졸업; 서울대학교 신문학 석사; 하와대대학교 커
뮤니케이션학 석사; 매릴랜드대학교 저널리즘 박사
코리아 헤럴드 해외부장, 코리아 데일리 부국장

저서 및 논문
기사, 취재에서 작성까지. 국제커뮤니케이션의 신화를 창조한다
문화간 커뮤니케이션의 이해. 토크쇼, 그 힘과 영향 (역서). 한국인과 문화간 커
뮤니케이션(공저). 해외특파원 취재 수첩(공저). 세계문화이해 (역서)
17세기 한국인과 서구인간의 문화간 커뮤니케이션, 예수논쟁법에 대한 고찰
현대교회의 커뮤니케이션 모형, 커뮤니케이션 기술의 변화가 외교에 미치는 영향

최윤희

수원대학교 언론정보학과 교수(현)
성균관 대학교 영어영문학과 졸업, 미국 Texas Tech University 언론학 석사
미국 Ohio University 언론학 박사
코리아 헤럴드 기자 역임
제 4 대 한국 홍보학회 회장 역임
미국 문화간 커뮤니케이션 연구소 (ICI) 문화간 커뮤니케이션 트레이너 훈련 과
정 수료 ychoe@suwon.ac.kr

저 서
한국인과 문화간 커뮤니케이션, 비언어 커뮤니케이션, 문화간 커뮤니케이션의
이해 (공저), 글로벌 비즈니스맨과 이문화관리, 세계 문화이해 (역서), 현대 PR
론, PR의 새로운 패러다임, 국제 PR

선교 · 문화 · 커뮤니케이션
- 동남아를 중심으로 -

초판 인쇄	2005년 1월 15일
초판 발행	2005년 1월 20일
지 은 이	김한식 · 김숙현 · 최윤희
펴 낸 이	채종준
펴 낸 곳	한국학술정보㈜
	경기도 파주시 교하읍 문발리 526-2
	파주출판문화정보산업단지
	전화 031) 908-3181(대표) · 팩스 031) 908-3189
	홈페이지 http://www.kstudy.com
	e-mail(e-Book사업부) ebook@kstudy.com
등 록	제일산-115호(2000. 6. 19)
가 격	22,000원

ISBN   89-534-2174-8 93230 (Paper Book)
        89-534-2175-6 98230 (e-Book)